예수 없이 예수와 함께

요한공동체의 문학과 신학

이화학술총서

예수 없이 예수와 함께

요한공동체의 문학과 신학

박경미 지음

이화여자대학교출판부

| 머리말 |

예수 없이 예수와 함께

1

요한복음서에 대한 전통적 상징은 독수리였다. 하늘 높이 비상하여 날개를 수평으로 활짝 펼친 채 조용히 정지한 듯 나는 독수리. 이 모습은 요한복음서의 영적인 특징과 잘 어울리며, 이 점에서 독수리는 요한복음서와 잘 어울리는 상징이라고 할 수 있다. 요한복음서는 자주 영적인 복음서라고 일컬어졌다. 이것은 무엇보다도 요한복음서에 나타나는 그리스도의 모습이 그리스도의 신적이고 천상적인 차원에 강조를 둔 '위로부터의 그리스도론'(high christology) 형태를 띠고 있기 때문일 것이다. 케제만의 표현을 따르면 요한의 그리스도는 "지상을 걸어다니는 하나님"의 모습을 하고 있다. 오늘날 기독교 신앙과 신학에서 이것은 아주 당연하게 여겨지지만, 이런 생각과 확신을 최초로 복음서의 형태로 매우 대담하게 기술하고 있는 문헌이 요한복음서이다. '말씀'은 태초부터 계셨고, '하나님'이셨으며, 바로 그 '말씀'이 '육신'이 되셨다는 것이다. 요한은 예수 그리스도의 역사적이고 인간적인 차원을 배제하지는 않았지만, 신약성서의 어떤 저자보다도 예수와 그의 가르침을 영적으로, 내면적으로 깊이 있게 해석해냈다.

요한복음서의 이러한 영적 경향은 흔히 공관복음서와 대조되는 것으로 이해되었다. 공관복음서가 역사적 예수의 삶을 역사적으로 서술한 '육의' 복음서라면, 요한복음서는 말씀의 복음서, 영적이고 신학적인 복음서라는 것이다. 더욱이 요한복음서의 단순하면서도 추상적인 언어들로 인해 요한복음서의 영적인 성격은 쉽게 추상성으로 이해되었다. 그리하여 요한복음서의 추상적 사유의 기원이 어디인지, 그러한 추상화의 기본 원리가 무엇인지 밝히는 것을 요한 연구의 주요 주제로 삼게 되었다. 물론 이러한 연구 경향이 요한적 사고의 한 측면을 밝혀준 것은 분명하지만, 이것은 요한복음서를 설명하는 데 중요한 다른 현실들, 즉 구체적인 사회, 역사적 측면에 대한 인식을 흐리게 하거나 더디게 하는 경향이 있었다.

그러나 오늘날 요한복음서 연구 분야에서 눈에 띄는 진전은 요한공동체에 대한 연구를 통해 이루어졌다. 요한공동체가 연루되었던 당대 유대교와의 갈등과 회당축출이라는 뼈아픈 경험이 요한복음서의 예수 이야기들에 어떻게 반영되었는지, 요한이 예수 이야기를 하면서 사실은 자기 공동체의 이야기를 풀어나간 문학적 기법들은 어떤 것이었는지가 밝혀졌다. 요한복음서가 쓰인 사회적, 역사적 상황, 그리고 요한공동체가 연루되었던 갈등들을 밝힘으로써 요한 해석의 새로운 가능성이 열리게 된 것이다. 이러한 가능성은 영적인 복음서로서의 요한복음서에 대한 이해와 상반되는 것이 아니라, 최초의 요한복음서 독자들이자 요한적 사고의 주체들이었을 요한공동체의 영적 경험과 고백의 과정을 보다 실물적인 형태로 볼 수 있게 함으로써 영적인 복음서로서 요한복음서에 피가 흐르고 살이 붙게 할 것이다. 그리하여 요한복음서의 영적인 성격까지도 보다 구체적이고 몸적인 형태로 다가오게 할 것이며, 본문에 대한 균형잡힌 이해로 인도할 것이다.

브라운은 "요한의 독수리는 지상으로부터 높이 날아오르더라도 싸움을 위한 발톱을 드러내고 날아오른다"고 말했다. 이 말은 요한복음서의 영적 특성의 일면을 잘 드러내준다. 요한복음서가, 그리고 요한공동체가 영적이라는 것은 무엇을 말하는가? 고요한 반성을 즐기거나 영적 열광주의의 만족상태에 있다는 것인가? 우리가 이 복음서로부터 심오한 영적 통찰과 그리스도에 대한 깊은 진리를 얻을 수 있는 것은 사실이지만, 우리에게 힘을 주는 이 복음서의 깊은 영적 체험의 세계는 요한공동체의 삶과 투쟁을 통해 형성되었다. 요한공동체의 삶은 역사와 긴밀하게 관련되었으며, 주변 세계와 능동적으로 연루되었다. 요한공동체는 적대적인 세상 한가운데서 그리스도에 대한 증거의 삶을 살았고, 이러한 증거의 삶을 통해 그들의 영적 체험은 구체적인 육의 형태를 얻었다. 요한의 독수리는 드높고 깊은 영적 하늘을 향해 까마득히 비상하지만, 이미 지상의 싸움에서 상처받은 독수리이며, 그 독수리는 지상에 대한 지칠 줄 모르는 애정과 기대를 안고 다음 번 착륙을 기대하며 하늘로 솟구친다. 이 책에서는 하늘을 고요히 나는 독수리보다는 상처받은 독수리, 그가 치렀던 지상의 싸움에 주목했다.

2

흔히 신약성서연구에서는 역사와 신학이 분리되어 진행되어온 경향이 있다. 가령 공관복음서 연구에서는 전승사, 사회사 연구를 통해 역사적 예수의 모습을 찾고, 요한복음서와 바울서신 연구에서는 각기 요한신학, 바울신학에 집중하는 경향이 있었다. 그러나 이 책에 실린 글들에서는 요한공동체에 대한 최근 연구들의 도움을 받아 요한복음서의 역사와 신학이, 다시 말해 요한공동체의 역사적, 사회적 정황과 독특한 요한신학이 어떻게 상응하는지 그 교차점을 발견하는 데 초점을 두었다. 그리고 이 과정에서 중요하게 부각되는 것이 요한공동체의 경험을 신학적 언어로 표현하는 통로로서 요한이 사용한 문학적 기법이다. 요한적인 사고의 독특성은 요한적인 문체의 독특성과 필연적으로 연결되기 때문이다.

요한적인 독특한 사고의 흐름이 있다는 인식은 대체로 요한복음서를 읽을 때 느끼는 당혹감, 이해하기 힘들다는 사실에서부터 비롯된다. 아이러니나 은유, 상징, 오해 등 요한복음서 저자가 즐겨 쓰는 문학적 기법들은 단순하고 분명한 것 같지만, 한편으로 매우 깊고 난해한 분위기를 복음서 안에 만들어놓았다. 요한복음서의 사고전개에 대한 연구들에서는 그것을 원형, 또는 나선형이라고 지칭했다. 그리고 요한복음서의 사고전개의 리듬을 바다 물결의 리듬과 비교하기도 했다. 스트라트만은 요한이 한 주제를 다양한 측면에서 관찰하는 것에 대해 "수정 하나를 손가락 사이에 들고 이쪽 저쪽 여러 면에서 비쳐보는 것과도 같다"고 은유적인 표현을 했다(*Das Evangelium nach Johannes*, p. 2). 이것은 요한적인 사고의 특징에 대한 현상적인 관찰이라고 할 수 있는데, 이를 보다 깊이 이해하려면 요한적인 사고전개의 방식이 요한의 서술방식과 구조적으로 어떻게 관련되어 있는가를 밝혀야 한다. 요한적인 사고의 형식과 문학적인 표현형식 사이의 상관관계를 제대로 이해하지 못할 경우 요한복음서는 좋게 말하면 신비롭고 영적인 복음서이고, 나쁘게 말하면 난해하고 오만한 본문이다.

실제로 과거 요한복음서의 문학적, 신학적 독특성은 창조적이고 독특한 것으로 인정되기보다 자주 열등한 것으로 평가되었다. 가령 벨하우젠 같은 학자는 요한복음서의 문학적 특징에 대해 상당히 부정적인 평가를 내려서 "진행이 느리고 뽐내는 듯한 경향이 있으며", "현학적"이고 "멜로드라마적"이라고 혹평했다(*Das Evangelium Johannis*, p. 146). 또 스피겔은 "내게 이 본문은 매우 낯설고 저항감을 불러일으키며, 모순되게 느껴진다. 이것은 내게는 상당한, 거의 신체적이기까지 한 방어반응을 불러일으킨다. 이것은 여러 가지 점에서 부담스러우며, 결함이 있다. 이것은 이미 요한복음서 전반에 대한 거부감이다."("Gedenktag der Entschlafenen: Joh 5, 24-29", *Assoziationen, Gedanken zu biblischen Texten I*, p. 202.)라고까지 말했다. 이 정도로 노골적이지는 않더라도 요한복음서에 대해 부정적인 태도를 표명하는 학자들은 늘 있었다. 요한복음서의 사고형식과 문학적인 표현형식 사이의 상관관계를 규명하지 못하는 한 이처럼 요한복음서 본문에 좌초하는 일은 언제든지 일어날 수 있다.

이 점에서 요한복음서를 처음 읽을 때 느끼게 되는 난해함을 요한복음서의 결함으로 보지 않고, 적극적으로 받아들여 그것이 독특한 요한의 사고의 흐름, 요한적인 표현기법과 관련이 있지 않은지 물을 필요가 있다. 그리고 이를 위해서는 요한복음서를 독자적인 저작활동을 벌인 신학자나 문필가의 작업으로, 고유한 문학적 실체로 이해하는 것이 대단히 중요하다. 실제로 공관복음서가 집단문학, 구전문학의 특징을 다분히 보유하고 있다면, 요한복음서에는 문학적으로 대단히 창조적인 한 개인의 손길이 많이 나타난다. 이 점은 신약성서 문헌들, 특히 사복음서들 가운데서 요한복음서가 지니는 매우 중요한 특징이다. 요한은 탁월한 문학적 기법을 통해 자신의 신학을 표현할 줄 알았다. 가령 요한이 사용한 은유와 상징, 오해, 아이러니 등은 박해 가운데서 탄생한 요한의 이원론적 신학과 긴밀하게 관련되어 있다. 요한이 사용한 이러한 문학적 도구들은 신학적 인식의 단순한 전달매체일 뿐만 아니라 요한신학 자체와 유기적으로 통합되어 있다. 요한이 구사한 다양한 문학적 기법들은 언어의 이중성, 내지는 다중성을 능숙하게 활용한 것이고, 그것은 요한의 현실인식의 이중성과 긴밀한 관련이 있다. 이것은 특히 요한이 사용한 문학적 아이러니가 전제하는 이중적 차원과 요한의 이원론적 신학의 이중적 차원이 어떻게 서로 조우하는가를 밝힘으로써 드러날 수 있을 것이다.

따라서 이 책에서는 신약성서 안에서 매우 독특한 요한신학을 탄생시킨 요한공동체의 구체적인 삶의 자리를 밝히고, 일종의 상황신학으로서 요한신학의 특징이 무엇인지 구체적인 본문주석을 통해 밝힐 것이다. 그리고 요한의 다양한 문학적 도구들, 그 중에서도 특히 아이러니가 어떻게 요한공동체의 사회적 경험, 요한신학의 이원론적 특징과 관련되어 있는지 밝힐 것이다. 이렇게 요한신학을 탄생시킨 인간 경험의 내면적 성격과 그것을 표현해낸 요한의 문학적 도구들을 분석함으로써 요한신학을 단순히 종교사적 차원만이 아니라 역사 · 사회적, 문학적 차원에서 통전적으로 파악하고자 하는 것이 이 책에 실린 글들의 밑바탕에 깔려 있는 기본적인 관심사이다.

3

잘 알려져 있듯이 요한복음서가 신약성서 정경으로 인정받는 데에는 한때 어려움이 있었다. 그것은 앞에서 언급한 요한복음서의 영적인 특징, 그리스도에 대한 영적 이해가 영지주의적 가현론(docetism)으로 오해받았기 때문이다. 만일 요한서신의 반가현론적 안전장치가 없었다면 요한복음서는 정경 안에 편입되지 못했을지도 모른다. 그러나 일단 요한복음서가 정경복음서로 인정받게 되자 요한복음서가 지니는 영적 성격은 많은 사람들을 매료했고, 삼위일체론의 중요한 증거본문이 되었을 뿐만 아니라 주류 신학의 핵심적인 성서적 근거가 되었다. 그러면서 이제는 요한복음서의 생동하는 영적 특성이 추상적 교리나 관념으로 굳어진 경향이 있다. 이 책에서는 요한복음서의 생동하는 영적 특징을 재포착하기 위해 요한공동체의 영적 경험의 성격을 밝히는 데 집중했다.

신약성서에 의하면 신자들의 영체험은 주로 박해상황과 관련되어 있다. 열둘의 선교는 거부당하고 박해받을 것이며(마 10:14 이하), 박해는 재판을 통해 이루어질 것이다. 그리고 영은 재판상황에서 제자들의 증거를 돕는다(마 10:20; 막 13:11; 눅 21:12). 사도행전에서도 예수가 죽은 뒤 두려워 떨고 있던 제자들을 담대한 선교자로 만든 것은 성령이었고, 영체험은 박해에 대한 두려움과 관련이 있다(행 1:8). 이것은 예수의 선교활동에 대한 적대감이 늘 있었음을 의미하며, 나아가서 초대교회가 영을 느끼고 체험하게 된 것은 재판을 통해 이루어진 극한적인 박해의 상황이었음을 시사한다.

요한은 영에 대해 기술할 때 재판상황에 기원을 둔 독특한 칭호인 '파라클레토스'라는 말을 사용했고, 이 말은 요한복음서의 고별담론에서 집중적으로 나온다. 요한공동체는 유대회당으로부터 박해를 받았고, 그 박해는 흔히 재판을 통해서 이루어졌다. 그들은 재판정에 서서 자신을, 그리스도를 변호해야 했다. 그리고 요한복음 15장 26-27절에 의하면 이러한 박해의 상황에서 힘을 주는 분이 '파라클레토스'였다. 요한복음서의 고별담론에서 예수는 세상이 제자들을 증오하고 박해할 것이지만, 그러한 역경에도 불구하고 '파라클레토스'가 계실 것이라고 한다. 요한의 예수는 자신이 떠나고 난 뒤 닥칠 박해의 상황을 제자들이 잘 견디도록 하기 위해서 또 다른 나를 보내줄 것이라고 하는데, 그가 곧 '파라클레토스'이다. 이것은 요한공동체의 영체험의 자리가 어디였는지 시사해준다.

고별담론에 의하면 제자들을 떠난 후 그리스도가 인격적으로 제자들과 함께 하는 방식이 육체적인 것에서 '파라클레토스'의 형태로 바뀌게 된다. 그렇다면 '파라클레토스'는 공동체가 예수 없이 예수와 함께 살 수 있게 하는 영이며, 바로 예수 자신에 다름 아니다. '파라클레토스' 안에서 공동체는 역사적 예수를 과거의 죽은 예수가 아니라 살아 숨쉬는 현재적 예수로 경험한다. 고별담론에서 예수는 영이 다른 어떤 존재가 아니라 바로 자기 자신임을 보여주고, 또 자신이 다시 온다고 약속한다. 이러한 표현은 요한공동체가 현재 자신들의 삶 속에서 경험하는 영의 현존을 그리스도의 현존으로 느낄 수 있었기 때문에 가능했을 것이다.

본래 신약성서 저자들은 "영"을 표현할 때 '프뉴마'라는 중성명사를 사용했다. 이 말은 인간을 사로잡고 변화시키는 신적 힘을 나타내는 것으로서 그리스도의 인격과 직접 관련되지는 않았다. 그러나 요한은 법정에서의 "변호자"를 뜻하는 '파라클레토스'라는 말을 사용해서 영을 인격적 존재로 묘사했고, 그렇게 함으로써 영과 그리스도를 동일시할 수 있는 가능성을 확보했다. 요한에 의하면 '파라클레토스'는 십자가에서 올리운 후 영의 형태로 현존하는 그리스도, 즉 영 그리스도이다. 예수가 떠나고 없는 상황에서 공동체 구성원들 안에 현존하는 영적 그리스도인 것이다. 나아가서 요한은 본래 이 말이 지니고 있던 피고측 변호자라는 의미를 넘어서 고발하는 검사, 위로자, 권면자 등 다양한 기능을 포괄하는 독특한 언어로 이 단어를 사용했고, 그렇게 함으로써 예수 사후 예수의 부재 속에서 예수의 현존을 경험하는 요한공동체의 현재적 영체험의 다양한 측면들을 기술할 수 있었다.

또한 요한은 이렇게 '파라클레토스'라는 말로 영을 지칭함으로써 요한복음서 안에 자주 나타나는 예수의 재판이라는 문맥 안으로 요한공동체의 재판상황을 끌어들였다. 말하자면 재판과 관련된 '파라클레토스'라는 말로 영을 묘사함으로써 요한공동체의 영체험을 예수의 재판상황이라는 복음서의 문학적 장치 안으로 끌어들인 것이다. 그래서 요한공동체의 재판과 예수의 재판이 마치 중첩되는 듯한 인상을 주게 되었고, 요한공동체는 예수의 재판 이야기를 자신들의 재판이야기와 동일시하며 읽었을 것이다. 그들은 지금 자신들이 받고 있는 재판과 박해는 예수의 재판과 박해를 계속하는 것이라는 생각을 하게 되었을 것이다. 이렇게 해서 지금 요한공동체가 재판이라는 형태로 받고 있는 박해는 실은 예수 자신의 소송을 대신하는 것이 된다. 아니 요한의 언어로 말하자면, 요한공동체의 재판상황 안으로 예수가 들어와서 재판받는 공동체를 위해 그분이 공동체의 자리에 서 있다. 그리스도가 '파라클레토스'를 통해 공동체의 박해와 재판상황 안으로 오셔서 공동체의 재판을 자신의 재판으로 삼으신다. 이렇게 해서 박해와 고난의 상황에서 '파라클레토스'를 통해 공동체와 그리스도는 서로 통하며, 하나가 된다.

떠나는 예수가 남아 있는 제자들에게 주는 고별담론은 이러한 하나됨과 완전한 사랑에 대한 아름다운 말들로 가득 차 있다. '파라클레토스'는 예수가 떠난 후 슬픔 속에 있는 공동체 안에서 분열을 하나됨으로, 슬픔을 미래에 대한 확신으로 바꾸어주는 일치와 위로의 영이었다. 영은 물처럼 조용히 스며들고, 바람처럼 고요히 불어와서 그리스도 예수 안에서 만물을 하나로 엮어주었다. 포도나무와 가지처럼 그리스도와 공동체는 하나이고, 요한의 목자와 양은 서로를 완전하게 안다(10장). 이러한 일치의 경험이 요한적인 사랑의 토대이다. 영은 사랑하게 한다. 인간적인 삶의 한가운데서 영의 존재는 사랑으로 나타난다. 그러므로 영은 사랑이다. 그리고 그들이 사랑할 수 있었던 것은 예수 없는 상황에서 예수와 함께 사는 일이 '파라클레토스'를 통해 가능해졌기 때문이다. 그리스도는 그들 가운데 영으로, 사랑으로 현존하고 있다.

따라서 '파라클레토스'는 공동체로 하여금 지금 여기의 삶에 집중하게 하는 영이라고 할 수 있다. 지금 현재 그들이 당하고 있는 박해와 선교의 삶 한가운데 지나온 하나님의 역사와 앞으로 펼쳐질 하나님의 미래가 집약되어 있다. 과거와 미래가 지금 여기 공동체의 삶 속에 통전되어 있다. 그러므로 '파라클레토스'는 박해 가운데서, 그리스도가 없는 상황 속에서 그리스도의 현존을 경험하게 하는 영이었고, 누추할 수밖에 없는 공동체의 현재 시간을 하나님의 시간, 종말론적 시간으로 만드는 영이었다. 그것은 요한 공동체가 자신의 삶을 엄격하게 그리스도 중심적으로 이해했기 때문에 가능했다. 교회는 그리스도의 선교를 계속했고(17:18; 20:21), 그리스도를 살았다. 요한공동체는 '파라클레토스'를 통해 세상 안에서 그리스도의 존재를 지속시킨다. 즉 그리스도를 살려낸다. 예수 없이, 예수와 함께 사는 일이 가능해진 것이다.

* * *

이 책에 실린 논문들은 오랜 기간에 걸쳐서 쓰인 것들이다. 진즉 책으로 나왔어야 했는데 반은 게으름 탓에, 또 반은 여러 가지로 부족하다는 생각 때문에 미루다 이제야 책으로 내게 되었다. 요한복음서에 대해 그동안 쓴 글들을 몇 편 빼고는 수정첨삭해서 대부분 실었고, 요한복음서의 문학적 특징에 대한 글들을 새로 써서 덧붙였다. 요한복음서를 공부하고자 하는 학생들에게 조금이나마 도움이 된다면 뒤늦게 책을 내는 데 대한 부끄러움이 덜어질지 모르겠다.

이 책을 내면서 떠오르는 얼굴들이 있다. 함께 요한 세미나를 했던 제자들의 얼굴인데, 이제 그들은 나와 함께 늙어가고 있는 중이다. 그들은 제자라기보다 인생을 함께하는 친구들이기도 하고, 그래도 세상은 살만하다고 느끼게 해주는 버팀목이기도 하다. 누구보다도 그들과 함께 책이 나오는 조촐한 기쁨을 함께하고 싶다. 이화여대 기독교학과와 신학대학원은 마음 놓고 어떤 생각이든지 해볼 수 있는 자유로운 신학적 토양을 가지고 있다. 이 공동체의 일원이라는 사실에 대해서 늘 감사하는 마음을 가지고 있다. 그리고 내가 이런 논문이나마 쓸 수 있게 되고 '학술'이라는 동네에서 쓰이는 언어를 구사할 수 있게 해준 분은 은사이신 장상 선생님이시다. 이 분이 안 계시다면 지금의 나도 없다. 이 책이 나오게 되는 데 공이 있다면, 깊은 감사의 마음을 담아 그 공을 모두 장상 선생님께 돌리고 싶다.

이 책의 출간은 이화여자대학교출판부 저술 지원 사업의 일환으로 이루어졌다. 끝으로 이 책을 만드는 데 애써준 이화여자대학교출판부의 민지영 선생께 감사드리고, 희랍어 원어와 복잡한 각주를 통일시키고 수차례 교정을 보느라 고생한 정혜인, 정혜진 자매에게 특별한 고마움을 전하고 싶다.

2013년 2월
박경미

| 차례 |

제1부

요한복음서의 특징과 역사적 배경

I. 공관복음서와 요한복음서의 차이

최근 수십 년 동안 요한복음서를 연구하는 학자들 사이에서는 요한복음서와 요한서신들을 탄생시킨 공동체와 그 신앙이 매우 특이한 성격을 지녔다는 데 대해 견해의 일치가 이루어졌다.[1] 요한복음서에 대한 훌륭한 입문서를 쓴 카이저는 요한복음서를 "특이한 복음서"라고 칭했다.[2] 오늘날 요한복음서가 그리스도론과 삼위일체론 등 기독교 교리의 핵심적인 근거를 제공하고 있다는 사실에 비추어볼 때 일견 이 말은 잘 이해가 되지 않을 수도 있다. 그러나 요한복음서의 문체와 신학은 신약성서 전체 안에서, 특히 다른 세 복음서들과 비교해볼 때 매우 두드러진 특징을 보여준다. 복잡한 자료비판을 하지 않아도 요한복음서와 공관복음서는 눈에 띄게 다르다. 요한복음서는 신학적인 내용뿐만 아니라 이야기하는 방식, 언어적 표현 면에서

---

1 예를 들면 M. J. Edwards(2004), *John* (Malden, MA: Blackwell Pub.); J. Ashton(1993), *Understanding the Fourth Gospel* (Oxford: Oxford University Press); R.E. Brown (1979), *The Community of the Beloved Disciple: The Life, Loves, and Hatred of an Individual Church in the New Testament Times* (Mahwah, N.J.: Paulist Press); O. Cullmann(1975), *The Johannine Circle*, trans. by J. Bowden (London: SCM Press); R.A. Culpepper(1975), *The Johannine School* (Missoula: Scholars Press); J.L. Martyn(1978), *The Gospel of John in Christian History* (New York: Paulist Press); 최홍진(2006), 『요한복음』 (서울: 한국장로교출판사); 김득중(1994), 『요한의 신학』 (서울: 컨콜디아사) 등이 있다.

2 R. 카이저(1993), 『요한복음서 연구: 그 독자성을 중심으로』, 나채운(역) (서울: 성지출판사, 1996); R. Kysar(2006), *Voyages with John: Charting the Fourth Gospel* (Waco, Tex.: Baylor University Press) 참조.

도 공관복음서와 차이가 있다. 우선 외견상 두드러지게 나타나는 차이들에 주목할 필요가 있다.

공관복음서의 예수는 주로 짤막한 경구나 격언으로 말하며, 서사구조를 포함한 양식이라 해도 길어야 비유로 말하는 정도다. 외견상 예수의 말씀이 길게 이어지는 경우도 실제로는 대부분 단편적이고 독립적인 예수의 말씀들의 수집물이다. 가령 마가복음 4장의 비유장, 마태복음의 산상수훈, 마가복음 13장의 묵시문학적인 말씀들의 경우 외견상 예수의 말씀이 길게 이어지고 있는 것처럼 보이지만, 실제로는 오랜 기간에 걸쳐 다양하고 복합적인 전승물들이 축적된 결과다. 그것들은 처음부터 내적이고 논리적인 연관성을 가지고 하나의 통일성 있는 글로 작성된 것이 아니라, 언어적인 유사성, 문맥상의 적합성에 따라 편집자에 의해 하나로 연결된 것이다. 그러므로 공관복음서의 예수는 논리적으로 일관된 긴 담론을 구사하지 않는다고 할 수 있다.

이에 반해 요한복음서의 예수는 결코 짧게 말하는 법이 없으며, 공관복음서에서처럼 금언들을 말하거나 팔레스타인 농경생활과 관련된 비유들로 말하지 않는다. 대신 요한복음서의 예수는 복잡하고 확대된, 때로는 추상적이기까지 한 담론들로 말한다. 예를 들어 요한복음 6장에서 생명의 떡에 대한 대화체의 말씀은 25절에서 71절까지 이어진다. 그리고 13:31에서 시작되는 고별담론은 물론 중간에 단절이 있기는 하지만 17장까지 이어진다. 이것은 요한복음서에 나타나는 예수의 말씀들이 원래 단편적으로 전승된 독립된 말씀들을 한데 모아놓은 것이 아니라, 원래부터 공관복음서에 비해 상당히 길고 통일성 있는 담론으로 작성되었으리라는 인상을 준다. 그리고 요한복음서에 나오는 담론들의 절반 이상이 공관복음서에 나오지 않는다.

둘째로 예수의 말씀의 주제와 관련해서 보더라도 요한복음서의 예수는 임박한 하나님 나라의 도래에 대해서가 아니라 자기 자신에 대해서, 아버지로부터 보냄받은 자로서의 자신의 역할에 대해서 설파한다. 알려져 있듯이 공관복음서에서 예수는 자기 자신에 대해 말하는 것이 아니라 하나님의 통치가 임박해 있으며, 그러한 종말론적 통치의 징조가 함께 밥을 나누고 치유기적을 행하는 그의 활동 안에 이미 나타나고 있고, 미리 그것을 맛볼 수 있다고 말했다. 이에 반해 요한복음서에서 예수는 "나는 빛이다", "나는 문이다", "나는 목자다" 등 수많은 "나는……이다"(ἐγώ εἰμι)라는 말씀을 통해 자기 존재의 신적인 의미에 대해 말한다. 요한복음서에서는 기적을 전할 때에도 기적 자체보다는 기적행위자로서 예수라는 인물의 의미를 전달하는 데 관심이 있다. 그래서 기적설화에서조차 기적 자체는 뒷전으로 밀려나고 예수가 누구인지에 대한 훨씬 더 긴 담론이 부각된다. 이것은 요한복음서의 일차적인 관심이 그리스도론적인 데 있음을 말해준다.

셋째로 요한복음서의 기적이야기들은 공관복음서들에 비해 그 수가 적으며, 다음의 일곱 가지 내용으로 구성되어 있다.[3]

1) 가나에서 물로 포도주를 만듦(2:1-11)
2) 가나에서 왕의 신하의 아들을 고침(4:46-54)
3) 베데스다 못에서 중풍병자를 고침(5:1-15)
4) 갈릴리에서 무리를 먹임(6:1-15)
5) 갈릴리 호수에서 물 위를 걸음(6:16-21)
6) 예루살렘에서 소경을 고침(9:1-12)
7) 베다니에서 죽은 나사로를 살림(11:38-44)

위의 기적이야기들 중에서 5,000명을 먹인 이야기와 물 위를 걸은 이야기(요 6:1-21)를 제외하고는 요한복음서에만 나오는 것들이다. 그리고 기적

3 물론 21:1-7에도 많은 물고기를 잡은 기적이야기가 나온다. 그러나 21장은 복음서저자의 집필 후 다른 편집자에 의해 부가되었을 가능성이 높기 때문에 여기서는 제외했다.

을 기술하는 방식도 요한복음서는 공관복음서와 다르다. 요한복음서에서는 기적적인 행위 자체보다는 기적의 의미에 천착한다. 그래서 기적 자체에 대한 짤막한 보도가 나오고, 그 후일담이 훨씬 길게 이어지는 경우들이 많다. 대체로 이어지는 내용은 기적이야기에 나오는 특정한 동기를 발전시키거나, 아니면 언어적 유사성에 근거한 경우가 많다. 예를 들어 갈릴리에서 무리를 먹인 이야기의 경우도 무리에게 떡을 먹인 데 착안하여 예수는 하늘로부터 내려온 생명의 떡이라는 긴 담론으로 발전된다. 예루살렘에서 소경을 고친 이야기도 기적이야기 자체는 짤막하게 언급되는 반면 "예수가 누구인가"라는 문제와 관련해서 고침 받은 자와 바리새인들 사이의 심문 및 대화가 훨씬 길게 이어진다. 이것은 요한복음서에서 기적을 나타내는 독특한 단어인 표징(σημεῖον)이 말해주듯이 요한복음서의 기적들은 예수가 누구인지를 알려주는 표징의 의미를 지닌다는 것을 말해준다. 즉 요한복음서에서 기적은 그리스도론에 종속되는 측면이 있다고 말할 수 있다.

넷째로 요한복음서에서는 사건들의 순서가 다르다. 가령 성전정결은 죽기 직전 예수 생애의 마지막이 아니라 예수 선교의 초기에 일어난다. 요한복음서 저자는 공관복음서와 달리 예수가 예루살렘을 여러 차례 방문한 것으로 기술했기 때문에 이 사건을 공생애 초기에 배열할 수 있었을 것이다. 즉 요한은 성전정결을 여러 차례의 방문 가운데 한 차례에 일어난 것으로 기술할 수 있었던 것이다. 그리고 공관복음서에서는 예수의 공생애 기간 중 단 한 번의 유월절을 언급하는 데 반해 요한복음서에서는 세 번의 유월절에 대해 이야기한다. 그러므로 요한복음서의 역사성에 대해 회의적인 분위기가 신약성서 학자들 사이에 지배적이지만, 예수의 공생애가 3년이었다는 일반적인 가정은 요한복음서의 기술에 근거한 것이라고 할 수 있다. 요한이 그려준 바에 의하면 예수의 선교활동은 적어도 2년 지속되었다.

다섯째, 요한복음서에서 예수는 주로 남쪽인 유대 지역에서 활동하며, 여러 차례 예루살렘에 있는 것으로 나타난다. 갈릴리에서의 활동은 유대 지역에서 거부당한 후에야 이루어지는 것으로 나타난다(4:43-45). 공관복음서에 의하면 예수는 고향 갈릴리에서 예언자로 존경받지 못한 것으로 나타나지만, 요한복음서에 의하면 갈릴리가 아니라 유대에서 예수는 예언자로 존경을 받지 못한다(4:44). 또한 공관복음서, 특히 마가복음서에 의하면 부활한 예수가 제자들에게 나타난 곳이 갈릴리였던 것으로 되어 있는데, 요한복음서에서는 예루살렘이었던 것으로 기록되어 있다. 그래서 학자들은 요한복음서의 저자는 갈릴리에 별 관심이 없었고, 갈릴리 사람이 아니었을 것이라고 추측하기도 한다. 나아가서 요한복음서에만 등장하며, 요한복음서의 목격자 전승을 담보하는 인물로 여겨지는 '애제자'가 예수 생애 마지막에 예루살렘에서 제자가 되었고 원래 예루살렘 출신이었을 가능성(18:15)을 언급하기도 한다. 또 이러한 근거에서 공관복음서가 갈릴리 중심의 북부 복음서인 반면 요한복음서는 예루살렘 중심의 남부 복음서라고 추측하기도 한다.

여섯째, 요한복음서에 나타나는 최후의 만찬 보도는 공관복음서에서와 달리 성만찬 제정의 말씀을 포함하고 있지 않다. 또한 예수의 수세 장면을 기록하고 있는 공관복음서와 달리 요한복음은 예수가 세례 받은 것을 단지 암시할 뿐이다(1:29-34). 여기 근거해서 불트만을 비롯해서 많은 요한 연구가들이 요한복음서 저자는 성례전적 관심이 없었고, 특히 반교회주의적인 사상을 가지고 있었기 때문에 의도적으로 성례전적 암시가 있는 본문들을 삭제했다고 주장했다. 그러나 요한복음서에는 성례전을 암시하는 듯한 언급들이 많이 나온다. 가령 요한복음서에만 예수가 제자들의 발을 씻기는 장면이 나온다. 또 무리를 먹인 기적이야기(6:1-13, 26-65)에서는 "떡", "피", "먹다", "마시다", "축사하다" 등 성만찬과 밀접히 관련된 언어들이 나오고, 가나 기적이야기의 경우 물로 포도주를 만드는 것도 성만찬적인 암시로 간주되기도 한다. 또한 예수가 십자가 위에서 창으로 옆구리를 찔렸을 때 물과 피가 나왔다는 것(19:34)도 그리스도의 죽음과 성례전과의 연관성을 암시하는 것으로 해석되기도 한다.[4] 말하자면 성만찬 제정사가 나오지 않는다는 점에서 요한복음서에 성례전에 대한 직접적인 언급은 없다 하더라도 성례전에 대한 간접적인 암시는 공관복음서보다 오히려 더 많다고 할 수 있다. 그러므로 요한복음서에 성만찬과 세례에 관한 직접적인 언급이 나오지 않는다는 데 근거해서 요한복음서의 반성례전주의적, 반교회주의적 경향을 추론해내기는 어려울 것으로 보인다.

일곱째, 십자가처형이 일어난 날짜도 요한복음서에서는 다른 복음서들과 다르다. 공관복음서에 의하면 최후의 만찬은 유월절 첫날에 이루어졌다. 따라서 최후의 만찬은 유월절을 기념하는 만찬이었다(막 14:12; 마 26:17; 눅 22:7). 이 식사는 유월절 첫째 날이 시작된 후 저녁 해가 진 후에 하게 되어 있다. 예수의 재판과 처형은 다음날 해지기 전에 다 이루어졌으므로 십자가처형은 유월절에 있었던 것으로 추정된다. 반면 요한복음 13:1에 의하면 최후의 만찬은 축제의 첫날이 시작되기 전에 이루어졌다. 따라서 예수의 재판과 처형은 "유월절 준비일"에 일어난 것으로 추정된다(19:14). 학자들은 이것이 예수를 유월절 희생양으로 묘사하려는 요한의 신학적 의도와 관련이 있다고 본다. 요한에 의하면 예수는 유월절 전날 유월절 양을 잡는 시간에 십자가에 처형당했다. 그러므로 요한복음서에서는 예수의 죽음의 희생적 성격을 묘사하기 위해 유월절 전날 수난의 모든 사건이 일어난 것으로 기술했다는 것이다. 역사적으로 요한복음서와 공관복음서 중 어느 것이 맞는지는 알 수 없다. 다만 요한복음서는 신학적이고 상징적인 의도에서 유월절 양이 도살되는 순간에 예수가 죽은 것으로 기술했을 것이

---

4 요한복음의 성례전 사상에 대해서는 O. Cullmann(1973), *Early Christian Worship* (London: SCM Press); R.E. Brown(1968), "The Johannine Sacramentary", *New Testament Essays* (N.Y.: Doubleday Image Book) 참조.

다. 하지만 요한이 상징적인 의도에서 그렇게 기술했다고 해서 실제로 그랬을 가능성을 반드시 배제하는 것은 아니다.

마지막으로 공관복음서와 결정적으로 다른 것은 요한복음서가 제시하는 예수상이다. 요한복음서에서 예수는 말씀이며, "우리는 아버지의 독생자의 영광을 보았다"고 한다(1:14). 또한 공관복음서 저자들은 선재에 대해 전혀 암시하지 않지만 요한복음서에서 말씀은 태초부터 하나님과 함께했다.[5] 말씀이 육신이 되었을 때에도 말씀은 아버지의 품속에 머물러 있었다(1:18). 그러므로 요한의 예수는 모든 것을 안다. 그는 무화과나무 아래 있던 나다나엘을 알았고(1:48), 사마리아 여인이 결혼을 다섯 번이나 한 것도 알았으며(4:17-18), 누가 배신할지도 알았다(6:70-71). 그는 자신이 이 세상을 떠나야 할 때가 언제인지 알았고(13:1), 겟세마네 동산에서 괴로워할 때도 자신에게 무슨 일이 일어날지 알았다(18:4). 십자가 위에서 그는 모든 것을 이루었다는 것을 알고, 또 성경 말씀이 이루어지게 하려고 "목마르다"고 말하고 자신의 영을 내주었다(19:28). 이러한 예수상의 차이는 요한복음서의 독특한 "위로부터의 그리스도론"(High Christology) 때문이라고 할 수 있을 것이다.

그렇다면 이와 같은 요한복음서와 공관복음서의 차이를 어떻게 설명할 수 있을까? 위에서 서술한 차이들은 사실상 문학적 차이만이 아니라 역사 사회적 상황의 차이를 포함하며, 근본적으로는 신학적 차이에 근거한다. 과거에 학자들은 요한복음이 공관복음서의 부족한 부분을 보충하기 위해 씌어진 것이라고 보았다. 공관복음서가 육적인 복음서라면 요한복음서는 영적인 복음서라는 것이다. 그러나 세 복음서와 요한복음서를 면밀히 검토해보면 전반적으로 요한이 다른 세 복음서에 직접적으로 의존한 것 같지는 않다. 요한복음은 마태에 비해 누가와 마가에 더 가까운 것으로 보이

---

5 복음서보다 앞서 바울이 빌립보서에서 은밀한 방식으로 선재에 대해 언급했다(빌 2:6).

지만, 요한과 누가, 마가 사이의 공통적인 요소조차도 직접적인 문학적 의존관계가 있었음을 시사하지 않는다. 요한복음서 저자가 마가복음에 문학적으로 의존했을 가능성을 입증하려는 학자들이 있었지만, 많은 지지를 받지는 못했다. 그렇다면 요한복음서와 공관복음서 사이의 부분적인 유사성은 네 복음서들 배후에 있던 유사한 구전전승 때문이라고 설명할 수 있을 것이다. 요한이 복음서를 저술할 당시는 마가, 마태, 누가복음서가 예수전승에 대한 참된 표현으로 받아들여지고 있었을 것이다. 그러나 요한복음서 저자는 공관복음서를 수정하거나 확대하려 하지 않고, 공통의 구전전승을 받아들여서 예수전승에 대한 그 나름의 접근방식을 발전시켰던 것 같다. 그는 자신이 속한 구체적인 기독교공동체의 요구에 따라 그렇게 했을 것이다.

요한복음서 저자는 공관복음서와는 다른 방식으로 예수의 말씀을 제시했다. 모든 복음서저자들이 자신의 공동체의 요구에 맞추어 전승을 각색했겠지만, 공관복음서 저자들의 경우 예수의 말씀을 보존하는 데 있어서 보다 보수적인 접근방식을 취했던 반면 요한복음서 저자는 예수의 말씀들을 배열하고 변경하는 데 훨씬 더 많은 자유를 누렸던 것으로 보인다. 그는 예수의 가르침을 제시하지만 아마도 그것은 복음서저자, 또는 예수에 관한 설교를 하기 좋아했던 애제자의 말씀들로 소급될 수 있을 것이다.

그러나 애제자, 또는 복음서저자가 요한복음서에 나오는 예수의 이 담론들을 창작하지는 않았을 것이다. 왜냐하면 요한복음서와 거의 똑같은 여운을 남기는 다음과 같은 구절이 공관복음서에도 나오기 때문이다.

> 내 아버지께서 모든 것을 내게 맡겨 주셨습니다. 아버지밖에는 아들을 아는 이가 없으며, 아들과 또 아들이 계시하여 주고자 하는 사람밖에는 아버지를 아는 이가 없습니다(마 11:27).

이것은 대단히 미약하고 간접적인 형태일지라도 요한복음서에서 발전된 것과 같은 사상이 공관복음서 전승 배후에도 존재했을 가능성을 시사한다. 요한복음서는 구체적인 교회공동체의 필요에 맞게 이러한 해석의 한 가능성을 발전시켜 예수의 가르침을 각색한 창조적인 회상의 한 예라고 할 수 있다.

II. 요한공동체와 유대교

1. 요한공동체의 특징

각 복음서들은 분리된 개인들로부터 나온 것이 아니라 구체적인 공동체 전통의 일부분이다. 따라서 각 복음서들은 그 공동체가 어떻게 예수의 복음을 살아냈는지 드러낸다. 요한복음서는 그냥 한 개인의 작품이 아니라 믿는 자들의 구체적인 공동체를 건설하고 인도하고 그 안에서 살았던 한 개인의 작품이라고 보았을 때 독자들에게 더 설득력 있게 다가온다. 요한공동체와 관련해서 오늘날 몇몇 학자들은 "요한 학파"에 대해 이야기한다.[6] 아마도 요한복음서를 통해 우리가 확인하게 되는 공동체의 모습이 예수전승에 대한 독특한 해석으로 인해 어려움을 겪고 있는 공동체라는 점에서, 즉 공동체의 특정한 해석이 문제가 되었다는 점에서 학자들은 학파라는 생각을 하게 되었을 것이다. 고대 세계에서 학생들은 뛰어난 스승 주변에 모여들었고, 연구와 가르침을 통해 스승의 일을 계승했다. 이 학생들은 스승의 가르침을 기록했고 자신들의 저술을 통해 그 영향력과 효과를 연장해나갔다. 요한공동체는 근대적 의미에서의 학파와는 거리가 멀었겠지만, 예수전승에 대한 특정한 해석에 동의하고 그것을 이어나갔다는 의미에서 광의의 '학파'라는 말을 사용할 수 있을 것이다. 그리고 요한 학파가 존재했건 안

---

6 R.A. Culpepper(1975), *The Johannine School: An Evaluation of the Johannine School Hypothesis Based on an Investigation of the Nature of Ancient Schools*, Society of Biblical Literature Dissertation Series, 26 (Missoula: Scholars Press).

했건 간에 요한공동체 안에서는 아마도 애제자라는 한 개인이 예수전승에 대한 증인으로 존재했을 것이다. 요한공동체는 아마도 애제자의 추종자로 살았을 것이다. 이 집단으로부터 기독교는 요한복음서와 요한서신이라는 유산을 얻었다.

요한복음서와 서신들을 통해서 엿볼 수 있는 공동체는 작고 소종파적인 공동체이다. 요한공동체는 물론 1세기 말의 보다 큰 교회 내의 한 종파였고, 다른 집단과 전반적인 신념을 공유했을 테지만, 예수전승을 그들 나름으로 해석함으로써 주류 집단으로부터 어느 정도 거리가 있었던 것으로 보인다. 요한공동체는 자신들이 본질적이라고 생각하는 것, 즉 믿음과 사랑을 특히 강조하고자 했다. 그런 후라야만 그들은 다른 기독교적 관행들을 인정할 수 있었다. 또한 요한공동체는 이질적인 개인들이나 집단들도 자기 공동체 안에 받아들였던 것으로 보이는데, 그것도 단순히 관용한 것이 아니라 전폭적으로 받아들였던 것으로 보인다. 이 점에서 보면 요한공동체는 소종파적이면서 동시에 모두를 향해 열려 있었다. 즉 닫혀 있으면서 동시에 열린 공동체였다.

요한공동체를 소종파적인 공동체로 보는 데 대해 부정적인 견해를 가진 사람들도 많이 있다. 그러나 소종파라는 말의 일반적인 의미, 즉 동일한 일반적인 믿음의 체계를 고수하는 다른 집단들로부터 구별되는 특이한 믿음과 관행을 가진 사람들의 집단이라는 의미에서 소종파라는 말은 요한공동체에 적용될 수 있을 것으로 보인다. 가령 요한공동체의 구성원들은 세상을 사랑하지 않았는데, 이것은 소종파의 한 특징으로 볼 수 있다.

> 여러분은 세상이나 세상에 있는 것들을 사랑하지 마십시오. 누가 세상을 사랑하면, 그 사람 속에는 하늘 아버지에 대한 사랑이 없습니다(요일 2:15).

요한복음서의 예수는 세상을 위해 기도하지 않고(17:9) 추종자들이 이 세상 안에서 살면서 그 일부가 되지 않게 해달라고 기도한다(17:14-16). 또한 선한 목자의 음성을 알아듣는 사람들만이 그를 따를 수 있다(10:3). 다른 양들도 목자에게 속하기는 하지만 그들은 주의 음성을 알아듣는 법을 배워야 하며, 이미 거기 속한 사람들과 하나가 되어야 한다(10:16). 공동체에 속한다는 느낌이 그들을 사랑으로 서로에게 묶어주듯이 각 개인을 예수에게 묶어준다. 만일 개인이 공동체를 떠나기로 결정한다면, 분명히 그는 원래 속하지 않았던 것이다.

> 그들이 우리에게서 갔지만, 그들은 우리에게 속한 자들이 아니었습니다. 그들이 우리에게 속한 자들이었더라면, 그들은 우리와 함께 그대로 남아 있었을 것입니다. 그러나 결국에는 그들은 모두 우리에게 속한 자들이 아니라는 사실이 드러나게 되었습니다(요일 2:19).

이러한 것은 확실히 소종파적인 자의식과 관련이 있는 것으로 보인다. 또한 요한복음서에서는 사랑의 계명 — "내가 너희를 사랑한 것처럼 너희도 서로 사랑하여라"(13:34) — 조차도 소종파적으로 보인다. 공관복음서에서와 달리 요한복음서에서 예수의 추종자들은 원수를 사랑하라는 명령을 받지 않는다. 첫째이고 으뜸가는 계명은 형제, 즉 공동체에 속하는 사람들을 사랑하라는 것이다. 이들은 예수에 대한 헌신과 한 목자 아래 한 양떼로 사람들을 묶어주는 강력한 형제사랑을 강조했다. 요한복음서는 긴밀하게 연결된, 내적 응집력의 정도가 상당히 높은 신자들의 집단을 보여준다.

요한복음서의 이원론적 특징 역시 소종파적 성격과 관련해서 생각할 필요가 있다. 잘 알려져 있듯이 요한복음서에는 빛과 어둠, 진리와 거짓, 위와 아래, 선과 악, 생명과 죽음, 하나님과 세상 등 이원론적인 언어가 많이 나타난다. 학자들은 그동안 이러한 이원론적 개념들의 종교사적 배경을 연구해왔다. 가령 그러한 개념들이 영지주의적 배경으로부터 왔는지, 아니면 유대교, 특히 비정통적인 유대교인 쿰란 에세네파로부터 왔는지 탐구했다. 그러나 동일한 개념들이 쿰란과 영지주의 둘 다에 존재한다. 그리고 요한공동체는 혼합적인 사회에서 살았기 때문에 이러한 기원 문제와 관련해서는 어느 한 가지 만족스러운 답을 얻기가 어렵다. 다만 영지주의와 쿰란 사상 사이의 관련성을 추측해볼 수 있을 것이다. 즉 영지주의적 요소가 쿰란 문헌에 일부 나타난다는 사실에 주목할 필요가 있는 것이다. 오늘날 학자들 가운데서는 쿰란 에세네파를 후대 기독교 영지주의의 등장에 상당한 기여를 했을 유대 영지주의의 초기 형태로 보기도 한다. 아마도 혼합적이며 소종파적이었던 쿰란 유대교는 기독교 소식에 대한 독특한 해석을 위해 요한복음서 저자에게 필요했던 언어와 개념들을 제공해주었던 최상의 지적 환경이었을 것이다. 직접 영지주의에서 개념들을 가져왔다기보다는 비정통적인 형태의 유대교라고 할 수 있는 쿰란 에세네파를 통해 걸러진 영지주의적 언어와 개념들에 요한이 익숙했을 가능성이 있는 것이다. 따라서 쿰란 두루마리와 요한복음서 사이에 공통적으로 나타나는 전반적인 용어의 일치 역시 비록 직접적인 문학적 의존성이 분명히 나타나는 것은 아니라 하더라도 쿰란공동체의 문헌에 나타나는 사상과 요한공동체가 친숙했음을 보여준다고 할 수 있다.

이러한 요한의 이원론적 언어는 요한공동체의 소종파적 특징을 보여준다. 오늘날 요한복음서를 읽는 사람들은 빛과 어둠, 선과 악, 위의 세계와 아래 세계 사이의 투쟁에 대해 읽을 때 이것이 주류 사회의 삶으로부터 벗어나 있는 사람들로부터 나왔다는 인상을 받게 된다. 그들은 하나님의 사절인 예수와의 개인적 관계를 통해 구원을 경험할 것을 기대했다. 쿰란공동체 역시 정통 유대교적 삶의 방식으로부터 물러나서 사막의 공동체로 가서 한 교사, 즉 의의 교사에게 의존했고, 하나님과의 궁극적인 관계를 가져올 메시아, 또는 메시아들의 도래를 기다렸다. 요한공동체 역시 발전하는 주류 기독교로부터 어느 정도 떨어져서 살았고, 거의 타협을 허락하지 않는 기독교 신앙을 받아들였다. 요한공동체 구성원들 역시 완성을 기다렸지만, 그 완성은 예수의 오심을 통해, 즉 하나님의 말씀의 성육신을 통해 실질적으로는 이미 시작되었다.

요한공동체의 이러한 소종파적인 특징은 당시 교회상황과 관련해서 설명할 필요가 있다. 요한복음서가 쓰였던 1세기 말에 이르자 기독교 교회는 몇 가지 교회 직무들을 제도화할 정도로 발전했다. 그동안의 카리스마적인 교회질서 형태는 제도화된 권위와 위계질서에 자리를 내어주게 되었다. 몇몇 교회 지도자들은 교회 안에서 자신들의 직무를 베드로에게까지 소급시켰고, 예수 자신의 권위에 근거한다고 주장하기까지 했다. 아마도 요한공동체는 기독교에 대한 이러한 해석과 갈등을 일으키게 되었고, 교회질서에 대한 그들 나름의 형태를 제시하고자 했을 것이다. 요한3서 9-10절은 요한공동체가 다른 기독교공동체들과 어려움을 겪었음을 암시한다.

> 내가 그 교회에 편지를 써 보냈습니다. 그러나 그들 가운데서 으뜸이 되기를 좋아하는 디오드레베는 우리를 받아들이지 않았습니다. 그러므로 내가 가면, 그가 하는 일들을 들추어내겠습니다. 그는 악한 말로 우리를 헐뜯고 있습니다. 그는 그것으로도 만족하지 않고, 자기도 신도들을 받아들이지 않을 뿐만 아니라, 받아들이려는 사람들까지 방해하고, 그들을 교회에서 내쫓습니다.

이렇게 요한공동체가 다른 공동체와 긴장관계를 이룬 것은 제도화되어 가는 교회질서에 대해 부정적인 입장을 가지고 있었기 때문이기도 하지만, 보다 근원적으로는 예수에 대한 이해 자체가 달랐기 때문이었을 것이다. 즉 기독교 신앙에 대한 애제자 공동체의 해석은 다른 초기 공동체들의 해석과 달랐고, 이러한 불일치와 차이는 불가피하게 그 구성원들을 어려움에 처하게 만들었을 것이다. 그리고 그리스도에 대한 요한공동체의 이 새로운 이해는 주류 기독교공동체만이 아니라 보다 근본적으로는 당시 유대교당국과 마찰을 일으켰고, 이것은 요한공동체의 경험의 가장 깊은 상처로 남았다. 당시 유대교와의 갈등은 요한공동체의 상황의 가장 핵심적인 내용으로서 요한신학 형성의 중요한 맥락을 형성한다. 따라서 요한복음서 안에 다양한 방식으로 그 흔적을 남기고 있는 이 갈등을 좀 더 상세하게 다룰 필요가 있다.

2. 요한공동체와 유대교와의 갈등

오늘날 요한복음서를 연구하는 학자들은 요한공동체의 역사적 상황에 대한 마틴과 브라운의 연구를 대체로 받아들이고 있다.[7] 마틴은 요한복음서를 탄생시킨 요한공동체의 역사적 경험으로서 회당축출 사건을 요한복음 9장을 토대로 밝혀주었고, 브라운은 요한복음서와 요한서신의 본문들에 근거해서 요한공동체의 역사적 발전 단계와 그에 상응하는 신학적 발전과정을 추측했다. 여기서는 마틴의 연구를 중심으로 유대회당과 관련한 요한공동체의 역사적 경험을 그려보기로 한다.

요한복음서에서는 유대인들에 대해 공관복음서에서와는 다른 방식으로 말한다. 공관복음서에서는 개별적인 유대교 집단들이 각기 독자적으로 등장하는 반면(가령 바리새파, 사두개파, 율법학자들, 장로들), 요한복음서에서는 유대인들을 무차별적으로 "유대인들"이라는 말로 한꺼번에 기술하는 경향이 있다. 요한이 그리는 유대인 상은 대단히 부정적이다. 주로 논쟁적인 문맥에 유대인들이 등장하는 경우가 많으며, 오해장면들은 예수의 인격과 그의 기원에 대해 유대인들의 마음이 닫혀져 있음을 보여준다(가령 7:33-36;

---

7 요한공동체와 유대교와의 갈등을 요한복음서의 중심적 갈등으로 보는 것과 다른 각도에서 요한복음서를 로마제국의 황제숭배에 대한 저항담론으로 해석한 연구도 있다. 김선정(2003), 『요한복음서와 로마황제숭배』 (서울: 한들) 참조.

8:21-24). 그들은 예수를 찾아서 죽이려 하며(5:18; 8:59) 유대인들에 대한 두려움 때문에 제자들은 틀어박혀 있다(20:19). "아브라함을 조상으로 가지고 있다"는 유대인들의 주장(8:39)에 대해 예수는 "너희들은 악마를 조상으로 가지고 있다"(44절)고 비난한다. 이 비난으로 요한복음서에서 유대인들과의 논쟁도 정점에 달한다.

이처럼 요한은 유대공동체 내의 다양한 집단들을 뭉뚱그려서 "유대인들"이라고 지칭할 뿐만 아니라, 보다 중요한 것은 이 말을 분명히 경멸하는 의미로 사용하고 있다는 점이다. "유대인들"은 예수의 적대자들을 나타내는 말이다.[8] 따라서 요한이 예수를 반대하는 사람들, 즉 의미상 하나님께 반대하는 세상을 묘사하는 데 왜 "유대인"이라는 표현을 선택했는지가 문제가 된다. 이와 관련해서 요한공동체와 유대교 사이에 구체적인 사건을 계기로 형성된 긴장관계가 존재했다고 볼 수 있을 것이다. 이 문제와 관련해서 결정적으로 중요한 마틴의 연구에 의하면 요한공동체를 괴롭혔던 주요 문제는 회당축출이었다. 마틴에 의하면 처음에 요한공동체는 회당 안에서 예수를 믿는 유대인들로서 메시아적인 특수집단으로 시작했는데, 세력이 커지면서 축출당하게 되었다고 한다. 예전에 회당에 속해 있다가 본의 아니게 축출당한 회당 내 기독교적 유대인들의 집단이 그들 자신의 의지와는 상관없이 유대 그리스도인들의 분리된 공동체로 발전했다는 것이다.

마틴은 특히 요한복음 9장의 소경치유 설화에 근거해서 이러한 주장을 펴고 있다. 이 본문에서 유대당국은 예수와 예수를 그리스도라고 고백하는 사람들의 적으로 나타난다(22절). 유대당국은 바리새인이라고도(13, 15-16, 40절) 유대인들(18, 22절)이라고도 말해진다. 이 두 개념을 이렇게 동의어적으로 사용하는 것은 예수 시대에는 불가능한 일이었고, 사실상 바리새파에

8 사실 유대인들 모두가 예수에게 적대적이지는 않다. 요한은 예수를 믿는 유대인들에 대해서도 언급한다(8:31). 그러나 그런 유대인들조차도 예수에 대한 온전한 이해에 도달하지 못하는 것으로 나타난다.

의해 유대교 지도층이 성립되기 시작했던 A.D.70년 이후에나 가능한 일이었다. 또한 9장 전체를 지배하는 그리스도론적인 토론 역시 후대의 상황과 관련된다. 여기서는 인자(35절)와 주(38절)로서의 예수에 대한 신앙에 대해 말하고 있다. 그리스도 고백은 신앙고백의 근본내용이며(22절), 예수의 제자집단이 모세의 제자들과 대립된다(28절). 사실 이러한 구분은 "예수 당시로서는 생각할 수 없는 일이었다. 왜냐하면 그렇게 구분하는 것은 예수의 제자되는 것을 모세의 제자되는 것과 대립적이거나 거의 경쟁적이기까지 한 것으로 전제하기 때문이다. 그렇게 생각하는 것은 회당이 기독교 운동을 분명하게 자신들과 구분되는 경쟁자로 인식하기 시작한 상황에서나 가능한 일이었다."[9]

마틴에 의하면 이러한 구절들에서 요한의 서술은 두 차원의 드라마로 이루어졌다. 즉 예수의 삶에서 일어난 것으로 서술된 사건들은 90년경 일어났던 회당과 요한공동체 사이의 갈등관계를 반영한다는 것이다. 요한은 의식적으로는 아니더라도 복음서에서 자기 공동체의 어려움들을 묘사하고 있다. 가령 "요한복음서 9장에서 날 때부터 맹인인 사람은 나사렛 예수로부터 고침을 받은 예루살렘의 한 유대인으로서만 역할을 하는 것이 아니라, 메시아 신앙으로 인해 고립된 한 공동체의 구성원이 된 유대인의 역할을 하고 있다."[10] 예수를 메시아로 믿는 유대인들로 이루어진 이 고립된 공동체는 회당으로부터 쫓겨났다(특히 9:22, 34-35; 16:2 참조). 9장의 이러한 그리스도론적인 논의는 이미 상당히 발전된 그리스도론을 알고 있던 한 그리스도인 집단이 그들의 신앙 때문에 유대교와 대결하고 있는 상황을 전제한다. 이 대결이 역사적 예수와 그의 유대교 적대자들과의 논쟁에 대한 요한의 서술방식에 영향을 끼쳤다는 것이다.

---

9 J.L. Martyn(1979), *History and Theology in the Fourth Gospel* (Nashville: Abingdon Press), p. 39.

10 J.L. Martyn(1979), p. 62.

한편 마틴에 의하면 두 차원의 드라마는 요한이 창안해낸 것이 아니라 유대 묵시문학으로부터 온 것이다. 묵시문학에서는 미래와 현재가 두 차원을 이루었다면, 요한에게서는 과거와 현재가 두 차원을 이룬다.[11] 즉 묵시문학에서는 종말론적 미래에 현재를 투사해서 기술했다면, 요한복음에서는 역사적 예수의 과거에 현재를 투사해서 기술하고 있다. 두 차원의 모델에 의해 과거(예수 시대)와 현재(요한공동체의 시대) 사이의 이분법적인 대립이 방지된다. 공동체는 예수의 시대에서 그들 자신의 시대를 발견하고, 예수의 시대에 근거해서 그들 자신의 시대를 이해함으로써 두 시대가 긴밀하게 관련되고, 자신들의 시대가 구원의 시대로 규정된다는 것이다.

9장 본문이 요한공동체의 상황을 반영하고 있다는 점은 "회당축출"(ἀποσυνάγωγος) 개념에서 아주 분명하게 드러난다(22절; 34-35절의 '그를 밖으로 내쫓았다'[ἐξέβαλον αὐτὸν ἔξω]라는 말도 이와 비슷한 의미로 사용되었을 것이다). 이 말은 두 번 더 요한복음서에 나오는데(12:42; 16:2a) 확실하게 회당으로부터 축출되는 것을 의미하며, 계도를 위한 벌로 생각되었던 일시적인 회당출교와는 달랐다. 본래 회당출교는 "회당 내의 일종의 교정책으로서 해당자가 율법에 보다 잘 순종하고, 회당생활을 제대로 할 수 있도록 인도하기 위한 것이었지, 결코 그 사람을 회당으로부터 완전히 내쫓기 위한 것은 아니었다."[12] 이에 반해서 요한복음서 9장에 나오는 회당축출은 완전히 회당으로부터 내쫓는 것이다. 이것은 후대의 사정이 예수 당시의 상황으로 투사되었음을 말해준다. 유대교로부터 영구적인 출교를 당하는 일은 유대교가 제의공동체로 새롭게 재건될 때마다 일어났다(스 9-10장; 특히 10:8). 말하자면 70년의 대파국 이후 유대교가 재건되어야 했을 때, 새롭게

---

11 J.L. Martyn(1979), pp. 135-137.

12 H.L. Strack/P. Billerbeck(1965), *Kommentar zum Neuen Testament aus Talmud und Midrasch. II Das Evangelium nach Markus, Lukas und Johannes und die Apostelgeschichte* (München: Kaiser Verlag), p. 330.

생겨나는 제의공동체를 이방인들로부터 지켜야 하는 생존의 문제가 다시 제기되었을 때가 바로 그러한 때였다고 할 수 있다.

따라서 "회당축출"(ἀποσυνάγωγος) 개념은 70년 이후의 시대를 가리킨다. 16:2a에 또 이 말이 나오는데 이것은 그러한 사실을 다시 한 번 입증해 준다. 여기서는 미래적으로 이 말이 나온다. "사람들이 너희를 회당에서 내쫓을 것이다."(16:2a) 여기서 예수는 자신의 시대를 넘어서 미래에 있을 회당으로부터의 출교를 말하고 있으며, 따라서 예수의 이 말은 사후예언으로 보아야 한다. 15:18-16:4의 포도나무 담론 전체는 요한공동체의 어려운 상황에 근거해서 이해되어야 한다. 공동체는 자신들의 운명이 예수와 뗄 수 없이 결부되어 있다고 믿고, 이러한 운명공동성으로부터 현재의 위기를 넘어설 힘을 창출해냈다.

앞에서 제시한 본문들은 두 차원의 드라마가 이론의 여지없이 분명하게 드러나는 구절들이었다. 그러나 다른 구절들에서도 앞의 본문들처럼 분명하지는 않지만 요한공동체의 상황이 드러난다. 마틴에 의하면 5:1-18같은 본문도 분명히 두 차원의 드라마로 그려졌다. 특별히 18절에서 마틴은 이중성을 찾아낸다. "유대 사람들은 이 말씀 때문에 더욱 더 예수를 죽이려고 하였다. 그것은, 예수께서 안식일을 범하였을 뿐만 아니라, 하나님을 자기 아버지라고 불러서, 자기를 하나님과 동등한 위치에 놓으셨기 때문이다." 여기서는 단지 예수만이 위협받고 있는 것이 아니라 요한공동체도 위협받고 있다는 것이다. 그것도 예수와 하나님이 동등하다고 주장하는 요한공동체의 그리스도론 때문에 위협받고 있다.[13]

유대인들의 눈에 요한 그리스도인들은 이단이었고, 이단에 대한 대책의 대상이 되었다. 70년 이후에는 이 조처가 강제적인 것이 되었다. 70년 예루살렘 파괴 이후에는 바리새파만이 유일한 유대인 지배집단으로 살아남았

13 J.L. Martyn(1979), p. 68, 또한 pp. 68-73 참조.

다. 예루살렘이 파괴될 때 사두개인들은 많이 죽임을 당했던 반면 율법학자들이 주도했던 바리새파 운동은 참변 이후 다시 모여든 유대인 공동체 설립의 주축이 되었다.[14] 유대전쟁 기간(66-70년) 동안 팔레스타인의 일부 바리새파 율법학자들은 플라비우스조 황제들과 우호적인 관계를 추구했다.[15] 바리새파는 파국 직후에 얌니아에 유대 교육의 중심지를 건설할 수 있을 만큼 로마로부터 신임을 받았다. 이 중심지가 랍비 유대교의 본원지가 되었으며, 규범적인 유대교로 섰다. 이 새로운 지도력 아래 유대교는 급속히 다시 힘을 얻었고, 경쟁적인 다른 유대교 운동들은 탄압받았다. 한편으로 이러한 탄압은 집단규율이라는 명분 아래 자행되었다. 이 새로운 바리새파적인 유대공동체는 지도부가 확고하게 힘을 장악했기 때문에 탄생할 수 있었을 것이다. 그러나 여기에는 신학적인 근거 역시 작용했다. 얌니아에 바리새 중심지를 건설했던 랍비 벤 자카이와 그의 동료들은 70년의 대파국을 이스라엘의 죄에 대한 벌로 이해했다. 그리고 그의 견해에 의하면 철저한 율법준수만이 그러한 사정을 개선할 수 있다.[16] 율법에 대해 이들과 같은 태도를 가지고 있지 않은 집단들은(가령 유대 그리스도인들이나 혼합주의적인 유대인들) 이러한 상황에서는 모두 이단으로 간주되었다.

얌니아의 바리새파 학자들은 자신들과 달리 생각하는 사람들을 처치하기 위한 법적인 근거를 1세기 말 18기도문의 열두 번째 저주문으로(Birkat

---

14 E. 로제(1971), 『신약성서배경사』, 박창건(역) (서울: 대한기독교출판사, 1984), p. 44.

15 예를 들어 랍비 요하난 벤 자카이는 69년 예루살렘을 포위하기 위해 예루살렘 바로 앞까지 쳐들어온 베스파시아누스와 협상하여 황실령인 얌니아에서 율법학자들이 계속 그 직무를 수행할 수 있도록 확답을 얻어냈다(Ab. R. Nath. IV, 6). 얌니아의 그의 후계자 가말리엘 2세의 저작에 인용된 전승들에 따르면 그는 유대인들에게는 엄격한 고행을(Mischn. *Ber.* II. 5-6) 이방인에 대해서는 현명한 외교를 강조했다. B. 라이케(1968), 『신양성서시대사』, 한국신학연구소 번역실(역) (서울: 한국신학연구소, 1986), p. 304.

16 J. Neusner(1970), *A Life of Yohanan ben Zakkai ca. 1-80 C.E.* (Leiden: E.J. Brill), pp. 10-12, 174-188.

ha-Minim) 만들었다. 이 기도문의 기본적인 내용은 마카비 봉기 때로 거슬러 올라가며, 최종 편집과정에서 이스라엘의 정치적, 종교적 적대자들을 향한 열두 번째 저주문은 개작되었고, 1세기 말의 실질적인 논쟁상황에 맞추어 보충되었다. 그 내용은 이렇게 되어 있다. "변절자들에게는 희망이 없습니다. 뻔뻔스러운 정부(로마)를 우리가 살아 있는 동안 하루 빨리 없애주소서. **나사렛 사람과 미님들**은 한 순간에 죽고, 생명의 책에서 지워져 의인들과 함께 기록되지 못할 것입니다."[17] 여기서 나사렛 사람들이라는 말은 분명히 유대 그리스도인들을 뜻할 것이다. 물론 그들은 비르카트 하미님에서 미님, 즉 이단자들의 집단이라고 지칭했던 부류에 해당한다. 따라서 미님이라는 개념 안에 이미 포함되는 유대 그리스도인들을 "나사렛 사람들과 미님"이라고 따로 명시한 것으로 보아 그들의 중요성 때문에 특별하게 언급한 것이라고 할 수 있다. 그렇다면 비르카트 하미님은 유대교 내부의 전열을 가다듬기 위한 것이었으며, 재건의 시기에 민족을 하나로 통일시키기 위한 시도였다고 할 수 있다. 요한복음서에서 보면(특히 앞에서 언급한 9장; 15:18-16:4) 적어도 요한공동체가 회당예배에서 그들을 배제하는 열두 번째 저주문에 의해 심각한 타격을 받았다고 말할 수 있다.[18] 유대교 내의 이질적인 다른 집단들과 마찬가지로 요한공동체도 1세기 말엽 유대교 내부의 전열 가다듬기에 희생된 것이다.

---

17 H.L. Strack/P. Billerbeck(1965), IV, pp. 212-213의 독일어 번역을 참조했음.

18 C.K. 바레트(1978b), 『요한복음(II)』, 박재순, 박경미(공역) (서울: 한국신학연구소, 1985), pp. 112-114 참조. 미님들이 회당예배에서 쫓겨나는 것은 오직 18기도문을 낭독함으로써만 가능했다. 미님들이 열두 번째 저주문이 묘사하는 그들 자신에 대한 저주에 실제로 동의하지 않을 수도 있었고, 이 경우 그들은 회당예배를 멀리 했다. 때로 비르카트 하미님은 공동체 내에서 알려지지 않은 이단자들을 찾아내기 위해서도 이용되었다. 강제로 18기도문을 낭송하도록 하면, 그들은 열두 번째 저주문을 생략하고 이로써 그들의 정체가 드러난다는 것이다. Berakoth 28b-29a; J.L. Martyn(1979), pp. 59-60; I. Elbogen(1962), *Der jüdische Gottesdienst in seiner geschichtlichen Entwicklung* (Hildescheim: Georg Olms Verlag), pp. 37-38.

요한공동체가 랍비 유대교로부터 쫓겨남으로써 어떠한 어려운 상황에 처하게 되었는지를 구체적으로 알 수는 없다. 다만 그러한 결과가 유대교적 환경 안에서는 큰 파급효과를 지녔음에 틀림없다고 짐작할 수 있을 뿐이다. 이단자들은 종교적으로만이 아니라 경제적으로도 고립되었다. 회당공동체로부터의 추방은 곧 민족공동체 자체로부터의 추방이기도 했으며, 법적인 불확실성과 경제적인 어려움 속에 빠지는 것을 의미했다. 가령 tHul 2m20-21에서는 다음과 같이 말한다. "그들에게 물건을 팔아서도, 사서도 안 되며, 그들과는 어떤 일도 같이 해서는 안 된다. 그들의 아들들에게는 기술을 가르쳐서도 안 되고 그들로부터 치료를 받아서도 안 된다. 즉 소유물도, 사람도 치료를 받아서는 안 된다." bAZ 27b에서는 요약적으로 다음과 같이 말하고 있다. "미님들과는 어떤 일도 같이 해서는 안 되며, 한 시간이라도 더 살기 위해 그들로부터 고침을 받아서도 안 된다." tBM 2, 33에는 다음과 같은 말이 나온다. "이방인들은…… 사람들을 (그들이 처해 있는 위험한 구렁텅이로부터) 끌어올리지도, 끌어내리지도 못한다. 그러나 미님들은…… 사람들을 끌어내리기만 하고 끌어올리지는 못한다."(tShab 13, 15 참조)[19] 따라서 차라리 이방인들이 미님보다 좋게 묘사되고 있다. 이방인들은 하나님을 알지 못해서 부정하지만 미님은 알면서도 부정하기 때문이다. 또한 회당축출은 유대민족에 대한 관계에만 영향을 끼친 것이 아니라 로마 점령세력과의 관계에 대해서도 파급효과를 지녔다. "유대 봉기 이후 바리새적인 유대교로의 재조직화는 로마당국의 허락과 후원 아래, 그리고 그들의 내부인 통치정책에 따라 이루어진 것이었기 때문에 회당으로부터 쫓겨난 그리스도인들은 로마당국 아래서 아무런 보호도 받을 수 없었다. …… 그들은 회당에 의해 잠정적인 선동자로 고발당한 것이나 다름없었다."[20]

---

19 H.L. Strack/P. Billerbeck(1965), IV, pp. 332-333 참조.

20 W. Schmithals(1984), *Neues Testament und Gnosis* (Darmstadt: Wissenschaftliche Buchgesellschaft), p. 114.

만일 요한공동체를 초기 랍비 유대교가 그들의 공동체로부터 추방한 "이단자들의 집단"으로 규정할 수 있다면, 그리고 이러한 추방의 결과로 요한공동체의 삶이 구체적으로 위협을 받았다면 요한복음서에서 유대교와의 관계가 긴장되고 상호모순되게 나타나는 것을 이해할 수 있다. 그것은 한편으로는 비역사적이고 영지주의적인 소집단이 되지 않으려면 이스라엘과의 구원사적인 연속성을 포기할 수 없는 데 반해서 다른 한편으로는 유대교로부터 실제적인 거부를 당하고 있는 현실을 어떻게든 소화해내야 했기 때문이었다. 유대교와의 이러한 긴장관계는 요한공동체의 가장 일차적인 문제로 간주되어야 하며, 이 시대사적인 배경에 비추어 보아야 비로소 요한복음서가 제대로 이해될 수 있다. 즉 요한복음서의 이야기들은 예수 자신에게 일어난 사건들에 대해서 이야기하면서 동시에 요한공동체 자체의 문제와 그에 대한 해결방식을 이야기하고 있다고 말할 수 있다. 이 점에서 요한복음서의 많은 이야기들은 두 차원의 드라마로 쓰였다.

이것은 요한복음서에서 유대인들에 대한 부정적인 표현들을 평가하려면 요한공동체의 시대사적인 상황을 충분히 고려해야 한다는 뜻도 된다. 요한복음서에 나타나는 반유대적인 서술들은 당연히 기독교 신학의 체계적인 한 요소로 삼을 수 없다. 오히려 요한복음서가 유대인들과의 대결을 신학적으로 문제의 여지가 있는 방식으로 지나치게 부각시켰다는 사실과, 그럼으로써 후대의 유대인 박해의 신학적인 근거를 예비했다는 사실은 요한복음서로서는 하나의 부담일 수 있다. 요한복음서가 이러한 비난들로부터 결코 벗어나 있다고 말할 수 없다. 그러나 유대인들과의 대결에 대한 요한의 신학적인 의미부여가 결코 제멋대로 임의적으로 이루어진 것이 아니라, 유대인들로부터 박해를 받고 있는 상황에서 요한공동체의 믿음을 확고히 세우고, 위기를 극복하기 위한 의도에서 이루어졌다는 점 역시 고려해야 한다. 갈등상황을 신학적으로 설득력 있게 해석해야만 위기에 처한 공동체가 살아남을 수 있었던 것이다.

그리고 요한복음서의 반유대적 경향이 지니는 위험성과 결함에 대해 지적하는 것과 동시에 현대의 이스라엘이 팔레스타인 사람들을 향해 벌이고 있는 일은 반유대주의라는 말 자체를 무색하게 만들고 있다는 사실 역시 지적해야 할 것이다.[21] 오늘날 이스라엘은 과거 자신들이 당했던 아우슈비츠의 끔찍한 폭력을 팔레스타인 사람들에게 자행하고 있다. 홀로코스트의 희생자가 홀로코스트를 자행하는 자가 된 것이다. 오늘날 전 세계 금융자본을 독점하고 미국의 경제 및 군사정책에 막강한 영향력을 미침으로써 전 세계의 가난한 자들을 더욱 가혹한 삶의 벼랑 끝으로 몰아가고 있는 이스라엘은 더 이상 희생자와 동의어가 될 수 없으며, 따라서 그들이 반유대주의의 문제를 입에 올릴 자격이 있는지조차 의문스럽다. 오히려 오늘날 하나의 국가로서 이스라엘은 요한공동체에게 끔찍한 폭력을 가한 요한복음서의 유대인의 모습과 닮았다.

이것은 이제 우리가 반유대주의의 문제를 예전과는 다른 맥락에서 제기해야 한다는 사실을 말해준다. 전체주의 사회는 늘 구성원들 중 가장 약한 집단 하나를 희생양으로 삼아 부정적인 상징으로 만들고 그들이 모든 악의 근원이자 문제의 근원지라는 악의적인 신화를 날조해내며 실질적인 폭력을 가한다. 그렇게 함으로써 경험적으로 존재하는 실제 사람들이 하나의 부정적인 상징, 전형이 되는 것이다. 서구 역사 속에서 반유대주의의 희생자였던 유대인들은 살아 있는 개체 인간들이면서도 하나의 부정적인 상징으로 전형화되었다. 요한복음서의 경우도 궁극적으로 문제가 되는 것은 유

21 요한복음서와 유대교의 문제를 요한공동체의 역사적 상황과 오늘의 상황을 관련시켜 반성적으로 성찰한 저술로 D.M. Smith(2008), *The Fourth Gospel in four Dimensions: Judaism and Jesus, the Gospels and Scripture* (Columbia: Univ. of South Carolina Press); D.M. Smith(1990), "Judaism and the Gospel of John", *Jew and Christian: Exploring the Past, Present, and Future,* ed. by J.H. Charlesworth (New York: Crossroad) 참조.

대인들을 부정적으로 상징화하는 실질적인 첫 걸음을 내디뎠다는 것이다. 물론 요한공동체는 유대인들로부터 뼈아픈 박해의 경험을 했던 공동체라는 점을 정상참작한다고 해도 그렇다. 실제로는 한 사람 한 사람 구체적인 개인으로만 존재할 수 있는 인간 집단을 부정적으로 전형화하는 전체주의적 습성이야말로 악마적인 것이다. 전체주의는 늘 희생양을 필요로 한다. 그러므로 정말 우리가 물어야 할 것은 오늘 우리가 또 다른 희생양을 만들고 있는 것은 아닌가, 우리 시대의 희생양은 누구인가라는 물음이다. 이것은 오늘날 "반유대주의"에 대한 문제제기는 역사적 유대인, 또는 이스라엘을 넘어서 끔찍한 폭력과 차별, 불평등 속에서 신음하는 사람들, 개발이나 성장이데올로기로 인해서 자생적인 삶을 빼앗긴 풀뿌리 민중을 옹호하는 것이 되어야 한다는 것을 의미한다.[22]

3. 요한복음서에 나타나는 다양한 집단들[23]

요한복음서 저자는 자신의 복음서 안에서 예수 이야기를 하면서 실은 자신들의 이야기, 요한공동체의 이야기를 했다. 즉 두 차원의 드라마를 펼쳤다. 따라서 요한복음서와 요한서신을 통해 요한공동체의 환경의 일부를 이루었던 공동체 안팎의 여러 집단의 존재를 확인할 수 있다. 브라운은 그의 책 『요한교회의 신앙과 역사』에서 이 다양한 집단들을 밝혀주고 있다.[24] 그

---

22 요한복음서의 반유대주의에 대한 본격적인 연구로 특히 J.M. Lieu(2001), "Anti-Judaism in the Fourth Gospel", *Anti-Judaism and the Fourth Gospel,* ed. by R. Bieringer, D. Pollefeyt and F. Vandecasteele-Vanneuville (Louisville: Westminster/John Knox Press) 참조.

23 J. Painter(1991), *The Quest for the Messiah* (Edinburgh: T&T Clark)에서는 요한복음서에 등장하는 다양한 집단들을 그리스도론적 차이와 관련해서 분석하고 있다.

24 R.E. 브라운(1979), 『요한교회의 신앙과 역사』, 최흥진(역) (서울: 한국장로교출판사, 2010).

에 따르면 이들 중 첫 번째 집단은 요한공동체에 대한 광범위한 반대자들, "세상"이다. 요한공동체가 세상에 속하지 않았다면, 이들은 세상에 속했다. 이 사람들은 의식적으로 어둠 가운데 머무르기로 결정한 사람들이다. 그들은 사탄의 영향 아래, 어둠의 왕과 이 세상의 왕의 영향 아래 머물러 있다. 이들의 존재로 인해 요한공동체는 어둠을 택한 자들 한가운데서 낯선 이방인으로 살고 있다는 느낌을 가지게 되었을 것이다.

이들과 관계가 있지만 구분되는 두 번째 집단은 "유대인들"이다. 이 유대인들은 예수를 받아들이지 않았으며, 예수에 대한 믿음을 고백하는 유대인들을 박해했다. 이 집단은 앞에서 언급했듯이 80년 이후 예수를 메시아로 고백하는 사람은 누구나 회당에서 축출하기로 결정한 사람들이다. 예수와 아버지가 하나라는 요한 그리스도인의 신앙은 유대교의 심장부를 겨냥해 일격을 가한 것이나 다름없었고, 따라서 요한공동체는 이들로부터 저항을 받을 수밖에 없었다.

세 번째 집단은 예수가 아니라 세례 요한이 메시아라는 믿음을 가지고 있었던 유대인들 집단이다. 아마도 이처럼 세례 요한의 추종자들이 있었다는 사실로 인해 요한복음서는 공관복음서에 비해 세례 요한의 중요성을 더 약화시키게 되었고, 그를 세례자(요한복음서에서 이 말은 사용되지 않았다)가 아니라 예수를 증거하는 기독교적 증인으로 그리게 되었을 것이다. 그는 예수는 흥하고 자신은 쇠해야 한다고 인정한 사람이며, 예수에 대한 증인이라는 것이다. 오직 예수만이 참된 메시아라는 것이다.

네 번째 집단은 은밀한, 숨은 그리스도인들이다. 이들은 회당 안에 남아 있기로 결정했지만 개인적으로는 예수를 믿었다. 그들은 두 진영 모두에서 살고자 했다. 유대인들이 예수의 추종자들을 고발하는 기도문을 포함하기로 결정했을 때, 이 숨은 그리스도인들은 예수에 대한 신앙을 공개적으로 고백하거나 아니면 돌아가서 회당의 믿음에 완전히 참여하거나 양단간에 결정을 내려야만 했다. 참된 그리스도인이라면 결국 회당과 결정적으로 결별해야만 했다. 유대교 편에서 내디뎠던 이 결정적인 걸음은 숨은 그리스도인들로 하여금 예수의 새로운 길을 향해서든, 아니면 그 반대 방향으로든 결단을 내리도록 촉구했다.

다섯 번째 집단은 요한공동체와는 다른 그리스도론적 견해를 가진 사람들이다. 이 유대 그리스도인들은 예수를 단지 하나님이 보낸 기적행위자로만 받아들였다. 말하자면 표징신앙을 가진 사람들이다. 이들은 요한복음서에서 옹호하는 '위로부터의 그리스도론'을 인정하지 않았고, 예수를 하나님의 아들로 받아들이지 않았다. 요한복음서 저자가 보기에 이들의 신앙이 설사 예루살렘 공동체에까지 소급될 수 있다 하더라도 이들은 참된 신자들이 아니었다. 사람들은 처음에는 예수를 기적행위자로 받아들일 수 있지만, 그러한 신앙은 예수를 하나님의 영원한 아들로 받아들이는 데까지 발전해야 한다. 공동체 안에는 '아래로부터의 그리스도론'(Low Christology) 신봉자와 '위로부터의 그리스도론'(High Christology) 신봉자가 다 있었던 것 같다.

요한전승에 나타나는 마지막 집단은 다른 사도 교회의 그리스도인들이다. 이 신자들의 기원은 베드로와 그외 사도들에게까지 소급될 수 있을 것이다. 이들은 온건한 '위로부터의 그리스도론'을 발전시켰는데, 동정녀 수태를 통해 하나님이 인간 역사에 기적적으로 개입한 것을 강조하기는 했지만, 그와 하나님과의 관계가 정확히 어떤 것인지 설명하지는 않았다. 이들의 교회론 역시 요한의 접근방식과 달랐다. 요한공동체가 보기에 이들은 믿음과 사랑이라는 본질적인 것을 강조하는 대신 지나치게 기독교의 교리들에 사로잡혔다.

요한공동체 안팎에는 이처럼 다양한 집단들이 있었고, 요한공동체는 다른 모든 사회집단과 마찬가지로 이러한 다양한 사회 속에서 살아가는 법을 배워야 했을 것이다. 아무도 사회적 영향으로부터 벗어날 수 없고 어느 집단이나 자신에게 도움이 되는 것을 선택하고 해가 되는 것을 피하듯이, 요한공동체 역시 앞의 다양한 집단들의 영향과 사회적 긴장 속에서 자신의 영향권을 만들어가야 했을 것이다. 어떤 사람들은 요한공동체에 속했다가 나중에 떠났고, 그들은 이 집단이 소종파적 성격을 띠게 되는 데 중요한 기능을 했을 것이다. 이처럼 구별되는 집단들은 요한공동체가 직면했던 문제들을 이해하는 데 도움을 줄 뿐만 아니라 요한복음서의 독특한 문학과 신학의 형성과정을 이해하는 데도 빛을 던져준다.[25]

이러한 공동체 안팎의 다양한 집단들을 살펴볼 때 역시 당시 유대교당국과의 관계가 결정적인 변수였다는 것을 확인할 수 있다. 요한공동체의 경험과 관련해서 볼 때 당시 유대교의 영향력은 강력했다. 그러나 유대교 외에도 1세기 말 근동 사회는 사람들에게 구원의 길을 제시하는 다양한 종교적 가르침들로 들끓었고, 기이한 제의들을 행했던 신비종교는 구원의 약속을 통해 많은 사람들을 끌어당겼다. 그리스 철학은 에피쿠로스의 쾌락으로부터 엄격한 스토아주의에 이르기까지 백가쟁명하고 있었다. 그 가운데서 초기 영지주의 사상은 유대교와, 심지어 기독교 안에도 많은 추종자들을 거느리고 있었다. 요한공동체는 혼합적인 환경 속에서 살았기 때문에 이 영향들 중 어떤 것은 복음서 안에 들어올 수 있었을 것이다. 비밀의 지식을 전달함으로써 구원을 약속하는 영지주의는 요한서신에 근거해 보면 이 공동체에 문제를 야기했던 것으로 보인다(요일 1:1). 영지주의의 영향은 요한복음서 안에도 나타난다. "진리가 너희를 자유롭게 할 것이다"(8:32)라는 말은 영지주의적으로 들린다. 예수는 자신이 아버지로부터 배운 것만을 가르치며, 또한 그는 세상의 빛이다. 이것은 영지주의적이지 않다 하더라도 적어도 비의적이다. 또한 "나는 길이요 진리요 생명이다"(14:6)라는 말씀 역시

25 이러한 관점에서 요한복음서와 서신에 이르는 요한공동체의 변천과정과 다양한 집단들을 연구한 것으로는 U.C. Von Wahlde(2010), *The Gospel and Letters of John* (Grand Rapids, Mich.: William B. Eerdmans Pub.); 김진호(2009), 『급진적 자유주의자들』 (서울: 동연) 참조.

영지주의적 언어와 유사하다. 이런 점에서 요한복음서에는 영지주의적 언어나 개념의 여운이 나타난다.

그러나 요한복음서는 영지주의적 가현론과는 거리가 멀다. 가현론은 예수의 육체는 실제 인간의 육체가 아니었다고 주장했지만, 요한복음서는 예수의 전 활동 기간에 걸쳐 그의 육체의 실재성을 강조함으로써 그러한 생각에 반대했다. 예수는 목마르고 배고프며 피곤해 했다. 부활 이후에도 그는 제자들과 함께 식사했다. 하나님의 아들은 육을 입고 살았으며 인간으로서 죽었다. 요한복음서 저자는 십자가 위에서의 사랑과 죽음을 통해서만 영의 수여가 이루어지며, 구원이 이루어진다는 기본적인 개념으로부터 결코 벗어나지 않았다(12:32). 그리고 요한복음서에서는 지식이 아니라 사랑이 모든 것을 이긴다.

결국 요한공동체의 사회적, 종교적 환경을 살펴보면, 이 복음서의 환경이 혼합적이라는 사실이 분명해진다. 이 공동체에는 반대자들과 비판자들이 있었으며, 그들은 구약성서 신학은 물론이고 쿰란공동체 같은 비정통적인 유대교로부터도 사상과 용어를 빌려왔다. 또한 신비주의적이고 영지주의적인 영향권 역시 요한공동체 가까이 존재했음을 확인할 수 있다. 나아가서 이 복음서는 공관복음서, 특히 누가와 마가와 유사한 구전전승에 의존했다. 그러나 요한공동체는 마지막에는 이 모든 요소들과 다르고, 그 어떤 복음서와도 다른 문서를 탄생시켰다. 그렇게 된 데에는 무엇보다도 요한공동체 자신의 구체적인 경험이 결정적이었을 것이다. 그 경험의 핵심에는 앞에서 말한 유대교와의 갈등이 있었을 것이다. 요한공동체가 자신들의 이 뼈아픈 경험을 이해하고 소화해내는 데 당대의 다양한 종교적 동기들이 총동원된 것이다. 이 모든 과정은 사회학만이 아니라 심리학과도 관련되었을 것이다. 믿음, 사랑, 은혜, 자유, 개인, 애제자라 불리는 카리스마적인 교사 주변에 모여 있는 특별한 분리의 경험 등, 이러한 각각의 요소는 요한복음서 안에서 어떤 형태로든 표현되었고, 결과물로서 요한복음서는 소종파적이고, 내적, 외적으로 많은 문제를 안고 있던 한 공동체의 모습을 보여준다. 오늘날 이 과정을 구체적으로 이해하기 위해서는 신학적이고 사회학적이며 심리학적인 요소들을 다루어야 할 것이다. 그러한 작업을 통해 예수의 의미에 대한 이 독특한 증언, 요한이라는 한 독창적인 신학자의 발언이 좀 더 구체적이고 실물적으로 다가올 수 있을 것이다.

III. 요한복음서의 구조

공관복음서의 경우 구조를 나눌 수 있는 중요한 표지가 비교적 분명하게 드러난다. 일반적으로 베드로의 고백과 예수의 첫 번째 수난예고가 전반부와 후반부를 나누는 분수령이며, 예수의 선교활동이 이루어지는 지역도 전반부에서는 갈릴리, 후반부에서는 예루살렘으로 비교적 분명하게 나뉜다. 이러한 지리적인 구분은 이야기의 방향을 정하며, 극적인 발전을 이루는 계기가 된다. 그러나 요한복음서에서는 그러한 분기점이 뚜렷이 나타나지 않는다. 처음 11장에서는 대체로 예수의 생애와 관련된 설화들이 주요 담론들과 함께 나온다. 그러나 분명한 논리적 움직임은 보이지 않고, 전체적인 지리적 구도도 분명치 않다. 예수는 한 번이 아니라 여러 번 예루살렘에 있으며, 5-7장에서 그가 예루살렘과 갈릴리를 오가는 것은 따라잡기 어려울 정도다. 공관복음서에서는 수난과 부활을 계기로 예수가 하나님의 아들임이 드러나는 것으로 기술하기 때문에 전반부에서 후반부에 이르는 신학적 사유의 흐름이 비교적 분명하게 드러나지만, 요한복음서에서 예수는 태초부터 말씀이며, 하나님과 함께 하는 분이고, 독생자이다. 그래서 이러한 그리스도론적 인식이 복음서 초반부터 강력하게 전제되어 있고, 신학적 인식의 변화가 전반부와 후반부 사이에 뚜렷하게 나타나지 않는다.

연대기적인 상이나 극적인 발전 역시 불분명하다. 가령 공관복음서의 경우 성전정결에 대한 이야기를 공생애 후반부에 기술해서 이러한 유대당국과의 대결 때문에 예수의 죽음과 관련된 일련의 비극적 사건들이 일어났다는 인상을 준다. 그러나 요한복음서에서는 성전정결에 관한 이야기가 앞부분에 나온다(2:13-22). 그리고 요한은 이 행동이 예수의 죽음으로 끝나게 되는 일련의 사건들을 유발시킨 것처럼 서술한다(17절). 요한은 공관복음서들보다 훨씬 일찍 5장 18절에서 예수를 죽이려는 예루살렘 당국자들의 음모가 있었던 것으로 기술하며, 예수가 마지막으로 예루살렘을 방문하기 전에 그의 생명을 노리는 시도가 이미 여러 번 있었다고 기록하고 있다(5:16-18; 7:32, 44; 8:20, 59; 10:39). 요한복음서에서는 점진적으로 끔찍한 절정으로 발전되는 것이 아니라, 처음부터 그렇게 예정되어 있었던 것처럼 기술한다.

따라서 이야기의 점진적인 전개나 극적인 전환과 관련해서 보면 요한복음서를 구조적으로 나누는 외적인 표지를 발견하기 어렵다. 그럼에도 불구하고 요한은 결정적인 전환을 예감하게 만드는 구절들을 군데군데 심어놓았다. 요한에 의하면 예수는 태초부터 하나님의 독생자였고, 신적 존재였으며, 처음부터 수난받고 영광받도록 예정되어 있지만, 구체적인 '그의 때'는 아버지가 결정한다. '그의 때'가 이르기 전까지 아무리 적들이 예수를 체포하고 해치려 해도 그들은 신비스러울 정도로 그에게 아무런 영향을 끼치지 못한다. 아직 '그의 때'가 이르지 않았기 때문이다. 요한복음서에서 예수는 여러 번 "자신의 때"에 대해 말하며, 화자도 역시 '그의 때'에 대해 말한다.

> 사람들이 예수를 잡으려고 하였으나, 아무도 그에게 손을 대는 사람이 없었다. 그것은 그의 때가 아직 이르지 않았기 때문이다(7:30).

> 이것은 예수께서 성전에서 가르치실 때에 헌금궤가 있는 데서 하신 말씀이다. 그러나 그를 잡는 사람이 아무도 없었다. 그것은 아직도 그의 때가 이르지 않았기 때문이다(8:20).

때가 아직 이르지 않았다는 것이다. 그러나 12장에서 예수는 자신이 영광받는 때이자 아이러니하게도 죽음의 때이기도 한 '그때'가 왔다고 말한다.

> 예수께서 그들에게 대답하셨다. "인자가 영광을 받을 때가 왔다. 내가 진정으로 진정으로 너희에게 말한다. 밀알 하나가 땅에 떨어져서 죽지 않으면 한 알 그대로 있고, 죽으면 열매를 많이 맺는다." …… "지금 내 마음이 괴로우니, 무슨 말을 하여야 할까? '아버지, 이 시간을 벗어나게 하여 주십시오' 하고 말할까? 아니다. 나는 바로 이 일 때문에 이때에 왔다"(12:23-27).

그리고 12:37-43에서는 예수의 공적 활동에 대한 요약적인 서술과 그의 활동이 일반 백성들에게 어떠한 영향을 끼쳤는지에 대한 평가가 나온다.

한편 13:1에서는 "유월절 전에 예수께서는 자기가 이 세상을 떠나 아버지께로 가야 할 때가 된 것을 아시고"라고 분명하게 말한다. 예수가 십자가에 올려지고, 영광받을 때가 왔다는 것이다. 이 구절은 요한복음서의 구조를 그때가 이르기 전과 후로 구분짓는 중요한 분기점이라고 할 수 있다. 예수의 전 생애는 이 '때'에 비추어 조망되고 있으며, 예수의 생애 중 어떤 일도 우연히 일어나지 않는다. 모든 일은 태초부터 정해져 있거나 구약성서에 "기록되어 있다." 예수는 예정된 시간에 하나님의 뜻에 따라 십자가로 올려지며, 영광받는다.

이 '때'와 관련해서 또 한 가지 중요한 점은 요한은 이것을 예수가 아버지로부터 보냄을 받아서 세상에 왔다가 다시 돌아가는 때로 그리고 있다는 것이다. 예수는 하나님의 말씀으로 아버지로부터 보냄을 받은 자로 왔다 이제 다시 돌아갈 때가 되었다는 것이다. 요한복음서의 예수는 이렇게 말한다.

> 나는 잠시 동안 너희와 함께 있다가, 나를 보내신 분께로 간다. 그러면 너희가 나를 찾아도 만나지 못할 것이요, 내가 있는 곳에 너희가 올 수도 없을 것이다(7:33-34).

그러므로 이 '오고 감'의 도식에서 본다면 12장 끝부분에서 예수가 말하는 "때"는 예수가 아버지에게로 돌아가는 때이며, 1-11장은 예수가 세상으로 오는 것에 대해, 13-21장은 예수가 세상으로부터 아버지에게로 돌아가는 것에 대해 그리고 있다. 1-11장에서 예수의 공적 계시의 대상은 세상이며, 요한은 예수의 힘있는 행위들, 표징들과 가르침들에 대해 기록하고 있다. 브라운은 이 부분에 "표징의 책"이라고 제목을 붙였는데, 그것은 이 장들에서는 "표징"이라 불리는 예수의 기적들과 그러한 표징들을 해석하는 담론들을 주로 기술하고 있기 때문이다. 이와는 대조적으로 복음서 후반부에서 "표징"이라는 말은 20:30의 요약적인 기술에서만 나온다.

복음서 후반부는 최후의 만찬이 있었던 목요일 저녁부터 부활절 이후 예수가 그의 제자들에게 나타난 때까지를 이야기하는데, 시종일관 예수가 아버지에게로 돌아가는 것을 주제로 삼고 있다(13:1; 14:2, 28; 15:26; 16:7, 28; 17:5, 11; 20:17). 이 귀환은 예수의 영광받음을 의미하며(13:31; 16:14; 17:1, 5, 24) 부활한 예수는 주님이자 하나님으로 제자들에게 나타난다(20:25, 28). 13장에서부터 초점은 그가 세상으로부터 떠나서 아버지에게로 돌아가는 것으로 옮겨지며, 계시의 대상도 제자들로 바뀐다. 13-17장에 이르는 예수의 말은 모두 "자기의 사람들"(13:1)에게 한 것이고, 그들은 그가 사랑하는 자들이며, 그에게 와서 그를 믿는 제자들이다. 이 부분에서 예수는 제자들로 하여금 자신이 떠나는 상황에 대비하도록 준비시킨다. 12장은 그의 선교의 첫 번째 국면에서 두 번째 국면으로 넘어가는 전환점으로서 무슨 일들이 일어났는지를 요약하면서 동시에 앞으로 무슨 일들이 일어날지를 예견하고 있다. 복음서의 후반부는 복음서의 내용과 저술 목적에 대해 언급하는 20:30-31의 결론에서 끝난다. 21장은 일종의 부록이라고 할 수 있다. 그리고 이러한 복음서의 전반부와 후반부의 근본적인 의미가 서막에서 예수를 받아들이지 않는 그의 백성들과 예수를 받아들여서 하나님의 자녀가 된 사람들을 대조하는 두 구절들로 요약되었다(1:11-12).

브라운은 요한복음서에서 그리고 있는 이 같은 예수의 생애를 높은 곳에서 아래로 내려왔다가 다시 올라가는 진자의 운동에 비유했다.[26] 서막의 찬가에서 보면 맨 처음에 로고스는 천상에 있다. "말씀은 하나님과 함께 계셨다."(1:1) 다음에 세상 안에서의 그의 활동에 대해 묘사하고 있다. "그는 세상에 계셨다. 세상이 그로 말미암아 생겨났는데도, 세상은 그를 알아보지 못하였다."(1:10) 그러나 "우리는 그의 영광을 보았다. 그것은 아버지께서 주신, 외아들의 영광이었다."(1:14) 이제 마지막으로 한 번 더 진자는 천상을 향해 올라간다. "일찍이, 하나님을 본 사람은 아무도 없다. 아버지의 품속에 계신 외아들이신 하나님께서 하나님을 알려주셨다."(1:18) 이 같은 움직임이 나머지 복음서 안에도 나타난다. 아들은 하늘로부터 내려온 분이다(3:13). 그러나 그분은 사람들로부터 거부당했다. 왜냐하면 그들은 빛보다 어둠을 더 좋아했기 때문이었다(3:19). 그가 자신의 백성들로부터 거부당했을 때 그 생애의 저점에 도달한다. "예수께서 그렇게 많은 표징을 그들 앞에 행하셨으나, 그들은 예수를 믿지 아니하였다."(12:37) 표징의 책은 이 진자의 전반부 움직임, 즉 하향곡선을 기술하고 있다.

반면 영광의 책은 상향곡선을 기술한다. 모든 사람을 그에게로 이끌(12:32) 인자의 "올림"은 말 그대로 예수가 지상으로부터 올려지는 십자가에서 시작된다. 겉보기에 십자가처형은 굴욕일 뿐이지만 예수가 스스로 자신의 목숨을 내놓았다가 능력으로 그것을 다시 취할 것이기 때문에(10:18) 요한의 십자가 개념에는 승리의 요소가 있다. 그것은 영광을 이루는 죽음이며, 십자가에 달린 예수는 당시 세계의 주요 언어로 왕이라고 선포된다(19:19-20). 예수의 올림은 부활에서도 계속되며, 부활은 예수가 아버지께로 올라가는 과정의 일부로 해석된다(20:17). 그러나 요한은 진자의 상향곡선

26 R.E. Brown(1970), *The Gospel According to John II* (Garden City, New York: Doubleday & Company), pp. 541-542.

이 정점에 달했을 때, 즉 예수가 아버지와 함께 있을 때 자신의 이야기를 끝마치지 않는다. 만일 예수가 하나님의 아들이라면 그는 하나님의 가족을 확대하고 다른 사람들도 자신처럼 하나님의 사랑을 누릴 수 있게 하는 일에 헌신할 것이다. 따라서 영광받은 예수가 한 첫 번째 행위는 위로부터 나게 하는(3:3, 5) 성령을 제자들에게 수여하는 것이었다(20:22). 그럼으로써 하나님이 그들의 아버지가 되고 예수가 그들의 형제가 되게 하는 것이었다(20:17).

이런 맥락에서 보면 요한복음서 서막과 나머지 복음서 전체가 인자 예수의 내려옴과 올라감이라는 구도에 따라 주의깊게 구성되었음을 알 수 있다. 그러므로 요한복음서에서는 공관복음서에서처럼 성전정결이나 베드로의 고백과 같은 극적인 외적 사건을 통해 결정적인 분기점을 마련해놓지는 않았지만, 사물과 사건의 내적인 흐름, 또는 의미론적 맥락 안에서 극적인 전환을 설정해놓았다. 요한은 사물의 안쪽에 더 관심이 있는 것 같다. 그는 사건들의 외적인 전개과정, 인과관계를 묘사하기보다는 하나님의 경륜 안에서 정말로 무슨 일이 일어났는지, 사건의 진정한 내적 의미를 기술하는 데 더 관심이 있다. 그래서 갈릴리/예루살렘, 탄생과 공생애/수난과 부활 같은 시공간적이고 외적인 계기들을 중심으로 예수 생애를 기술하고 있는 공관복음서들에 비해 요한은 훨씬 더 해석학적이고, 신학적이며, 반성적이다. 그렇게 함으로써 요한은 예수의 삶과 죽음을 통한 계시의 신적 의미를 전달하는 데 성공했다.

위에서 언급한 요한복음서의 구조를 브라운의 구조분석에 근거해서 기술하면 다음과 같다.[27] 크게 보면 요한복음서는 표징의 책(1:19-12:50)과 영광의 책(13:1-20:31)을 중심으로 앞뒤에 서막(프롤로그 1:1-18)과 후일담(에필로그 21:1-25)이 붙은 형태로 되어 있다.

---

27 R.E. Brown(1966), *The Gospel According to John I* (Garden City, New York: Doubleday & Company), pp. CXL-CXLIV; R. 불트만(1968), 『요한복음서 연구 상』, 허혁(역) (서울: 성광문화사, 1979), p. 1.

1. 1:1–18 서막

서막은 아마도 마지막 단계에 복음서 안에 들어온 부분으로서 요한공동체 안에서 긴 발전을 거친 후 고정된 형태를 얻었을 것이다. 원래 초대 기독교의 찬가였으며, 요한공동체에서 유래했을 것이다. 독자는 서막의 이 시적인 이야기에서 제공된 지식으로 준비가 된 상태에서 산문 이야기(1:19-20:31)를 읽게 된다. 서막 자체만 읽어서는 구체적으로 무슨 내용인지 이해할 수 없지만, 서막에서는 시적이고 은유적인 언어로 복음서 전체의 내용을 미리 예시함으로써 첫머리부터 요한복음서의 독특한 분위기를 연출해낸다.

불트만은 요한복음서에서 서막의 중요성을 이렇게 묘사했다. 독자는 "그것들(서막의 동기들)을 완전하게 이해할 수는 없지만 반쯤은 이해할 수 있고 반쯤은 신비한 채로 남기 때문에 긴장이 생겨나며, 앞으로 말해질 내용을 이해하기 위해 반드시 필요한 **질문**을 하게 된다."[28] 독자의 앎과 알지 못함 사이에 긴장이 생기며, 이로부터 질문이 생겨난다는 것이다. 이어지는 복음서의 본론은 이 질문에 대한 답이다. 서막에서는 말씀이 육신이 되는 사건 배후에 누가 있는지, 이어질 사건들을 궁극적으로 누가 일으켰는지를 감지하게 된다. 즉 그 모든 사건들 배후에 하나님이 있으며, 그것은 궁극적으로 하나님의 행위라는 사실을 감지하게 된다. 그러나 그 하나님의 행위가 세상 안에서 "어떻게" 일어났는지, 하나님과 그리스도와의 관계가 어떠한지는 서막 안에서 감추어진 채로 있으며, 질문으로 남는다. 따라서 복음서 본론에서 이야기하고 있는 예수의 생애는 "어떻게" 하나님의 행위가 예수 안에서 일어났는지 보여주며, 아버지와 아들, 보냄받은 자와 보낸 분으로서

---

28 R. Bultmann(1971), *The Gospel of John: A Commentary* (Oxford: Blackwell), p. 13 (강조점은 불트만에 의한 것임); M. Theobald(1988), *Die Fleischwerdung des Logos: Studien zum Verhältnis des Johannesprologs zum Corpus des Evangeliums und zu 1 Joh*. (Münster: Aschendorf), pp. 367-371도 참조.

의 하나님과 그리스도와의 관계에 대해 말하고 있다.[29] 이러한 유기적 관련성 안에서 복음서 서막은 성육한 말씀의 생애에 대한 복음서 이야기의 서곡으로서 적절한 기능을 하도록 각색되었을 것이다.

또 한 가지 서막과 요한복음서의 나머지 부분과의 관계에 대해 언급할 수 있는 것은 신화와 역사와의 관계이다. 대부분의 신약성서 학자들은 근본적으로 신화에 대해 거부감을 가지고 있다. 신학적 논의에서 이것은 대체로 신화와 역사를 이분법적으로, 대립적으로 이해하고, 이중 일방적으로 역사에 강조점을 두는 것으로 나타났다. 신화는 역사와 대립적인 개념이고, 따라서 사실이 아니며, 허구이고 거짓말이라는 것이다. 이 때문에 신약성서의 많은 이야기들을 신화로 유형화하고 해석하는 데 대해 근본적인 거부감이 있어왔다. 이러한 거부감의 근저에는 그리스도 사건의 역사적 사실성을 상실하게 되지나 않을까 하는 두려움이 깔려 있다.

그러나 서막의 문체는 신화적인 성격을 지닌다. 무엇보다도 그것은 그리스도 사건을 신화적인 태초론의 형태로 기술하고 있으며, 그 안에 등장하는 로고스, 하나님 같은 말들은 당대의 헬레니즘 문헌들에 광범위하게 나타나는 말이다. 헬레니즘 시대의 다양한 종교들에서는 제사에서 사용된 운문형태의 찬가들이 많이 있었는데, 요한복음서에서는 이러한 운문형태의 찬가와 예수 사건을 결합함으로써 독특하게 역사와 신화를 결합시킨 형태가 되었다고 할 수 있다.

이와 관련해서 알터는 요한복음서 서막과 나머지 본문과의 관계를 제의적 운문으로부터 허구적 산문으로의 문학적 변화로 설명하고자 했다. 그에 따르면 성서 저자들은 고도로 구조화된 다신교 예배의 서사적, 제의적 표현

---

29 W. Booth(1961), *The Rhetoric of Fiction*, 2nd ed. (Chicago: University of Chicago Press, 1983), p. 255: "중요한 문학작품들은 '무엇'이 아니라 '어떻게'에 대해 서스펜스를 일으킨다."

들로부터 의식적으로 단절하고자 할 때 허구적 산문을 사용했다.[30] 제의적인 시로부터 허구적 산문으로의 이행은 "허구적인 인물들을 무시간적인 사건들의 고정된 움직임으로부터 벗어나게 할 수 있고, 따라서 이야기를 제의적인 공연으로부터 벗어나서 자유를 향한 인간의 여정에 대한 묘사로, 도덕적인 행위자이자 동기들과 느낌들의 복합체로서 남녀 인간들의 뒤틀림과 모순됨에 대한 묘사로 변형시킬 수 있다."[31] 그에 따르면 요한복음서 안에서도 그와 비슷한 일이 일어나고 있다. 서막은 그 시적인 성격으로 인해 하나님과 그의 말씀, 창조, 그리고 피조물의 역사 사이에 질서화된 체계가 만들어진다. 그런데 1:19-20:31의 산문적인 설화는 그 질서를 흔들리게 하며, "자유를 향한 인간의 여정" 안에서 일어난 하나님의 자기계시에 대해 이야기한다는 것이다.

2. 1:19-12:50 "표징의 책"-세상을 향한 계시

서막 뒤에 이어지는 이 부분은 연속적으로 연결되는 이야기이며, 2:13; 6:4; 11:55 세 번에 걸쳐 유월절이 언급된다. 여기서 예수는 표징과 말씀을 통해 자신이 아버지로부터 보냄받은 계시자임을 그의 백성들에게 드러내지만 거부당한다. 브라운은 이 부분에 "표징의 책"이라고 제목을 붙였는데, 그것은 이 장들에서는 "표징"이라 불리는 예수의 기적들과 그러한 표징들을 해석하는 담론들을 주로 기술하고 있기 때문이다. 표징들은 눈에 보이는 표징들을 넘어서 그 의미를 볼 수 있는 믿음을 가진 사람들에게(2:11; 11:4, 40) 구체적인 기적의 형태로 예수의 영광을 선취해서 보여준다. 그러나 많은 사람들이 표징들을 부분적으로만 이해했으며, 부적절한 믿음을 통

---

30 R. Alter(1981), *The Art of Biblical Fiction* (New York: Basic Books), pp. 23-46.

31 R. Alter(1981), p. 26; W. Carter(1990), "The Prologue and John's Gospel: Function, Symbol and the Definitive Word", *JSNT* 39, pp. 35-58, 특히 pp. 48-50.

해 표징을 받아들였다. 그리고 세상은 표징을 통한 예수의 계시를 거부한다. 따라서 표징의 책(1:19-12:50)은 "그가 자기 땅에 오셨으나, 그의 백성은 그를 맞아들이지 않았다"(1:11)는 서막의 선언을 예수와 그를 만난 남녀들이 벌이는 사건들로 이야기화해서 표현한 것이라고 할 수 있다.

표징의 책이라 불리는 이 요한복음서 전반부에 나오는 표징들은 다음과 같다.

1) 가나에서 물로 포도주를 만듦(2:1-11)
2) 가나에서 왕의 신하의 아들을 고침(4:46-54)
3) 베데스다 못에서 중풍병자를 고침(5:1-15)
4) 갈릴리에서 무리를 먹임(6:1-15)
5) 갈릴리 호수에서 물 위를 걸음(6:16-21)
6) 예루살렘에서 소경을 고침(9장)
7) 베다니에서 죽은 나사로를 살림(11장)

위의 기적들 중 "가나에서 왕의 신하의 아들을 고침"(4:46-54), "갈릴리에서 무리를 먹임"(6:1-15), "물 위를 걸음"(6:16-21), 이 세 가지 기적이야기는 공관복음서에도 유사한 이야기가 나오며, 나머지는 요한복음서에만 나오는 기적이야기들이다. 다만 9장의 소경치유 기적의 경우 학자들에 따라 공관복음서에서 병행을 발견하기도 한다(마 9:27-31; 20:30-34; 막 10:46-52; 눅 18:35-43). 이 일곱 개의 기적이야기들은 "표징의 책" 전체에 걸쳐 흩어져 있으며, 2:1-12과 4:46-54의 표징이야기를 제외한 나머지 표징이야기들에서는 기적 다음에 그와 관련된 긴 담론이 이어지거나 적대자들과의 논쟁이 이어짐으로써 기적이 표징으로서 어떠한 의미를 지니는지 알려준다.

표징의 책을 세부적으로 어떻게 구분하느냐는 문제에 대해서는 확고한 지표가 없다. 가령 세 차례에 걸쳐 유월절을 언급한 시간적 틀도, 일곱 개의 표징이야기들도 단락구분을 위한 지표로서는 꼭 맞아떨어지지 않는다. 다만 브라운이 언급했듯이 2-4장에서는 갈릴리 가나(2:1-12)로부터 예루살렘(2:13-3:21), 유대 지역(3:22-4:4)과 사마리아(4:5-42)를 거쳐 다시 갈릴리 가나(4:43-54)로 돌아오는 공간적 이동이 눈에 띄며, 5-10장에서는 안식일(5:1-47) — 유월절(6:1-71) — 초막절(7:1-8:59) — 초막절 다음 사건(9:1-10:21) — 봉헌절(10:22-39)이라는 유대 절기와 관련한 시간적 맥락이 나타난다. 그리고 이 두 부분을 중심으로 앞에 나오는 1:19-51은 세례 요한과 예수의 첫 제자들에 대한 이야기로서 복음서의 주요 등장인물들이 소개되고, 뒤에 나오는 11장과 12장에서는 예수가 죽은 나사로를 살리는 표징사건을 중심으로 생명과 죽음의 주제가 교차한다. 나사로를 살림으로써 생명을 수여한 결정적인 표징사건에 대해서 유대인들로 대표되는 세상은 예수의 죽음을 모의하는 극단적인 반응을 보인다. 이 점에서 이 부분은 대단히 역설적이다. 그리고 12장은 후반부인 "영광의 책"으로 넘어가는 전환부분으로서 예루살렘 입성과 예수의 죽음을 예고하는 사건들에 대해 기록하고 있다. 12장 마지막 부분에서 요한은 "예수께서 그렇게 많은 표징을 그들 앞에 행하셨으나, 그들은 예수를 믿지 아니하였다"(37절)는 말로 사실상 "표징의 책" 전체를 요약하고 있다. 그리고 실질적으로 이것은 복음서의 전반부가 끝난다는 표지이기도 하다. "표징의 책"의 단락구분을 대략적으로 제시한다면 1:19-51(세례 요한과 첫 제자들); 2-4장(가나에서 다시 가나로); 5-10장(유대 절기와 예수); 11-12장(생명을 주는 예수-전환부)으로 나눌 수 있을 것이다.[32]

---

32 R.E. Brown(1966), pp. CXXXVIII-CXLIV 참조.

3. 13:1–20:31 "영광의 책"

후반부인 "영광의 책"은 13:1의 "유월절 전에 예수께서는, 자기가 이 세상을 떠나서 아버지께로 가야 할 때가 된 것을 아시고, 세상에 있는 자기의 사람들을 사랑하시되, 끝까지 사랑하셨다"는 말로 시작된다. 이것은 실질적으로 복음서의 후반부가 시작된다는 표지라고 할 수 있다. 앞서 언급했듯이 "영광의 책"은 믿는 자들로 이루어진 제한된 청중들을 대상으로 하며, 예수는 영광을 받고 아버지에게로 올려져서 세상이 존재하기 전부터 아버지와 함께 누렸던 영광을 다시 누리게 된다(17:5). 이제부터 예수는 십자가처형과 부활, 승천의 "때"를 통해 아버지에게 돌아감으로써 자신을 받아들인 사람들에게 그의 영광을 보여줄 것이다. 이 부분에서는 예수의 완전한 영광받음이 이루어지며, 예수는 제자들에게 생명의 영을 수여한다. 수난과 십자가처형, 부활, 승천의 "때"에 대해 기술하고 있다.

실질적인 영광받음, 올림의 "때"는 십자가처형으로 시작되지만, 13–17장의 고별담론에서 예수는 자신의 영광받음의 의미를 제시하고 있다. 본격적으로 올림과 영광받음이 이루어지기 전에 최후의 만찬과 고별담론은 그 사건들을 미리 해석하는 기능을 한다.[33] 공관복음서의 경우 최후의 만찬 장면에서 성만찬 제정사를 통해 예수의 죽음의 의미를 해석하고 있다면, 요한복음서에서는 13장의 세족행위를 통해 예수의 죽음의 의미를 행동으로 보여준다. 즉 예수의 죽음은 제자들을 깨끗하게 하고 그들로 하여금 그와 함께 할 수 있게 한다는 것이다. 고별담론과 예수의 마지막 기도(17장)는 예수의 죽음이 끝이 아니며 예수는 영 그리스도인 보혜사를 통해 다시 옴으로써 제자들과 끝까지 함께 할 것이라고 약속한다. 예수는 그들이 박해를 받는 가운데서도 항상 그들과 함께 할 것이다. 그리고 그가 돌아오면 예수와 제

33 R.E. Brown(1970), p. 542.

자들, 그리고 그들을 통해 믿는 자들까지 평화와 기쁨 가운데 하나가 될 것이다(15:1-17). 궁극적으로 제자들과 그리스도의 하나됨은 아버지와 아들의 하나됨에 근거하며, 그것과 유사한 하나됨이다(17:21). 이처럼 예수의 영광받음의 의미를 제시한다는 점에서 고별담론은 사실상 "영광의 책"의 핵심에 해당한다고 해도 과언이 아니다. 이 다음에 실제 영광받음, 즉 십자가 처형(18-19장)과 부활현현 장면(20장)이 이어지며, 마지막 결론(20:30-31)이 나온다.

그러므로, 고별담론(13-17장)의 세부적인 단락구분은 대단히 복잡하고 논란의 여지가 많지만, "표징의 책"에 비해 "영광의 책"은 전반적인 윤곽이 비교적 분명하다고 할 수 있다. 즉 최후의 만찬과 고별담론(13-17장), 수난(18-19장), 부활(20:1-29), 결론(20:30-31)으로 이어진다.

4. 21:1-25 에필로그

원래 요한복음서는 20장의 결론으로 끝났으나 부활절 이후 갈릴리에서의 현현에 대한 일련의 이야기들이 덧붙여졌다. 이 부분은 에필로그라고 볼 수 있으며, 특별히 21:24에서는 요한복음서 전승의 진실성을 담보하는 인물로서 애제자를 언급하고 있다. 그는 아마도 요한복음서의 근저에 있는 목격자 전승을 담보하는 인물로서 "영광의 책"에 와서야 비로소 등장하며, 요한공동체 초기에 중심적인 인물이었을 것이다(19:35; 21:24; 13:23, 25).

제2부

요한복음서의 문학적 특징과 아이러니

앞서 요한복음서와 공관복음서 사이의 차이는 요한복음서가 전승사적으로 공관복음서와 다른 길에 서 있었음을 보여준다. 둘 사이의 차이는 요한이 공관복음서의 문서화된 전승들을 받아들여서 수정했다기보다는 그와는 다른 자료들을 가지고 독자적으로 작업했다는 인상을 준다. 또한 공관복음서 저자들에 비해 자료에 덜 구속된 것으로 보이는 요한은 문학작품 저자로서의 개인적 재능, 천재성 같은 것을 보여준다. 요한이 구사한 다양한 문학적 기법 중 특별히 아이러니는 요한의 신학뿐만 아니라 흔히 소종파적이라고 하는 요한공동체의 사회적 상황과도 긴밀하게 관련되는 요한의 핵심적인 문학적 기법이라고 할 수 있다. 아이러니를 비롯해서 요한이 사용한 다양한 문학적 기법은 저자가 자료와 전승에 상당히 많이 의존했으리라고 가정하고 출발하는 역사비판, 전승비판적 방법보다는 현대의 문학이론의 도움을 받아 접근할 때 그 창의적인 형태와 의미의 지평이 더 넓게 열린다.[1] 여기서는 아이러니를 중심으로 요한이 사용한 다양한 문학적 기법들을 설명할 것이다. 그리고 나서 그러한 요한복음서의 문학적 특징에 기초해서 요한복음서 본문에 구체적으로 아이러니와 다양한 문학적 기법이 어떻게 나타나는지 분석할 것이다.

---

1 요한복음서에 대한 최근의 문학적, 특히 서사비평 연구로는 J.L. Resseguie(2009), *The Revelation of John: A Narrative Commentary* (Grand Rapids: Baker Academic); C.H. Talbert(2005), *Reading John: a Literary and Theological Commentary on the Fourth Gospel and the Johannine Epistles* (Macon, Ga.: Smyth & Helwys Pub.) 참조. 이외에 독자반응비평 등 오늘의 관심사와 요한복음서 본문을 보다 적극적으로 관련시킨 연구로 E.V. McKnight(1985), *The Bible and the Reader: An Introduction to Literary Criticism* (Philadelphia: Fortress Press); E.V. McKnight(1988), *Post-Modern Use of the Bible: The Emergence of Reader-Oriented Criticism* (Nashville: Abingdon Press)이 있다.

I. 아이러니와 요한복음서의 문학적 도구들

1. 아이러니의 정의

요한복음서에서는 은유나 상징, 오해 등 여러 가지 문학적인 도구들이 사용되었지만, 요한신학과의 유기적 관련성 안에서 가장 두드러지고 독특하게 사용된 것은 아이러니라고 할 수 있다. 아이러니는 때로는 다른 문학적 도구들을 사용해서 발생하지만 그것들과는 구분된다. 요한복음서에서는 신약성서의 다른 어느 문서보다도 아이러니가 많이 사용되었다. 다드는 요한복음 9장에 대해 "풍부한 극적 아이러니를 담고 있으며, 복음서저자는 그러한 아이러니의 대가이다"[2]라고 말한다. 듀크는 아이러니에 대한 뮤크와 부스의 연구에 기초해서 말 그대로 '아이러니의 대가'로서 요한의 모습을 밝혀주었다.[3] 여기서는 뮤크와 부스의 아이러니에 대한 정의를 소개하고, 그것이 요한복음서의 다른 문학적 도구들과 어떠한 관련성이 있는지 듀크의 논의에 근거해서 살펴볼 것이다.

아이러니를 특수한 문학적 도구로 이해하기 시작한 것은 그리스어 'εἰρωνεία'라는 말이 이차적으로 발전된 결과이다. 처음에 이 말은 특정한 인물이나 행태를 의미했다. 에이론(εἴρων)이라고 불렸던 사람들은 고대에 많았던 교활한 사기꾼들이었고, 사기꾼을 뜻하는 이 εἴρων이라는 말에서

---

2 C.H. Dodd(1953), *The Interpretation of the Fourth Gospel* (New York & Cambridge: Cambridge University Press), p. 357.

3 P. Duke(1985), *Irony in the Fourth Gospel* (Atlanta: John Knox Press).

아이러니라는 말이 생겨났다. 그리스 사람들은 실제보다 못난 것처럼 스스로를 가장하는 교활한 사람들을 ϵἴρων이라고 불렀다.[4] 이 말의 어원은 불확실하지만 "말하다"(ϵἴρϵιν), 또는 이오니아 그리스어의 "질문하다"(ϵἴρομαι)라는 말과 긴밀하게 관련되었다. 에이론이라는 말은 비속한 언어로서 경멸하는 의미로 사용되었다. 에이론은 적의를 감춘 채 선한 얼굴의 가면을 쓰고 나타난다. 소크라테스를 사람들이 이렇게 불렀을 때도 역시 그런 경멸의 의미가 담겨 있었다. 순진한 척, 상대방을 존경하는 척하면서 결국에는 그들이 바보라는 것을 폭로하는 소크라테스의 질문방식을 사람들은 결코 좋아하지 않았기 때문이다.

따라서 맨 처음에 그리스인들이 생각한 아이러니는 일차적으로 행동유형이었다. 한편 극 속에서 에이론의 상대역이자 적으로 등장하는 것이 알라존(ἀλαζών)이다. 에이론이 자신의 실제 모습보다 작게 가장하는 사람이라면 알라존은 실제보다 부풀려서 과장하는 사람이다. 그리스 희극에서 알라존은 늘 허풍치고 잘난체한다. 이들이 아무리 높은 지위에 있다고 허풍을 칠지라도 사실은 그들 자신의 지위가 아니며, 때로는 그들에게 합당치 않은 특권이나 쾌락을 누리기도 한다. 결과는 늘 즐거운 파국으로 끝나 잘난체하는 자는 실상 그가 어떤 인물인지 들통나고 만다. 그런데 이 알라존들을 끝까지 골탕먹이는 교활한 인물, 잘난체하는 자를 결국은 누르고야 마는 인물이 바로 에이론이다. 그리스 희극에서는 하나의 행동유형으로서 에이론의 부정적인 기능이 강조되었고, 고대의 철학자들이나 수사학자들은 대체로 아이러니에 대해 유보적인 태도를 취했다.

그러나 시간이 감에 따라 그것은 점차 '숨김의 현상'이 일어나는 언어상의 기만과 긴밀하게 연결되어 구체적으로는 말하는 것과 의미하는 것이 다

---

4 Liddell and Scott(1979), *A Lexicon Abridged from Liddell and Scott's Greek-English Lexicon* (Oxford: Oxford University Press), p. 199.

른 경우를 나타내게 되었다. 과대서술이나 과소서술, 비난을 위한 칭찬, 칭찬을 위한 비난 등이 그런 예들이다. 퀸틸리안은 아이러니를 "겉으로 표현하는 것과는 다른 것을 의미하는 말들에 붙여진 용어"[5]라고 정의했다. 현대에 이르러서는 고대인들이 결코 생각하지 못했던 포괄적인 방식으로 아이러니라는 말을 사용한다. 겉에 나타나는 것과 실제가 차이가 나는 상황을 일반적으로 일컬을 수도 있고, 특정 행동양식이나 사람을 가리킬 수도 있으며, 문학적인 표현형식을 가리킬 수도 있다. 그러나 여기서는 문학적으로 표현된 언어적인 형태의 아이러니를 중심으로 논의하겠으며, 언어적인 아이러니의 형식과 내용, 다시 말해 수사학적인 측면과 사상적인 측면을 통합적으로 다루기로 한다. 이를 위해 아이러니에 대한 뮤크의 고전적인 연구의 도움을 받기로 한다.

오늘날 일반적으로 통용되는 뮤크의 아이러니 형식에 대한 정의에 의하면 아이러니는 다음과 같이 세 가지로 정의된다.[6] 아이러니는 무엇보다도 이중적인 언어나 의미구조로 표현되어 두 개의 의미층을 가지고 있어야 하며, 이 두 차원이 서로 반대되어야 하고, 등장인물의 "무지", "순진함"이라는 요소를 포함해야 한다.

1) **아이러니는 두 개의 층을 지니며 이중적이다.** 모든 아이러니는 두 가지 의미의 차원을 지닌다. 요한복음 4장의 사마리아 여인과의 대화에서 여인은 "선생님, 그 물을 나에게 주셔서, 내가 목마르지도 않고, 또 물을 길으러 여기까지 나오지도 않게 해주십시오"(15절)라고 말한다. 이때 사마리아 여인은 실제 마시는 물의 차원에서 말하고 있지만, 독자는 이 "물"을 영원한

---

5 Quntilian, *The Institutio Oratio of Quintilian*, trans. by H.E. Butler, The Loeb Classical Library (Cambridge, Mass.: Harvard Univ. Press, 1953), 6.2.15-16.

6 이하의 아이러니의 정의에 대한 서술은 D.C. Muecke(1969), *The Compass of Irony* (London: Methuen), pp. 19-36를 요약한 것이다.

생수인 예수 자신과 관련해서 이해한다. 창세기 22장 8절에서 아브라함은 번제물로 드릴 어린 양이 어디 있느냐는 이삭의 물음에 "얘야, 번제로 바칠 어린 양은 하나님이 손수 마련하여 주실 것이다"라고 대답한다. 표면적으로 보면 이것은 아브라함이 답변하기 곤란한 아들 이삭의 질문을 피하기 위해 둘러댄 말이거나, 아니면 질문자인 이삭 자신을 하나님이 이미 번제물로 준비해놓았다는 사실을 우회적으로 표현한 것이라고 이해하게 된다. 그러나 주의깊은 독자들은 이 말을 통해 이삭을 죽이는 끔찍한 방식이 아니라, 원만한 다른 방식으로 하나님이 자신의 번제물을 준비하리라는 기대를 하게 된다. 저자는 분명 이 두 가지 의미층을 동시에 한 가지 말 안에 구성해놓았다. 이미 이 말 자체 안에 두 가지 의미로 이해할 수 있는 가능성이 있다.

이러한 의미전환과정이 거의 모든 아이러니에서 일어난다. 그래서 앞서 언급한 퀸틸리안 같은 사람이 언어적인 아이러니를 "문자적으로 말하는 것과 실제 의미가 다른" 언설이라고 정의내리게 되었을 것이다. 그런데 이러한 정의의 문제점은 너무 광범위하다는 것이다. 은유나 상징도 이중적인 언어로서 이 정의 안에 포함되기 때문이다. 그러므로 아이러니가 성립하기 위해서는 두 개의 층을 가진 말이 특정한 유형을 이루어야 한다. 즉 두 가지 의미층이 서로 대립해야 한다.

2) **아이러니는 반대를 내포해야 한다.** 모든 아이러니한 의미전달은 의미의 불일치 내지는 충돌을 내포한다. 의미의 두 층이 서로 일치하지 않고 어떤 방식으로든 대립해야 한다. 이 점에서 아이러니는 은유와 구별된다. 은유의 경우는 이 두 층이 서로 일치한다. 반면 아이러니의 본래적인 의미는 외적인 의미차원을 부정함으로써 터득된다. 따라서 앞에서 예로 든 아브라함의 말이 아이러니를 이루려면, 저자가 기대하는 독자들의 의미재구성이 반드시 이삭이 번제물로 되지 않는 것이어야 하며, 사마리아 여인의 말도 아이러니를 이루려면, 독자들의 의미재구성이 마시는 물의 차원을 넘

어서는 것이어야 한다.

또 한편으로 아이러니는 언설이 실제 그것이 의미하는 바보다 덜 말하거나 더 말할 때도 생기며, 의미하는 바와 말하는 바가 동일하지만 듣는 사람이 못 알아들었을 경우에도 대립이 생긴다. 요한복음서 3장에서 니고데모는 ἄνωθεν("다시", "위로부터")이라는 말의 이중의미를 이해하지 못한다. 그래서 그는 "위로부터", "영으로" 태어나야 한다는 예수의 말을 끝까지 알아듣지 못하고 어머니의 뱃속으로 다시 들어갔다 나와야 할지를 걱정한다(3:4). 그밖에 어조와 내용이 상반된 경우도 아이러니한 불일치와 대립이 생겨난다. 예를 들어 매우 잔인한 내용을 아주 부드럽고 예의 바르게 말하는 경우이다. 또한 서로 갈등하는 이미지나 관념을 단순히 병치시킴으로써 불일치를 이루고 아이러니가 발생하는 경우도 있다. 그러므로 대단히 미묘하고 복잡하지만, 뮤크의 말대로 "아이러니의 기본적인 형태는 실제와 겉보기 사이의 대조"라고 요약할 수 있을 것이다. 앞의 예들에서 보면 아브라함의 말은 하나님이 이삭을 번제물로 예비해주셨다는 것 같고, 사마리아 여인은 보통의 마실 물을 달라고 하는 것 같고, 에이론은 바보처럼 보이고, 알라존은 많은 지식을 갖고 있는 것처럼 보인다. 그러나 각각의 경우들에서 아이러니는 그러한 외형이 교정될 때, 즉 아이러니스트가 인식한 현실과 외적으로 인식한 현실을 대조할 때 생긴다. 그렇다면 아이러니는 겉에 보이는 외형으로부터 비약하는 것이다. 눈에 보이는 외형을 부정하는 것이다. 나중에 상세히 기술하겠지만, 요한복음서의 경우 아이러니의 이러한 특징은 이원론적 세계관을 표현하는 효과적인 문학적 도구가 된다.

이처럼 아이러니에서 반대, 부정의 요소는 대단히 중요해서 어떤 학자들은 아이러니는 본질적으로 부정적인 것이라고 보기도 한다. 모든 가치들을 서로 대결시켜 궁극적으로는 아무것도 남지 않게 만든다는 것이다. 그래서 아이러니스트는 키에르케고르에 의하면 파괴자이다.[7] 아이러니는 무언가 새로운 의미나 공동성을 창출해내려 할 때 언제나 부정에서 시작하기 때문이다. 언어의 피상적이고 외적인 차원에서건, 아니면 언어의 보다 깊은 내면적 차원에서건 모든 아이러니는 언어 자체 안에 흡수된 깊은 부정의 구조를 지니고 있다. 이러한 부정적인 특징은 독자들의 경험과도 관련된다. 독자들이 아이러니를 목격할 때 그들 역시 반대, 모순을 경험한다. 언어의 외견상의 의미, 외견상 나타나는 상황, 사실에 대한 가정들, 결과에 대한 예측이나 기대, 이 모든 것들이 어느 정도로는 부정된다. 아이러니에서는 사물에 대한 '새로운 봄'이 서로 반대되는 것들 사이의 충돌을 통해 얻어진다.

따라서 아이러니는 두 차원을 지닌 현상이며, 이 두 차원은 서로 불일치한다. 그러나 이러한 규정으로도 여전히 충분치 않다. 왜냐하면 이 정의로는 다른 문학적인 표현들, 즉 대조나 역설(paradox)[8]같은 것도 포함하게 되기 때문이다. 그러한 것들로부터 아이러니를 구분하기 위해서는 다음의 한 가지 정의가 더 필요하다.

3) **아이러니는 '알지 못함'이라는 요소를 포함한다.** 모든 아이러니는 어느 정도 몰이해를 통해 작용한다. 쉽게 믿는 사람이 있어야 의심하는 사람도 있는 것처럼 아이러니도 그것을 깨닫지 못하는 사람이 있어야 효과가 있다. 어떤 등장인물은 자신의 행동이 비극적인 결말을 가져오리라는 것을

---

7 S. Kierkegaard(1965), *The Concept of Irony, with Constant Reference to Socrates*, trans. by L.M. Capel (New York: Harper & Row), p. 278.

8 아이러니와 역설의 경계는 상당히 모호하며, 때로는 동의어적으로 쓰이기도 한다. 실제로 역설은 자주 아이러니를 나타내는 도구로 사용되기도 했다. 역설 역시 일반적인 독자의 기대와 상반되기는 아이러니와 마찬가지이지만, 아이러니와 기본적으로 다른 것은 역설의 경우 모순과 부정이 의미의 두 차원 사이의 관계에서 일어나지 않고, 문자적인 의미의 차원에서 분명하게 나타난다는 것이다. 예를 들어 예수가 오는 데 대한 세례 요한의 선포는 역설이라고 할 수 있다. "내 뒤에 오시는 분이 나보다 앞선 분입니다."(요 1:15) 여기서 순서와 지위에 대한 일반적인 기대를 분명히 무너뜨리고 있는 것은 사실이지만, 그러한 부정과 기대를 무너뜨림이 의미의 두 차원에서 일어나는 것이 아니라 실제 진술에서 일어나고 있다. 그러나 이 구분은 대단히 모호하고 경계가 불확실하기 때문에 아이러니에 대한 세 번째 정의가 필요하게 된다.

전혀 모르며, 또 어떤 등장인물은 전적으로 잘못된 생각에 매달려 있고, 자신의 의도와는 상관없이 실제로 정확한 의미를 지닌 말을 하지만 그 의미를 오해한다. 요한복음 19:19에서 빌라도가 예수의 십자가에 붙인 명패에는 "유대인의 왕 나사렛 사람 예수"라고 쓰여 있었다. 여기서 이 명패의 내용은 빌라도 자신의 이해나 의도와는 상관없이 실제로 정확한 진리를 말하고 있다. 또한 창세기 22장의 이삭 헌제설화에서 이삭의 '알지 못함'은 아이러니를 더욱 고조시킨다. 요한복음서에 등장하는 "유대인"들도 전형적으로 알지 못하는 자들이다. 반면 실제 상황과 의미를 정확하게 알고 있는 등장인물들도 있으며, 이들은 희생자가 걸려들 때 은밀하게 미소짓거나 탄식한다. 등장인물 중 아무도 아이러니를 인식할 만큼 충분한 지식을 가지고 있지 못하다 할지라도 최소한 저자 자신과 그의 관점을 공유한 독자 중 일부는 알고 있다. 아이러니는 지식을 가지고 있는 사람들이 가지지 못한 사람들의 부적절한 확신이나 말, 행동을 볼 때 생겨난다. 그들의 무지가 분명하면 할수록, 그들이 알지 못하면서 자신하면 할수록 아이러니는 더욱 풍부해진다.

따라서 아이러니는 형식적으로 다음과 같이 정의될 수 있다. "문학적인 도구로서의 아이러니는 두 개의 차원을 지닌 문학적 현상이며, 의미의 두 타이어가 서로 반대를 이루고 있고, 어느 정도 '알지 못함'의 요소가 표현되거나 함축되어 있다."[9]

그러면 아이러니를 통한 저자와 독자 사이의 의사소통은 어떻게 이루어지는가? 위에서는 "알지 못함"을 아이러니의 구성적인 한 요소로 지적했다. 그런데 이것은 아이러니를 통해 수립되는 저자와 독자 사이의 의사소통 방식에 대해서도 시사해주는 바가 있다. 등장인물이나 많은 독자들이 아이러니를 이해하지 못하지만, 저자와 선택된 독자는 아이러니를 이해하며, 안다. 다른 사람들은 알지 못하지만 소수의 사람들은 안다는 것이다. 따라서

9 P. Duke(1985), p. 17.

아이러니는 저자와 독자, 또는 저자와 청중이 말없이 침묵 속에서 서로 사귐을 나눌 수 있는 한 방법이며, 이를 통해 이들은 함께 보다 나은 지식을 가진 사람들의 공동체를 이룬다.[10] 아이러니라는 의사소통 방식 자체가 은밀하고 감추어진 소통방식이고, 독자는 은밀한 가운데서 스스로 의미구조를 선택할 수 있는 자유를 누린다. 따라서 이렇게 "아주 작은 것에서 아주 많은 것을 깨달음으로써 스스로 영리하다고 느낄 수 있는 독자들, 그렇게 재빠르게 의사소통을 이룬"[11] 사람들 사이에 일종의 의사소통 공동체가 형성되는 것이다.

2. 아이러니의 기능

앞의 아이러니의 정의에 따르면, 아이러니는 직설적이고 명시적인 표현방법이 아니라, 간접적이고 우회적인 표현방법이다. 직설적이고 명시적인 언설에서는 저자와 독자 사이의 의사소통이 별다른 굴절 없이 이루어질 수 있지만, 때로는 침묵하고 때로는 반어적으로 표현하는 아이러니에서는 오해가 생기거나 못 알아들을 위험이 있다. 만일 이러한 위험을 감수하면서까지 저자가 아이러니를 사용한다면, 거기에는 특정한 목적이 있지 않을까?

아이러니의 목적과 기능은 아이러니가 독자에게 심리적으로 불러일으키는 효과와 긴밀하게 관련된다. 아이러니의 즐거움은 어디서 오는가? 우선 독자들은 표면적 의미를 넘어서서 보다 나은 의미를 찾아나가는 일이 자신에게 맡겨졌다는 데 대해 즐거움을 느낀다. "아이러니는 늘 은근한 치켜세움에 의존한다. 스스로 하라는 명제에 의해 그러한 치켜세움은 더욱 효과가 높아진다. 무엇인가가 진리가 아님을 스스로 발견해냈다고 치켜세워주

10 P. Duke(1985), p. 29.

11 W. Booth(1974), *A Rhetoric of Irony* (Chicago: University of Chicago Press), p. 206.

는 것이다."[12] 아이러니는 맨처음의 믿을만하지 못한 의미에 대한 불안감으로부터 새로운 의미, 궁극적으로는 든든하게 그 위에 설 수 있는 확신에까지 이르게 한다. 이때 스릴, 위험과 동시에 성공적으로 도약을 이루었을 때 성취감 같은 것을 독자들이 느끼게 된다. 더 나아가서 때로 독자들은 새로운 통찰의 깊이 안에 완전히 침잠하게 된다.

이러한 아이러니의 효과는 적어도 그것이 전하려고 하는 메시지에 동의하는 사람들 사이에서 강력한 힘을 발휘한다. 아이러니의 기능은 이미 존재하는 공감이나 의견의 일치를 더욱 강화하는 데 있다. 기울어진 것을 더욱 기울어지게 한다. 그러나 만일 독자의 신념이 저자가 아이러니를 통해 전하려고 하는 내용과 정반대되는 것이라면, 아이러니의 효과는 그만큼 감소되며, 때로는 아이러니 자체가 인식되지 않을 수도 있다. 따라서 아이러니는 의도적으로 감행하는 모험이며, 완전한 오해나 분노에 찬 거부를 당할 가능성까지도 감수하는 것이다. 그러나 분명한 목적을 지닌 아이러니는 그러한 모험을 감행한다. 만일 성공한다면, 다른 어떤 문자적인 서술이 해낼 수 있는 것보다 월등하게 높은 효과가 발휘될 수 있기 때문이다.

뮤크가 말한 아이러니의 세 가지 기능도 위와 같은 아이러니의 효과에 근거한다. 뮤크에 의하면 아이러니는 "저자가 자신이 의도하는 의미를 강조하기 위한 언어적인 도구로 사용될 수도 있고, 어떤 사람의 무지나 어리석음을 드러내기 위한 공격적인 의도로 빈정거리기 위해 사용될 수도 있으며, 마지막으로 새로운 발견을 위한 도구로, 즉 저자가 자신의 독자들에게 세상은 겉보기처럼 그렇게 단순하지 않다는 사실을, 또는 반대로 세상은 겉보기처럼 그렇게 복잡하지 않다는 사실을 알려주기 위한 도구로 사용될 수 있다."[13] 이 세 가지가 반드시 따로 나타나지는 않는다. 그리고 "새로운 발

---

12 S. Chatman(1978), *Story and Discourse: Narrative Structure in Fiction and Film* (Ithaka: Cornell University Press), p. 229.

13 D.C. Muecke(1969), pp. 232-233.

견"이라는 마지막 세 번째 기능은 앞의 두 가지 기능에 추가되는 독립적인 기능이라기보다는 두 가지 기능이 효과적으로 이루어진 결과로서 자연스럽게 수반된다. 그러므로 아이러니의 기능에 대해서는 뮤크가 말한 앞의 두 요소를 중심으로 설명하겠다. 말하자면 독자들에 대한 아이러니의 적극적인 호소로서의 기능과 그 희생자[14]에 대한 아이러니의 부정적이고 공격적인 기능이다.

아이러니는 아이러니스트 자신의 진영으로 독자들을 끌어당기는 힘이 있으며, 이로 인해 그 추종자들 사이에 공동체의식을 구성한다. 아이러니의 일차적인 기능은 관점의 공동성을 수립해나가는 것이다. 부스는 이렇게 말한다. "비슷한 생각을 가진 사람들의 공동체를 만드는 것이 유치한 희생자를 배제하는 것보다 더 중요한 기능이다. 아이러니를 읽을 때는 자주 이처럼 연합하고, 발견하고, 비슷한 정신끼리 합치게 된다. 때로 배제하는 경우도 있기는 하지만, 모든 아이러니는 이처럼 필연적으로 믿는 자들의 공동체를 만든다."[15]

이처럼 발견하고 연합하는 느낌은 여러 가지 측면을 지닌다. 그것은 입장이나 가치뿐만이 아니라 해석행위 자체까지도 포함한다. 즉 보통 사람들은 보지 못하는 아이러니를 본 소수의 특권자에 속한다는 엘리트의식으로 독자들을 끌어들인다. 이런 식으로 글을 쓰고, 또 그것을 이해하는 사람은 모두 나와 같은 방식으로 생각하는 사람들이라는 따뜻하고도 기분좋은 느낌이다. 아이러니는 속삭이는 음성으로 사람들을 자기편으로 끌어들인다. 그러나 분명한 것은 이러한 아이러니의 음성을 가장 잘 알아듣는 사람은

---

14 이것은 아이러니의 한 요소인 '알지 못함'으로 인해 생겨난다. 저자는 주의깊은 독자가 아이러니를 이해하도록 하기 위해 등장인물 중 누군가가 계속 이해하지 못하고 엉뚱한 행동이나 말을 하게 한다. 이 사람이 아이러니의 '희생자'이다. 알라존이 아이러니의 대표적인 희생자이며, 때로는 이해 못하는 독자가 희생자가 되기도 한다.

15 W. Booth(1974), p. 28.

그가 전하려는 것을 이미 아는 사람들이라는 사실이다. 그러므로 아이러니의 공동체에 대한 관계는 순환적이다. 아이러니는 사람들을 자기 진영으로 끌어들이려는 목적을 가지지만, 그것이 정말로 끌어들이는 것은 이미 그의 진영 안에 있던 사람들이다. 진영 밖에 있던 사람이 아이러니를 읽고 감동을 받아서 진영 안으로 들어오는 경우는 드물다. 진영 안에 있던 사람들만이 아이러니를 이해하고, 진영 밖에 있는 사람들을 의식하면서 자신들의 결속을 강화한다. 이런 의미에서 아이러니는 외부인을 공동체로 들어오게 만드는 부름이라기보다는 공동체 자체가 존재함을 알리는 표징이자 공동체의 연대의식을 보다 강화하기 위한 도구이다. 소종파적인 특성을 지니는 요한공동체에서 특별히 이러한 성격을 확인할 수 있을 것이다.

아이러니는 저자와 함께 움직이는 사람들에게는 관대하고 보상을 해주지만, 그렇지 못한 사람들에게는 매우 가혹하다. 아이러니는 아이러니를 이해하지 못하는 사람들에 대한 공격무기이기도 하다. 아이러니는 특정한 태도나 사람들, 신념들, 사회관습들, 철학체계, 또는 삶 자체를 조롱의 대상으로 삼는다. 이러한 아이러니의 공격목표를 "아이러니의 대상"이라고 부른다.[16] 때로는 모든 아이러니에 내재하는 "무지, 알지 못함"의 요소를 부각시켜서 소위 안다고 주장하는 사람들, 또는 마땅히 알아야 할 사람들을 참되게 아는 사람들의 아이러니한 비전을 통해 조롱하기도 한다. 그런 사람들을 "아이러니의 희생자들"이라고 칭한다.[17]

아이러니의 주요 희생자는 알라존이다. 그가 실제 자신의 모습보다 더 과장하고 뽐내면 뽐낼수록 아이러니는 더 재미있어진다. 뮤크가 말하듯이 "단순한 무지는 아이러니의 공격으로부터 안전하지만 미세한 정도라도 자만심이 들어간 무지는 지적인 교만으로 간주되며, 벌을 받게 된다."[18] 또 반

---

16 P. Duke(1985), p. 40.

17 P. Duke(1985), p. 40.

18 D.C. Muecke(1969), p. 30.

드시 희생자가 자랑을 하지 않더라도, 그가 마땅히 알아야 할 만큼 알지 못했을 경우도 공격을 받는다. 요한복음서에 등장하는 "유대인들"이 대표적인 아이러니의 희생자라고 할 수 있다. 그들은 예수의 계시를 누구보다도 잘 이해해야 함에도 불구하고 이해하지 못할 뿐만 아니라 그를 십자가에 못박으라고 한다.

아이러니의 공격방법은 간접적이다. 아이러니의 기술은 희생자를 공격적으로 쫓기보다는 그가 스스로 자신을 드러내고 파멸하게 하는 것이다. 아이러니는 질문을 하고, 가능성들을 드러내며, 다음에 일이 어떻게 되는지 지켜본다. 아이러니의 목표는 무찌르기보다는 드러내는 것이다.[19] 즉 계시적인(드러내는) 성격을 지닌다. 따라서 아이러니는 계시의 촉매가 될 수 있다.[20] 이것은 앞에서 뮤크가 말한 아이러니의 세 번째 기능과 관련된다. 즉 새로운 존재론적인 진리를 발견하게 되는 것이다. 문자적으로 전하려는 의미를 독자들에게 그대로 말하지 않음으로써 아이러니는 사람들의 마음을 강력하게 움직이고 그들로 하여금 적극적으로 보다 든든한 토대를 찾는 여행을 떠나도록 촉구한다. 이러한 독자들의 여행은 일차적으로 문자적인 차원을 지닌다. 그러나 만일 아이러니가 궁극적인 의미나 가치를 문제삼는다면, 문자적인 추구가 끝나고 보다 높은 차원의 구조가 발견되었을 때, 해석학적 도약의 흥분이 쉽게 보다 궁극적인 도약의 가능성으로 이전된다. 특별히 아이러니가 예술적으로 이루어졌을 경우에는 이야기 차원에서 저자의 관점을 공유하려는 선택이 저자와 함께 보다 깊은 의미의 세계, 실제 세계에 있기 위한 결정적인 걸음이 된다. 또한 아이러니가 공격을 할 때도 "단순히 어떤 한 가지 잘못된 신념을 가졌다든가 잘못된 행동을 했다는 이

19 이에 대해서 키에르케고르는 이렇게 말한다. "아이러니는 허무를 파괴하려 하지 않는다. 가령 악덕에 대해 형벌을 가하는 것과는 다르다.……반면 그것은 허무를 더욱 허무하게 만들며, 광증을 더욱 광증으로 만든다." S. Kierkegaard(1965), pp. 273-274.

20 P. Duke(1985), pp. 40-41.

유에서가 아니라, 근본적으로 존재의 근거가 잘못되었다는 이유에서, 그 토대가 무엇을 의미하는지 모르기 때문에 (희생자들을) 비난한다."[21] 이 점에서 아이러니는 세계관의 문제와 관련되며, 요한복음서에서는 요한의 이원론적 세계관과 관련된다.

3. 요한복음서의 문학적 도구들

요한복음서에서는 아이러니만이 아니라 다양한 문학적 도구들을 사용하고 있다. 여기서는 아이러니 외에 요한이 사용하고 있는 중요한 문학적 도구들인 은유와 상징, 이중의미, '오해'에 대해서 설명할 것이다.[22]

가. 은유와 상징

요한복음서의 예수는 은유적인 표현을 매우 풍부하게 사용한다. 예를 들어 "나는……이다"(ἐγώ εἰμι)와 함께 사용된 많은 구상적인 이미지들은 은유라고 할 수 있다. 예수가 "나는" "빵", "빛", "문", "선한 목자", "포도나무"라고 말하는 것들이 곧 은유적인 표현들이다. 은유에 대한 정의를 위해서는 프리드만의 도움을 받을 필요가 있다. 프리드만에 의하면 은유란 "무언가(핵심 tenor)를 적절한 다른 언어(매체 vehicle)로 표현하는 문학적 기법이며, 이 경우 매체가 되는 언어는 말하려고 하는 핵심의 특징을 표현해준다."[23] 예수가 "나는 생명의 빵이다"(6:35b)라고 했을 때, "나"가 핵심이라면,

---

21 W. Booth(1974), p. 44.

22 요한복음서의 다양한 문학적 도구들에 대해서는 M.W.G. Stibbe(1993), *The Gospel of John as Literature: an Anthology of Twentieth-century Perspectives* (New York: E. J. Brill) 참조.

23 N. Friedman(1975), *Form and Meaning in Fiction* (Athens, Ga.: The University of Georgia Press), p. 289; R.A. Culpepper(1983), *Anatomy of the Fourth Gospel: A Study in Literary Design* (Philadelphia: Fortress Press), p. 181에서 재인용.

"생명의 빵"은 매체이다. 독자의 과제는 이 핵심과 매체 사이의 관계를 파악하고, 그럼으로써 저자가 그 은유를 사용하여 표현하고자 한 예수의 정체성의 특징이 무엇인가를 이해하는 것이다. 앞의 구절의 경우 핵심인 예수와 매체인 생명의 빵 사이의 관계는 빵이 신체적인 생명을 유지시켜주듯이 예수는 참 생명을 유지시켜준다는 것이거나, 아니면 예수의 몸이 빵으로 상징되었다고 볼 수 있다. 이 둘 사이의 관계를 추론하는 과정에서 새로운 통찰이 이루어지고, 은유를 만든 사람과 그 은유를 읽는 사람 사이에 의사소통 관계가 수립된다.

요한복음서에 나오는 은유들의 경우 말하려고 하는 핵심은 대부분의 경우 그리스도론적인 내용을 지니며,[24] 지상적인 이미지들이 예수가 누구인가에 대한 보다 고차원적인 실재를 드러내주는 매체로 사용되었다. 요한복음서에서는 빵, 물, 빛 등과 같은 지상적인 실재들이 끊임없이 확대되어 그리스도와 관련되며, 그를 지시하고, 때로는 지상적인 실재들 자체만으로도 보다 심오한 의미를 나타내게 된다.

이것은 은유가 상징으로 변화되는 과정으로 설명할 수 있을 것이다. 은유는 필연적으로 상징과 관련된다. 그러나 상징과 은유는 구분된다. 상징은 본질적으로 안정적이며, 반복 가능하다. 말하자면 은유가 계속 반복되다 보면 매체로 사용되는 언어 자체에 본래 전하고자 하는 핵심적인 의미가 통합되어 매체가 되는 구상적인 언어만으로도 핵심을 전달하게 된다. 그것이 바로 상징이다. 그러나 은유 자체에는 이런 특성이 없다. 상징은 독자들에게 그것이 언급하는 핵심이 무엇인지 드러낼 필요가 없다. 반면 은유는 대체로 핵심을 분명히 언급한다. 말하자면 은유에서 구상적인 언어와

---

24 요한복음서에서 그리스도론적인 진술과 관련하여 은유적인 표현이 사용된 대표적인 예는 ἐγώ εἰμι 문장들이다. 술어와 쌍을 이루어서 사용되는 "나는……이다"(ἐγώ εἰμι)는 요한 문체의 두드러진 특징으로서 다음 구절들에서 나온다. 6:35; 8:12, 18; 10:7, 9, 11, 14; 11:25; 14:6; 15:1, 5.

의미와의 관계는 독립적이지만, 상징에서는 구상적인 언어 자체 안에 의미가 녹아들어 있다. 그러나 자주 반복되는 은유는 쉽게 안정성을 지니게 되고, 그것이 지니는 시사성이 확대되어 상징이 되기도 한다. 요한복음서의 은유들의 경우 대개가 그렇다. 은유나 상징이나 모두 핵심과 매체 사이의 관계는 긴밀하고 복잡하다. 이 두 실재는 그냥 단순히 비교되는 것이 아니라 서로 녹아들며, 상대방을 변형시킨다.[25]

은유적인 이미지들 중 몇몇은 "나는……이다"(ἐγώ εἰμι)와 함께 사용되지 않고, 독립적으로 은유적인 이미지 자체가 확대되기도 했다. 이런 경우를 상징이라고 할 수 있는데, 예를 들어 1:4, 8, 9; 3:19에서 예수를 "빛"과 관련시킨 것이나, 4:10-15; 7:37-38의 "생수", 6장의 "하늘로부터 온 빵"에 관한 서술들에서는 은유적인 표현이 그 대상인 핵심 없이 구상어 자체만으로 독자들에게 상징적인 연상작용을 일으킨다. 그리고 이 상징 자체도 확대되어 부수적인 상징들을 발생시킨다. 가령 예수가 빛으로 상징된다면, 세례 요한은 "타오르면서 빛을 내는 등불"(5:35)로, 세상은 "어둠"(1:5; 3:19)으로 상징되어 "빛"이라는 상징 자체가 확대된다.

이러한 은유나 상징들은 요한복음서에서 서술하고 있는 내용들이 겉으로 드러나는 것보다 훨씬 더 많은 의미를 지니며, 특히 예수라고 불렸던 지상의 인간은 겉으로 드러나는 그의 모습보다 훨씬 더 중요한 의미를 지닌다는 사실에 독자들을 적응시키는 기능을 한다. 은유와 상징은 독자들로 하여금 피상적인 의미를 넘어서서 보다 깊은 의미의 차원으로 들어가도록 가르친다. 왜냐하면 그것들은 "결코 객관적으로 탐구될 수 없는, 단지 얼핏 볼 수만 있을 뿐인 영역을" 독자들에게 은밀하게 보여줌으로써 그 세계를 동경하도록 만들기 때문이다.[26]

---

25 P. Duke(1985), pp. 143-144 참조.

26 E.K. Brown(1950), *Rhythm in the Novel* (Toronto: University of Toronto Press), pp. 58-59.

은유와 상징은 말하는 것과 의미하는 것이 다르다는 점에서, 즉 독자가 반드시 동시에 보아야 하는 두 가지 의미의 차원을 제시한다는 점에서는 아이러니와 같다. 그러나 은유에서는 두 가지 차원이 깊이 동일시되어 있으나, 아이러니에서는 그 둘이 서로 불일치하거나 반대된다. 아이러니는 겉에 나타나는 문자적 의미에 대한 특정한 부정적 판단을 요구하며, 두 가지 의미차원을 독자들이 분별하고 둘 중에서 선택할 것을 요구한다. 반면 은유는 독자들로 하여금 확대, 연상을 하게 한다. 이 둘은 모두 이중성을 전제한다. 그러나 "아이러니는 실재의 세계는 겉보기의 세계와 다르다고 말하는 반면, 은유는 실재의 세계는 겉보기의 세계 이상이라고 말한다. 아이러니는 겉보기의 세상에 대한 부정에 근거하고 있는 반면, 은유는 겉보기의 세상에다 무언가 의미를 더해준다."[27] 아이러니를 가능하게 하는 이원론은 물리적인 현실세계에 대한 특정한 부정을 내포하고 있다고 볼 수 있다. 반면 은유가 반드시 이원론적 세계관을 내포하는 것은 아니다. 이 점에서 아이러니와 은유는 서로 구별되지만, 겉에 드러나는 세계 너머로 독자들을 인도하는 기능을 한다는 점에서는 일치한다.

나. 이중의미

이중의미는 은유와 비슷하며, 많은 경우 혼동된다. 그러나 은유는 특정한 '추상적인' 의미내용과 그것을 표현하기 위해 사용된 '구상적인' 개념을 연합시키는 반면, 이중의미는 두 가지 '구상적인' 의미들을 동시에 결합시킨다. 그리고 이중의미에서는 이 두 가지 의미가 모두 참되며, 서로 긴밀하게 연결되어 있으나, 구별된다.[28] 따라서 예수가 "생수"(4:10 τὸ ὕδωρ ζῶν)

---

27 P. Duke(1985), p. 144.

28 D.W. Wead(1970), *The Literary Devices in John's Gospel,* Theologischen Dissertation IV, ed. by Bo Reicke (Basel: Friedrich Reinhart Kommissionsverlag), pp. 32, 73.

라고 했을 때 실제로 그것은 이중의미가 아니라 은유이다. 왜냐하면 예수는 "두 가지 의미를 동시에 제시하고 있다기보다는 구상적인 실체('흐르는 물')를 보다 높은 의미세계와 결합시키고 있기 때문이다." 그러나 ἀναβαίνω(예루살렘으로, 또는 아버지에게로 "올라가다" 7:8), ἄνωθεν("다시", 또는 "위로부터" 3:3, 7), ἀποθανεῖν ὑπέρ("대신하여", 또는 "위하여" "죽다" 11:50-51; 18:14), ἔθνος("민족", 또는 "모든 사람들" 11:50; 18:35), καταλαμβάνω("이기다", 또는 "이해하다" 1:5), τετέλεσται("이루었다", 또는 [죽음이] "임박했다" 19:30), ὑψόω([십자가에] "올려지다", 또는 "고양되다" 3:14; 8:28; 12:32, 34) 같은 요한의 표현들이 사실은 이중의미로 사용되었다.

"이중의미들은 아주 미묘하고 모호하게 두 가지 의미를 동시에 제시하면서 독자들로 하여금 두 가지 가능성을 탐구하게 한다."[29] 이러한 효과는 은유와 아이러니에도 해당된다. 이것들이 단순히 한 가지 의미만을 제시하는 것이 아니라는 사실을 눈치챘을 때, 독자들은 다른 독자들이나 등장인물들이 알지 못하는 이중의미를 깨달았다는 만족감을 느끼게 된다(3:4; 11:50). 아니면 독자들은 이러한 여러 표현들을 통해 저자가 의도한 의미가 어떤 것인지 알아내기 위해 고민하는 과정에서 이 복음서를 읽을 때는 피상적인 차원을 넘어서서 생각해야 한다는 것을 깨닫게 된다. 따라서 독자들은 글을 깊이 읽도록 요구받는다. 겉모습에 따라 판단하지 말고 올바로 판단하도록(7:24) 요구받는다.

은유와 마찬가지로 이중의미도 의미의 어느 한 차원을 부정하는 것이 아니라 확대한다는 점에서 아이러니와 다르다.[30] 아이러니에서는 두 가지 의미차원 중에서 반드시 하나를 선택해야 하지만, 이중의미에서는 어느 하나를 선택할 필요가 없고 두 가지 의미가 모두 유효하다. 동시에 이중의미는

29 P. Duke(1985), pp. 144-145.

30 P. Duke(1985), p. 145.

제한된 의미에서 부정을 내포한다고 할 수 있는데, 그것은 독자들이 어느 한 의미만으로는 불충분하다고 생각하게 되기 때문이다. 이중의미를 통해서도 아이러니가 생길 수 있다. 즉 이중의미에서 두 의미가 서로 반대되거나(ὑψόω의 경우가 그렇다) 마땅히 알아야 할 등장인물이 두 가지 의미 중 한 가지만을 이해하고 부적절한 반응을 보일 때 아이러니가 발생한다. 예를 들어 3장의 니고데모 단화에서 니고데모가 ἄνωθεν("다시"와 "위로부터")의 두 가지 의미 중 한 가지만을 이해했을 경우가 그렇다(3:4). 따라서 듀크에 의하면 이중의미는 은유와 아이러니의 중간쯤에 있다.

다. '오해'

요한복음서에서 예수의 대화상대자들은 때로는 상징이나 은유를(2:19-21; 4:10-15, 31-34; 6:32-35, 51-53; 11:11-15), 때로는 이중의미들을(3:3-5; 12:32-34), 때로는 감추어진 모호한 표현들을(7:33-36; 8:21-22, 31-35, 51-53, 56-58; 11:23-25; 13:36-38; 14:4-6, 7-9; 16:16-19) 이해하지 못한다. 오해가 나타나는 구절들의 구조를 살펴보면, "첫째로 예수가 모호하고 은유적이거나 이중적인 말을 한다. 다음에 대화상대자가 예수의 말에 대해 문자적인 의미의 차원에서 응답하거나, 아니면 예수의 말의 보다 높은 의미의 차원을 깨닫지 못했음을 드러내는 질문이나 저항을 한다. 그리고 대개의 경우는 마지막에 예수나 화자가 올바른 설명을 제시한다." 이러한 구조에 비추어 본다면 오해는 "예수의 말의 의미를 설명하고, 중요한 주제를 보다 깊이있게 발전시키는 기회를 제공한다."[31]

그러나 불트만과 르로이는 요한복음서의 오해에 대해 보다 협소한 정의를 내렸다. 불트만에 의하면 요한복음서의 오해는 단순히 두 가지 의미를 지닌 말 중에서 응답자가 한 가지 잘못된 의미를 선택함으로써 생겨나는

31 R.A. Culpepper(1983), p. 152.

것이 아니다. 그에 따르면 요한복음서의 오해는 "얼핏 보기에는 지상적인 일을 언급하는 것 같지만, 사실은 신적인 문제에 대해 언급하는 개념들이나 진술들로부터 생겨난다. 오해는 단어의 올바른 의미를 보기는 하지만, 그것이 지상적인 것만을 언급한다고 그 의미를 잘못 이해함으로써 생겨난다."[32] 말하자면 불트만은 요한복음서의 오해를 특별히 요한의 이원론적 신학과 관련해서 정의하고 있다. 그래서 그는 예를 들어 11:11-15를 오해라고 보지 않는다.[33] 이러한 불트만의 오해에 대한 견해는 특수하게 "요한적인" 오해를 잘 드러내기는 하지만, 형식상 오해를 너무 제한하는 경향이 있다.

불트만과 비슷하게 르로이도 요한복음서의 오해를 협소하게 규정한다.[34] 그는 양식비판적인 분석을 통해 요한복음서의 오해를 감추어진 수수께끼라고 정의한다. 그는 요한공동체의 "특수언어"(Sonder-Sprache)에 속하는 이중의미를 통해서만 오해가 생겨난다는 불트만의 견해에는 반대한다.[35] 르로이에 의하면 오해는 요한공동체의 설교나 교리적인 가르침에서 사용된 재료들로 소급되며, 유대인들은 예수를 이해할 수도 없고, 그의 계시를 받아들일 수도 없음이 오해를 통해 드러난다. 요한공동체에 속한 사람들은 특수한 의미를 이해했겠지만, 외부 사람들은 이해하지 못한 감추어진 수수께끼들에 의해서 오해가 생겨난다는 것이다.[36] 따라서 그는 오해를 매우 한정시켜서 모두 11회에 걸쳐 요한복음서 2-8장에서만 나온다고 본다.[37] 이

---

32 R. 불트만(1968), p. 138 주 23. "오해는 '보이는 것으로'(7:24), '육으로'(8:15) 판단하는 것을 의미한다." R. 불트만(1968), p. 139 주 23.

33 R. 불트만(1968), p. 439 주 35.

34 H. Leroy(1968), *Rätsel und Missverständnis: Ein Beitrag zur Formgeschichte des Johannesevangeliums* (Bonn: Peter Hanstein).

35 H. Leroy(1968), pp. 46, 157-160.

36 H. Leroy(1968), pp. 183-193.

37 2:19-22; 3:3-5; 4:10-15; 4:31-34; 6:32-35, 41-42; 6:51-53; 7:33-36; 8:21-22; 8:31-33; 8:51-53; 8:56-58. 이밖에도 오해에 대해 연구한 학자들이 있다. 쇼트로프에 의하면 요한복음서에서 오해는 단순히 문학적인 도구일 뿐만 아니라, 신학적 인식의 한 구성요소이다.

러한 불트만과 르로이의 오해에 대한 정의는 불트만의 경우는 오해의 신학적인 내용에 입각해서, 르로이의 경우는 사회학적 함의에 입각해서 지나치게 협소하게 내려진 것으로 보인다. 오히려 은유나 상징, 이중의미 등 모호한 말을 대화상대자가 이해하지 못함으로써, 예수나 저자가 독자들에게 보다 정확하게 설명할 수 있는 기회를 가지게 되는 경우를 '오해'라고 광범위하게 정의하는 것이 적절하다. 그리고 불트만과 르로이가 강조한 대로 그러한 오해는 신학적 함의와 공동체적, 사회학적 함의를 모두 지닌다고 말할 수 있을 것이다.

컬페퍼는 요한복음서의 독자들에 대한 오해의 효과를 다음의 세 가지로 말했다. 첫째로 '오해'는 "요한공동체 내부에 있는 사람들과 외부에 있는 사람들 사이의 거리를 보다 확대하며, 두 집단 사이의 차이를 분명하게 한다." 독자들은 예수가 하는 말의 의미를 깨닫지 못하는 둔한 등장인물들에 대해 우월감을 느끼게 된다. "독자들에게 주어진 정보들로 인해 그들은 일종의 깨인 자들의 집단에 속하게 되며, 불가피하게 예수를 이해하지 못하도록 설정되어 있는 등장인물들 위에 군림하게 된다." 둘째로 이 문학적 도구는 "저자에게 자신의 신학적 관점을 분명히 하고, 정교하게 할 수 있는 기회를 제공한다." 몇 마디로 간단하게 표현하고 넘어갈 수도 있는 것을 복잡하게 우회적으로 표현함으로써 저자 스스로 자신의 관점을 단단하게 다질 수 있는 기회가 된다. 셋째로 '오해'는 "복음서를 어떻게 읽어야 하는지에 대해 독자들에게 가르쳐준다. 그것은 예수의 말이 이중적인 차원을 지녔음을 강조하며, 독자들로 하여금 제대로 읽어야 한다는 필요성을 느끼고 마음을 다져먹게 하고, 만일 그렇게 못 할 경우 독자들 자신이 근시안적인 등장인물

L. Schottroff(1969), "Johannes 4, 5-15 und die Konsequenzen des johanneishen Dualismus", *Zeitschrift für die Neutestamentliche Wissenschaft und die Kunde Alteren Kirche*, pp. 60, 207.

들과 다를 바 없게 된다고 경고한다."[38]

그러므로 은유, 상징, 이중의미와 관련해서 보면 오해는 그것들(또는 다른 모호한 표현들)의 의미를 깨닫지 못하는 등장인물들로 인해 생겨난다. 오해는 독자들로 하여금 은유와 상징, 이중의미들이 있다는 사실을 인식하고 읽어내도록 촉구하는 효과를 지닌다. 즉 일종의 경고판 기능을 한다. 한편 아이러니와 오해는 겹쳐서 나타나는 경우가 많다. 어떤 오해는 듣는 사람들이 모르고 추측한 의미가 부지불식간에 진리를 드러내거나(7:33-36; 8:21-22) 잘못 생각한 대화상대자가 지나친 확신을 가지고 대답하는(8:56-58; 13:36-38) 경우 아이러니하게 나타나기도 한다. 그러나 많은 경우 오해는 아이러니와 상관없이 독자적으로 기능한다. 단, 그 효과는 아이러니와 비슷한 경우가 많다.

이 두 문학적인 도구, 오해와 아이러니는 모두 공동체 내부에 있는 사람들과 외부에 있는 사람들을 분명하게 구분하는 기능을 하며, 독자를 더 잘 가르쳐줄 수 있는 교육적인 기능을 하고, 감추어진 의미의 차원에 민감해지도록 독자들을 훈련시킨다. 오해는 이 일을 상당히 눈에 띄게 하기 때문에 미숙한 독자라도 금방 알아차릴 수 있다. 아이러니의 미묘한 목소리에 앞서 오해들이 전면에 나오기 때문에, 독자들은 준비하게 되고, 따라서 그것들에 의해 아이러니는 더 잘 인식될 수 있으며, 요한복음서가 시종일관 부르는 신비의 세계로 더욱 깊이 끌려 들어가게 된다.[39]

---

38 R.A. Culpepper(1983), pp. 164-165.

39 비슷하게 문학적, 수사학적 관점과 역사적 관점을 통합해서 요한복음서를 연구한 J.H. Neyrey(2007), *The Gospel of John* (Cambridge: Cambridge University Press); J.H. Neyrey(2009), *The Gospel of John in Cultural and Rhetorical Perspective* (Grand Rapids: Wm. B. Eerdmans Publishing) 참조.

II. 요한복음 2:23-3:21(니고데모와의 대화)에 나타나는 아이러니

1. 본문구조를 이해하는 데 제기되는 몇 가지 문제점들

니고데모 단화는 요한복음서에서 제일 처음 나오는 담론이다. 이 담론은 본문구조와 관련해서 몇 가지 문제점을 안고 있기 때문에 단락을 구분하는 것이 그리 간단하지 않다. 따라서 단락구분에 앞서 그러한 문제점들을 짚고 넘어가겠다.

우선 이 단화는 처음에 대화형태로 시작되지만 나중에는 예수 혼자서 하는 독백으로 넘어가는 것처럼 보인다. 또한 니고데모가 예수 앞에 나타나지만 그는 자신이 온 목적조차 말하지 않으며, 대화가 진행됨에 따라 그의 존재는 잊혀지고, 대화의 인칭은 단수에서 복수로 바뀐다. 따라서 이 단화가 정말로 대화인지가 학자들에게는 문제였다. 주석에서 이 문제는 어디서 니고데모 대화가 끝나며, 새로운 이야기가 시작되는가 하는 물음으로 제기되었고, 이에 대해 다양한 답변이 있어왔다.[40] 많은 경우 현재 상태의 본문이 잘못 재작성된 것이라는 가정 하에 요한이 의도한 원래의 본문형태를

40 가령 불트만은 니고데모가 등장하는 1-12절은 공관복음서의 아포프테그마들에서와 같은 장면일 뿐이고, 3인칭으로 계시자를 말하는 13절 이하의 예수의 담론이 이 부분의 기본요소라고 본다. 후자는 영지주의적인 계시담론으로부터 유래한 것으로서 복음서저자는 이 계시담론을 예수의 생애에 관한 서술에 엮어넣음으로써 역사화시켰고, 니고데모 장면은 사제대화의 전통적 주제와 전승된 주의 말을 사용해서 요한 자신이 재구성한 것이라고 한다. R. 불트만(1968), pp. 135-136.

재구성하는 방식으로 이 문제를 해결하고자 했고,[41] 외형상 니고데모와의 대화가 21절까지 이어지는 것 같지만, 그중 일부만이 대화이고, 나머지는 담론자료에서 온 내용과 그것에 대한 복음서저자의 해석이라고 보았다.[42] 예를 들어 슈낙켄버그는 12절이 실제 니고데모와의 대화의 마지막 구절이라고 주장한다. 왜냐하면 예수가 니고데모와 그가 대표하는 무리들에게 12절까지는 2인칭(ὑμεῖς, ὑμῖν)으로 말하지만, 그 다음부터는 그렇게 말하지 않으며, 13절부터는 올리움이 과거시제로 나타나기 때문이라고 한다. 그에 따르면 이 대화는 5:47에서처럼 12절의 예수의 질문으로 끝난다. 이 질문에 의해 이미 니고데모에 대한 예수의 회의적인 태도가 분명해졌기 때문에 복음서저자는 이 방문자의 태도에 대해 더 이상 말할 필요가 없었다는 것이다.[43] 그리고 13-21절은 복음서 설화의 일부를 구성하는 것이 아니라, 복음서저자의 케리그마적인 주석으로부터 나온 것이다. 따라서 1-12절에서는 예수가 말하지만, 13-21절에서는 복음서저자가 자신의 신학을 말하고 있다고 한다.[44]

---

41 예를 들어 멘드너 같은 학자는 현재 상태의 대화에서는 아무런 의미도 찾을 수 없다고 보고, 2, 3a, 7b, 9, 10, 12b, 13a절만 떼어서 7:45-52a 뒤에 배열했다. S. Mendner(1958), "Nikodemus", *JBL*, pp. 77, 293-323. 이러한 시도는 불트만을 위시해서 슈낙켄버그 등 역사비판적으로 이 단화를 연구한 많은 학자들에게서 발견된다.

42 그러나 구체적으로 니고데모와의 대화가 본래 어디까지인지에 대해서는 일치된 견해가 없다. 뿐만 아니라 22-36절의 세례 요한 이야기 중에서 31-36절은 세례 요한이 말했다고 보기 어려운 내용들을 담고 있으므로, 본래 31-36절이 니고데모와의 대화에 속했으리라는 견해도 대두되었다. R. 불트만(1968), p. 135; R. Schnackenburg(1981⁵), *Das Johannesevangelium I*, pp. 375-377. 일반적으로 학자들은 13절(Tillmann, Belser, Schnackenburg)이나 16절(Westcott, Lagrange, Bernard, Braun, Lightfoot)에서부터 화자가 바뀐다고 본다.

43 그에 따르면 복음서저자는 다른 대화나 논쟁들도 이와 비슷하게 끝낸다. 예를 들어 5:47; 7:24, 36; 9:41; 13:38; 18:11; 20:23, 29. R. Schnackenburg(1981⁵), I, p. 375.

44 슈낙켄버그에 따르면 니고데모 대화는 12절로 끝나고 본래는 여기에 22-30절이 연결된다. 13-21절과 31-36절은 원래 교훈이거나 복음서저자의 "케리그마적인 담론"으로서 니고데모 대화에 연결된 것이다. "니고데모 이야기는 단지 한 계기일 뿐이고, 담론은……밤

그러나 이 견해는 유지되기가 어렵다. 우선 그가 주장하는 대로라면 13절 이하에서 화자가 달라져야 하는데, 그렇게 판단할 만한 본문상의 명시적인 증거를 발견할 수 없다. 오히려 13절은 마치 그 앞의 내용과 의도적으로 연결시키려는 듯한 καί로 시작되며, 화자의 변화를 암시하는 말이라고는 전혀 없다. 13절에서 승천을 이미 일어난 것으로 언급하는 과거시제(ἀναβέβηκεν)를 썼기 때문에 12절까지에서 사용한 시제와 달라진다 해도, 그렇다면 14절에서 죽음, 부활, 승천을 분명히 미래(ὑψωθῆναι δεῖ)로 언급하는 데 대해서는 뭐라고 설명할 것인가? 따라서 13절의 시제변화를 새로운 화자의 등장을 알리는 증거로 볼 수는 없다. 14절은 인자의 올리움에 대한 일관된 요한의 세 진술 가운데 하나라고 보아야 할 것이다(8:28; 12:32-34). 3:14를 복음서저자의 주석으로 돌리고, 나머지 둘을 예수에게 돌리기는 어렵다. 또한 1-12절에서는 예수가 니고데모에게 2인칭으로 말하다가 13절 이하에서 3인칭으로 말하고 있는 것은 사실이지만, 이것은 요한복음서에서 자주 일어나는 것으로서 특이한 일이 아니다. 이런 일이 일어나는 다른 곳에서도 이것이 예수가 갑자기 말하기를 멈추고 다른 사람이 말하고 있다는 증거가 되지는 못한다.[45]

12절과 함께 15절도 니고데모 대화의 마지막 구절로 자주 제시된다.[46] 사실 15절은 12절보다 우선적으로 이 단화의 결미로 고려해볼 수 있다. 왜

에 있었던 대화의 상황을 넘어선다. 이 담론은 요한과 요한신학의 원칙들을 축약해놓은 것이라고 할 수 있다.…… 그러므로 이 담론은 복음서저자가 복음서를 작문할 때 마음속에 가지고 있었던 내용을(20:31) 간략하게 모두 포함하고 있다." R. Schnackenburg (1981⁵), I, p. 393. 이 담론부분(케리그마적인 주석)은 요한일서(4:9 이하; 5:10 이하)의 케리그마적인 부분과 비슷하게 원래 독립적이었다고 한다.

45 R.E. Brown(1966), p. 149. 여기서 브라운은 신명기 연구에서 인칭이나 수가 변하는 것을 편집자가 달라지는 증거로 보기 어렵게 되었는데, 이것은 요한복음서 연구에서도 마찬가지라고 지적했다.

46 예를 들면 P. Perkins(1978), *The Gospel According to St. John* (Chicago: University of Chicago Press), p. 33.

냐하면 내용상 예수가 니고데모에게 말하는 거듭남은 — 앞으로 밝히겠지만 — 십자가에 올리운 자로서의 예수에 대한 신앙과 결부되어 있으므로(14-15절), 본문의 흐름상 15절 이전에 이 대화를 중단하기는 어렵기 때문이다. 그러나 여기서도 15절에서 대화가 중단되고 16절에서 복음서저자의 해석이 시작된다고 볼만한 근거는 없다. 16절의 과거시제 "주셨다"(ἔδωκεν)는 그것을 십자가처형으로 본다면, 난점을 제기할 수 있다. 그러나 아마도 문맥상 예수의 입에서 그 말은 단지 성육만을 의미하고, 복음서저자에 의해 예수의 생애 전체와 관련되었을 것이다. 주제상으로도 16절은 14-15절과 분리되지 않는다. 또한 여기서도 γάρ라는 연결어로 이어지고 있는 것으로 보아 새로운 화자가 끼어들었다고 보기 힘들다. 15절과 16절의 마지막 절들은 동일하며(ἔχῃ ζωὴν αἰώνιον), 그것을 서로 다른 화자에게 돌리는 것은 잘못된 것으로 보인다.

그러므로 13-21절, 또는 16-21절이 문체상 앞부분과 달라진다는 데 근거해서 1-21절 중 일부분만이 니고데모 대화라고 말하는 것은 적절하지 않다. 어떤 식으로든 본문의 흐름을 차단하지 않기 위해 대부분의 주석가들과 함께[47] 21절 뒤에서 단락을 끊을 것이다. 거기서는 본문 외형상 이론(異論)의 여지없이 분명하게 새로운 이야기(세례 요한 이야기)가 시작되고 있기 때문이다. 실제로 대부분의 주석가들은 별다른 재배열 가설을 전제하지 않은 채 2:23-3:21에 접근한다. 물론 복음서저자가 이 담론에서 작업하고 있다는 것은 부인할 수 없는 사실이겠지만, 그의 작업은 재배열 이론들이 가

47 예를 들어 C.K. 바레트(1978a), 『요한복음(I)』, 박재순, 김필진(역) (서울: 한국신학연구소, 1984), pp. 318-347; J. Becker(1985^{2}), *Das Evangelium nach Johannes I* (Gütersloh-Würzburg: Gerd Mohn), pp. 127-47; R.E. Brown(1966), pp. 128-149; E. Haenchen(1980), *John I*, trans. by R.W. Funk (Philadelphia: Fortress Press, 1984), pp. 194-207; S. Schulz(1975), *Das Evangelium nach Johannes* (Göttingen: Vandenhoeck & Ruprecht), pp. 52-64. 슐츠는 "13-21절이 1-12절에 상당히 느슨하게 연결되어 있다"고 본다. S. Schulz(1975), p. 53.

정하듯이 특정 구절에서부터 전면적으로 시작되는 그런 방식은 아니었을 것이다. 예수의 말은 전체로서 복음서저자의 이해와 재고의 경로를 통해 왔겠지만, 본문은 복음서저자가 아니라 예수 자신이 말하는 것으로 서술되어 있다.

여기서는 이 점을 중요하게 평가할 것이다. 슈낙켄버그와 같은 식의 해결책은 현재 상태의 본문을 설명해주지 못한다. 현재 상태의 이 본문은 정말로 아무 의미도 제시해주지 못할 정도로 구제불능인가? 현 상태의 본문은 잘못 배열된 것이라고 보아야 할 정도로 주제상으로 혼란스러운가? 여기서는 이러한 근본적인 물음을 염두에 두고 본문의 전체적인 구조와 그 안에서 각 구절들의 의미를 해석할 것이며, 재배열 시도들에 반해서 이 단화의 통일성을 밝히고자 한다. 동시에 이 본문이 아이러니나 수미상관법, 병행법 같은 문학적인 기법을 사용하면서 발전적인 반복과 주제의 확대를 통해 의미있고 효과적인 구조를 지니고 있다는 사실도 입증할 것이다. 재배열 이론들은 이러한 본문의 특징적인 구조를 보지 못하고 오히려 혼란에 빠뜨릴 우려가 있다. 따라서 여기서는 니고데모 대화에 합류된 예수의 독백을 부적절하게 덧붙여진 첨가문이 아니라, 전체 본문의 구성적인 요소로 파악할 것이다.

니고데모 단화의 문학적인 문제와 관련하여 한 가지 더 짚고 넘어가야 할 점은 이 단화와 22절 이하에 이어지는 세례 요한 이야기와의 관련성에 관한 것이다. 구체적으로 그중에서도 31-36절을 현재 형태대로 세례 요한의 발언으로 볼 것인가, 아니면 13절 이하, 또는 16절 이하의 예수의 말의 일부로 볼 것인가 하는 문제이다. 이것은 실질적으로는 니고데모 단화에 3:31-36을 포함시켜야 하느냐는 문제와 관련된다. 사실 31-36절은 1-21절과 주제와 언어상 일정한 연속성을 지니고 있다. 예를 들어 이원론적인 언급들과 성령에 대한 주제 등이 두 단락에 병행해서 나타난다.[48] 그동안 학자들은 이러한 연속성이 주로 전승사적인 동속성에서 기인한다고 이해했다. 본래 31-36절은 니고데모 단화의 일부였는데, 특정 편집 단계에서 세례 요한 이야기에 편입되었다는 것이다.[49] 따라서 아예 31-36절을 니고데모 단화에 편입시켜서 주석하는 학자들이 많았고,[50] 이로 인해 현재 본문에서 3:31-36이 지니는 의미에 대한 탐구는 포기되었다.[51]

---

48 두 단락 사이에는 다음과 같은 병행어구가 나타난다:
"위로부터": 3, 7절과 31절. "위로부터 오신 분": 13절과 31절. 이원론적인 대조: 6절의 "육과 영", 12절의 지상과 하늘, 31절의 "위로부터"와 "땅에서". 본 것에 대한 증거: 11절과 32절. 증거를 받아들이지 않는 데 대한 언급: 11절과 32절. "하나님이 보낸 분": 17절과 34절. 성령에 대한 주제: 5-8절과 34절. "아들을 믿는 자는 영원한 생명을 가진다"는 데 대한 언급: 15절과 16절, 36절. "믿는 자"와 "믿지 않는 자" 사이의 이원론: 18절과 36절.

49 슈낙켄버그는 1-12절까지만이 니고데모 대화이고, 13-21절은 이에 대한 복음서저자의 주석이라는 앞서 말한 그의 가설의 연장선상에서 13-21절이 아니라 31-36절이 복음서저자의 케리그마적 담론의 서두였다고 주장한다. 다시 말해 원래 31-36절이 13-21절보다 앞에 있었다는 것이다. 그리고 31-36절의 내용은 세례자에게는 전혀 어울리지 않지만, 13-21절을 말한 설교자에게는 아주 잘 어울리며, 1-12절의 대화로 인해 그러한 케리그마적 담론을 작성하게 되었으리라고 한다. 예를 들어 31절에서 "위에서 오시는 이"와 "땅에서 난 사람" 사이의 대조는 예수와 니고데모 사이의 대조를 반영한다고 한다. 뿐만 아니라 32절은 11절을, 31절의 ἄνωθεν은 3절의 ἄνωθεν을 반영하며, 34-35절은 12절에 나오는 예수의 계시의 말에 대한 반성이다. 또한 니고데모와의 대화의 마지막 절에서는 신앙이 계시를 받아들이는 데 선결조건이라고 말하며, "케리그마적 담론"은 신앙의 필요성을 주제화한다. 따라서 슈낙켄버그에 의하면 복음서저자는 니고데모와의 대화 때문에 31-36절로 시작되는 "케리그마적 담론"을 작성했다. Schnackenberg(1981), pp. 375-376.

50 버나드나 불트만 같은 학자들은 3:31-36을 3:22-30 앞으로 옮겨서 니고데모 담론의 일부로 본다. J.H. Bernard(1929), *A Critical and Exegetical Commentary on the Gospel According to St. John I* (New York: Charles Scribner & Sons); R. 불트만(1968), pp. 168-176. 그러나 다드는 31-36절이 1-21절 뒤에 온다 하더라도 21절과 31절 사이의 연결은 어색하다고 본다. 31-36절의 주제는 21절보다는 11-15절의 주제에 더 가깝기 때문이라는 것이다. C.H. Dodd(1953), p. 309.

51 이에 반해서 현재 상태대로 이 부분을 세례 요한의 발언으로 해석하려는 시도들도 많이 있다. 바우어나 바레트 같은 학자들은 세례 요한이 마지막 화자였고(27-30절), 화자가 바뀌었다는 암시가 전혀 없었으므로, 여기서도 여전히 세례 요한이 말하고 있다고 본다. C.K. 바레트(1978a), pp. 355-356. 또한 블랙은 29-30절에서와 마찬가지로 31절 이하에도 아람어적인 특징이 나타나며, 이것은 두 단락들 사이의 연속성을 말해준다고 지적했

그러나 이 문제와 관련하여 브라운의 지적을 경청할 필요가 있다. 그는 31-36절은 11-21절과 12:44-50의 예수의 담론의 변형일 것이라고 본다. 왜냐하면 31-36절의 담론은 복음서에서 예수가 한 것으로 되어 있는 담론들의 문체와 상당히 유사하며, 특별히 니고데모에 대한 예수의 말과 긴밀한 병행을 이루기 때문이라고 한다. 반면 세례 요한의 말(3:22-30)과 31-36절 사이에서는 그만큼 많은 병행이 나타나지 않는다. 그는 이러한 정황으로 미루어 볼 때 3:31-36이 원래 예수의 담론을 반영한다는 점은 인정할 수밖에 없을 것 같다고 한다. 원래는 3:11-21; 12:44-50과 거의 동일한 주제를 다룬 독립된 예수의 담론이었던 3:31-36이 니고데모 장면과 세례 요한 장면을 해석하기 위해 3장에 들어오게 되었다는 것이다.[52] 그는 31-36절과 3장 전체와의 관련성을 보았던 것이다.

여기서는 원래 31-36절의 화자가 누구였느냐는 데 대한 브라운의 견해를 일단 받아들이고, 논의를 한 단계 더 진전시킬 필요가 있다. 독자들의 관심사는 현재 상태에서, 다시 말해 세례 요한의 말로서 31-36절은 어떤 의미를 발생하느냐는 것이기 때문이다. 굳이 전승사적인 언어로 표현하자면, 어째서 편집자는 그것을 현재의 위치에 가져다놓았느냐는 물음이 보다 중요하다. 슈낙켄버그나 브라운의 주장대로 이 부분이 원래 예수의 담론에 속했다면, 어째서 아무런 서두도입문도 없이 세례 요한의 말로 바꾸어놓았느냐는 것이다. 아마도 편집자가 니고데모 장면과 31-36절 사이의 긴밀한 관련성을 발견하고, 그것을 가까운 위치에 놓고자 했을 것이다. 그러나 이것만으로는 어째서 그것이 3:21 뒤가 아니라 하필 3:30 뒤에 오게 되었는지를 설명해주지는 못한다. 가장 좋은 해결책은 다드가 제시했다. 그에 따르면 편집자는 3:1-30 전체를 다시 받아서 니고데모 장면과 세례 요한 장면

다. M. Black(1982), *Die Muttersprache Jesu: Das Aramäische der Evangelien und der Apostelgeschichte* (Stuttgart: Calwer Verlag), p. 109.

52 R.E. Brown(1966), p. 147.

둘 다를 요약하기 위해 31-36절을 사용했다.[53] 마지막 편집자는 31-36절이 니고데모 장면이나 세례 요한 장면 둘 다와 관련해서 읽혀지기를 바랐을 것이다. 따라서 3:31-36은 3장 전체에 대한 결론으로 읽혀질 수 있으며, 2:23-3:21만을 니고데모 단화로 볼 것이다.

마지막으로 지적할 것은 니고데모라는 인물과 관련된 문제이다.[54] 니고데모는 처음에 예수에 대해 호의를 가지고 찾아온다. 그러나 그는 예수의 말을 이해하지 못하며, 예수는 그의 이해력 없음을 나무라고 조롱한다. 니고데모라는 인물은 여기서 어떠한 기능을 하는가? 그동안 니고데모에 대한 역사적인 연구들은 장벽에 부딪혀 왔고,[55] 본문 안에서 이 인물의 의미를 이해하는 데 그다지 도움이 되지 못했다. 무엇보다도 그것은 이야기 속에서 니고데모라는 인물의 기능을 제대로 부각시키지 못했다. 바리새파 사람이며, 유대 의회원이었고(3:1), 선생(3:10)이었던 니고데모가 구현하고 있는 전형성은 어떤 것이며, 요한의 이 단화에서 예수의 대화상대자로서 니고데모의 기능은 무엇인가?

이 물음은 난점을 제기한다. 그가 예수를 이해하지 못한 것으로 보이기는 하지만, 공관복음서의 논쟁대화에 등장하는 질문자들이 예수에 대해 분명한 적의를 가지고 있고, 그러한 적의가 그들의 몰이해를 촉진시키는 반면, 여기서 니고데모는 선의를 가지고 있음에도 불구하고(3:2) 예수에게 비난을 받기 때문이다. 이 사실은 공관서의 논쟁대화들을 이해할 때와는 전혀 다른 문학적인 척도가 요구된다는 것을 의미한다.

니고데모라는 인물은 공관서의 대화나 그에 대한 역사적인 연구보다는

53 C.H. Dodd(1953), p. 309.

54 요한복음서에 등장하는 다양한 인물들의 모호함에 대하여 S. Hylen(2009), *Imperfect Believers: Ambiguous Characters in the Gospel of John* (Louisville, Ky.: Westminster John Knox Press) 참조.

55 R. Schnackenburg(1981^{5}), I, p. 379; C.K. 바레트(1978a), pp. 321-322.

아이러니라는 특정한 문학형식이 여기서 어떻게 작용하고 있는지를 밝힘으로써 잘 이해될 수 있을 것이다. 이 단화에서 아이러니의 작용방식을 밝힘으로써 지금까지 니고데모라는 인물을 이해하는 데 있어서의 난점이 어느 정도 제거될 수 있을 것이다. 이와 관련해서 예수와 니고데모가 사용하고 있는 복수형("우리들" 3:2, 11, "너희들" 3:7, 11, 12) 인칭대명사들을 설명하는 것도 문제이다. 전승사적인 관점에서만 이 단락을 연구했던 학자들은 이것을 제대로 설명하지 못했다. 따라서 이 단락에 나타나는 공동체적, 사회학적 차원을 부각시키지도 못했다. 여기서는 문학적 표현과 그 배후의 사회학적, 신학적 상응성을 아이러니라는 열쇠를 통해 함께 볼 수 있을 것이다. 주석의 과정에서는 이러한 물음들에 대해서도 답변을 얻고자 할 것이다.

지금까지 역사적인 관심에 의해 주도되어왔던 전승사적인 접근방식에서 한 발짝 물러나서 문학적으로 본문에 접근해보면, 학자들의 시선을 혼란스럽게 했던 전승사적인 균열과 단절 대신 문학적인 통전성이 드러난다. 여기서 밝히고자 하는 아이러니는 그동안 학자들이 니고데모와의 대화라고 한 부분에서도, 복음서저자의 해석이라고 한 부분에서도 일관되게 나타난다. 아이러니나 그밖에 복음서저자의 문학적인 표현방법이 본문 전체에서 어떻게 나타나며 기능하는지를 분석하는 과정에서 복음서저자(또는 최종 편집자)가 결코 서투르게 작업한 것이 아니라, 오히려 분명한 문학적, 신학적 의도를 가지고 본문을 구성했음을 확인하게 될 것이다. 주석에서는 본문의 주제적인 통전성을 염두에 두면서 아이러니가 구체적으로 본문에서 어떻게 작용하고 있는지, 아이러니의 주제는 무엇이고, 효과는 무엇인지를 살펴보겠다.

2. 본문의 구조

본격적인 예수와 니고데모와의 대화는 3:2에서부터 시작된다. 그러나 내용적으로 2:23-25은 니고데모 단화에 덧붙여질 수 있다.[56] 2:23-25은 3:1-21과 내적인 관련성이 있다. 2:23-25에서는 순전히 예수의 표징에만 근거한 불완전한 신앙이 비판받는다. 그런데 3:2에서 니고데모는 예수가 하나님으로부터 보냄을 받았다는 증거를 예수가 행한 표징들에서 발견한다. 이 점에서 니고데모는 바로 앞에 2:23-25에서 말한 불완전한 신앙의 대표자라고 볼 수 있다. 따라서 2:23-25과 니고데모를 소개하는 3:1을 이 단화의 서론으로 볼 수 있을 것이다.

2절에서 시작해서 21절로 끝나는 예수와 니고데모 사이의 대화는 각 단락마다 먼저 니고데모가 질문하고 다음에 예수가 답하는 세 부분으로 나뉘어진다(2-3절; 4-8절; 9-21절). 매번 예수의 말은 "내가 진정으로 진정으로 너에게 말한다"('Aμὴν ἀμὴν λέγω σοι 3절, 5절, 11절)라는 말을 포함하며, 이것은 문단을 구분하는 기능을 한다. 니고데모의 말은 점점 짧고 내용 없이 되는 반면, 예수의 말은 3절에서 5-8절, 10-21절로 뒤로 감에 따라 점점 더 길어진다. 니고데모와 예수가 하는 말의 양을 이렇게 대비시킨 것은 아마도 "계시에 직면한 니고데모와 그의 신앙의 종속성을 눈에 띄게 그리기 위한 의도적인 작문수단의 하나일 것이다."[57] 이렇게 본다면 니고데모가 대화 마지막 부분에서 대화상대자로부터 밀려났다는 견해는 성립되기 어렵다. 나아가서 대화가 부주의하게 예수의 담론으로 넘어간다는 견해도 유지되기 어렵다. 10-21절은 원래 대화에서 예수 혼자 말한 부분으로 이해되어

---

56 J. Becker(1985), *Das Evangelium nach Johannes I* (Gütersloh-Würzburg: Gerd Mohn), pp. 127-129.

57 W. Rebell(1987), *Gemeinde als Gegenwelt* (Frankfurt am Main: Verlag Peter Lang), p. 147.

야 할 것이다. 따라서 형식과 관련해서 본다면 2:23-3:21은 재배열 이론들이 주장하는 것처럼 그리 엉성하게 구성된 것이 아니다.

나아가서 주제적인 발전도 각 단락들에 나타난다. 세 번에 걸친 예수의 말은 번번이 신앙의 구조를 더욱 깊이 밝혀준다. 대화에 앞서 서론이라고 할 수 있는 2:23-25에서 이미 단화의 주제가 어느 정도 암시되었다. 2:23에서는 표징신앙에 대해 서술하는데 그것은 십자가에 올리운 자로서의 예수(3:14)가 아니라, 표징행위자로서의 예수에게 초점을 둔 신앙이다(2:23c). 3:1에서는 마치 영화에서처럼 표징신앙을 가진 2:23b의 이름없는 많은 무리(πολλοί)로부터 니고데모라는 한 인물이 클로즈업 된다. 따라서 니고데모와 예수와의 대화는 모범적인 성격을 지닌다. 이어지는 니고데모와의 대화는 이 2:23-25에 대한 설명일 뿐만 아니라, 아직 거기서 분명하게 서술되지 않았던 기회, 즉 예수와의 만남을 통해 불완전한 신앙을 극복하고 완전한 신앙을 가질 수 있는 기회를 제시하고 있다.

첫 번째 예수와 니고데모와의 대화(3:2-3)는 "앞으로 논의될 주제들을 포함하고 발전의 과정을 그리고 있는 주제적인 진술"[58]이라고 할 수 있다. 여기서는 니고데모가 표징신앙의 대표자로서 표징신앙의 본질을 드러내는 발언을 하고(2절), 이에 반해서 예수는 참된 신앙이 어떤 것인지 말한다(3절). 이것은 앞서 2:23-25의 서술을 이어받아 표징신앙을 정의하면서 동시에 그것을 참된 신앙과 대조함으로써 앞으로의 주제를 제시하는 것이라고 할 수 있다. 두 번째 대화(4-8절)에서는 니고데모의 오해(3:4)를 계기로 해서 예수가 참된 신앙에 대해 보다 상세한 서술을 한다. 두 번째 예수의 말은 3절의 예수의 진술을 여러 측면에서 재서술하는 방식을 취하고 있다. 세 번째 대화(9-21절)에서는 니고데모의 계속되는 무지를 나타내는 짤막한 서술(9

58 J.H. Neyrey(1981), "John III-A Debate over Johannine Epistemology and Christology", *NTS*, 23, p. 116; J.H. Neyrey(2009), *The Gospel of John in Cultural and Rhetorical Perspective* (Grand Rapids: Wm. B. Eerdmans Publishing).

절)에 이어서 예수의 긴 진술이 이어진다. 여기서 세 번째 예수의 말씀은 인자에 대한 진술, 즉 그의 오고 감과 십자가로 올리움에 중심을 두고 있다. 이 3:14를 통해 2:23; 3:2의 표징신앙은 불충분한 것임이 분명하게 드러난다.

니고데모 단화에서 또 한 가지 두드러지는 것은 요한이 주제적인 연결과 형식상의 구분을 함께 결부시켜놓았다는 점이다. 요한은 위의 구분이 그가 담론을 엮어간 전체적인 흐름이라는 표시를 군데군데 남겨놓았다. 첫째 단락은 "우리는 선생님이 하나님께로부터 오신 분임을 압니다"(2절)라는 말로 시작된다. 이 말은 셋째 단락 서두의 예수의 말인 "너는 이스라엘의 선생이면서, 이런 것도 알지 못하느냐?"(10절)라는 서술과 상응한다. 또한 단화 전체가 수미상관법(首尾相關法)에 의해 구성되었다. 이 단화는 니고데모가 밤에 예수를 찾아오는 것으로 시작되었으며, 어둠을 떠나서 빛으로 나와야 한다는 주제로 끝난다(3:21). 또한 니고데모가 예수는 하나님께로부터 온 선생이라고 추켜세우면서 대화가 시작되었다면, 담론의 마지막 부분에서는 예수가 (선생이 아니라) 하나님의 하나뿐인 아들이며(16절), 하나님이 세상을 위한 빛으로(19절) 그를 세상으로 보내셨다고(17절) 한다. 2:23-25를 니고데모 대화의 서론으로 본다면, 이와 관련해서도 수미상관법이 나타난다. 2:23에서는 "(예수의) 이름을 믿은" 사람들에 대한 언급이 나온다. 그러나 그들의 믿음은 예수가 나타낸 표징에 근거한 것이고, 그가 누구인지를 알고자 하지 않는 불충분한 믿음이었다. 이에 상응하여 3:18에서는 "독생자의 이름을 믿는 사람"들에게만 구원이 주어진다고 말한다.[59] 이렇게 보면 이 단화는 자료들을 엉성하게 짜맞춘 것이 아니라, 주제나 형식면에서 고도로 일관성 있게 구성된 것이다.

---

59 이 단화의 수미상관적인 구조에 대해서는 R.E. Brown(1966), p. 137 참조.

3. 본문주석

가. 2:23-3:1 서두도입문

2:23에서는 표징신앙에 대해 서술하고 있다. 이미 이 구절 자체가 더 이상의 설명이 필요 없이 표징신앙의 불충분한 성격을 드러낸다("많은 사람이 그가 행하시는 표징을 보고 그 이름을 믿었다"). 표징신앙은 기적행위자로서의 예수에게 초점을 둔다. 이러한 불충분한 성격 때문에, 잘못된 초점 때문에 표징신앙은 불안정하다. 외부에서 조금만이라도 충격이 오면 균형을 잃기 쉽다. 사실 표징신앙은 이어지는 두 구절들에서 예수가 그들에게 자신을 맡기지 않음으로 인해 흔들리게 된다. 언어적으로 23절과 24-25절은 인칭대명사 αὐτός(24절 αὐτὸς δὲ Ἰησοῦς)에 의해 긴밀하게 연결되었다. 이 말은 그냥 예수를 의미하는 것이 아니라 "예수 자신"을 의미한다. 이로 인해 표징신앙이 믿을 만한 것이 아님이 보다 강도 높게 서술되었다. 나아가서 예수와 관련되는 동사 "맡기지 않으셨다"(οὐκ ἐπίστευεν 24절)는 표징신앙의 "믿었다"(ἐπίστευσαν 23b절)와 부정적으로 상응한다. 내용적으로 예수의 πιστεύειν은 표징신앙의 πιστεύειν과 동일한 의미가 아니다. 왜냐하면 전자는 (자신을) 맡기는 것을 의미하기 때문이다. 이를 통해서 수사학적인 긴장이 생겨난다. 이 동사들은 음운상으로는 동일하면서 의미상으로는 차이를 나타낸다. 또한 23절에서는 복수가 강조되지만, 24-25절에서는 단수가 강조됨으로써 수사학적인 긴장이 나타난다. 전체적으로 23절과 24-25절은 대조를 통해 서로 연결되며, 형식상으로나 내용상으로 긴장관계에 있다.

도입구절인 3:1은 니고데모라는 인물의 성격을 규정하면서 동시에 니고데모 단화 전체를 앞의 2:23-25와 연결시키는 기능을 한다. 3:1에서 니고데모는 "사람"(ἄνθρωπος)으로 소개된다. 이 말은 2:25에서 이미 한정해놓은 의미로 이해해야 한다. 말하자면 "바리새파 사람"(ἄνθρωπος ἐκ τῶν Φαρισαίων 3:1)에서 사람(ἄνθρωπος)은 2:25의 "예수께서는 (표징을 믿고 자신을 믿은) 사람 속에(ἐν τῷ ἀνθρώπῳ) 무엇이 있는지 다 알고 계셨다"는 말과 관련된다. 이렇게 보면 예수는 니고데모의 속마음에 무엇이 있는지 알고 있다는 뜻이 된다. 따라서 이 ἄνθρωπος 개념에 의해서도 2:23-24와 3:1 이하가 서로 연결되어 있음을 알 수 있다. 예수는 니고데모에 대해서도, 그 안에 무엇이 있는지(불완전한 신앙)도 알고 있다. 이로써 표징신앙을 가진 이름 없는 많은 무리로부터 한 인물이 포착되었다. 군중장면으로부터 한 사람의 등장인물이 부각된 것이다.

우선 그는 "바리새파 사람"이며, "유대 사람의 지도자"라고 성격화되었다. 니고데모는 요한복음서에만 나오는 인물로서(7:50; 19:39) 아마도 유대인들의 최고 의회기구인 산헤드린에 속했을 것이다. 이러한 인물로서 그는 단순히 한 개인이 아니다. 왜냐하면 이어지는 대화에서 예수와 니고데모는 각기 복수형 대명사를 사용하고 있기 때문이다. 또한 3:2에서 니고데모는 "하나님께서 함께 하지 않으시면, 선생님께서 행하시는 그런 표징들을, 아무도 행할 수 없습니다"라고 말하는데, 이 말 역시 2:23의 "많은 사람이 그가 행하시는 표징을 보고 그 이름을 믿었다"와 관련된다. 이렇게 보면 요한은 표징을 보고 예수의 이름을 믿은 불충분한 신앙을 가진 유대인의 전형으로 니고데모를 그린 것이다. 이 점에서 니고데모에 대한 요한의 부정적인 견해가 단화 첫머리에서부터 어느 정도 암시되었다고 할 수 있다. 여기서 니고데모가 대표하는 전형성의 내용이 무엇인지는 대화가 전개되어감에 따라 요한의 아이러니한 표현기법을 통해 보다 분명해질 것이다.

나. 3:2-3 첫 번째 대화

2:23-25에서는 예수와 표징신앙을 가진 무리가 아무런 의사소통 없이 서로 마주하고 있었다면, 이제 3:2에서는 장면 안으로 움직임이 들어오며, 이것은 행동을 나타내는 동사들에 의해 표현되었다(ἦλθεν, εἶπεν "왔다", "말했다" 3:2). 니고데모는 3:2에서 "표징들을 행하다"(τὰ σημεῖα ποιεῖν)라는

말을 사용하여 2:23의 표징신앙을 드러낸다. 그러나 여기서 그는 그것을 보다 구체화해서, 즉 표징신앙의 논리를 보다 정확하게 표현한다. 예수의 표징은 정당화하는 기능을 한다는 것이다. 표징은 예수가 하나님으로부터 온 교사임을 인정할 수 있는 근거이다. 네이레이가 올바로 본대로 2절은 한편으로는 "인식론을"(οἴδαμεν "알고 있다"), 다른 한편으로는 "그리스도론을"(ἀπὸ θεοῦ ἐλήλυθας διδάσκαλος "하나님으로부터 온 선생") 담고 있다. 2절은 이 두 요소를 통합하고 있으며, 이어지는 예수의 말은 이 구절에 상응한다. 즉 예수의 말에서는 2절의 인식론이 반박되며, 동시에 거기서 말해진 그리스도론도 수정된다. 2절의 진술은 이어지는 니고데모 대화 전체의 흐름 속에서 논쟁적으로 흡수된다. 따라서 이 구절은 "앞으로 논의될 주제들을 포함하고 발전의 과정을 그리고 있는 주제적인 진술"[60]이라고 할 수 있다.

한편 3:1에 나타나는 니고데모의 성격규정과 관련해서 볼 때 3:2에서 "이 사람이 밤에 예수께 왔다"는 언급은 특별한 의미를 지닌다. 요한은 "밤"(νύξ, νυκτός)이라는 말에 자주 상징적인 의미를 실어서 사용하곤 했다. 어둠과 밤은 일반적으로 악과 거짓, 무지의 영역을 상징한다.[61] 또한 19:39에서 예수의 장례와 관련하여 아리마대 요셉과 함께 니고데모를 다시 등장시킬 때에도 그를 "예수를 밤중에 찾아왔던" 사람으로 언급하는 것으로 보아 여기서 니고데모가 밤에 왔다는 말이 불트만이 주장하듯이 단순히 랍비들의 연구가 밤에도 이루어졌음을 나타내거나, 아니면 단화 전체에 신비스러운 분위기를 주기 위한 것이라고만 보기는 어렵다.[62]

그보다 3:2에서는 빛과 어둠을 대조적으로 사용하는 요한의 이원론적

---

60 J.H. Neyrey(1981), pp. 116, 118-119.

61 13:30b에서 예수를 배반하리라는 예고를 받은 유다는 예수가 주는 빵조각을 받고서 곧 나갔고, "그때는 밤이었다." 유다는 빛을 떠나 사탄의 영역인 밤으로 나가고 있다는 것이다. 이외에 9:4; 11:10에서도 "밤"은 상징적인 의미로 사용되었다.

62 역사적인 차원에서만 이 구절을 보는 불트만은 여기서 단순한 부름말 이상을 보지 못한

경향으로 인해 아이러니한 이미지가 생긴다. 니고데모는 바리새인이며, 유대인의 지도자이다. 그러한 사람으로서 니고데모는 예수가 "하나님으로부터 온 선생"임을 알고 있다고 고백하러 온다. 그러나 요한은 3:2에서 "밤에"라는 말을 통해 앞서 그에게 부여되었던 지위와 고백에 어두운 그림자를 드리운다. 니고데모는 밤의 어두운 공포와 무지 속에 있다는 것이다. 아직 그 두려움의 실체가 분명히 나타나지 않았지만, 바로 그 두려움이 나중에 아리마대 요셉과 비밀스럽게 등장하는 이유일 수 있다.[63] 다른 한편으로 그가 예수에게로 온 것은 밤으로부터 참 빛으로(3:21) 온 것이고, 또한 아직도 그가 어둠 속에서 말하고 있기 때문에 "밤"이라는 상징적인 이미지가 사용되었을 수 있다.

그러나 여기서는 무엇보다도 그의 무지로 인한 어둠의 이미지 때문에 아이러니가 발생한다. 그의 무지는 겉으로 드러난 표징으로 인해 깊은 인상을 받으면서도 기본적인 영적 진리를 이해하지 못하는 데서 확연하게 드러난다. 요한은 이스라엘의 존경받는 "선생"이 어둠 속을 헤매고 있다는 사실을 조심스럽게 아이러니한 이미지를 통해 표현했다. 니고데모는 마땅히 영적 진리를 깨달아 알아야 하는 사람이고, 그 스스로 "알고 있다"(οἴδαμεν)고 말한다. 그러나 유대인들의 지도자로서 마땅히 알아야 하고(3:10), 안다고 자신하는 그가 무지의 어두운 "밤"을 헤매고 있다는 사실을 독자들은 안다. 이 점은 3:2에서 밤이라는 말뿐만 아니라 2:23-25에서 독자들에게 전해진 정보를 통해서도 암시된다. 그는 아이러니에서 전형적인 알라존의 모습을 보여준다.

다. R. 불트만(1968), p.137 주 18. 한편 R.E. Brown(1966), p. 130에서는 상징적인 의미로 이 말이 사용되었을 가능성과 함께 "유대인들이 두려워서", 또는 밤새 율법공부를 하는 전통에 따라 그렇게 했을 가능성에 대해서도 말한다.

63 19:38-39 참조. 여기서 니고데모와 아리마대 요셉은 예수의 제자인데, 유대 사람이 무서워 그것을 숨기고 있던 은밀한 그리스도인들을 대표한다고 볼 수 있다.

그리고 아직 여기서 아이러니를 느끼지 못한 독자라 할지라도 3:10의 예수의 질문에 이르면 분명하게 아이러니를 깨닫게 된다. 3:10에서 예수는 "너는 이스라엘의 선생이면서, 이런 것도 알지 못하느냐?"라고 니고데모를 질책한다. 3:10에서는 7:28에서처럼 예수가 대화상대자의 말을 받아서 반복함으로써 아이러니가 발생한다. 여기서 "너는"(σὺ), "선생"(διδάσκαλος), "이런 것"(ταῦτα) 같은 단어들은 3:2의 니고데모의 말을 정확히 그대로 반복하고 있으며, 또한 "네가 알고 있다"(γινώσκεις)도 3:2의 "우리가 안다"(οἴδαμεν)를 반복하는 말이다. 외형상 이 말들은 반복되었고, 같은 의미로 사용된 것 같지만, 실제로 3:10에서는 반복된 말들을 통해 3:2의 내용들을 무효화하거나 부정하고 있다. 즉 니고데모는 예수를 선생이라고 했으나 예수는 결코 단순한 선생이 아니며, 니고데모는 자신이 대표하는 집단이("우리는") "알고 있다"고 했지만, 사실은 "알지 못한다." 니고데모는 바리새파 사람이며, 유대 의회원으로서 마땅히 예수가 말하는 영적 진리를 알아야 하고, 안다고 착각하고 있지만 사실은 알지 못한다. 이 점은 대화가 진행됨에 따라 백일하에 드러나겠지만, 이미 첫 구절들에서부터 아이러니하게 암시되었다. 여기서는 예수가 "선생"이며, 니고데모는 "알고 있다"는 문자적이고 외형적인 의미의 차원과 예수는 선생이 아니며 니고데모는 알고 있지 못하다는 실제적인 의미의 차원, 즉 두 가지 의미의 차원이 존재하며, 이 둘은 서로 대립된다. 따라서 아이러니가 발생한다.

니고데모가 아이러니에서 전형적인 알라존의 모습을 하고 있다면, 예수는 고전적인 에이론의 모습을 하고 있다. 니고데모는 알고 있다고 자신하지만 그것은 허풍에 불과하고, 사실은 알지 못한다. 이 점에서 니고데모와 그가 대표하는 집단에 대한 요한의 부정적인 태도가 나타난다고 볼 수 있다.[64] 한편 불트만은 니고데모라는 인물을 집단적으로 해석하기보다는 보

64 브라운은 여기서 니고데모가 은밀한 그리스도인을 대표한다고 보는 데 반대하면서 그에

편화해서 해석한다. 그에 따르면 니고데모는 예수나 요한 그리스도인들에게 적대적인 유대인을 대표하는 것도 아니고, 예수의 표징을 보고 예수에 대한 신앙을 마음속에 가지고 있었으나 공개적으로 고백하기를 두려워했던 은밀한 그리스도인들을 나타내지도 않는다. 그는 단지 믿지 않는 인간 일반을 나타낼 뿐이다. 그는 믿지 않는 보편적인 인간, 위로부터 날 필요성을 요청받는 인간 일반을 나타낸다.[65] 이처럼 지극히 추상화된 불트만의 견해는 단화 전체 속에서 니고데모의 기능과 그가 구현하고 있는 전형성을 설명하지 못한다. 이야기 속에서 니고데모의 역할에 대한 판단은 아이러니와 관련해서 보아야 분명하게 드러난다. 여기서 아이러니는 단락 안에 나타나는 기본적인 대립구조, 즉 표징신앙과 참된 신앙, 그리고 이 둘을 대표하는 인물들의 대조를 강화하면서 후자의 우월성과 궁극적인 타당성을 인정하도록 독자들을 은연중 설득하는 기능을 한다. 니고데모라는 인물은 이 구도 안에서 기능한다.

니고데모의 무지라는 아이러니의 동기는 대화가 진행됨에 따라 더욱 고조된다. 이것은 3:3-5의 오해를 통해 더욱 분명해진다. 3:3에서 예수는 니고데모에게 "내가 진정으로 진정으로 너에게 말한다. 누구든지 다시(ἄνωθεν) 나지 않으면, 하나님 나라를 볼 수 없다." 여기서 ἄνωθεν이라는 말을 어떻게 해석하느냐는 것은 문제이다. 원래 이 말은 "다시, 새로" 와 "위로부터" 둘 다를 뜻한다. 불트만은 여기서 이 말이 전자의 의미로 사용되었다고 본다. 그는 "인간은 있는 그대로는 구원에, 신의 영역에 속하지 않으므로" 실존적인 변화가 필요하다는 의미에서 3:3의 이 말을 "새로"라는 의미

대한 복음서저자의 태도가 상당히 긍정적이었다고 본다. 그는 나중에 예수를 공개적으로 시인하는 듯한 행동을 하게 된다는 것이다(7:50; 19:39). R.E. Brown(1979), p. 72 주 128. 그러나 여기서 아이러니라는 기법을 통해 알라존으로 조롱당하고 있는 그의 모습을 보면 그에 대한 요한의 태도가 그렇게 긍정적이었다고 보기 힘들다.

65 R. Bultmann(1968), pp. 138-139 참조.

로 해석한다. "인간은 과거의 자신의 존재로부터 벗어나 새로운 존재로 다시, 새로 태어나야 한다"[66]는 것이다. 불트만은 요한이 이중의미를 지닌 이 말을 자신의 문학적 도구로 사용했다는 점을 중요하게 보지 않기 때문에 두 의미의 관계를 자료와 복음서 안에서의 의미로 설명한다. 즉 자료에서는 원래 이 말이 "위로부터"를 뜻했는데 요한에 의해 실존적인 변화를 나타내는 "다시"라는 의미로 바뀌었다고 본다. 이에 반해서 바레트는 두 가지 의미가 모두 가능하지만, 일차적인 것은 "위로부터"라고 본다. 그에 따르면 여기서 위로부터의 출생은 초자연적 출생을 의미한다.[67]

그러나 여기서 중요한 것은 ἄνωθεν이라는 이중의미를 지닌 말이 오해라는 요한의 문학적 기법의 일부로 사용되었다는 것이다. 물론 계속되는 예수의 말에서는 이 두 가지 의미 중 "위로부터"라는 의미만이 발전된다(3:5-8). 니고데모는 보다 중요했던 이 의미를 이해하지 못한다. "사람이 늙었는데, 그가 어떻게 태어날 수 있겠습니까? 어머니 뱃속에 다시 들어갔다가 태어날 수야 없지 않습니까?"라는 4절의 니고데모의 말은 그가 이 말을 "다시"라는 의미로만 이해했음을 말해준다. 3:1-2에서는 요한이 암시적으로 아이러니한 이미지를 통해 니고데모와 그가 대표하는 특정 집단의 무지를 표현했다면, 여기서는 오해라는 보다 명시적인 문학적 방법을 통해 그의 무지를 폭로하고 있다.

따라서 이어지는 대화의 전개로 미루어볼 때 예수 자신의 입에서 ἄνωθεν의 보다 일차적인 의미는 역시 "위로부터"이다. 이것은 3:31과 19:11, 23의

---

66 R. 불트만(1968), pp. 138-139 주 23. 그에 따르면 자료에서는 원래 ἄνωθεν이 "위로부터"를 뜻했고, 주제상으로는 "위로부터 남", 믿는 자의 근원에 대한 문제를 다루었다고 한다. 즉 원래 영지주의적인 이해에서는 영소지자들의 실제적 근원을 뜻했던 말이 요한에 의해 믿는 자들의 실존적 변화를 나타내는 말로 바뀌었다는 것이다. R. 불트만(1968), pp. 139-140 주 26.

67 C.K. 바레트(1978a), p. 324.

이 말의 용법에서도 알 수 있다. 그러나 다른 한편으로 요한이 니고데모의 오해를 유발시키기 위해 의도적으로 이 말을 사용했다는 점에서는 "다시"라는 의미를 지닌다.[68] 니고데모는 존경받는 유대인으로서 마땅히 이중의미를 알아야 하는데, 그중 한 가지 의미밖에 알지 못한다. 이렇게 등장인물인 니고데모가 이중의미를 깨닫지 못하는 데 반해서 독자들은 깨닫는다는 점에서 아이러니가 발생한다.

내용적으로는 3절에서 이 "위로부터 태어나다"(γεννηθῇ ἄνωθεν)라는 말을 통해 니고데모와 그의 신앙에 반해 참된 신앙이 대조되고 있다. 구체적으로 3절에서는 표징신앙에 대해 위로부터 남 또는 거듭남의 상이 대조된다. 요한은 세상으로부터는 실질적으로나 논리적으로나 하나님께 가까이 갈 수 있는 길이 없다는 확신을 가지고 있었고, 아마도 이 확신을 위로부터, 새로 난다는 개념을 통해 표현했을 것이다.[69] 참되고 전적인 새롭게 됨은 모든 인간적인 가능성들을 벗어난다. 인간 자신이 스스로 만들 수 있는 것은 전적으로 "옛 것"이며, 인간은 옛 재료들로만 작업하기 때문에 새로운 기원을 만들어낼 수 없다. 요한은 분명히 이러한 불연속성을 표현하기 위해

---

68 사실 이러한 '오해'는 그리스어에서만 가능하다.

69 거듭남에 대한 표상은 신약성서의 헬레니즘적 주변 세계로부터 생겨났다. 이것은 무엇보다도 신비종교와 영적인 영지주의에서 나타난다. 구약성서에서는 잘 나타나지 않는다. "이스라엘인은 지파동맹 때문에 자신을 거듭남이 필요하지 않은 하나님의 백성의 일부로 생각한다" G. Stemberger(1967), *Untersuchungen zur johanneischen Symbolik von Gut und Böse* (Diss. University of Innsbruck), p. 97. 물론 구약성서에도, 무엇보다도 예언서에는 새로운 시작이 필요하며, 새로운 피조물이 되어야 한다는 사상이 있다(특히 겔 36:24-28; 37:1-14; 사 66:7 이하) 그러나 이 둘의 뿌리는 매우 다르다. 구약성서의 새창조에 대한 희망은 민족의 타락에 대한 철저한 통찰과 하나님의 창조능력과 선에 대한 믿음으로부터 생겨났다. 헬레니즘적 거듭남의 표상은 무엇보다도 과거로부터의 구원에 대한 동경, '지금 여기서' 존재의 충만함을 경험하려는 동경에 소급될 수 있다. 나아가서 구약성서에서는 기대된 새창조가 민족 전체를 향하고 있는 반면 헬레니즘적인 경건에서는 개인이 중심에 온다. 요한복음 3장의 거듭남 표상은 구약성서의 새창조기대에 연결될 수는 없고, 헬레니즘적인 표상들로부터 왔을 것이다.

위로부터 남, 거듭남에 관한 은유를 사용했을 것이다.[70] 이러한 분석은 여기서 두 개의 세계가 서로 대립하고 있다는 사실을 보여준다. 인간은 새로운 상징세계를 옛 상징세계와 그냥 단순히 교환할 수 없다. 예수 편에 서기 위해 인간은 질적으로 다른 사람이 되어야 한다. 거듭남에 대한 예수의 말은 니고데모가 안전하게 그 위에 서 있다고 생각하는 확고한 토대를 흔들리게 한다.[71] 2절과 10절의 아이러니는 이 두 세계 사이를 비집고 들어가서 둘 사이의 대조를 보다 선명하게 보여주며, 독자들이 어느 편에 서는 것이 옳은가를 스스로 판단할 수 있도록 한다.

나아가서 여기서는 위로부터 남 또는 거듭남을 단순히 종교적, 신학적으로만이 아니라 종교사회학적, 기능적 의미에서도 이해할 수 있다. 거듭남의 표상은 요한적인 상징세계의 폐쇄성을 분명히 보여주며, 이러한 상징세계 속에서 살아가고 있는 사회적인 실체, 즉 요한공동체의 자기이해를 엿볼 수 있게 해준다. 외부인으로서는 이 공동체에 접근하고 그들의 확신에 찬 논리를 이해한다는 것이 불가능하다. 왜냐하면 그것이 그들에게는 새로운 출생의 기적, 다시 말해 새로운 상징체계가 되었기 때문이다.[72]

또한 첫 번째 예수의 말에서는(3절) 위로부터 남, 거듭남과 함께 '하나님

---

70 R. 불트만(1968), pp. 140-141.

71 R. 불트만(1968), pp. 138-139.

72 여기서 "상징세계"라는 말은 지식사회학에서 말하는 "상징적 우주"와 같은 의미로 사용했다. 이 개념에 대해서는 P.L.Berger/T. Luckmann(1967), *The Social Construction of Reality* (New York: Doubleday & Company) 참조. 이들에 의하면 한 사회의 사회, 경제적 상황에 뿌리를 둔 이론적 반성을 통해 정신적으로만이 아니라 개인이나 사회와 관련된 모든 사건들에 포괄적인 의미를 부여하는 그 사회의 상징적 우주가 생겨난다. 또한 인간은 사회적 존재이기 때문에 상징적 우주는 다른 사람들과 공유되며, 상징적 우주의 공유는 그것 자체를 안정화시키는 기능을 한다. 다양한 인간사회는 각기 그들 나름의 상징적 우주를 형성했으며, 대안적인 상징적 우주들이 존재할 수 있다. 대안적인 상징적 우주의 등장은 기존의 상징적 우주의 신뢰성에 위협이 될 수 있다. 따라서 상징적 우주들 사이에는 경쟁이 있다.

나라'가 언급된다. 공관복음서의 예수의 선포를 규정하는 이 개념은 요한복음서에서는 '(영원한) 생명' 때문에 훨씬 후퇴된다. '생명'은 요한신학에서 구원과 관련된 가장 중요한 개념이라고 할 수 있다. 이 말은 구원과 관련된 다른 모든 개념들을 자체 안에 포괄할 수 있다. '하나님 나라'는 요한복음서에서 3:3, 5에만 나온다.[73] '하나님 나라'와 '(영원한) 생명'이라는 두 개념들은 구원의 각기 다른 측면을 표현한다. 예수가 (마찬가지로 그가 사용할 수 있었던 생명이 아니라) '하나님 나라'를 자신의 선포의 중심 개념으로 선택했을 때에는 아마도 린드블롬의 말대로 "이 개념의 종교적인 구조, 신적인 주체에 대한 강조와 이 말로부터 나올 수밖에 없는 활동성, 이 모든 것들이 집단적인 목적과 개인적인 목적, 차안적인 이상과 피안적인 이상을 표현하는 데 기여함에 틀림없기 때문"[74]이었을 것이다. 즉 신론적인 측면과 사회적인 관계성을 표현할 수 있다는 이점 때문에 '하나님 나라' 개념을 사용했을 것이다. 이에 반해 요한이 구원을 나타내기 위해 '영원한 생명' 개념을 사용했다면, 그것은 하나님은 인간에게서 그의 참된 자아를 문제삼는다는 사실을 이 개념을 통해 분명하게 할 수 있기 때문이었을 것이다. 구원의 사회학적인 측면은 상실되는 측면이 있지만, 대신 생명이라는 말은 인격적인 사로잡힘을 잘 표현해낸다. 따라서 그리스도교적 실존이 "외적인 신분이나 혹은 명목상의 소속"으로 나타날 수 없게 되는 것이다.[75]

개인적인 것을 지향하는 요한신학의 맥락에서 구원을 묘사하는 데 '하나

---

73 요한복음서에서의 '하나님 나라' 개념에 대해서는 R.J. White(1982), *The Kingdom of God in the Fourth Gospel*, Diss. (Louisville: Southern Baptist Theological Seminary) 참조.

74 J. Lindblom(1914), *Das ewige Leben: Eine Studien über die Entstehung der religiösen Lebensidee im Neuen Testament* (Uppsala/Leipzig: Almqvist & Wiksells), p. 161.

75 F.V. Filson(1962), *The Gospel of Life: A Study of the Gospel of John* (New York/Evanston/London: Harper & Row), p. 114.

님 나라' 개념보다 '생명' 개념을 선호하는 것은 이점이 있다.[76] 그렇다면 어째서 요한은 3:3, 5 같은 구절들에서 하나님 나라 개념을 썼는가? 이것은 구상적인 측면에서 볼 때 더욱 기이하다. 거듭남 또는 위로부터 남에 대해 말한 다음에는 생명 개념을 연결시키는 것이 자연스럽기 때문이다. 출생과 생명은 서로 긴밀하게 연결될 수 있다. 그러므로 요한이 3장에서 거듭남과 생명이 아니라, 굳이 거듭남과 하나님 나라를 연결시켰을 때에는 나름대로 이유가 있었을 것이다. 요한복음서에서 거듭남의 표상과 하나님 나라 개념이 함께, 그것도 니고데모 단화에서 나온 것은 어떠한 의미를 지니는가?

하나님 나라는 앞에서 말한 대로 자체 안에 사회학적인 요소를 지닌 구원에 대한 개념이다. βασιλεία τοῦ θεοῦ라는 말은 공간적으로 파악하여 하나님 나라로 번역할 수도 있고, 하나님의 통치라고 번역할 수도 있다. 두 경우 모두 하나님과 특별한 관계 안에 들어온 수많은 사람들이 문제된다. 구원의 이러한 사회학적 측면은 주목될 필요가 있다. 거듭남 또는 위로부터 남의 구원경험은 사회학적으로는 공동체의 경험과 연결되며, 이 때문에 거듭남이 열어보이는 구원은 신학적으로는 자체 안에 사회학적인 요소를 지닌 개념으로 묘사되어야 했다. 요한신학은 개인을 향하고 있기는 하지만, 분명히 공동체라는 공간을 전제한다.

문체상으로 보면 3절과 2절은 일종의 교차배열법으로 구성되어 있으며, "예수의 답변은 니고데모의 언급과 관련해서 완전히 뒤바뀐 구조를 지니고 있다."[77] 여기서도 2:23-25에서처럼 수사학적인 대조를 통해 연결이 되고 있다. 2:23과 2:24-25 사이의 긴장관계는 보다 높은, 신학적인 차원으로 발

---

76 Exegetisches Wörterbuch zum Neuen Testament, s.v. βασιλεια(U.Luz)에서는 "요한신학에서 실질적으로 하나님 나라에 해당하는 말은 강력하게 개인주의화하는 경향을 지닌 ζωή"라고 한다.

77 οὐδεὶς γὰρ δύναται…ἐὰν/ ἐὰν μή ……οὐ δύναται. P.S.-C. Chang(1975), *Repetitions and Variations in the Gospel of John,* Dissertation, Straßburg, p. 148.

전됨으로써 다시 파악되었다. 결국 2절과 3절에서는 서로 일치하지 않는 세계들이 충돌하고 있다. 니고데모가 가지고 있던 조화로운 세계는 흔들린다. 그는 예수가 제시하려는 것을 자신이 이미 가지고 있는 것과 관련하여 이해하고자 하는 반면, 3절에서 예수는 그러한 것을 잘못된 것이라고 하여 무너뜨린다.

다. 3:4–8 두 번째 대화

4절에서는 3절의 예수의 말을 그 자신의 이해능력 안에서 이해해보려는 니고데모의 노력이 나타난다. 그러나 여기서도 그는 계시에 대한 자신의 폐쇄성을 드러낼 뿐이다. 이를 통해 이 단화의 대립적인 기본구조는 계속된다. 3–4절에서는 "~할 수 있다"(δύναται)라는 말을 통한 언어유희가 나타난다. 이 말은 οὐ, πῶς, μή와 함께 사용됨으로써 그때그때마다 변조된다. 3절에서 예수의 선언적인 "~할 수 없다"(οὐ δύναται) 다음에 4절에서 니고데모는 같은 말을 사용하여 예수의 진술을 자신의 이해체계 안에서 파악할 수 있는 가능성을 타진한다. 이 언어유희는 계시의 요구 앞에 늘 따라다니는 가능성, 즉 이미 알려져 있는 것에 의존하려는 경향을 나타낸다.

5절에서 예수는 두 번째 이야기를 한다(5–8절). 이것은 첫 번째 것(3절)보다 상세하다. 왜냐하면 4절에 나타나는 니고데모의 오해는 보다 깊은 사상을 전달할 지렛대 역할을 하기 때문이다. 4절과 5절은 논리적으로는 반전을 통해 연결되었다. δύναται, γεννηθῆναι, εἰσελθεῖν 같은 4절의 주요 단어들이 5절에서 반복되었지만, 내용상 5절은 4절과 대조를 이룬다. "이것은 대화상대자로부터 단어들과 개념들을 받아들여 새롭게 변형시키고 다른 형태로 제시하는 매우 효과적인 의사소통 방식이다."[78] 구문상 5절에서는 3절의 골격이 반복되었지만 다른 형태로 변화되었다. 즉 3절의 "위로

---

78 P.S.-C. Chang(1975), pp. 153–154.

부터 나다"(γεννηθῇ ἄνωθεν) 대신 5절에서는 "물과 영으로 나다"(γεννηθῇ ἐξ ὕδατος καὶ πνεύματος)가, "보다"(ἰδεῖν) 대신 "들어가다"(εἰσελθεῖν εἰς)가 나왔다. 이것은 한 주제를 다양한 측면에서 관찰함으로써 발전을 이루는 요한적인 사고전개의 전형적인 한 예라고 할 수 있다. 3절과 마찬가지로 5절에서도 예수의 진술은 그 자체와 관련되며, 4절의 니고데모의 말과의 연결은 발전적인 관련성을 통해서가 아니라, 논리적인 반전을 통해서만 이루어진다. 요한의 이해에 따르면 "오해하는 불신앙은 단계적인 설명을 통해 가르침 받을 수 있는 것이 아니라, 위로부터 남에 근거한 신앙과 거기에 뒤따르는 이해를 통해서만 바뀔 수 있다."[79]

5절에서 3절의 "위로부터"는 "물과 성령으로"(ἐξ ὕδατος καὶ πνεύματος)라고 보다 상세하게 서술된다. 여기서 물과 성령이라는 두 명사는 관사 없이 전치사와 함께 사용되어 부사구를 이루며, 3절의 부사 ἄνωθεν과 동일한 의미를 지닌다고 볼 수 있다. 불트만은 여기서 "물과"라는 말은 후대 교회주의적인 편집자의 첨가문이라고 보고 생략해버린다.[80] 그러나 이 말을 생략할 만한 본문상의 증거는 없다. 비록 삽입문이라 하더라도 요한 자신에 의한 것일 가능성이 더 많다. 따라서 "물과"(ὕδατος και 3:5c)는 원래의 본문에 속하는 것으로 보아야 하며, 신학적으로 중요하게 평가되어야 한다. 실제로 3절의 "위로부터 남"이 내포하는 공동체성이 이 말에 의해 더욱 분명해진다. 몇몇 반대의 목소리가 있기는 하지만,[81] 대부분의 주석자들과

---

79 J. Becker(1985), p. 137.

80 R. 불트만(1968), p. 143 주 32.

81 R. 불트만(1968), p. 143 주 32 참조. E. Lohse(1973), "Wort und Sakrament im Johannesevangelium", *Die Einheit des Neuen Testament: Exegetische Studien zur Theologie des Neuen Testament* (Göttingen: Vandenhoeck & Ruprecht), p. 199에서는 이 말을 편집자의 삽입문이라고 보고, 세례를 암시한다고 한다. 그러나 R. Fowler (1970/1971), "Born of Water and the Spirit", *ET*, 82, p. 159; H. Odeberg(1974), *The Fourth Gospel: Interpreted in its Relation to Contemporaneous Religious Currents*

함께 여기서 "물"이 세례를 암시한다고 볼 수 있을 것이다.[82] 본문과 본문을 탄생시킨 공동체의 자기이해 사이에 긴밀한 관련성을 전제할 경우, 여기서 세례에 대해 언급했다는 것이 쉽게 납득된다. 세례와 공동체성은 서로 긴밀한 관련이 있다. 언제나 세례는 교회와 관련되며, 그 구성원들의 공동성을 떠나서는 존재하지 않기 때문이다. 요한공동체와 관련해서 벵스트는 이러한 가능성을 논구했다. 그에 따르면 요한은 3:5에서 "물"이라는 말로 세례를 뜻했으며, 이러한 방식으로 공동체를 논의에 끌어들였다는 것이다. 이를 통해 그는 영으로부터의 출생이 일어나는 구체적인 지상적 자리를 서술했다는 것이다. 영으로부터의 출생은 고립된 개인을 만들어내는 것이 아니라, 교회의 공동체성 안으로 개인을 옮겨놓는다. 그리고 5절에서 물과 함께 새로운 출생을 가능하게 하는 영도 벵스트의 해석에 따르면 공동체를 지시한다.[83] 영은 공동체 안에서 부르며, 공동체성을 보다 깊게 한다. 원시 그리스도교의 영체험은 공동체성의 경험 속에서 나타난다.

6절은 니고데모 단화에서 충돌하고 있는 두 개의 현실영역을 "육"과 "영"이라는 말로 나타낸다. 즉 "영"과 "육"이라는 말을 통해 하나님의 영역과 세

---

in Palestine and Hellenistic-Oriental World (Amsterdam: Grüner), p. 67에서는 세례에 대한 암시가 나타나지 않는다고 본다.

82 "여기서 물과 성령의 병행은 세례자의 예언을 상기시키며(1:26; 1:33 참조), 이 장의 뒷부분(3:29-34)에서 예수와 세례 요한과의 관계를 대조하고 있는 것과 관련된다. 세례 요한의 설교는 지금이 아니라 하나님 나라가 곧 도래할 때 그것을 보고 들어갈 것을 주장했었다. 이것은 묵시문학적인 영향을 받은 것으로서 본질적으로는 유대교적인 것이다. 이 구절에서 예수는 훨씬 더 나아간 것으로 나타난다. 그가 설교하는 나라는 물로 세례를 받는 것만으로는 부적합하다. 사람들은 자신들을 철저하게 새롭게 하고, 사실 새로운 세대에 대한 앞선 보증으로서 오늘 성령에 의해 새로운 출생을 실현시킴으로써 예비해야만 한다. 이와 같은 것이 이 절의 배경인 것 같다. 요한이 물에 대해서 말할 때 세례 요한의 세례뿐만이 아니라 항상 그런 것은 아니지만 자주 신약성서에서 성령을 받게 되는 것으로 나타났던 그리스도교적 세례를 염두에 두었을 가능성이 있는 것 같다." C.K. 바레트(1978a), pp. 329-330.

83 K. Wengst(1978), Bemerkungen zu Joh 3, 1-5, *Nstim,* 6/7, p. 39.

상의 영역을 대립시키고 있다." 이것들이 각각의 자기완결성 안에서 인상적으로 서술된다. 그것들은 각기 그 자체 안에서만 생겨난다. 두 영역 사이의 간격은 반립적인 병행구조를 통해 부각된다.

τὸ γεγεννημένον ἐκ τῆς σαρκὸς σάρξ ἐστιν
τὸ γεγεννημένον ἐκ τοῦ πνεύματος πνεῦμά ἐστιν.

이 두 문장은 동일한 형식을 지니고 있다. 문학적으로 이 구절은 상당히 고양된 산문형식이라고 볼 수 있다. "영"(πνεῦμα)이라는 말을 통해서는 인간이 자신의 본래성 안에 있게 되며, 스스로를 이해하고, 더 이상 무로부터 위협받고 있다고 여기지 않게 되는 존재양식의 기적이 표현된다. 즉 6절에서는 앞에서 니고데모를 오해에 빠뜨리고 당황시킨 영적 진리, 즉 "위로부터 남"이 어떻게 이루어지는지, 그것이 어떻게 인간적인 영역을 벗어나서 기적적으로 인간에게 임하는지를 말한다.

여기서 육과 영은 무엇을 의미하는가? 불트만은 "육과 영은 인간 앞에 놓여 있는 두 가지 양자택일의 가능성"을 나타낸다고 보았다. "육은 인간의 전존재의 무상성, 차안적이며 인간적인 존재양식을 나타내고, 영은 피안적이고 신적인 존재양식으로서 인간이 본래성을 찾고 자신을 이해하며, 무상성의 위협을 더 이상 받지 않는 존재양식을 얻게 하는 이적을 나타낸다. 또한 이 말은 육과 영을 출생과 관련시킴으로써……이 양자택일은 선택의 양자택일이 아니라 숙명적인 양자택일이라는 것을 의식시킨다. 이것은 인간의 방향이 그의 근원에 의해 규정되어 있다는 것을 나타낸다."[84] 슈낙켄버그도 여기서 요한이 플라톤적 이원론을 염두에 두지 않고, 지상의 피조물인 인간의 변화하는 존재와 하나님이 지니는 절대적이고 영적인 생명의 파괴

84 R. 불트만(1968), p. 146.

할 수 없는 힘 사이의 대립을 언급하고 있다고 생각한다.[85] 이러한 불트만이나 슈낙켄버그의 해석이 이상주의적인 해석보다 설득력이 있다. 본질적으로 이 두 말은 인간 본성의 보다 높은 차원과 보다 낮은 차원을 가리키는 것이 아니라, 각기 인간과 하나님을 가리킨다고 보아야 할 것이다. 그것들은 각기 인간 본성 전체와 신적인 행위, 그리고 각각의 영역을 가리킨다. 따라서 앞에 나오는 "위로부터 남"은 인간적인 무상성의 영역에서 "육으로부터 나는 것"이 아니라 "영으로부터", 즉 하나님에 의해 나는 것을 의미한다. 위로부터 나는 것은 하나님에 의해 기적적으로 나는 것이다.

그러나 여기서는 앞의 불트만이나 슈낙켄버그의 실존론적 해석처럼 요한의 이원론과 관련되는 순전히 신학적인 해석만이 아니라, 두 영역을 모두 구체적인 삶의 영역으로 평가하는, 따라서 사회학적인 측면을 포괄하는 해석이 가능할 것이다. 즉 영이라는 개념은 육적인 것에 대조되는 요한공동체의 성격을 나타내기 위해 사용되었다고 볼 수 있다. 자신들의 삶의 영역을 영적인 것으로 파악하고, 공동체 밖의 현실을 육적인 것으로 파악하는 요한공동체의 자기이해가 드러난다는 것이다. 또한 신앙의 새로운 존재양식으로 들어가는 길이 6절에서는 3절의 "위로부터 나다"(이것은 7절에서 다시 사용된다)와 5절의 "물과 영으로 나다" 다음에 "성령으로 나다"라는 개념으로 표현되었다. 이러한 개념들의 변화에도 역시 요한적인 사고의 원형적인 특징이 나타난다. 하나의 동일한 사항이 다양한 개념들로 서술되며, 이러한 방식으로 사안의 서로 다른 측면들이 함께 시야에 들어오게 된다.

"위로부터 남"의 이러한 기적적인 성격으로 인해 "놀라서는 안 된다"(7절). 그리고 이 기적의 신비하면서도 명약관화한 성격이 8절에서 πνεῦμα라는 말의 이중의미와 관련하여 전개된다. 그리스어 πνεῦμα는 히브리어 ruah와 마찬가지로 "바람"이나 "영"으로 번역될 수 있다.[86] 그리스어를 아는 요한복

---

85 R. Schnackenburg(1981^{5}), I, pp. 385-386.

음서의 독자들은 여기서 두 가지 의미를 모두 이해했을 것이다. 여기서 이 말의 의미는 "바람"이라는 번역만으로도, 또 "영"이라는 번역만으로도 충분히 전달되지 못한다. πνεῦμα라는 말이 지닌 이중적인 의미를 그리스어 이외의 말로는 제대로 표현하기 어렵다. 영은 바람과 마찬가지로 전적으로 인간의 조정과 이해의 범위 밖에 있다.[87] 블랑크에 의하면 바람은 파악될 수 없고, 그 출처와 방향, 어디서 와서 어디로 감을 알지 못하지만 그 움직임은 부정하지 못하는 것과 같이("너는 그 소리는 듣는다") "성령으로 태어난 사람은 다 이와 같다."[88] 바람과 같이 영의 놀라운 작용은 어떤 규율에도 얽매이지 않으나, 그 움직임은 언제나 확인된다. 블랑크의 이러한 설명이 정당하기는 하지만, 그처럼 개인을 지향하는 해석에 머물러서는 안 된다는 것 역시 타당하다. 이 진술에서도 스스로 모든 외부의 판단으로부터 벗어나 있으며, 외부의 모든 인과율적 설명을 멀리 하는 동력이 자신들 안에서 작용하고 있다고 여기는 요한공동체의 자의식을 엿볼 수 있다.

라. 3:9-21 세 번째 대화

니고데모는 9절에서 축소된 형태로 4절의 자신의 질문을 반복한다. 이로써 그의 몰이해가 더욱 심해지고 있음이 드러난다. 10절에서는 그가 이해력이 없다는 것이 아이러니하게 드러난다. 여기서 예수는 "너는 이스라엘의 선생이면서, 이런 것도 알지 못하느냐?"고 되물으며, 니고데모의 당황한 질문에 짐짓 놀란 체한다. 니고데모가 처음에 예수를 선생이라고 불렀을

---

86 Liddell and Scott(1979), *A Lexicon Abridged from Liddell and Scott's Greek-English Lexicon* (Oxford: Oxford University Press), pp. 566-567.

87 물론 여기서는 고대적인 기상학적 지식의 한계 안에서 그렇다는 유보조항을 달아야 할 것이다. 오늘날에는 바람에 대해서도 과학적 측정과 예측을 통해 인간적인 조정과 이해가 가능하기 때문이다.

88 J. Blank(1981), *Das Evangelium nach Johannes I* (Düsseldorf: Patmos Verlag), pp. 235-236.

때는(3:2) 아마도 환영하는 적극적인 의미에서였을 것이다. 예수는 이제 이 호칭을 고스란히 니고데모에게 돌려주면서 "내가 아니라 바로 네가 선생이 아니냐?"고 넌지시 말하고 있는 것이다. 이 질문은 아이러니와 관련해서 보다 구체적으로 이해된다. 안다고 자부하는 유대인의 교사의 실상이 어떤 것인지를 10절의 예수의 말은 드러내고 있다. 2절과 관련해서 10절의 예수의 말이 지니는 아이러니는 분명하다. 그는 예수를 선생이라고 부르며 자신들은 안다고 나서지만, 사실은 예수가 선생이 아니라 니고데모 자신이 선생이며("너는 이스라엘의 선생이면서" 3:10), 그는 알지 못한다("이런 것도 알지 못하느냐?" 3:10). 따라서 이 두 구절은 분명히 아이러니한 의도를 가지고 쓰였다.

뿐만 아니라 10절은 9절의 당황한 니고데모의 질문과 관련해서도 언어유희를 구사하고 있다. "네가 이런 것도 알지 못하느냐?"(3:10의 ταῦτα οὐ γινώσκεις;)는 3:9의 "이런 일이 일어날 수 있습니까?"(ταῦτα γενέσθαι;)와 상응하는 말이다. 예수는 3:10에서 3:9의 니고데모의 말을 따라 흉내내면서 그를 은근히 조롱하고 있다. 나아가서 요한복음서에서 '이스라엘'이라는 말이 표면적으로 나타나는 것보다 훨씬 깊은 신학적 의미를 지닌다는 사실을 감안하면, 여기서 이스라엘은 참 이스라엘을 의미한다고 볼 수 있다(1:31, 49; 12:13). 원래 요한복음서에서 '이스라엘'은 예수 그리스도를 통한 새 백성이라는 적극적인 의미로, 유대인이라는 말과는 전혀 다른 의미로 사용되었다. 그러므로 니고데모는 유대인의 지도자일 뿐(3:1) 참 이스라엘의 선생은 아니다.[89] 10절은 9절과 관련해서는 언어유희를 통해, 2절과 관련해서는 아이러니를 통해 이러한 사실을 표현하고 있다.

다음에 11절에서도 역시 3절, 5절에서와 마찬가지로 장엄한 "진정으로 진정으로"(ἀμὴν ἀμήν)이라는 말로 답변이 시작된다. 11절에 의하면 신앙

89 R. 불트만(1968), p. 333.

의 비밀, 즉 예수 그리스도의 진리는 증거를 통해서만 전달된다. 그 증거는 결코 외부인에게 명약관화한 방식으로 입증될 수 있는 것이 아니라, 스스로 그 안에 들어오는 사람들에게만 분명하다. 따라서 11b-12절에서 거의 체념적으로 서술되었듯이 증거가 믿어지지 않을 위험성은 늘 있다. 증거와 이에 뒤따르는 거부에 대한 11-12절의 진술은 요한공동체의 상황을 전제한다.

그것은 여기서 복수형 인칭이 사용된 데서도 알 수 있다. 맨 처음에 예수는 니고데모를 향해 단수 이인칭으로 말한다(ἀμὴν ἀμὴν λέγω σοι). 그러나 11절 후반부와 12절에서는 복수형을 사용한다(ὃ οἴδαμεν λαλοῦμεν καὶ ὃ ἑωράκαμεν μαρτυροῦμεν, καὶ τὴν μαρτυρίαν ἡμῶν οὐ λαμβάνετε. εἰ τὰ ἐπίγεια εἶπον ὑμῖν καὶ οὐ πιστεύετε, πῶς ἐὰν εἴπω ὑμῖν τὰ ἐπουράνια πιστεύσετε;). 니고데모는 "너희"로 지칭되고 예수는 자신을 "우리"라고 지칭한다. 따라서 역사적인 차원에서 보면 여기서 예수는 더 이상 한 사람에게 말하지 않으며, 또 단순히 한 인간으로서 말하지도 않는다. 니고데모는 예수의 표징들로부터 영향을 받았으나 예수를 믿는 신앙에까지는 이르지 못했던 어중간하게 믿는 유대인들을 대표한다. 한편 예수는 보고, 믿고, 또 알았던 그의 제자들과 자신을 연결시키는 것으로 보인다. 이 관점은 역사적 예수의 선교의 관점이 아니라 교회의 관점이다. 따라서 11절에서 요한은 교회(우리)와 회당(너희) 사이의 대화로 들어가고 있다고 볼 수 있다. 물과 성령으로 거듭난 사람들의 공동체가 회당을 향해 말하고 있는 것이다.[90]

---

90 그러나 브라운에 의하면 이러한 해석은 11절만으로 엄격히 제한되어야 한다. 그도 역시 요한의 사상 중 어떤 것들은 회당을 향한 변증적인 것이라고 본다. 그러나 그에 따르면 12절에서 "너희"는 복수로 쓰였지만 다시 "나는"으로 돌아간다는 데 유념해야 한다. 그러므로 만일 교회가 11절에서 말하고 있다면, 이 한 구절에서만 그럴 것이라고 한다. R.E. Brown(1966), p. 132. 다른 한편으로 문학적인 차원에서 복수형을 설명하는 경우도 있

12절에서는 작은 것에서부터 큰 것을 추론하는 랍비적인 추론방식 "a minori ad maius"에 따라 점진적인 상승이 일어나고 있다.[91] 즉 땅의 일을 모르면 하늘의 일도 알 수 없다는 것이다. 여기서 "땅의 일"(τὰ ἐπίγεια)과 "하늘의 일"(τὰ ἐπουράνια)이 의미하는 내용이 무엇인지는 분명치 않다. 아마도 그것은 요한의 이원론과 관련이 있을 것이다. 흔히 요한의 이원론은 공간적인 이미지로 표현되곤 했다. 그러나 여기서 이 두 용어가 각기 무엇을 가리키는지 분명히 결정하기는 쉽지 않다. 가장 간단한 설명은 예수가 이미 앞에서 말한 것이 땅의 일들이고, 그가 이제 말하려는 것들이 하늘의 일이라는 것이다. 이 경우 육과 영의 이원론과 관련되지는 않는다. 왜냐하면 예수가 이미 말한 것들도 성령으로 태어나는 것과 같은 고차원적인 주제를 포함하고 있기 때문이다. 오히려 그 경우 대조는 신적인 행위의 두 가지 유형들 사이의 대조이다. 하나가 다른 하나보다 훨씬 천상적이고 신비하다. 그러면 어째서 3-8절에서 말한 것들이 땅의 일들이라고 일컬어졌는가? 아마도 그것은 출생이나 바람 등과 같은 지상적인 유비들을 통해 설명되었기 때문일 것이다. 그것들은 지상에서 일어나는 것들인 반면, 이어지는 것들은 하늘로 올라가거나 올리워지는 데 대한 것이기 때문일 것이다.[92]

그러나 보다 중요한 것은 이 말들의 수사학적 기능이다. 12절은 일종의 점층법을 보여주고 있다. 말하자면 지금까지 말해진 것에 비해서 "보다 큰 것", 결정적인 것, 하늘의 일이 말해지리라는 사실, 즉 주제의 상승을 예고하고 있는 것이다. 이것은 세 번째 예수의 말을 앞의 두 번에 걸친 예수의

다. 이에 따르면 11절에서는 10절에서와 마찬가지로 니고데모 자신의 말을 받아서 그의 말을 반박하고 있다. 10절에서 예수가 2절의 니고데모의 말로부터 "선생"이라는 주제를 끌어냈듯이, 11절에서도 예수는 2절의 "우리가 안다"는 말을 받아서 니고데모를 맞받아치고 있다는 것이다. 이렇게 보면 "우리"라는 복수형을 사용한 것은 니고데모의 교만함을 넌지시 빗대어 표현한 패러디라고 할 수 있다.

91 C.F. Burney(1925), *The Poetry of our Lord* (Oxford: Clarendon Press), pp. 82-83.

92 C.K. 바레트(1978a), pp. 334-335에서 이와 비슷하게 설명한다.

말에 비해 훨씬 진전시키며, 세 말들을 하나의 통일체로 만든다. 그렇다면 그러한 주제의 상승의 내용은 무엇이며, 사고의 진전은 어떻게 이루어지는가? 앞에서는 구원에 대해 묻고 오직 위로부터 태어나야만 구원을 받는다는 답변이 주어졌다. 그런데 이제 이 답변을 들은 사람의 시선이 그 기적이 기초하고 있는 사건, 즉 계시와 계시자, 인자에게로 인도된다(13-14절).[93] 구체적으로 세 번째 예수의 말에서 주제적인 상승을 이루는 것은 인자 그리스도론이며, 이것은 두 개의 서로 상응하는 말(13절과 14절)로 전개된다. 13절에서는 인자의 내려옴과 올라감에 대해서 말한다. 이로써 하나님의 구원사업의 기본내용이 서술된다. 14-15절에서는 구원론적인 주제가 계속되며, 정점에 도달한다. 13절의 내려옴에 대한 서술에서 예수의 십자가가 이미 생각되었다면, 14절에서는 더욱 분명하게 표현되었다. 광야에서 모세가 뱀을 들어올린 것이 일종의 "그리스도교적인 미드라시"를 통해 인자의 올리움과 비교되었다.[94] 이 경우 비교점은 물리적으로 올려지는 과정 자체이다. 따라서 뱀이 인자에 비유된 것은 아니다.

아이러니와 관련하여 14절에서 특별히 주목할 것은 예수의 올리움을 나타내기 위해 사용된 ὑψωθῆναι라는 말이다. 여기서 이 말은 "십자가로의 예수의 올리움은 동시에 천상으로의 올리움을 뜻하기도 한다는 이중적 의미와 신학적 의미를 지닌다."[95] 요한복음서에서 이 말은 십자가 사건을 표

---

93 R. 불트만(1968), pp. 155-157.

94 이 구절은 민수기 21:4-9의 이야기를 언급하는데 거기서 백성들은 모세가 만들어서 징표로 달아놓은 구리뱀을 쳐다봄으로써 불뱀에게 물린 상처를 치료받을 수 있었다. 후에 바나바 12, 5-7; 저스틴 I. *Apol*, 60 같은 그리스도교 저작들에서는 뱀을 그리스도의 모습으로 다루었다. 그러나 요한의 의도는 그런 것이 아니었던 것으로 보인다. C.R. Koester(2008), *The Word of life: a Theology of John's Gospel* (Grand Rapids, Mich.: W.B. Eerdmans Pub.) 참조.

95 G. Lüdemann(1983), *Exegetisches Wörterbuch zum Neuen Testament III*, s.v. υψοω, p. 982.

현하기 위해 3:14 외에 8:28과 12:32 세 군데서 사용되었다. 요한 이전의 그리스도교 언어용법에서 ὑψωθῆναι라는 말은 예수의 부활과 함께 그가 천상적인 통치권을 행사하게 되는 것을 나타냈다. 공관복음서에서 예수의 수난과 영광받음은 시간적으로 구분된다. 그러나 요한복음서에서는 이 둘을 표현하는 데 한 가지 말을 사용한다. 따라서 요한복음서에서 ὑψωθῆναι는 십자가처형뿐만 아니라 예수의 영광받음을 나타내는 이중의미를 지닌 말로 사용되어 요한신학의 근원적인 아이러니를 드러낸다.[96] 요한복음서에서 이 말의 특수성은 "이미 십자가 자체에서 올리움과 예수의 주권이 시작되었다고 보는 데 있다."[97] 인자는 십자가에 올리울 것이다. 그러나 그것은 수치스럽고 고난에 찬 죽음으로 끝나는 것이 아니라 십자가에 올리움 자체가 올리움, 즉 영광받음이다.

그리고 특이한 것은 요한복음서에서 이 말은 늘 인자와 관련해서 사용되었다는 점이다. 유대교 묵시문학에서 기원하는 인자 개념은 이미 요한 이전에 원시 그리스도교에 받아들여져서 특징적인 변형을 거쳐 예수에게 적용되었다. 요한은 이 개념을 하늘과 지상에 대한 자신의 이원론적 기본구상 안에 끌어들여서 한 번 더 독특하게 변형시켰다. 이 칭호의 이러한 특징적인 사용은 공관복음서의 사용방식과 연결된다고 보기 어렵고, 그보다는 보편적인 원시 그리스도교의 인자 주제를 독자적으로 발전시킨 것[98]이라고 보아야 할 것이다. 오직 인자만이 하늘에서 내려왔으며, 그는 다시 그곳으로 올라간다. 그러나 그의 올라감은 구약성서의 구리뱀의 모습에서 제시된 방식으로 이루어졌다. 그는 십자가 위에서 올리울 것이다. 주의깊은 독자라면 14절에서 ὑψωθῆναι라는 말과 관련하여 의미의 이 두 차원을 이해할

96 겉으로 보기에는 수치스러운 십자가처형이 실제로는 하나님에게로 올리움이다. 즉 외형과 실제적인 의미가 대립되며, 따라서 아이러니가 발생한다.

97 J. Blank(1981), p. 253.

98 R. Schnackenburg(1981^5), I, p. 420; J. Becker(1985), p. 142.

것이다. 그러나 보다 근원적으로 여기서는 요한신학의 아이러니, 즉 고난에 찬 십자가가 곧 영광의 길이라는, 십자가가 곧 아버지에게로의 올리움이라는, 겉보기에 실패와 좌절로 보이는 것이 사실은 궁극적인 승리라는 근원적인 아이러니가 드러난다.[99]

문학적으로 보면 니고데모에 대한 예수의 답변의 처음 네 구절은 구조적으로 서로 연결되어 있다. 11절의 "너희가 받아들인다"(λαμβάνετε)는 12절의 "너희가 믿는다"(πιστεύσετε)로, 12절의 "하늘의 일들"(ἐπουράνια)은 13절의 "하늘"(οὐρανοῦ)로 다시 받아들여졌으며, 13절의 "인자"(ὁ υἱὸς τοῦ ἀνθρώπου)는 14절에서 반복되었다. 나아가서 챵이 보여주었듯이 이 네 구절들 모두에 두 번씩 반복되는 개념이 들어 있다고 말할 수 있다. 그리고 매번 반복될 때마다 대조가 나타난다. 증거, 증거가 거부되다(11절); 믿지 않다, 어떻게 믿겠는가(12절); 하늘로, 하늘로부터(13절); 올리다, 올리우다"(14절).[100] 따라서 문체상으로 보면 11-14절은 각기 병행성을 나타낸다. 이러한 병행적인 연결구조에 의해 독자는 마치 고지에 오르듯이 14절에 도달하게 된다. 이 구절은 여기서 결정적인 것이 분명해진다는 점에서 분명히 고지이다. 14절이 정점이라는 사실은 15절이 구문상 14절에 종속된다는 사실에서도 드러난다. 15절의 "~하기 위해서"(ἵνα) 문장은 14절에 나오는 구원사건의 구원론적인 의도가 무엇인지를 서술하고 있다. 계속되는 두 개의 ἵνα문장은 구원론적인 주제에 의해 연결된다(16-17절).

14절부터 마지막까지 니고데모 단화는 일련의 말씀들로 이루어져 있다. 이것들은 그닐카의 말대로 "관련성이 있는 핵심어들에 의해 서로 연결되어 있는 것으로 보인다."[101] 그 주제들은 다음과 같다. 구원사적인 의미를 지닌 인자의 올리움(14-15절), 인자의 내어줌(16절)과 보냄(17절), "네 박자 리듬

99 P. Duke(1985), pp. 114, 144.

100 P.S.-C. Chang(1975), p. 151.

101 J. Gnilka(1983), *Johannesevangelium* (Würzburg: Echter Verlag), p. 28.

의 형태로 대립적으로 서술된 신앙과 심판(18절 ὁ πιστεύων εἰς αὐτὸν / οὐ κρίνεται· / ὁ δὲ μὴ πιστεύων / ἤδη κέκριται), 확정적인 문장으로 서술된 심판(19-21절)."[102]

예수의 올리움은 믿는 자들에게 영원한 생명을 부여한다(15절). 이것으로 14절에 서술된 사건은 구원의 근거임이 분명해졌다. 믿는 자가 영원한 생명을 가지기 위해 필수적인 사건은 인자의 올리움이라는 것이다. 그리고 '위로부터 남'이 어떻게 일어나는가 하는 비밀도 조금씩 드러난다. 그것은 인자의 내려옴과 올리움을 통해 기적적인 사건으로 일어난다. 15절에 의하면 믿는 자는 "예수 안에서"(ἐν αὐτω) 영원한 생명을 지닌다. 이것은 인격으로서의 그리스도를 그 안에서 요한공동체가 살아갈 수 있는 공간으로 보는 "환대 그리스도론"을 나타낸다.[103] 이러한 환대 그리스도론은 14절의 올리움을 통해 가능해진다. 공동체도 예수와의 연합을 통해 이 사건에 참여한다. 그럼으로써 그들은 새롭게 된다.

16절에서는 아들의 보냄의 근거로 아버지의 사랑이 서술된다.[104] 이 구절은 14-15절의 주장의 근거로서 그 구절들과도 연결된다. 이 구절의 ἔδωκεν은 예수의 보냄을 나타낼 뿐만 아니라, 그의 십자가 죽음을 뜻하기도 한다. 이어지는 구절들(17-21절)에서는 하나님의 구원행위에 대해 인간

---

102 J. Becker(1985), p. 139. 이밖에 J. Gnilka(1983), pp. 28-29 참조.

103 요한복음서에서는 그리스도 자신을 공동체의 거주장소로 이해할 수 있다. J. Koenig에 의하면 "특정 구절들에서 예수는 (믿는 자들에게) 장소를 제공할 뿐만 아니라, 그 자신이 거기로 들어가는 입구이며, 그 장소 자체이다. 이러한 의미에서 요한복음서에서 '환대 그리스도론을 이야기할 수 있다." J. Koenig(1979), *Jews and Christians in Dialogue: New Testament Foundations* (Philadelphia: Fortress Press), p. 133.

104 Westcott, Bernard, Barrett, Glasson 등은 16절의 "하나님이 세상을 이처럼 사랑하셔서 독생자를 주셨으니"라는 말 배후에는 아브라함에 관한 이야기가 있다고 보았다. 이들은 "세상"에 대한 언급도 이러한 배경과 맞아떨어진다고 보았다. 아브라함이 자신의 아들을 희생시키고자 한 것은 세상의 온 민족을 위한 것이었기 때문이라는 것이다(창 22:18; Sir 44, 21; Jub 18, 15). R.E. Brown(1966), p. 147 참조.

이 취할 수 있는 반응들과 그 결과들이 나타난다. 불트만은 이렇게 기술하고 있다. "하나님은……인자의 보냄을 통해 세상을 '미결상태로' 만들었다."[105] 만일 인간이 부정의 쪽으로 기운다면, 즉 인간이 하나님의 부름을 거부한다면, 그들은 이미 심판을 받은 것이다. 예수에 대해 내리는 결단은 종말론적인 결단의 성격을 지닌다(3:36).

5-8절에서 3절의 거듭남, 또는 위로부터 남과 하나님 나라에 대한 주제를 다시 받아들이고 확대함으로써 첫 번째 예수의 말(3절)과 두 번째 예수의 말(5-8절)이 주제상 서로 긴밀하게 연결되었다면, 10-21절과 앞부분과의 관계는 그렇게 직접적이지 않다. 그럼에도 불구하고 관련성은 존재한다. 세 번째 예수의 말에서는 표징에 근거한 신앙에 대해 요한적인 신앙세계의 중심으로서 근원적인 아이러니를 포함한 십자가가 마주하고 있다. 표징신앙은 십자가를 결여하고 있다. 예수가 행한 표징들이 아니라, 십자가에 올리운 자로서 그 자신이 보여준 표징이 궁극적으로는 모든 것을 결정한다. 이를 통해 앞의 두 단락에 나타나는 대립구조, 즉 표징신앙과 참된 신앙 사이의 결정적인 대조가 이루어지는 자리가 어디인지를 밝히고 있다. 그것은 14절에서 서술하고 있는 인자의 올리움 사건이다. 여기서, 이 증거를 믿는가, 믿지 않는가에 따라서 참된 신앙인가, 거짓된 불완전한 신앙인가가 판가름난다. 이렇게 해서 3:2-3에서 제시되었던 표징신앙과 참된 신앙의 대립이 최종적으로 구체적인 내용을 얻게 된다. 따라서 3절에서 5-8절을 거쳐 10-21절에 이르는 하나의 통일적인 신학적 사고의 흐름이 존재한다고 볼 수 있다.

---

105 R. Bultmann(1968[6]), *Theologie des Neuen Testament* (Tübingen: J.C.B. Mohr), p. 377.

4. 맺는 말

앞의 주석에서 살펴본 바에 의하면 니고데모 단화에서 아이러니는 2절과 10절, 14절에서 나타난다. 요한은 우선 2절에서 "밤"이라는 상징적 언어를 사용하여 유대인의 지도자이자 선생인 니고데모가 무지의 밤을 헤매고 있다는 사실을 아이러니한 이미지로 표현했다. 동시에 니고데모가 예수를 선생이라고 부르지만, 실제로는 예수가 아니라 니고데모 자신이 선생이라는 사실도 드러난다. 10절은 2절과 관련해서 볼 때 이스라엘의 선생인 니고데모가 알지 못한다는 사실, 그래서 그는 유대인의 선생일 뿐 참 이스라엘의 선생일 수는 없다는 사실을 간접적으로 표현하고 있으며, 동시에 예수는 선생 이상이라는 사실을 보여준다. 이에 반해서 14절은 요한신학의 보다 근원적인 아이러니를 드러낸다. 이것은 예수의 수난과 죽음, 부활을 시간적, 통시적인 도식으로 설명하지 않고, 공시적, 동시적으로 파악하는 요한신학의 특수성으로부터 생겨났다고 할 수 있다. 요한은 십자가 사건을 영광받는 사건으로, 올리움의 사건으로 파악했다. 겉보기에는 고난에 찬, 실패로만 보이는 사건이지만, 사실은 이 십자가 사건이야말로 아버지가 그의 아들을 영화롭게 하는 사건이고, 들어올리는 사건이라는 신학적 인식이 아이러니하게 표현된 것이다.

이제 이 단화에 나타나는 아이러니들을 단화 전체의 구조적인 특성과 관련하여 살펴볼 필요가 있다. 아이러니는 이 단화의 각 단락마다 나타나는 표징신앙과 참된 신앙의 대립구조와 관련된다. 우선 2절과 10절에 나타나는 아이러니는 표징신앙을 대표하는 니고데모라는 인물의 무지를 폭로하고, 예수가 요구하는 참된 신앙은 그것을 넘어선다는 사실을 보여주는 기능을 한다. 표징신앙을 가진 사람의 어리석음, 그들의 잘못된 인식을 드러냄으로써 이 둘 중에서 어느 것이 옳은가를 독자들 스스로 판단할 수 있게 한다. 이것이 옳다고 어느 한 편의 팔을 높이 올려주는 것이 아니라, 그들의 무지와 이해력 없음을 조용히, 그러나 날카롭게 드러냄으로써 독자들 스스로 느끼고 판단할 수 있게 하는 것이다. 아이러니에서는 이렇게 독자들에게 강요하지 않고 스스로 판단하게 하는 것이 중요하다. 여기서 아이러니는 두 신앙형태를 대조하고, 대립을 통한 우위를 드러냄으로써 독자들로 하여금 참된 신앙을 선택하도록 하는 데 매우 유용한 도구로 사용되었다. 이 과정에서 표징신앙을 대표하는 니고데모는 아이러니의 희생자가 되었다. 그리고 이렇게 아이러니의 희생자가 되었다는 사실은 단순히 문학적인 의미만을 지니는 것이 아니라, 사회학적인 의미를 지닌다.

실제로 니고데모 단화에서는 요한공동체 자신의 문제가 다루어졌다. 요한공동체의 시대사적인 상황에 대한 분석은 요한 그리스도교인들이 적대적이고 강력한 유대교와 대립해 있었다는 사실을 보여준다. 원래 회당 출신이었던 요한 그리스도교인들로서는 자신들이 예수에 대해 가지게 된 메시아 신앙에 예전 신앙의 동료들이 동의하지 않는다는 사실을 이해할 수 없었을 것이다. 회당과의 대화는 소득이 없었다. 전체적으로 유대교는 그리스도교 신앙에 대해 닫혀 있었다. 니고데모 단화는 유대인들과 요한 그리스도교인들이 서로 일치하지 못하는 현실을 반영한다. 이것은 유대인들이 알지 못하는 자들임을 폭로하면서 동시에 요한공동체의 정체성을 확고히 한다. 그러므로 니콜슨이 니고데모 단화에 대해 "요한공동체가 자신들의 증거가 거부당하는 상황을 소화해낼 수 있도록 돕는 목적을 지닌다"[106]고 말한 것은 옳다. 아이러니 역시 이러한 목적의 일부를 달성하고 있다. 니

106 G.C. Nicholson(1983), *Death as Departure: The Johannine Descent-Ascent Schema* (Chico: Scholars Press), p. 90. 이밖에 R.A. Whitacre(1982), *Johannine Polemic: The Role of Tradition and Theology* (Chico: Scholars Press), p. 10 참조. "나는 저자가 복음서를 집필한 일차적인 목적 중의 하나는 (유대인들과 그리스도인들 사이의) 이러한 분쟁을 해석하기 위한 것이었다고 생각한다." 이밖에 D.M. Smith(2008), *The Fourth Gospel in Four Dimensions: Judaism and Jesus, the Gospels and Scripture* (Columbia: Univ. of South Carolina Press) 참조.

고데모를 아이러니의 희생자로 만든 것은 이러한 시대사적, 사회학적 배경과 깊은 관련이 있다.

나아가서 요한공동체와 유대교 사이의 대립관계는 요한 그리스도교인들 중에 공개적인 신앙고백을 꺼렸던 은밀한 그리스도인들이 있었다고 볼 경우 보다 중요해진다. 이들은 회당과 공동체 사이의 회색지대에서 움직이고 있었다. 그러나 이 회색지대는 사라져야 했다. 니고데모 단화에서는 아이러니를 통해 유대교적 구원이해와 새로운 메시아 신앙의 양립불가능성이 분명해짐으로써 은밀한 그리스도인들을 "예와 아니오"의 양자택일 앞에 세워놓는다.

이러한 유대교로부터의 분리와 함께 니고데모 단화는 공동체를 확고히 하는 기능을 한다. 앞서 이 단화에 대한 주석에서는 참된 신앙의 구성요소로 요구되는 위로부터 남, 거듭남의 과정 안에 공동체적인 요소가 들어 있다는 점을 지적했다. 그러한 과정은 공동체 안에서만 진행될 수 있다. 요한에게 공동체성은 결코 포기할 수 없는 신학적 주제였다. 한편으로는 공동체성만이 유대교로부터의 분리를 지속적으로 가능하게 하는 설득력의 구조를 제공할 수 있었고, 다른 한편으로는 '거듭남, 위로부터 남'이라는 표상을 통해 요한이 제시한 그리스도인됨에 대한 역동적인 구상은 공동체 경험의 균형을 반드시 필요로 했다. 공동체만이 자기 자신을, 그리고 자신이 가지고 있다고 믿고 있는 것을 포기할 수 있는 보호공간을 제공하기 때문이었다.

요한은 그의 복음서를 작성할 때 결정적으로 공동체가 당한 구체적인 고난의 경험에 의해 규정받았다. 복음서는 이러한 고난의 경험을 신학적으로 극복하는 데 도움을 주는 것이어야 했다. 사회학적인 측면에서 공동체에게 강요되었던 불안정성이 신학적으로 받아들여져서 그리스도인됨의 역동성을 위한 자극이 되어야 했던 것이다. 이를 통해 사회학적인 상황의 창조적인 개선이 이루어졌다고 볼 수 있을 것이다.[107] 그러나 동시에 그러한 개선의 과정이 신학적으로 이루어짐으로써 보편적으로 타당한 신앙의 구조적인 동기가 달성되었다.

14절은 요한신학의 그러한 구조적이고 근원적인 동기를 아이러니하게 드러내준다. 14절에서는 예수의 죽음과 부활을 주제화함으로써 표징신앙에 대해 결정적인 수정이 가해진다. 요한은 2:23-3:21에서 서로 만날 수 없는 두 개의 이해의 원을 그려놓음으로써 예수에 대한 메시아 신앙과 유대교적 구원이해 사이의 간격을 만들어놓았다. 이 경우 예수에 대해 우호적이고, 그를 교사로 받아들이는(2절) 유대교마저도 그러한 간격의 저쪽에 있다. 예수는 2절에 서술된 대로가 아니라 14절에 서술된 대로 이해되어야 한다. 14절에 나타난 요한신학의 근원적인 아이러니는 이러한 대립구조 속에서 참된 신앙의 기초가 무엇인지, 그것이 어디에서 판가름나는지에 대한 요한 나름의 이해를 보여준다. 그러한 대립적인 신앙이해는 2절과 14절에서 그리스도론적인 이해의 차이와 관련하여 결정적으로 나타난다.

그러므로 여기서 아이러니는 2절, 10절에서는 요한공동체와 회당 사이의 사회학적인 대립구조와 보다 직접적으로 관련된다면, 14절에서는 보다 신학적이고 신앙적인 대립구조와 관련된다고 할 수 있다. 말하자면 니고데모 단화는 단순히 사회학적으로, 신학적으로 대립관계에 있는 유대회당을 공격하는 기능뿐 아니라, 요한공동체 자신의 신앙을 점검하고 새롭게 결단하도록 하는 기능을 하며, 14절의 신학적 아이러니는 이 단화의 그러한 기능과 관련되어 있다는 것이다.

---

107 이것은 특히 다음의 두 학자들의 논점이다. M. de Jonge(1977), "Nikodemus and Jesus: Some Observations on Misunderstanding and Understanding in the Fourth Gospel", *Jesus: Stranger from Heaven and Son of Man* (Missoula, Mont.: Scholars Press); K. Wengst(1983), *Bedrängte Gemeinde und verherrlichter Christus: Der historische Ort des Johannesevangeliums als Schlüssel zu seiner Interpretation* (Neukirchen-Vluyn: Neukirchner Verlag); C.R. Koester(2008), *The Word of life: a Theology of John's Gospel* (Grand Rapids, Mich.: W.B. Eerdmans Pub.) 참조.

독자인 요한공동체는 예수와 니고데모 사이의 대화를 들으면서 계속해서 니고데모를 희생자로 손가락질하면서 안심한 채 있을 수만은 없었을 것이다. 오히려 본문은 아이러니의 희생자인 니고데모의 역할까지도 그들이 받아들이도록 요구한다. 이미 2절에서 신앙에 늘 따라다니는 오해의 하나로 표징신앙이 이야기되었다. 이것은 니고데모만이 아니라 요한공동체 자신에게도 해당한다.[108] 물론 처음에는 공동체가 니고데모와 자신을 단호히 구분할 수 있었을 것이다. 왜냐하면 니고데모가 예수와의 대화에서 드러내고 있는 오해는(3-9절) 그들의 오해가 아니기 때문이다. 공동체는 새로운 생명으로의 탄생이 실제로 가능하다는 사실을 아주 잘 알고 있었다. 그 근거는 그들의 공동체경험 속에 이미 주어져 있었다. 그러나 14절에서 제시되는 표징신앙에 대한 결정적인 수정은 공동체 자신까지도 분명히 겨냥하고 있다. 이것은 11-12절에서 수사학적으로 표현되었다. 11절에서 예수는 1인칭 복수형으로 말함으로써 자신의 말 속에 공동체를 끌어들이며, 따라서 공동체가 앞서 나오는 그의 말을(3:5-8) 니고데모를 가르치는 예수의 입장에서 볼 수 있게 했다. 그러나 12절에서 갑자기 공동체는 자신들이 확고하게 그 위에 서 있다고 여겼던 토대로부터 밀려난다. 예수가 여기서 다시 1인칭 단수로 말하기 때문이다. 12절의 "나"는 11절의 "우리"로부터 벗어나며, 거기서 함께 생각되었던 사람들이 "너희"로 지시된다. 따라서 이어지는 예수의 말들은 니고데모뿐만이 아니라 공동체 자신에게도 해당된다. 갑자기 공동체는 니고데모의 편에서 자신을 보게 된다. 그들도 그와 마찬가지로 알지 못하는 자들이다.

본문은 지금까지의 자기이해와 자기정의가 전적으로 문제시되는 상황으로 그들을 몰아간다. 본문의 이러한 특성으로 인해 독자들은 확고한 자신

108 J. Becker(1985), pp. 131-132. 그는 요한공동체 자체 안에 존재하는 표징신앙의 가능성과 관련하여 니고데모라는 인물을 해석했다.

의 위치를 가지지 못하게 된다. 그들 발밑의 토대는 흔들리고 있다. 요한은 그러한 상황 속에서만 실제적인 변화가 일어날 수 있다고 생각하는 것 같다. 따라서 독자는 처음에 본문이 교만하고 닫혀 있다고 느끼지만, 만일 본문을 통한 갱신의 사건이 일어난다면, 본문이 스스로를 연다는 것도 깨달을 수 있다. 요한은 이러한 방식으로 폐쇄적인 독자들의 인식체계가 깨지기를 희망한다. 반면 그러지 못할 가능성도 늘 있다. 이 경우 그 독자는 이미 심판받은 것이다.

따라서 믿음을 확고한 소유물처럼 생각하는 그리스도인됨에 대한 모든 정적인 관념들은 니고데모 단화에서 거부된다. 요한에 의하면 믿는 자들이야말로 끊임없이 새롭게 변해야 한다. 참된 그리스도인의 존재는 늘 그들 앞에 있다. 그들은 본질적으로 유대인들이나 사마리아 여인, 니고데모나 빌라도보다 나을 게 하나도 없다. 그들은 자신들의 모든 안전성이 환상이라는 것을 깨닫게 된다.[109] 이러한 방식으로 자기 자리를 잃게 된 독자들이 14절에서 십자가에 올리운 예수에게로 인도된다. 여기서는 지금까지 독자들에게 부과되었던 불안정성이 그 절정에 이르게 된다. 표징신앙(이와 함께 모든 불충분한 신앙, 그리스도인됨에 대한 모든 정태적인 관념들)은 여기서 무너진다. 여기서는 모든 가치가 전도되며, 아버지의 사랑이 열린다(16절). 앞의 대화에서 가혹하게 니고데모에게 상처를 주었던 예수 자신이 14절에서는 상처받은 자로 나타나며, 동시에 독자들의 인식체계는 흔들리게 된다. 14절의 근원적인 신학적 아이러니는 앞의 2, 4절에서처럼 니고데모를 아이러니의 희생자로 만들면서 조롱하는 데서 독자들이 안심하고 머물러 있도록 내버려두지 않는다. 독자들 자신이 본문의 의미에 참여해서 그들 자신의 삶을 끊임없이 변화시키도록 촉구하는 것이다.

따라서 여기서는 적대자들에 대한 공격, 그리고 고난의 사회심리학적 소

---

109 니고데모 단화에 대한 이러한 해석은 W. Rebell(1987), pp. 171-172 참조.

화뿐만 아니라 '믿는 자들의 불신앙성'이 함께 문제시되고 있다고 말할 수 있다. 그리스도 신앙의 중심적인 내용에 대한 실존적인 만남은 늘 다시 새롭게 일어나야만 한다. 그러한 만남만이 신앙을 살아 있게 한다.

III. 요한복음서의 재판설화(18:28-19:16, 19-22)와 아이러니

1. 본문의 구조 및 공관복음서 수난설화와의 관계

복잡한 전승과정을 재구성하려고 하지 않는 한, 문학적으로 이 단화는 매우 분명하고 통일적인 구조를 지니고 있다.[110] 요한복음서에서 빌라도 앞에서의 예수의 재판이야기가 나오는 18:28-19:16은 구조적인 통일체를 이루며, 주제적으로도 하나로 잘 짜여 있다. 그러나 19:19-22도 이 단락에 포함시킬 것인데, 그것은 이 구절들이 이어지는 새로운 단화에 속하지만, 재판에 대한 주제를 계속하며, 예수를 둘러싼 빌라도와 유대인들 사이의 대립적인 관계에 결론을 내리고 있기 때문이다.[111]

여기서는 이 단화의 장면구성에 대해 언급하기 전에 먼저 공관복음서의 수난설화와 요한복음서의 수난설화를 비교 검토하고, 요한 수난설화 전체의 구성을 다룰 것이다. 일반적으로 학자들은 수난설화가 복음서 재료들 중 제일 처음으로 일련의 연속적인 보도로 엮였으며, 마가의 수난설화는 여러 단화들이 복합적으로 구성된 것이고, 수난에 관한 일련의 연속적인 보도

---

110 요한복음서의 문학적 통일성을 밝히며 독자반응비평, 수사학비평 등 문학적 관점에서 연구한 F. J. Molony and A.J. Kelly(2003), *Experiencing God in the Gospel of John* (New York: Paulist Press) 참조.

111 이 구절들은 빌라도의 마지막 판결을 담고 있으며, 따라서 재판의 아이러니한 에필로그라고 할 수 있다. 듀크도 이 부분을 빌라도 재판장면에 포함시킨다. P. Duke(1985), pp. 136-137.

들로 이루어진 중심적인 한 자료를 토대로 다른 여러 자료들과 마가 자신의 부가문이 덧붙여져서 만들어졌다고 본다.[112] 마가가 사용한 기본 수난설화 자료의 내용이 어떤가에 대해서는 학자들마다 견해가 다르다. 여기서는 복잡한 자료관계에 대한 역사적인 규명이 본문분석과 별 관련이 없으므로, 요한 수난설화 배후의 초기 전승은 마가의 수난설화 전승과 유사하기는 하지만 독립된 것이었다는 일반적인 결론을 받아들이는 데서 출발하겠다.[113] 따라서 현 상태의 공관복음서와 요한 수난설화의 일반적인 차이와 특징을 기술하는 데서 그치겠다. 이를 통해서도 요한 수난설화의 특징들이 충분히 드러나고, 보다 큰 요한 수난설화의 문맥 안에서 빌라도 재판설화의 의미를 해석할 수 있기 때문이다.

공관복음서의 수난설화에 나오는 많은 내용들이 요한복음서에는 나오지 않는다. 예를 들어 겟세마네 동산에서의 예수의 고뇌(막 14:32-42; 마 26:36-46; 눅 22:39-46), 유다의 입맞춤(막 14:44-46; 마 26:48-50; 눅 22:47-48), 제자들의 도망(막 14:50-52; 마 27:56), 산헤드린에서의 재판(막 14:53-65; 마 26:57-68; 눅 22:54-55, 63-71)이 요한복음서의 수난이야기에는 나오지 않는

112 R.E. Brown(1970), p. 787 참조. 수난설화에서는 공관복음서 전승과 요한전승이 기본적으로 같은 내용을 다루고 있으며, 상당히 길고, 공통적인 부분이 많다. 따라서 각각의 수난설화를 비교함으로써 공관복음서와 요한복음의 전승, 자료관계를 규명하려는 학자들의 노력이 줄기차게 이어졌다. 브라운은 여러 학자들의 그러한 시도들을 검토하고 나서 요한복음의 수난전승과 공관복음서의 수난전승은 각기 다른 데서 유래했다고 결론짓는다. R. 불트만(1968), pp. 700-705에서도 요한이 공관복음서나 그 중의 한 복음서의 수난설화를 자신의 수난설화 자료로 사용하지는 않았다고 본다.

113 공관복음서 수난설화와 요한 수난설화의 자료관계에 대해서는 여기서 다루지 않겠다. 이 문제는 여기서 다루려는 주석과 직접적인 관련이 없는 난해한 논의를 끌어들이게 되기 때문이다. 단지 요한 수난설화는 공관복음서 자료들과 많은 유사성을 지닌 독립된 전승에 기초하고 있다는 브라운의 견해를 받아들이기로 한다. 이것은 둘 사이의 유사성과 함께 차이점도 설명해주기 때문이다. 각 공관복음서의 수난설화 전승과 요한복음의 수난설화 전승과의 관계에 대한 세밀한 분석은 여러 학자들의 분석을 종합, 검토한 R.E. Brown(1970), pp. 787-791 참조.

다. 단지 예수가 가야바에게 보내졌다고 말하는 구절이(18:24) 잠깐 나올 뿐이다. 또한 요한복음서에서는 공관복음서에 나오는 조롱과 모독(막 15:16-20; 마 27:27-31)에 대해서도 언급하지 않으며, 유일하게 사람들이 예수의 뺨을 치는 데 대해 언급할 뿐, 침을 뱉고, 막대기로 머리를 때리는 등 그외 모독적인 행동에 대해서는 말하지 않는다. 그리고 "나의 하나님, 나의 하나님, 어찌하여 나를 버리셨습니까?"(막 15:34; 마 27:46)라는 버림받았다는 절규도,[114] 또 예수가 죽는 순간 온 땅을 뒤덮은 어둠에 대한 언급도 나오지 않는다. 이와 같이 요한복음서에서 빠진 일련의 대목들은 일정한 공통성을 지닌다. 그 대목은 모두 수난을 부정적인 모양으로, 또 어두운 빛으로 나타내는 세부묘사들이다.[115]

한편 요한복음서에는 공관복음서에 나오지 않는 요소들도 발견된다. 요한복음서에서는 수난이 다른 특별한 서술 없이 동산에서 시작된다. 무엇보다 두드러지는 것은 예수의 자연스러운 위엄이다. 예수는 자신을 체포하려 접근하는 군인들에게 세 번씩이나 "내가 그 사람이다"(18:5, 6, 8)라고 말한다. 예수는 피동적으로 잡혀가는 것이 아니라, 스스로 자신을 밝히고 잡아가도록 허락한다. 한편 예수가 고뇌하는 장면은 나오지 않는다. 또한 예수가 "내가 그 사람이다"라고 말할 때 로마 군인들은 뒷걸음질치다 땅에 넘어진다(18:6). 이 장면은 공관복음서에 나오는 겟세마네 동산에서의 고뇌와는 전혀 다르다.

요한복음서에서 또 한 가지 특이한 것으로는 예수가 끌려가 안나스 앞에 서는 장면이다(18:12-14). 이 장면은 어느 면에서 공관복음서에 나오는 산헤드린에서의 재판에 상응하지만 정식재판이 아니라 재판으로서의 가치가

---

114 대신 요한복음에서(19:30) 예수는 "다 이루었다"고 말한다.

115 이 점에서 요한복음의 수난설화와 누가복음의 수난설화의 유사성을 발견할 수 있다. 누가복음에서도 예수의 죽음을 영웅적, 순교자적인 죽음으로 묘사하기 위해 위의 장면들을 삭제한 흔적이 있다.

없는 단순한 심문에 불과하다. 이와 반대로 공관복음서에도 나오는 로마의 재판이 요한복음서에서는 훨씬 길고, 특별히 "보시오, 이 사람이오"(19:5)라고 말하는 장면과 "보시오, 여러분의 왕이오"(19:14)라고 말하는 장면이 나온다. 십자가 위에 붙인 명패를 놓고 유대인들이 빌라도와 논쟁을 벌이는 장면(19:19-22), 이음새 없는 속옷을 놓고 제비뽑는 장면(19:23-24)도 요한복음서에만 나온다. 마지막으로 십자가 발치에 마리아와 예수가 사랑하던 제자가 서 있는 장면(19:25-27)과 예수의 옆구리를 창으로 찌르자 피와 물이 나오는 장면(19:34)도 요한복음서의 고유한 장면이다. 이상의 세부 묘사들은 수난사건을 사뭇 다른 빛으로 조명한다. 요한복음서의 수난이야기 속에서는 비천하고 고통스럽고 비극적인 것을 일부러 삭제하고 있다. 요한은 수난이야기에서 이미 부활절의 빛이 빛나고 부활을 지향하는 장면을 강조하고 있다. 요한복음서에서 수난은 이미 부활절 아침의 빛을 발산하고 있다.

이것은 빌라도 재판장면을 기술적으로 검토할 때 더욱 분명해질 것이다. 그러나 재판장면에 대한 분석에 들어가기 전에 먼저 요한 수난설화 전체의 구조에 대해 언급해야 할 것이다. 브라운은 18-19장 두 장에 걸친 요한의 수난설화를 크게 세 부분으로 나누었다. 즉 예수의 체포와 유대당국의 심문을 서술하는 18:1-27과 빌라도 재판을 다루는 18:28-19:16a, 마지막으로 십자가처형과 예수의 죽음, 매장에 대해 서술하는 19:16b-42로 구분된다는 것이다. 그는 이것들을 다시 여러 개의 에피소드들로 나눈다.[116]

116 첫째 단락은 체포(18:1-11)와 심문(18:12-17)을 다루는 두 소단락으로 이루어졌으며, 그 안에 베드로와 관련된 이야기를 부수적으로 한데 엮고 있다. 둘째 단락은 총독관저 안팎으로 번갈아가면서 무대가 바뀌는 일곱 개의 장면으로(18:28-32; 18:33-38a; 18:38b-40; 19:1-3; 19:4-8; 19:9-11; 19:12-16a), 셋째 단락은 서론(십자가처형 19:16b-18), 십자가에서의 다섯 에피소드(19:19-22; 19:23-24; 19:25-27; 19:28-30; 19:31-37), 결론(매장 19:38-42)으로 이루어졌다. R.E. Brown(1970), pp. 802-803 참조.

브라운의 단락구분은 수난이야기의 자연스러운 흐름에 따른 것으로서, 요한복음서의 수난설화가 내용상 어느 정도 분명하게 구분되기 때문에 대부분의 학자들이 이와 대동소이하게 단락을 구분한다. 그러나 그는 요한의 수난설화에서 빌라도 재판장면이 지닌 중심적 의미를 밝히지 못했고, 요한 수난설화가 짜여진 문학적 구도를 분명하게 식별해내지도 못했다. 이에 반해 데 라 포테리에는 요한 수난설화의 구심적 구조를 분명하게 밝혀주었다. 요한복음서에서 수난사건 전체는 다섯 장소에서 전개된다. 이 사건은 동산에서 시작하고(18:1-11), 대제사장 안나스의 관저에서 계속된다(18:12-27). 그 다음 장면은 빌라도 관저에서 전개되고(18:28-19:16a), 골고다로 이어지고(19:17-37), 동산에 묻히심(19:38-42)으로써 끝난다. 동산에서 시작하고 동산에서 마친다. 그리고 그 중심에 예수가 로마총독 빌라도 앞에서 재판받는 총독관저에서의 장면이 나온다.

데 라 포테리에에 따르면 위의 다섯 장면들에 근거해서 볼 때 요한복음서의 수난이야기는 구심적 구조로 이루어졌다.[117] 가장 중심에는 빌라도 재판이야기가 있고, 이 절정에 이르는 상승과 그 이후의 하강 과정이 있다. 따라서 중심장면으로서 빌라도 재판의 중요성이 나타나고, 이 장면에서 다루어지는 그리스도의 왕권이라는 주제의 신학적 중요성도 부각된다. 한편 동산에서 일어난 처음과 끝의 두 장면을 검토해보면 그 장면들이 수난 자체에 속하지는 않는다는 점을 알 수 있다. 이 첫 장면과 마지막 장면은 이야기의 서론과 후일담을 이루고 있다. 그리고 수난이라는 사건 자체는 안나스의 심문, 빌라도의 재판, 골고다의 세 장면으로 전개되고 있다. 따라서 요한복음서의 수난이야기의 구성은 다음과 같이 기술할 수 있다.

117 I. 데 라 포테리에(1983), 『요한복음에 의한 예수수난』, 김수복(역) (서울: 성바오로출판사, 1992), pp. 40-42 참조.

1. 서론: 동산에서의 대결(18:1-11)

 2. 안나스 앞에서의 심문(18:12-27)

  3. 빌라도 앞에서의 재판(18:28-19:16a)

 2′. 골고다(19:16b-37)

1′. 후일담: 동산에 묻히심(19:38-42)

이렇게 보면 재판장면이 요한 수난이야기의 중심에 자리잡고 있으며, 그만큼 중요한 신학적 의미를 담고 있으리라는 기대를 하게 된다.

빌라도 재판이야기를 살펴보면 수난설화 전체의 구심적 구조가 이 이야기 안에서도 유지되고 있음을 확인할 수 있다. 수난설화 전체와 마찬가지로 빌라도 재판설화에서도 장소와 움직임의 변화는 본문의 구조를 결정하는 데 매우 중요하다. 이 이야기에서 장면이 번갈아가며 전개되는 장소는 두 군데다. 즉 유대인들은 총독관저 밖에 있고, 예수는 적어도 이 부분이 시작될 때 총독관저 안에 있다. 그래서 안에서 밖을 향하는 움직임과 밖에서 안을 향하는 움직임 두 가지가 있다고 볼 수 있다. 빌라도가 그 두 가지 움직임을 한다.[118] 따라서 전체적으로 요한이 장면을 구성한 원칙도 총독관저 안과 밖을 옮겨다니는 것이다.[119] 그는 빌라도가 "유대인들에게 나왔다"(18:29, 38; 19:4, 13)는 말과 예수와 대화하기 위해서 "공관 안으로 들어갔다"(18:33;19:9)는 말을 반복하고 있다. 그 결과 "전면 무대와 후면 무대라는 두

118 재판설화에서 빌라도라는 인물에 대해서 S. Hylen(2009), *Imperfect Believers: Ambiguous Characters in the Gospel of John* (Louisville, Ky.: Westminster John Knox Press) 참조.

119 R. 불트만(1968), p. 718. "구문은 두 무대의 교체에 의해 규정된다: 임박한 축제로 인해 총독관저 바깥 뜰 앞에 모인 유대인들과 그 안에 있는 예수, 세상의 동요와……조용한 진리의 증언 사이를 오가는 빌라도." 그러나 불트만은 이 원칙을 끝까지 관철시켜서 일곱 장면으로 나누지 않고 여섯 개의 장면으로 나눈다. 그는 19:1-7을 둘로(1-3절과 4-7절) 나누지 않고 한 장면으로 본다.

개의 무대"가 생겼다.[120]

이 두 개의 무대를 배경으로 장면들은 구심적 구조를 이루며, 일곱 장면으로 구성되었다. 무대의 변화를 중심으로 한 장면변화[121]는 도식적으로 다음과 같이 기술할 수 있을 것이다.

1. (밖에서) 빌라도와 유대인들: 첫 번째 대화(18:28-32)
    2. (안에서) 빌라도와 예수: 그리스도의 왕권(18:33-38)
        3. (밖에서) 빌라도와 유대인들: 예수냐 바라바냐(18:38-40)
            4. (?)[122] 가시관을 쓰는 예수(19:1-3)
        3′. (밖에서) 빌라도와 유대인들: "보시오, 이 사람이오"(19:4-7)
    2′. (안에서) 빌라도와 예수: 빌라도의 권한(19:8-12)
1′. (밖에서) 빌라도와 유대인들: "보시오, 여러분의 왕이오"(19:13-16)

이 도식에서 볼 수 있는 것처럼 장면들의 병행성은 이야기의 구심적인 구조를 분명하게 해준다. 말하자면 수난설화 전체와 마찬가지로 여기에도 구심적 구조가 있다. 요한 수난설화의 중심이라고 할 수 있는 빌라도 재판설화도 "유대인의 왕 만세"라는 조롱을 받으면서 예수가 가시관을 쓴 사건(19:1-3)을 그 중심으로 가지고 있다.

요한은 이러한 구심적인 기본구조 안에서 아이러니를 구사했다. 여기서

---

120 C.H. Dodd(1963a), *Historical Tradition in the Fourth Gospel* (Cambridge: Cambridge University Press), p. 96. 이외에 E. Haenchen(1970), "History and Interpretation in the Johannine Passion Narrative", *Interpretation*, 24, p. 206도 참조. 듀크에 의하면 계속 공관 안(예수)과 밖(유대인)을 왔다갔다 하는 빌라도의 모습은 예수와 세상 사이에서 선택해야만 하는 인간의 곤경을 상징한다. P. Duke(1985), p. 127.

121 오늘날 일반적으로 인정되는 이러한 구분은 R.H. Strachan(1941), *The Fourth Gospel* (London: Student Christian Movement Press), p. 310에서 처음 행해졌다.

122 이 장면이 어디서 일어났는지 명시적으로 언급되지는 않았지만, 다음 장면에서 "빌라도가 바깥으로 나왔다"고 하기 때문에 이 장면은 안에서 일어났다고 볼 수 있다.

는 구체적으로 아이러니의 기법과 발생과정을 확인하게 될 것이다. 기본적으로 이 이야기에서 아이러니는 함께 예수의 죽음에 관여하는 빌라도, 유대인들과 이와는 반대로 고발당하고 재판받으면서도 왕으로 등극하는 예수 사이의 대조를 통해 발생한다. 즉 유대인들과 빌라도의 하강 움직임과 예수의 상승 움직임이 분명하게 대조됨으로써 아이러니가 발생한다. 요한의 아이러니는 부분적으로 빌라도의 타락과 관련이 있다. 이 점에서 이 설화 내에서 빌라도의 역할을 중요하게 평가하지 않는 학자들과는 다른 입장에서 분석할 것이다.[123] 일곱 장면들 모두에서 빌라도는 중요하게 등장하며, 요한은 이 인물에게 중요한 역할을 부여하고 있다. 그는 예수의 무죄에 대한 주장을 강력하게 제기하면서도 예수의 처형에 점점 더 깊이 관여하게 된다. 그러나 보다 끔찍한 것은 유대인들의 하강 움직임이다. 그들은 완전한 자기파괴의 지점에까지 이르게 된다. 이러한 두 개의 하강 움직임에 역행해서 왕, 재판관으로의 예수의 상승 움직임이 나타난다. 따라서 여기서도 역시 겉보기에 재판관이자 고발자인 사람들이 겉보기에 재판받고 있는 것으로 보이는 자에 의해 사실은 심판받고 정죄받는다는 전형적인 아이러니한 동기가 나타난다.[124]

이 빌라도 재판이야기에서는 위의 두 움직임의 대조를 통해 요한복음서의 다른 어느 단화에서보다도 구조적으로 아이러니가 나타난다. 따라서 주석의 과정에서도 이 두 움직임에 주목할 것이다. 이하의 주석에서는 부분적으로 나타난 아이러니한 기교와 함께 그러한 구조적인 아이러니를 밝히

---

123 예를 들어 팡카로는 "빌라도는……전체 종교적인 드라마에서 군더더기 같은 존재"라고 한다. S. Pancaro(1975), *The Law in the Fourth Gospel: The Torah and the Gospel, Moses and Jesus, Judaism and Christianity According to John* (Leiden: E.J. Brill), p. 315 주 31.

124 이 점에서 블랭크가 이 이야기의 적절한 제목이 "예수 앞에 선 빌라도와 유대인들"이라고 한 것은 옳다. J. Blank(1959), "Die Verhandlung vor Pilatus Jo 18, 28-19, 16 im Lichte johanneischer Theologie", *Biblische Zeitschrift, 3*, p. 63.

고자 한다.

2. 본문주석

가. 18:28-32 예수에 대한 고발

28절은 이 장면의 짤막한 서론이라고 할 수 있다. 28절에 의하면 빌라도 재판이야기는 "이른 아침" 장면으로 시작된다. 이것 역시 요한이 아이러니한 이미지를 사용한 예라고 볼 수 있다. 불트만은 가룟 유다가 자기 스승을 넘겨주려고 만찬식탁을 떠나는 시점이 밤이었다고 말하는 13:30을 상기시키면서 18:28에 대해 이렇게 말한다: "세상에 대한 예수의 승리의 날이 밝아오고 있다."[125] 요한은 재판이 이른 아침에 일어났다고 기술함으로써 이미 승리의 여명이 마음속에 밝아오기 시작했음을 지적하려 했다는 것이다.[126] 겉보기에는 이제 예수가 어두운 수난의 길로 들어선 것 같지만, 하나님의 계획 안에서 보면 예수는 이제 궁극적으로 하나님의 아들로 "올려지게" 된다는 것이다. 이에 반해서 듀크는 원칙적으로 이러한 의미를 부정할 수는 없겠지만, 단지 πρωΐ라는 말만 가지고 어둠이나 빛에 대한 언급도 없는데 그러한 상징적인 의미가 있었으리라고 말하기는 어려울 것 같다고 한다.[127] 그러나 십자가가 곧 올리움의 자리라는 요한복음서의 메시지와 관련

125 R. 불트만(1968), p. 721.

126 요한복음의 수난설화에 나오는 시간보도에 따르면 총독관저 안에서 일어난 사건은 두 시점 사이에서 전개되었다. 그 두 시점은 일종의 괄호를 이루고 있다. 빌라도 재판장면이 시작할 때는 새벽이었다. 그리고 예수가 골고다를 향하여 떠나기 전 마지막 때는 "여섯 시 경", 즉 정오쯤이었다(19:14). 따라서 이 부분에 해당하는 사건은 모두 이른 아침 태양이 떠오를 때 일어난다. 더욱이 여섯 시는 유대인들의 전통에 따르자면 유월절 축제의 전례가 시작되는 순간이었다. 이상의 요소들은 시간에 대한 지적이 지니는 신학적 의미를 강력하게 부각시킨다. 덧붙여서 부활한 예수가 호숫가에 나타난 때도 "새벽이 되었을 때"(21:4)였다.

127 P. Duke(1985), p. 127.

해서 읽어보면 여기서 충분히 아이러니한 상징적 의미를 읽어낼 수 있다.

이에 반해서 28절의 또 다른 언급, 즉 "그들은 몸을 더럽히지 않고 유월절 음식을 먹기 위하여 관저 안에는 들어가지 않았다"(18:28c)라는 말에서는 논란의 여지없이 분명하게 아이러니가 발생한다. 요한은 "유대인들"로 하여금 무대의 뒤편에 머물러 있도록 함으로써 솜씨 좋게 두 개의 무대를 만든 동시에 대단히 아이러니한 동기를 제시했다.[128] 이제 곧 살인자로 드러날 사람들이 자신들의 정결을 지키고자 애쓰고 있는 것이다. 그들은 예수를 죽이는 죄를 범하기 위해 이방인의 협력을 얻고자 하면서도 그의 집 안으로 들어가지는 않으려 한다. 나아가서 이들의 관심은 유월절이다. 여기서는 또 다른 아이러니가 발생하는데 브라운이 이 점을 잘 지적했다. "그들은 제의적인 불결로 인해 유월절 양을 먹지 못할까 두려워했지만, 부지중에 하나님의 어린양(1:29)을 죽음에 넘겨주었고, 따라서 참된 유월절이 가능하게 했다."[129]

29절에서 빌라도는 유대인들에게 나와 "당신들은 이 사람을 무슨 일로 고발하는 거요?"라고 묻는다. 컬페퍼는 요한복음서에서 예수가 단순히 "사람"이라고 불리울 때는 저자가 은밀하게 말하고 있는 것일 수 있다고 했다. 즉 독자들이 보기에 분명 "인간" 이상인 예수를 그냥 사람이라고 지칭할 때는 저자가 그 말을 하는 등장인물을 조롱한다든가 아니면 겉에 나타나는 진술 배후에 다른 의미를 의도하지 않았는지 의심해볼 만한 이유가 있다는 것이다.[130] 즉 요한이 아이러니한 의도를 가지고 이 말을 썼을 가능성이 있다는 것이다. 그러나 여기서 요한이 분명한 아이러니한 의도를 가지고 이 말을 쓴 것 같지는 않다.

빌라도가 예수가 무슨 일을 했는지 묻자 유대인들은 "이 사람이 악한 일

---

128 P. Duke(1985), pp. 127-128.

129 R.E. Brown(1970), p. 866.

130 R.A. Culpepper(1983), p. 171.

을 하는 사람이 아니라면, 우리가 총독님께 넘기지 않았을 것입니다"(18:30)라고 대답한다. 여기서 요한은 노골적으로 유대인들의 부정직한 모습을 그리고 있다. 이제 그들은 드러내놓고 거짓말을 한다. 실제로 이 말은 무슨 일로 고소를 하느냐는 빌라도의 질문에 대한 답변이 될 수 없다. 그들이 한 말은 진실이 아니다. 여기서는 "이 사람"(경멸하는 의미의 οὗτος)이[131] 악한 일을 하지 않는다는 사실보다 유대인들의 부정직성이 더 심각하게 드러난다. 그들은 있지도 않았던 악한 일들로 그를 고발한다. 이것은 예수에 대해 거짓말을 하는 것일 뿐만 아니라 그 말 자체가 그들을 고발한다.[132] 이 막연한 거짓말은 빌라도의 질문을 당황스럽게 피하는 것이다. 재판이야기에서 "유대인들"은 예수를 거짓 고소하면서 점점 더 대담해진다(18:40; 19:6, 7, 15).

그들은 머뭇거리면서 시작하지만 시간이 감에 따라 점점 더 대담하게 배신한다. 배신이 문제가 되고 있다는 사실은 그들이 한 παρεδώκαμεν(30c절)이라는 말에서도 드러난다. 이 말은 요한복음서에서 단순히 "넘겨주다"뿐만 아니라 "배신하다"라는 의미로도 사용된다.[133] 요한은 그들로 하여금 동사 παρεδώκαμεν을 쓰게 함으로써 스스로를 정죄하게 한다. 그들은 중립적인 의미에서 "넘겨주다"라는 뜻으로 사용했을 것이다. 그러나 앞에서 독자들은 여덟 번이나(6:64, 71; 12:4; 13:2, 11, 21; 18:2, 5) 유다와 관련해서, 그

131 예수의 적대자들 입에서 이 말(οὗτος)이 나올 때는 늘 아이러니가 있을 가능성이 있다(7:15, 26, 27, 35, 36; 9:16, 24; 18:30). 즉 예수는 결코 그렇게 불릴 수 있는 존재가 아니기 때문에 아이러니가 발생한다.

132 예수에 대해 제시된 죄목들은 다양하다. 그의 적대자들은 그가 귀신들렸다고도 하고(8:52), 사마리아인이라고 했으며(8:48), 부정한 관계에서 태어났다고도 했고, 자신을 하나님이라고 했다(10:33), 안식일 법을 지키지 않았다(5:16), 죄인이고 악한 일을 행하는 자라고 말했다. 이 모든 죄목들을 하나로 묶는다면, 그는 죄인이라는 것이다. 요한은 죄의 주제를 일관되게 아이러니하게 다룬다. 고발자들은 예수에 대해 잘못 알고 있을 뿐만 아니라, 그들이 예수 안에서 죄를 찾아낸다는 바로 그 점에서 유죄이다.

133 *Greek English Lexicon of the New Testament*, s.v. "παραδίδωμι"; *Greek-English Lexicon*, s.v. "παραδίδωμι"

리고 배신이라는 나쁜 의미로 이 말을 읽었다. 유다는 밤 속으로 사라졌지만, 이제 자가당착에 빠진 이 고발자들 ― 이들은 자신을 더럽히지 않으려고 총독관저에 들어가지 않으려고까지 했다 ― 이 그의 역할과 운명을 대신하고 있다.

재판 전체에 걸쳐 "유대인들"에 대한 빌라도의 태도는 예수를 처리하는 일을 피하고자 하는 의도와 유대인들을 모욕하고자 하는 의도에 의해 결정되었다. 그가 "그를 데리고 가서, 당신들의 법대로 재판하시오"(18:31a)라고 말했을 때도 이 두 가지 의도가 모두 있었을 것이다. 그러나 요한 자신에게는 확실히 풍자적인 의도가 작용했을 것이다. 5장 이후 유대인들은 율법에 따라 예수를 정죄하고자 했지만 헛수고였다. 모세의 율법은 결코 그를 정죄하지 않는다. 그러므로 빌라도의 말은 예수를 죽이지 못하는 그들의 무능을 조롱하는 것이라고 볼 수 있다. 그리고 유대인들이 자신들은 그러한 행동을 할 법적인 근거가 없다고 말할 때(18:31b) 사실 그들은 자신들이 아는 것보다 훨씬 더 정확하게 말하고 있다.

확실히 이 말에는 단순히 유대인들에게 그러한 법적 권한이 없다는 표면적인 의미뿐만이 아니라, 예수의 죽음에서 유대인들의 역할과 관련하여 아이러니한 요한의 의도가 들어 있다. 요한복음서에는 유대인들이 예수의 죽음에서 실제 자신들의 역할을 알지 못했다는 암시들이 나타난다. 가령 8:22에서 그들은 엉뚱하게도 예수는 자살할 것이라고 추측한다. 18:31에서도 그들은 교활하게, 또는 불안감 때문에 예수를 처형하는 데 가담하는 것을 피한다.[134] 그들은 계속해서 예수를 체포하고자 하고(7:30, 32, 44; 8:20;

134 듀크에 의하면 유대인들이 예수를 직접 처치하지 않는 이유는 그가 로마의 십자가처형이라는 수치스러운 형벌을 당하도록 하기 위해서였을 수도 있다. 이렇게 본다면 32절에 나오는 복음서저자의 언급은 그러한 그들의 계획을 우스꽝스럽게 만들어버린다. 32절에서는 예수를 십자가처형 당하게 하려는 그들의 주도면밀한 계획은 단지 예수 자신이 이미 선택한 것을 이루는 것일 뿐이라고 지적한다. P. Duke(1985), p. 128.

10:39) 그에게 돌을 던지려고 하며(8:59; 10:31; 11:8) 그를 죽이려고 하지만 (5:18; 7:1, 25; 8:37, 40; 11:53) 항상 그 목적에 도달하지 못하며, 예수 자신이 상황을 주재하고, 오직 그 자신만이 그의 죽음의 때와 방식을 결정하는 것으로 나타난다. 그러므로 요한복음서에서 유대인들은 사실은 그들 자신의 무능과 실패에도 불구하고 그를 죽이는 자들이다. 그의 죽음에서 그들의 역할은 무능과 무지로 특징지을 수 있다. 예수의 죽음은 그들의 능력 밖이다. 그들은 그가 죽기를 원하지만 그 죽음의 의미를 깨닫지도 못하고, 거기서 자신들의 역할을 알지도 못한다. 그들은 그렇게 살해의 의지에 차 있으면서 또 그렇게 무능하다. 따라서 31b절의 유대인들의 말에는 분명히 그들의 무능과 무지를 조롱하려는 요한의 아이러니한 의도가 들어 있다.

32절은 요한의 그러한 아이러니한 의도를 보다 분명하게 드러낸다. 32절에서는 12:33의 "자기가 당하실 죽음이 어떠한 것인지를 암시"했다는 말이 문자 그대로 반복되었다. 12:32에서 예수는 자신이 땅에서 들려 올라갈 때, 모든 사람을 자신에게로 끌어올릴 것이라고 말했다. 이 앞에서의 예언을 다시 언급함으로써 요한은 간접적으로 그의 복음서의 보다 큰 아이러니를 제시하고 있다. "유대인들"은 "모든 사람"이 그를 좇아가지 못하도록 하기 위해 그를 수치스러운 십자가에 못박았다. 그러나 사실은 이미 오래 전에 그가 모든 사람을 자신에게로 이끌기 위해서 그 길을 선택했다.[135]

나. 18:33-38a 예수 그리스도의 왕권

이제 빌라도는 공관 안으로 들어가서 예수와 마주한다. 그는 불필요하게 다른 말을 하지 않고 "당신이 유대 사람들의 왕이오?"(18:33b)라고 직접 핵심적인 질문을 던진다. 드존은 빌라도의 이 말은 질문이 아니라 선언이라고 본다. 즉 무의식적인 신앙고백들 중 하나라는 것이다. 그렇다면 빌라도

---

135 R.E. Brown(1970), p. 867.

는 예수를 조롱하기 위해 "당신이 유대인의 왕이라는 말이군!"이라고 하면서 부지중에 진리를 말하고 있는 것이다.[136] 이에 반해 공관복음서에서는 빌라도가 질문을 했다고 분명하게 명시하고 있다. 요한이 아이러니를 잘 구사할 줄 알았다는 사실을 감안할 때 그러한 가능성을 아주 배제할 수는 없을 것이다. 네 복음서들은 모두 빌라도가 이 질문으로 심문을 시작하는 것으로 기술했다(막 15:2; 마 27:11; 눅 23:3). 따라서 이 고발은 전승에서 확고하다. 요한복음서에서는 이것이 특별히 중요하게 나타난다. 요한 수난설화에서 예수는 11번이나 왕이라고 불리며,[137] 빌라도 재판에서는 이 주제가 아이러니하게 다루어졌다.

이 질문은 분명히 권력의 관점에서 던진 질문이다.[138] 이 질문도 명시적이지는 않지만 아이러니한 함축의미를 지닌다. 왜냐하면 요한복음서를 읽는 독자들은 "모든 것이 그로 말미암아 창조되었으니, 그가 없이 창조된 것은 하나도 없다"(1:3)는 사실을 알고 믿는데, 그런 예수에게 로마 황제를 대신할 뿐인 빌라도가 겨우 유대 지역의 지배권을 가지고 있는지 묻고 있기 때문이다.

다른 한편으로 이것은 빌라도가 "유대인의 왕"이라는 칭호를 통해 이 이

---

136 M. de Jonge(1977), *Jesus: Stranger from Heaven and Son of God-Jesus Christ and the Christians in Johannine Perspective*, Society of Biblical Literature Sources for Biblical Study 11 (Missoula: Scholars Press), pp. 68, 76 주 69.

137 18:33, 37(2회), 39; 19:3, 12, 14, 15, 19, 21(2회) 한편 공관복음서의 수난설화에서는 이 말이 상대적으로 적게 나타난다. 마가복음 15:2, 9, 12, 18, 26, 32; 마태복음 27:11, 29, 37, 42; 누가복음 23:2, 3, 37, 38.

138 빌라도의 질문은 안나스의 질문과 상당한 차이가 있다. 대제사장 안나스의 임무와 관심사는 예수와 예수의 제자들의 가르침을 확인하는 것을 넘어서지 않았다(18:19). 반면 로마총독의 관심사는 오로지 정치적이다. 불트만은 이 점을 확대해서 이 이야기 전체를 국가 권력과 신앙의 관계 문제에 비추어서 해석했다. R. 불트만(1968), pp. 726-731 참조. 그러나 불트만은 그 자신이 처한 전후의 혼란스러운 상황에서 제기되었던 국가와 교회의 문제를 무리하게 본문에서 읽어내려고 한 것으로 보인다.

야기 전체에 걸쳐 무의식적으로 아이러니를 드러내는 역할을 처음으로 시작하는 것이다.[139] 여기서 아이러니는 "유대인의 왕"이라는 칭호가 지니는 이중적인 의미와 관련해서 생겨난다. 빌라도에게는 이 칭호가 단지 정치적 의미를 지닐 뿐이다. 빌라도는 물론 이 죄수가 유대인의 왕으로서의 권한을 가지고 있을 리 없다고 생각한다. 단지 예수가 폭동과 반란을 일으킬 수 있다고 보는 것이다. 그러나 유대인들에게 "유대인의 왕"이라는 칭호는 전혀 다른 의미를 지닌다. "유대인의 왕"은 다윗 시대부터 줄곧 구원의 때를 기다리던 유대인들에게 정말 구원을 가져다 줄 메시아 왕이다. 유대인들에게 "유대인의 왕"은 정치적, 국가적 사명과 더불어 종교적 사명을 띠고 있다. 예수가 고발당했을 때는 이 두 가지 의미가 동시에 적용된 것이다. 그러나 예수의 입에서 나오는 "유대인의 왕"이라는 칭호는 새로운 의미를 지닌다. 빌라도에게서 이중적 의미를 띤 질문을 받은 예수는 난처한 입장에 빠진다. 이때 예수의 답변은 "유대인의 왕"이라는 칭호가 가지고 있는 두 가지 의미, 즉 오로지 정치적으로만 바라보는 아주 그릇된 의미와 유대인들의 메시아 왕이라는 의미를 재해석하는 식으로 된다(18:36-37). 빌라도는 유대인들을 조롱하려는 의도로, 예수와는 전혀 다른 의미로 이 칭호를 썼지만, 예수가 말하는 "유대인의 왕"의 의미를 이해하는 독자들은 빌라도의 그 말에서도 올바른 의미를 읽어낸다. 겉으로 나타나는 이 말의 의미와 주의깊은 독자가 읽어내는 실제 의미는 상반되며, 빌라도의 말은 그 자신이 생각하는 것보다 훨씬 정확하다. 그는 자신이 아는 것보다 훨씬 더 예언자적이

139 재판설화 안에서 빌라도가 하는 한 가지 중요한 역할은 예수는 "유대인들의 왕"(18:33, 39; 19:3, 19-22)이라고 증거함으로써 아이러니를 불러일으키는 것이다(이것은 공관복음서의 수난설화에서도 발견되는 주제이지만 거기서는 결코 요한복음에서와 같은 정도로 아이러니가 강조되어 나타나지 않는다). S. Hylen(2009), *Imperfect Believers: Ambiguous Characters in the Gospel of John* (Louisville, Ky.: Westminster John Knox Press) 참조.

며, 부지중에 진실을 말한다. 따라서 33절은 아이러니하다. 나중에 그가 그리스어, 라틴어, 히브리어로 예수의 명패를 쓰도록 하고 그것을 고치지 못하도록 한 것(19:20)도 예수가 총독까지 포함하여 모든 사람들이 알고 있는 것보다 훨씬 더 넓은 영역에서 왕이라고 불릴 것임을 아이러니하게 선포한 것이다.

빌라도의 질문에 예수는 "당신이 하는 그 말은 당신의 생각에서 나온 말이오? 그렇지 않으면, 나에 관하여 다른 사람들이 말하여준 것이오?"(34절)라는 물음으로 답변한다. 이 질문이 필수적인 정보를 얻기 위한 것이라고 보는 학자도 있지만,[140] "사람 안에 무엇이 있는지 알고 있는"(2:25) 예수가 아이러니하게 말하고 있다고 보는 것이 더 정확할 것이다. 소경이었다가 고침받은 사람이 "유대인들"에게 그들도 예수의 제자가 되려는지 물었던(9:27) 것처럼 예수는 능숙하게 처음부터 재판을 빌라도에게로 돌려놓는다. 세상이 예수에 대해 어떻게 생각하느냐가 아니라, 빌라도 자신이 예수에 대해 어떻게 생각하느냐가 문제이다. 예수는 이런 질문을 함으로써 총독에게 그 스스로 결단하도록 한다. 따라서 누가 누구를 재판하고 있는지도 분명하다. 겉보기에 재판의 주재자는 빌라도인 것 같지만 사실은 예수가 재판을 주도하고 있다. 이 점에서 아이러니가 발생한다.

예수의 질문에 대한 빌라도의 반응은 자신에 관해서 적절하게 말하고 있다. "내가 유대 사람이란 말이오?"(35a절) 이 말은 자신이 유대교의 종교적 문제에 대해 알지 못하고, 아마도 예수에 대한 개인적 관심이 없다는 뜻이었을 것이다. 다른 한편으로 이 질문은 자신에 대한 입장을 결정하라는 앞선 예수의 요구를 회피하는 말이기도 하다. 이 질문 앞에는 요한이 아이러니를 쓸 때 많이 사용했던 부정적인 불변화사들 가운데 하나인 μήτι가 사용되었다.[141] 따라서 여기서도 그가 아이러니를 구사하고 있지 않은지 눈여

140 C.K. 바레트(1978b), p. 423.

겨 볼 필요가 있다. 자세히 읽어보면 여기서 이 말은 독자들로 하여금 "빌라도가 유대인인가?"라는 질문을 하도록 하는 실마리 역할을 한다. "유대인들"이 예수에 대한 세상의 거부를 대표한다고 할 때, 빌라도는 그들을 멸시하면서도 그들과 하나가 되는 과정 중에 있다. 믹스에 의하면 이 "재판장면에서 유대인들을 향한 그의 지속적인 움직임은 아이러니한 동맹의 과정이다."[142] 그러나 예수에 대해서 빌라도가 "유대인의 왕"이라고 지칭한 점을 감안하면, "내가 유대인이란 말이냐?"라는 그의 질문은 "당신이 나의 왕이요?"라는 보다 깊은 질문을 나타낸다고 볼 수 있다. 주의깊은 독자들이라면 그러한 보다 깊은 의미로 이 질문을 이해할 수 있을 것이다. 그리고 그렇게 이해하는 독자들에게는 아이러니가 발생한다. 본문의 문자적인 의미로만 보면 빌라도가 예수의 요구를 회피하고 유대인들과 야합하는 첫 단계이지만, 사실 요한은 예수가 빌라도를 포함해서 모든 사람들의 왕임을 시사하고 있는 것이다.

이렇게 부지중에 자신을 조롱했던 빌라도는 곧 유대인들을 조롱한다. "당신의 동족(τὸ ἔθνος τὸ σόν)과 대제사장들이 당신을 나에게 넘겨주었소(παρέδωκάν)."(35b절) 독자들에게 ἔθνος라는 말은 이방국가라는 이 말의 또

141 듀크는 아이러니가 있음을 알려주는 요한의 신호들을 밝혀냈다. 그에 따르면 말하는 사람의 선입견 때문에 μή나 μήτι라는 부정적인 불변화사를 쓸 때(4:12; 7:26, 35-36, 41b, 47, 48, 52a; 8:22, 53), 요한의 특징적인 문체인 반복이 나올 때(3:10; 6:42; 7:20, 28, 35-36; 8:22, 58; 11:16; 13:38; 16:17-18, 29-30) 아이러니가 나타날 수 있다. 또한 경멸하는 의미로 쓰인 지시형용사(6:42; 7:15, 26, 27, 35, 36; 9:16, 24; 18:30)와 강조적인 인칭대명사(3:10; 4:12; 6:42; 7:47, 52a; 8:41, 48, 53; 9:24, 27, 29; 10:33; 11:49)도 아이러니를 강화시키며, 말하는 사람이 잘못 "우리가 안다"라고 말할 때(6:42; 7:27; 8:48, 52; 9:24, 29; 16:30), 또는 신랄한 풍자를 시도할 때(1:46; 4:12; 7:3-4, 35; 8:22, 53; 9:27; 11:16; 12:19), 그리고 허풍도 아이러니의 실마리가 될 수 있다. 이외에 아이러니는 이중의미를 통해서도 발생하며(3:10; 7:52; 8:48; 9:24; 11:49-50; 18:30) 상징에 의존하는 경우도 있다(2:10). P. Duke(1985), p. 91 참조.

142 W.A. Meeks(1975), "'Am I a Jew?'-Johannine Christianity and Judaism", *Christianity, Judaism and Other Greco-Roman Cults I* (Leiden: E.J.Brill), p. 163.

다른 의미를 연상시킨다.[143] 말하자면 자신들의 신앙을 지키기 위해 예수를 고발한다는 유대인들이 사실은 그들이 경멸하는 믿지 않는 이방인들과 전혀 다를 바 없다. 더욱이 "넘겨주었다"(παρέδωκάν)라는 말은 여기서 "배신했다"는 의미를 지닌다.[144] 유대인들의 이러한 부정적인 태도를 전제로 빌라도는 "당신은 무슨 일을 하였소?"(35c절)라고 묻는다. 37절에 재차 나오는 빌라도의 질문과 관련해서 볼 때 이 물음의 실질적인 내용은 예수가 왕인지에 대한 것이라고 볼 수 있다. 사실 이것은 대단히 중요한 질문이다. 왜냐하면 이 질문에 대한 답변이 예수의 죄뿐만 아니라, 유대인들의 죄까지도 결정하게 되기 때문이다.

예수는 빌라도의 질문에 직접 답하지 않고, 자신의 나라는 "이 세상에 속한 것이 아니"(36절)라는 짤막한 담론으로 들어간다. 빌라도는 이 말을 왕권에 대한 인정으로 받아들인다. 예수는 "당신은 무슨 일을 하였소?"(35d절)라는 빌라도의 질문에 대해서는 자신의 "나라"(36절)에 대해서 말하고, "그러면 당신은 왕이오?"(37a절)라는 질문에 대해서는 "당신이 말한 대로 나는 왕이오."(37b Σὺ λέγεις ὅτι βασιλεύς εἰμι.)라고 대답한다. 불트만은 36절에 나오는 예수의 말을 간접적인 긍정으로 보고, 37절에 나오는 예수의 답변을 직접적인 긍정이라고 본다. 그러나 이러한 불트만의 해석은 이 구절들의 아이러니한 함축의미를 드러내지 못한다.[145]

독자들은 예수가 말하는 그의 나라와 빌라도가 생각하는 왕권이 전혀 다른 차원의 것임을 안다. 예수는 빌라도가 생각하는 왕이 아니지만, 또한 그는 진정한 의미에서 왕이다. 따라서 자신의 나라에 대한 36절의 예수의 말은 예수는 왕인가라는 이 장면의 일관된 질문에 대한 부정적인 답변이면서 동시에 긍정적인 답변이다. 불트만은 이 구절이 지니는 이러한 양면성을

143 Liddell & Scott(1979), p. 195 참조.

144 *Greek English Lexicon of the New Testament*, s.v. "παραδίδωμι"

145 R. 불트만(1968), pp. 723-724.

파악하지 못했고, 예수의 말을 간접적인 긍정이라고만 보았다. 따라서 그는 여기서 아이러니를 보지 못했다. 그러나 이렇게 긍정과 부정을 동시에 내포하면서 이 장면에서 대단히 중요한 왕권의 의미를 새로운 차원으로 비약시킨다는 점에서 36절에서는 아이러니가 발생한다.[146] 이제 빌라도는 보다 직접적으로 묻는다. "그러면 당신은 왕이오?" 예수는 공관복음서에서와 마찬가지로 답변한다: "네가 나를 왕이라고 말한다."(Σὺ λέγεις ὅτι βασιλεύς εἰμι.) 학자들은 이 말이 긍정인지 부정인지, 아니면 제한적인 의미인지에 대해 논란을 벌였다.[147] 그런데 여기서 반드시 짚고 넘어가야 할 것은 요한복음서에서는 낯선 자들과 적들이 계속해서 예수의 정체성에 대해 증거한다는 사실이다. 이 사실과 관련해서 본다면 37b절의 예수의 답변은 심오한 정당성을 지닌다. 요한은 독자들이 가야바는 가야바대로 (11:50), 유대인들은 유대인들대로 부지중에 예수를 증거했듯이 빌라도도 그렇게 하고 있다고 생각하기를 원했을 것이다. 즉 빌라도는 예수를 결코 인정하지도, 받아들이지도 않지만 무의식적으로 예수의 주장대로 인정하게 된다는 것이다.

예수의 답변의 나머지 부분들(37cd절)은 세상 안에서의 그의 기능, 즉

---

146 다음의 학자들도 36, 37절에서 아이러니한 의미를 읽을 수 있다는 데 동의한다. B.F. Westcott(1978), *The Gospel According to St. John* (Grand Rapids: William B. Eerdmans), p.260; D.W. Wead(1970), p.56; L. Morris(1971), *The Gospel According to John*, New International Commentary on the New Testament (Grand Rapids: William B. Eerdmans), p. 770. 여기서 οὐκοῦν이 아이러니의 실마리로 기능할 가능성에 대해서는 C.F.D. Moule(1959), *An Idiom Book of New Testament Greek*, 2nd ed. (Cambridge: Cambridge University Press), p. 165 참조.

147 불트만 같은 학자는 이 말을 긍정의 답변으로 본다. R. 불트만(1968), p. 724. 반면 린다스는 "당신은 정치적인 의미에서 그 말을 하지만, 나는 전혀 다른 의미에서 왕이요"라는 뜻으로 해석한다. B. Lindars(1981), *The Gospel of John,* New Century Bible (Grand Rapids: William B. Eerdmans), p. 559. 한편 브라운은 "그렇게 말하는 것은 당신이지 내가 아니요"라는 제한적인 의미로 해석한다. R. Brown(1970), p. 853. 린다스나 브라운 중 어느 쪽으로 해석해도 아이러니가 발생한다.

"진리를 증언하는 것"에 대한 요약적인 진술이다. "진리에 속한 사람은, 누구나 내가 하는 말을 듣는다"(37d절)는 그의 마지막 말은 빌라도로 하여금 진리에 대해 스스로 문을 열라고 촉구한다. 그러나 빌라도는 저항한다. "진리가 무엇이오?"(38절)라는 그의 말의 정확한 의도를 읽어내는 것은 불가능하다. 어쩌면 이 말은 모멸적이거나 냉소적인 의미를 지닐 수도 있다. 그러나 분명한 것은 빌라도의 이 말은 그가 유대인들과 점차 하나가 되는 첫 단계를 나타낸다는 것이다. 이것은 진리에 대해 분명한 입장을 표명하라는 앞선 예수의 촉구(37d절)를 회피하는 것이지만, 진리 편에 서든지 진리에 대적하든지 두 가지 가능성이 있을 뿐 제3의 가능성은 없다는 점에서 그의 회피시도는 공허할 뿐이다. 따라서 불트만의 말대로 "이 입장을 주장하는 자에게는 그것이 곧 계시의 요구에 자신을 열지 않음을 뜻한다. 그는 이로써 자신이 진리에 속하지 않으며, 거짓에 속한다는 사실을 보여준다."[148] 헨첸에 의하면 이것은 비로소 초보적인 관심을 보이는 것일 수도 있고, 또 예수가 무슨 뜻으로 말하는지 전혀 깨닫지 못하는 그의 몰이해를 나타낼 수도 있다.[149] 그러나 이렇게 볼 경우 재판설화 전체에서 빌라도가 보여주는 태도의 점진적인 변화, 즉 결과적으로는 유대인들과 점차 야합하게 되는 과정을 제대로 밝히지 못한다. 이 질문의 아이러니는 진리에 관해 질문을 받은 이 사람 자신이야말로 진리 자체라는 데 대한 독자들의 인식으로부터 발생한다(14:6). 이와 관련해서 이 장면이 답변 없는 질문으로 끝났다는 점도 특별한 의미를 지닌다. 말하자면 아이러니스트인 요한이 독자들로 하여금 답변이 무엇 — 그리고 누구 — 인지 생각해보도록 하기 위해, 독자들에 대한 간접적인 도전을 위해 대답되지 않은 질문으로 장면을 끝냈을 가능성이 있다.

---

148 불트만은 전혀 다른 방법을 사용했으나 동일한 결론에 도달했다. R. 불트만(1968), p. 726.

149 E. Haenchen(1970), p. 211 주 28.

다. 18:38b-40 예수냐 바라바냐

빌라도는 예수를 남겨두고 다시 밖에 있는 유대인들에게로 나간다. 여기서 빌라도는 처음으로 예수의 무죄를 분명하게 선언한다. 그러나 이 무죄 선언에도 불구하고 그는 예수를 죽이는 자들 편에 가담하게 된다. 앞 단락에서 빌라도는 진리에 대해 분명한 입장을 표명하라는 예수의 요구를 회피했었다. 여기서도 그는 예수의 무죄에 대한 자신의 인식에 근거해서 과감하게 결정하고 행동하기보다는 결정을 유대인들에게로 미룬다. 따라서 앞 단락에서 분명치 않았던 것이 여기서는 분명해진다. 즉 이 단락에서는 빌라도의 회피적인 응답이 어째서 중립적인 입장으로 남지 못하고, 진리를 거스르는 것으로 판명될 수밖에 없는지가 분명히 드러난다.

앞에서 저자는 독자들에게 총독의 마음을 분명하게 보여주지 않았지만, 이제 독자들은 빌라도가 깊은 인상을 받았거나 아니면 혼란스러워져서 "나는 그에게서 아무 죄도 찾지 못하였소"라고 말하게 되었다고 추측하게 된다. 이것은 예수의 무죄에 대한 그의 첫 번째 주장이다(18:38; 19:4, 6).[150] 소경치유 설화에서와 마찬가지로 본질적인 사실에 대해서는 일찍 정리된다. 재판은 이제 피고의 무죄를 충분히 알고 있는 재판관에 의해 진행될 것이다. 이제 중요한 문제는 빌라도가 "자신이 알고 있는 사실에 근거해서 어떻게 행동하는가"이다.[151]

답은 곧 분명해진다. 그는 자신의 신념에 따라 행동하지 않고 바깥 세상에 자신의 결정권을 내준다. 그는 "유대인들"에게 그들을 위해 한 명의 죄수를 풀어줄 것이라고 하고는 "유대인의 왕"을 풀어주기를 원하는지 묻는

---

150 바레트에 의하면 거듭되는 빌라도의 무죄선언은 그리스도교의 정치적 무죄선언을 뜻한다. C.K. 바레트(1978b), p. 427. 물론 여기서도 로마를 변호함으로써 그리스도교를 변호하려는 호교론적인 의도가 있을 가능성을 배제할 수는 없지만 그것이 이 설화 전체의 신학적인 주제만큼 중요하지는 않다.

151 R.E. Brown(1970), p. 869.

다. 이 말은 예수의 무죄를 인정하면서도 예수를 정당하게 다루지 못하는 그의 모순성을 드러낸다. 동시에 이 말은 유대인들로 하여금 예수에 대한 올바른 호칭을 듣게 함으로써 그에 대한 올바른 선택을 할 기회를 제공한다. 그러나 그들은 머뭇거리지 않고 다른 선택을 한다. 다른 사람을 내어주겠다는 제안이 없었음에도 불구하고(마 27:17) 그들은 재빨리 외친다. "그 사람이 아니오. 바라바를 놓아주시오." 이로써 예수의 촉구에 대한 빌라도의 회피시도가 결코 예수에 대한 중립적인 입장에 머무를 수 없고, 결국은 예수, 즉 진리 자체를 거스르는 결과를 가져온다는 사실이 드러난다. 그리고 여기서 "바라바는 강도였다"(18:40b)라는 저자의 말은 아이러니를 일으킨다.

강도(ληστής)라는 말은 선한 목자와 반대되는 말로 이미 복음서 앞부분에서 사용되었다(10:1, 8). 믹스는 이 점을 잘 지적했다. "유대인들은 그들의 왕을 거부한 대신 강도를 선택했다. 선한 목자의 음성을 듣지 못하고 그들은 그보다 앞에 온 강도를 따라갔다."[152] 유대인들은 예수를 빌라도 앞에 끌고 오면서 "유대인의 왕"은 정치적인 위협이라고 주장했었다. 그러나 선택하도록 제안받았을 때 그들이 사면하도록 요청한 것은 아이러니하게도 로마에 정치적인 위협이 되었던 자, 즉 정치범이었다. 바라바는 마가복음 15:7; 누가복음 23:19에 의하면 정치적 범죄자였다. ληστής가 열심당원, 게릴라를 가리키는 용어였다는 몇몇 증거들이 있다.[153] 바라바가 정치범 중한 사람이었다는 것을 증명하기는 어렵지만, 평범한 강도는 아니었다고 볼 수 있다. 아마도 그는 로마에 대항하여 해방투쟁을 벌이던 게릴라전에 적극 가담하여 메시아 운동을 하던 반란자였을 것이다. 브라운에 의하면 여기서는 또 다른 의미에서 아이러니가 발생한다. 빌라도는 "진리와 세상 사

152 W.A. Meeks(1967), *The Prophet-King: Moses Tradition and the Johannine Christology* (Leiden: E.J. Brill), p. 68.

153 *ThWB IV*, 263. 20 이하 참조.

이에서 그가 내려야 할 결단을 회피하고 예수를 공정하게 대하지도 않고 그의 무죄를 선언한 후 그를 풀어주지도 않았기 때문에 아이러니하게도 실제로 죄가 있는 자, 즉 로마에 대한 반역자를 풀어줄 수밖에 없게 되었다는 것이다."[154]

라. 19:1–3 가시관을 쓰는 예수

재판의 중심장면인 여기서 예수는 "유대인의 왕"으로서 채찍질당하고 조롱당한다. 마태(27:26)와 마가(15:15)에 의하면 채찍질은 선고가 있은 다음, 십자가처형 직전에 이루어졌다. 사실 이 일이 정상적으로 진행되었다면, 그들의 보도가 맞을 것이다.[155] 요한복음서 저자는 빌라도가 예수를 돕는 기이한 방식의 하나로 채찍질을 한 것으로 제시하기 위해 그 시점을 옮겨 놓는다.

빌라도는 이 앞에서도, 또 뒤에서도 예수는 무죄라고 선언한다. 여기서는 유대인들에게 무력하고 비참한 예수의 모습을 보여줌으로써 그에 대한 동정을 얻고 그를 풀어주고자 하는 것 같다.[156] 그러나 빌라도의 정의감은 확실히 흔들렸고, 재판의 진행과정에서 그는 자신이 옹호하고자 했던 사람을 죽이는 데 실제로 가담했다. 따라서 자신의 의도와는 상관없이 유대인들과 한 편이 되는 빌라도의 역할은 전형적인 아이러니의 희생자에 해

154 R.E. Brown(1970), p. 872.

155 채찍질은 보통 십자가형에 앞서 행해졌다. Josephus, *Bel.* V. 449; Livy xxxiii. 36. 채찍질이 판결을 내리기 전에 행해졌다면 물론 변칙적인 것이다. C.K. 바레트(1978b), p. 429; R.E. Brown(1970), pp. 886-888. 누가복음 23:16, 22 참조.

156 "그(빌라도)는 세상의 요망에 한 발걸음을 양보하면서, 그것으로 세상이 만족할 것을 희망한다.……그의 의도는 분명히 예수의 모습을 우스꽝스럽고 처참하게 보임으로써 그들의 고발을 취하하게 하려는 데 있다." R. 불트만(1968), pp. 728-729. 그러나 불트만은 이러한 의도는 유대인들의 동정심을 얻는 것과는 성격이 다르다고 본다. R. 불트만(1968), p. 729 주 58 참조.

당한다.

이 장면의 아이러니는 충격적이다. 다른 복음서들에서[157]와는 달리 요한복음서에서는 예수에 대한 병사들의 행동을 직접 "희롱"(ἐμπαίζω)이라는 말로 표현하지 않았다. 하지만 요한은 독자들로 하여금 시청각적으로 그것을 보고 듣고 생각하게 한다. 병사들은 그에게 가시왕관을 씌우고 왕이 입는 자색 옷을 입힌 다음 유대인의 왕이라고 만세를 불렀다. 그들은 자신들이 알고 있는 것보다 훨씬 더 잘 말했고, 이방인들이 예수를 왕이라고 부를 날을 미리 예시하고 있는 것이다. 아이러니하게도 병사들 역시 자신들의 의도와는 상관없이 부지중에 진리를 드러내는 역할을 하고 있다.[158] 그들은 예수가 참된 왕이라는 인식을 전혀 하지 못한 채 예수를 모욕하기 위해 그런 행동을 했지만, 실제로 이것은 예수가 왕으로 등극하는 장면을 연출하고 있다. 예수를 참된 이스라엘의 왕으로 인정하는 독자들이라면 이 장면에서 단순히 예수가 희롱당하는 것이 아니라 진정한 왕으로 등극하고 있다는 아이러니한 상황을 인식할 것이다. 이와 관련하여 블랑크의 가설은 상당히 설득력이 있다. 그는 요한이 "왕의 등극"을 "아이러니하고도 기괴하게 왜곡시킨" 형태로 재판장면을 서술했다는 견해를 피력했다. 왕이 그의 백성에게 나타날 때에는 먼저 빌라도가 한 것과 같은 왕권에 대한 선언(18:39; 19:14)이 있어야 한다. 다음에는 대관식과 서임식이 이어져야 하는데 그에 따르면 이것은 여기서 병사들이 거친 형태로 하고 있다. 이밖에 두 가지 다른 요소들, 즉 자신의 백성 앞으로의 왕의 장엄한 등장(19:5, 14)과 그의 왕권에 대한 백성들의 일치된 환호(19:6, 15)는 이어지는 단락들에서 기괴한 형태로 나타난다.[159]

다른 한편으로 이 사건의 극적인 위치 역시 매우 중요하다. 마태와 마가

---

157 마태복음 27:29; 마가복음 15:20에서는 ἐνέπαιξαν(ἐμπαίζω)이라는 단어를 썼다.

158 R.E. Brown(1970), p. 889.

159 J. Blank(1959), p. 62.

는 이것을 마지막에 배치한 반면 요한은 이것을 재판장면의 중심에 놓았다. 공관복음서에서와는 달리 자색 옷을 벗겼다는 암시도 없다(마 27:31; 막 15:20 참조). 예수는 병사들이 입힌 자색 옷을 입은 채 왕의 위엄을 가지고 십자가로 걸어나갈 것이다. 믹스가 말했듯이 "요한복음서에서 이 장면은 예수를 판결하고 난 다음에 대한 풍자적인 묘사가 아니라 역설적인 올리움의 서곡이다."[160] 십자가형의 판결을 받게 되는 재판장면의 중심에 왕으로의 등극장면을 놓음으로써 십자가로의 길은 자기비하, 하강의 길이 아니라, 영광으로의 올리움의 길이라는 진리가 아이러니하게 표현된 것이다. 물론 이 장면을 그렇게 이해하기 위해서는 저자가 제시해놓은 수많은 아이러니의 실마리들을 풀어야 하지만, 이미 예수를 진리로, 자신의 왕으로 받아들인 사람들에게는 숨겨진 의미의 차원이 움직일 수 없이 분명하게 보인다.

마. 19:4-7 "보시오, 이 사람이오."

이 장면은 공관복음서에는 나오지 않는다. 이것은 앞에서 예수가 가시관을 쓰는 장면과 긴밀하게 연결된다. 빌라도는 세 번째 밖으로 나가서 다시 예수의 무죄를 선언한다. 이 장면에서는 세밀하게 예수의 주도성을 강조하고 있다. 이 점은 예수가 수동적으로 가시관과 자색옷을 쓰고 입히운 것이 아니라[161] 직접 쓰고 입으신 채로,[162] 그리고 데려와진 것이 아니라 스스로 "나오셨다"(ἐξῆλθεν)고 서술한 데서 알 수 있다.[163] 그는 자신의 대관식을 스

160 W.A. Meeks(1967), p. 69.

161 여기서는 φορῶν이라는 φορέω의 현재 능동 분사형이 사용되었다.

162 공관복음서는 병사들이 예수에게서 자색옷을 벗기고 그의 옷을 다시 입혔다고 분명히 말하고 있지만(마 27:31; 막 15:20) 요한복음에서는 예수가 그때까지도 그 옷을 입고 있었다고 강조하고 있다.

163 F.J. Molony(1978), *The Johannine Son of Man*, Biblioteca di Scienze Religiose 14 (Rome: Libreria Ateneo Salesiano), p. 205; F.J. Molony and A.J. Kelly(2003), *Experiencing God in the Gospel of John* (New York: Paulist Press) 참조.

스로 주재하고 있는 것이다.

"보시오,[164] 이 사람이오"라는 빌라도의 말은 대단히 풍부한 아이러니를 지닌다.[165] 아마도 빌라도는 동정을 유발하거나 조롱을 불러일으키고자 했을 것이다. 그러나 독자는 이 말을 통해 요한이 메시아, 하나님의 아들로서의 예수의 위엄을 지시하고 있다는 사실을 안다. 블랑크에 의하면 재판장면 전체는 왕의 즉위식을 아이러니하게 재서술한 것이다.[166] 이러한 구조 속에서 "보시오, 이 사람이오"라는 선언의 "이 사람"은 "'유대인들의 왕'에게 주어진 칭호, 왕의 명칭이 된다."[167] 여기서는 "사람"이라는 말 자체가 메시아적인 칭호로 기능한다고 볼 수 있다. 그러나 이 말은 인자 칭호와도 관련이 된다. 니고데모 단화와 소경치유 설화에서처럼 요한복음서에서 인자는 예수의 수난과 관련되는 대단히 중요한 그리스도론적 칭호로 사용되었다. 그는 앞으로 올 인물이 아니라, 이미 심판과 함께 세상 안에 들어왔다. 빌라도가 "보시오, — 그가 여기에 있소 — 이 사람이오"라고 말했을 때, 겉으로 보면 그는 방금 전에 채찍질을 당한 인간이며, 죽을 수밖에 없는 인간 존재이고, 조롱당하고 정죄당했다. 그러나 아이러니를 읽는 독자는 바로 그 정죄를 통해서 인자가 심판을 하며, "올리운 자"로 영광을 받게 되리라는 것을 안다.

---

164 "Ἰδου는 요한복음에서 자주 사용되는 극적인 단어이며, 진지하게 강조하는 의미로 쓰이기도 하지만 적어도 다섯 번은 아이러니와 관련하여 사용되었다(7:52; 12:19; 16:29; 19:5, 14). 이 말은 수난에 가까워질수록 아이러니한 의미가 증대되어 사용된다."(16:29; 19:5, 14) P. Duke(1985), p. 86.

165 G.W. MacRae(1973), "Theology and Irony in the Fourth Gospel", *The Word and the World: Essays in Honor of Frederick L. Moriarty*, ed. by R.J. Clifford and G.W. MacRae (Cambridge, Mass.: Weston College Press), p. 92에서는 19:5의 이 선언이 "빌라도 재판설화에서 가장 아이러니하고 신학적으로 심오한 단언"이라고 말한다.

166 J. Blank(1959), pp. 60-81; M. de Jonge(1977), p.75; W.A. Meeks(1967), pp. 70-71에서도 블랑크의 이 견해를 받아들이고 있다. 앞 장면에 대한 주석 참조.

167 W.A. Meeks(1967), p. 70. 믹스는 스가랴 6:12의 "이 사람을 보아라. 그의 이름은 새싹이다"라는 말이 아마도 그 배경일 것이라고 본다.

분명히 이것은 많은 것을 떠올리는 말이다. 한 차원에서는 육이 된 말씀의 참혹한 인간성이 매우 강력하게 표현되었다.[168] 빌라도가 동정을 얻으려 했건, 아니면 조롱을 불러일으키려 했건 예수를 "사람"이라는 핵심적인 말로 지칭한 것은 그 자신이 생각한 것보다 훨씬 정확한 말이다. 예수는 사람 이상임이, 사람들의 세상을 넘어 올리워진다는 사실이 바로 그 "사람"이라는 말을 통해 암시된다. 이방인인 빌라도가 인자라고 말하는 것은 어색하지만, 문맥상 자연스럽게, 그리고 풍자적인 의도를 가지고 "보시오, 이 사람이오"라고 말할 수는 있다. 이것은 주의깊은 독자들에게는 "하늘이 열리고 하나님의 천사들이 인자 위에 오르락내리락"(1:51)하는 환상을 떠올릴 것이다. 따라서 요한은 이 모호한 말을 통해 결코 직선적인 말이 표현하지 못했을 아이러니한 진리의 깊이를 드러냈다. 그는 정말로 완전히 사람이면서 무한히 사람 이상이다.

그러나 대제사장들과 경비병들은 "십자가에 못박으시오! 십자가에 못박으시오!"라고 외칠 뿐이다. 빌라도는 화가 나서 "분노에 찬 아이러니"로 그들에게 말한다.[169] "나는 이 사람에게서 아무 죄도 찾지 못하였으니"(그는 세 번째로, 그리고 마지막으로 이 말을 하고 있다) 당신들이 직접 데려다가 십자가에 못박으라는 것이다. 빌라도는 그들이 십자가처형을 할 수 없다는 사실을 알고 있으며, 그들의 무능을 조롱하고 있다. 그러나 기이하게도 그는 예수를 정죄하기를 계속 거부하면서도 그를 놓아주지 않는다. 그래서 결과적으로 그는 정죄하는 편에 가담하게 된다.

유대인들은 또 한 번 자기 자신을 고발하는 말을 한다. "우리에게는 율법이 있는데 그 율법을 따르면 그는 마땅히 죽어야 합니다. 그가 자기를 가리

---

168 R. 불트만(1968), pp. 729-730; R. Schnackenburg(1957), *Jesus und der Menschensohn*, pp. 371-386 참조.

169 R. 불트만(1968), p. 730. "빌라도는 분노에 찬 풍자(아이러니)로 유대인들의 요구를 거절한다."

켜서 하나님의 아들이라고 하였기 때문입니다."(19:7) "유대인들"은 늘 요한 복음서에서 알라존의 역할을 한다. 그들은 거듭해서 예수는 죄인이라고 외치며(9:24) 실질적으로는 자신들이 이미 거부한 율법과(19:7) 그들이 배반한 영적인 유산에(8:39) 호소하고, 나중에는 예수를 죽이기 위해 하나님보다 황제를 높인다(19:15). 그럼에도 불구하고 그들은 끊임없이 부지중에 예수의 존엄성을 증거하며, 그를 고양시키고 결과적으로 많은 사람들을 믿게 하는 도구로 사용된다. 따라서 여기서도 그들은 자신들이 알고 있는 것보다 정확하다. 그들의 율법은 사실 하나님의 아들이 죽어야 할 필연성에 대해서 증거하고 있기 때문이다. 이것은 예수의 죽음의 필연성에 대한 신약성서의 주제와도 관련될 수 있다. 예수의 죽음을 통해 구약성서의 말씀이 성취되었다는 사실은 19:24, 28, 36, 37에서도 강조되었다.[170]

이제 마지막으로 그들은 예수에 대해 — 물론 공격적인 의도로 — "하나님의 아들"이라는 칭호를 쓴다. 브라운은 이 부정적인 언급이 1장 마지막에서 예수에게 붙여졌던 호칭들을 반전시켜서 예수에 대한 조롱을 완성한다고 말한다.[171] 1장에서는 "믿음의 점차적인 상승과정"에서 예수는 하나님의 아들(1:49), 이스라엘의 왕(1:49), 인자(1:51)라고 불렸었다. 그런데 여기서 예수는 조롱당하면서, 또는 믿기지 않으면서 유대인들의 왕(19:3), 사람(19:5), 그리고 하나님의 아들(19:7)이라고 불린다는 것이다. 이 마지막 말은 빌라도를 동요시킨다. "내가 그이다"라고 말한 예수 앞에서 두려워했던 시저의 병사들과 마찬가지로(18:6) 시저의 총독 역시 예수가 하나님의 아들이라고 주장했다는 말을 듣고는 두려워한다. 그리고 걱정스럽게 그에게로 다시 들어간다.

170 S. Pancaro(1975), pp. 319-323.

171 R.E. Brown(1970), p. 891.

바. 19:8–11 빌라도와 예수

빌라도는 "더욱 두려워서" 절망적으로 예수에게 "당신은 어디서 왔소?" 라고 묻는다. 로마의 대리인이자 재판관인 빌라도가 피고인 예수 앞에서 두려워했다는 것은 11:47–48에서 산헤드린이 그랬던 것처럼 아이러니한 상황이라고 할 수 있다.[172] 요한에 의하면 세속적이건, 종교적이건 어떠한 권력자나 지도자도 예수의 능력에 맞서지 못한다. 한편으로 어디서 왔느냐는 빌라도의 질문은 "당신은 무슨 일을 하였소?"(18:35)라는 이전의 질문보다 요한복음서의 근저에 있는 예수의 기원에 관한 주제와 훨씬 잘 어울린다(7:27; 9:29; 19:9). 그리고 앞서 니고데모 단화(3:1–21)와 소경치유 설화(9:1–41)에서도 그랬듯이 일반적으로 요한복음서에서는 예수의 기원에 관한 주제가 아이러니의 기법상 알라존의 등장과 동시에 이루어진다. 듀크에 의하면 요한복음서에서 아이러니의 형식과 그리스도론적인 주제 사이에는 일정한 상관관계가 존재한다. 그에 따르면 여기서처럼(19:10) 알라존의 잘못된 안다는 주장이나 자랑에 근거해서 아이러니가 발생할 때 주제는 대체로 예수의 기원 문제이다.[173]

3장과 9장에서 니고데모와 바리새인들이 각기 알라존의 역할을 한다면, 재판설화에서는 빌라도와 유대인들이 그 역할을 하고 있다. 알라존은 아이러니의 지속적인 희생자이다. 이들은 실제 그들이 가진 것보다 더 많은 지식이나 힘, 특권을 가지고 있는 척 한다. 여기서 빌라도는 자신이 예수를 풀

172 R.E. Brown(1970), p. 891.

173 가령 니고데모 단화에서 니고데모가 "예수가 하나님께로부터 오신 분임을 안다"고 주장할 때(3:2) 실제로 말해지고 있는 것은 예수가 "위에"(ἄνωθεν) 속하며 따라서 믿는 자들도 위로부터 거듭나야 한다는 것을 그가 모르고 있다는 점이다. 소경치유 설화에서도 바리새인들은 자신들은 예수가 죄인이라는 것을 알고(9:24), 하나님이 모세에게 말씀하셨다는 것은 알지만 이 사람이 어디서(πόθεν) 왔는지는 알지 못한다(9:29)고 말한다. 듀크에 의하면 요한복음서에서 주제들과 아이러니의 형식적인 범주들 사이의 상관성은 놀라울 정도로 일관되게 나타난다. P. Duke(1985), p. 92 참조.

어줄 권한이 있다고 잘못 주장한다는 점에서 알라존이다(19:10). 빌라도는 "안다"고 주장하는 대신 알라존의 전형적인 행태인 "자랑"을 한다. 아이러니하게도 그는 자신에게 그럴 권한이 없다는 것이 분명해진 상황에서 석방권을 자랑하고 있다. 브라운에 의하면 "그는 지금 자신의 이해능력 밖에 있는 종교적인 사안을 다루고 있다. 아이러니하게도 두려움으로 인해 그는 자신의 권한에 대해 허세를 부린다. 빌라도는 예수를 풀어주고자 하는데도 예수가 자신의 의도에 전혀 아랑곳하지 않고 비협조적이자 참을성을 잃는다."[174] 그는 곧 분명하게 예수를 놓아주자고 하고 불행하게도 그것은 좌절되고 말 것이다(12절).

예수는 애처롭기까지 한 빌라도의 위협을 물리친다. 빌라도가 어떤 권한을 가졌건 그것은 보다 높은 권위에 의한 것일 뿐이다. 여기서 예수는 빌라도보다 위에 있는 시저가 아니라 시저나 빌라도 둘보다 더 위에 계시는 하나님에 대해 말하고 있다. 구체적으로 적용된 이중의미의 내용은 다르지만, 니고데모 단화(3:3, 7)에서와 마찬가지로 여기서도 "위로부터"(ἄνωθεν) 라는 말은 이중의미로 사용되었다. 빌라도도 이 말의 이중의미를 이해 못하지 않았을 것이다. 예수는 "하나님의 아들"이므로 그의 기원(πόθεν)은 위에(ἄνωθεν) 있고, 그 위로부터 빌라도는 단지 작은 권력을 허락받았을 뿐이다. 여기서도 역시 실제로는 피고인 예수가 재판관이라는 사실이 분명해진다. 외견상으로는 빌라도가 재판관으로서 피고인 예수에 대한 자신의 권한을 자랑하고 있지만, 실제로는 예수가 빌라도에 대해 권위를 지니고 있다. 이에 대해 컬페퍼는 "자신보다 능력이 없는 사람들에게 체포당한 예수는 자신보다 권위가 없는 사람들에게 재판을 받는다"고 말했다.[175] 따라서 참된 의미에서 재판관과 피고가 뒤바뀌었다는 점에서도 아이러니가 발생한다.

174 R.E. Brown(1970), p. 892.

175 R.A. Culpepper(1983), p. 174.

"그러므로 나를 당신에게 넘겨준 사람의 죄는 더 크다"(19:11b)는 이어지는 예수의 말도 빌라도의 무력함을 더욱 분명하게 한다. 한편으로 이 말이 빌라도의 죄를 가볍게 함으로써 그에게 약간이나마 호의를 베푸는 것이라면, 다른 한편으로는 그의 무능을 나타내는 말이기도 하다. 빌라도가 자신의 석방권에 대해 뭐라고 말하건 간에 그는 이제 예수를 죽이는 데 가담하게 되어 있다. 그리고 이 일에 있어서 그가 아무리 자신의 권한을 자랑한다 할지라도 이 보잘것없는 총독은 그렇게 큰 죄를 지은 것으로 간주되지도 않을 것이다. 그의 "석방권"이란 것은 이제 존재하지 않는다. "십자가형에 처할 수 있는" 그의 권한은 사소한 공범이라는 애매한 역할로 줄어든다.

재판이야기에서 요한은 분노에 찬 언어로 빌라도를 공격하지 않고 끊임없이 아이러니를 발생시키는 우유부단한 허풍쟁이로 빌라도를 그림으로써 그리스도인들로 하여금 그를 증오하게 하기보다는 연민하게 만들었다. 그럼에도 불구하고 재판설화에서 그가 점점 더 불신앙과 죄의 편에 빠져든다는 점은 분명하다. 이 점은 11b절에서 "나를 당신에게 넘겨준 사람에게 죄가 있다"고 하지 않고, "나를 당신에게 넘겨준 사람의 죄가 더 크다"라고 비교급, μείζονα ἁμαρτίαν을 쓴 데서도 드러난다. 빌라도의 죄가 더 작을 뿐 그에게도 역시 죄는 있다는 것이다.

사. 19:12-16 "보시오, 여러분의 왕이오."

이제 빌라도는 그 나름대로 예수의 말을 알아듣는다.[176] 12a절의 ἐκ

176 듀크는 여기서 빌라도가 예수를 풀어주려고 드러내놓고 노력한다는 데 근거해서 이제서야 그가 예수가 누구인지 제대로 깨닫기 시작했다고 본다. 늦게나마 그는 제대로 알았다는 것이다. P. Duke(1985), pp. 134-135. 그러나 이것은 이 이야기 전체에서의 그의 행동과 일치하지 않는다. 여기서 빌라도는 늦게 깨달았기 때문에 예수의 적대자들과 한편에 속하게 된 것이 아니라, 처음부터 끝까지 예수를 제대로 이해하지 못했다. 이 점에서는 불트만의 견해가 옳다. 그는 빌라도가 예수를 신적 인간으로, 기적적인 능력을 행사할 수 있는 사람으로 생각하고 그를 두려워하기 시작했다고 본다. 빌라도의 이해력은 이 정

τούτου는 "이때부터"가 아니라 "그러한 이유로"를 뜻한다.[177] 이것은 8절의 ἐκ τούτου와 병행을 이룬다. 8절에서처럼 11절의 "위"와 "죄"에 대한 예수의 말을 들은 빌라도는 더욱 두려워한다. 불트만에 의하면 여기서는 빌라도 안에서 세상(유대인들)에 대한 불안과 무서운 것에 대한 불안이 서로 갈등을 일으킨다. "무서운 분위기로 싸여 있는, 신비로운 예수의 모습 앞에서 그의 불안은 커지고 있다."[178] 이제 정말로 놀라서 그는 예수를 놓아주려고 하며, 드디어 드러내놓고 애를 쓴다.

그러나 때는 너무 늦었다. 유대인들은 그와의 게임을 어떻게 할지 잘 알고 있었고, 이제 비장의 무기를 내놓는다. "이 사람을 놓아주면, 총독님은 황제 폐하의 충신이 아닙니다. 자기를 가리켜서 왕이라고 하는 사람은, 누구나 황제 폐하를 반역하는 자입니다."(19:12) 앞서 예수가 자신을 하나님의 아들이라 칭했다는 그들의 고발(19:7)은 빌라도의 두려움을 불러일으켰고, 그것은 그들에게 불리하게 작용했었다. 그래서 이제 그들은 다시 예수의 정치적인 왕권에 대해 거짓말을 한다. 이와 함께 아이러니하게도 그들은 어느 면에서는 예수가 근본적으로 황제와 반대된다는 사실을 부지중에 말했다.[179] 동시에 이 외침에 의해 "역할이 바뀌었다. 앞에서는 로마총독이 유대인들에게 '예수와 바라바, 누구를 원하느냐?'고 선택하도록 했다면, 이제는 유대백성이 총독에게 그리스도와 황제 중에서 선택하게 하고 있다."[180] 앞에서는 예수로부터(18:34, 37), 지금은 유대인들로부터 빌라도는 선택하라는 촉구를 받고 있다.

이제까지 빌라도는 안에서 예수로부터 협조를 구하고 바깥세상과는 타

도박에 안 되었다. R. 불트만(1968), pp. 731, 734.

177 R. 불트만(1968), p. 734 주 86 참조.

178 R. 불트만(1968), p. 734.

179 L. Morris(1971), p.798.

180 C.F. Evans(1977), "The Passion of John", *Exploration in Theology*, 2, p. 61.

협을 하고자 했다. 그러나 이 두 시도가 모두 실패하고 나자 이제 그가 할 수 있는 일이라고는 그들을 둘 다 얕잡아보는 것뿐이었다. 그는 두 번째로 예수를 불러내온다. 그리고 다음에 그가 한 행동에 대해서는 학자들도 논란을 벌이고 있다. 그가 재판석에 앉았거나, 아니면 예수를 그 위에 앉혔을 것이다. 문법적으로는 둘 다 가능하다. 여기서 사용된 동사 ἐκάθισεν은 자동사로 쓰일 수도 있고 타동사로 쓰일 수도 있다. 일반적으로 이 동사 καθίζειν은 자동사로 사용되기 때문에(12:14 참조) 대부분의 주석가들은 여기서 빌라도가 앉았다고 본다.[181]

그러나 데 라 포테리에에 의하면 신학적으로나 문체상으로 요한은 예수가 재판석(βήμα) 위에 앉아 있는 것으로 그렸다. 이 구절에서 빌라도의 움직임을 묘사하는 동사로는 ἤγαγεν과 ἐκάθισεν 둘이 있다. 여기서 ἐκάθισεν은 εἰς τόπον λεγόμενον Λιθόστρωτον과 연결되는 동사로 사용되었다. 이 동사를 자동사로 볼 경우 빌라도는 예수를 밖으로 데리고 나간 후 리토스트론이라는 자리를 "향하여" 앉은 것이 된다. 이 경우 ἐκάθισεν과 εἰς라는 전치사의 연결은 대단히 어색하다. 왜냐하면 εἰς는 움직임이나 이동을 나타낼 때 쓰이는 전치사로서 "앉다"라는 자동사와는 잘 어울리지 않기 때문이다. 그러나 그 동사를 빌라도의 두 가지 움직임의 하나로, 즉 빌라도가 밖에 리토스트론이라 불리는 자리를 향하여(εἰς) 예수를 나가게 한(ἤγαγεν) 다음 재판석에 앉게 한(타동사) 것으로 생각한다면 자연스럽

181 예수가 재판석에 앉았다고 주장하는 학자들로는 I. de la Potterie(1961), "Jesus King and Judge According to John 19, 13", *Scripture*, 13, pp. 97-111; W.A. Meeks(1967), pp. 73- 76; E. Haenchen(1970), p. 216. 이 주장에 반대해서 빌라도가 앉았다고 보는 학자들로는 R.E. Brown(1970), p. 881; R. 불트만(1968), p. 735 주 91; B. Lindars(1972), p. 570; R. Schnackenburg(1982[4]), *Das Johannesevangelium. III. Teil* Ergänzende Auslegungen und Exkurse (Freiburg: Herder), p. 305; D.W. Wead(1970), p. 58. 아이러니의 빛에서 이 단화를 읽는 듀크도 여기서 ἐκάθισεν이 자동사로 사용되었다고 보고, 빌라도가 재판석에 앉았다고 해석한다. P. Duke(1985), p. 134.

다. 그럴 경우 빌라도라는 동일인이 타동사의 의미를 가진 두 동사의 주어라고 추정된다.[182] 만일 이렇게 본다면 빌라도가 일반적으로 재판관들이 앉는 재판석, 보통 총독의 판결문이 발표되는 자리인 재판석 위에 예수를 앉게 한 것이 된다. 예수는 재판관의 자격으로 앉아 있다는 것이다. 믹스와 헨첸도 이러한 데 라 포테리에의 견해를 따르며,[183] 그것은 이 장면의 아이러니와 잘 부합된다.

십자가에서 예수는 참으로 올리워지며, 십자가형이 결정되는 재판장면에서 실제로 심판받는 것은 예수가 아니라 빌라도, 유대인들이라는 요한의 아이러니한 주장이 여기서 예수가 재판석에 앉았다는 것으로 표현된 것이다. 그러나 다른 한편으로는 요한이 의도적으로 애매모호하게 기술해서 빌라도가 앉아 있다는 역사적인 가능성을 존중하면서 동시에 주의깊은 독자는 예수가 앉아 있을 가능성을 생각하도록 했을 수도 있다. 설령 여기서 자동사적인 의미만을 요한이 의도했다 하더라도 빌라도가 재판석(βήμα) 위에 앉아 있는 것 역시 아이러니함에 틀림없다. 누가 재판석에 앉아 있건 예수가 재판관이기 때문이다(5:27).

이 장면의 중요성은 요한이 여기서 멈춰서 지리적, 시간적 서술을 하고 있다는 데서도 알 수 있다. 요한은 의도적으로 예수의 판결 시간과 유월절 양의 도살 시간을 일치시켰다. "때는 여섯 시쯤이었습니다"(19:14a)라는 요한복음서의 서술은 공관복음서와 다르다. 마가복음 15:25에서는 "예수를 십자가에 못박을 때는 세 시였습니다"라고 서술하고 있다. 이러한 차이는 3을 나타내는 Γ와 6을 나타내는 Ε를 혼동하여 우연히 생겼거나 아니면 의도적일 것이다. 바레트에 의하면 여기서 요한이 때에 관한 서술을 집어넣은 실제적인 이유는 예수의 죽음을 유월절 양의 죽음으로 나타내기 위함이

182 I. de la Potterie(1961), pp. 97-111.

183 W.A. Meeks(1967), pp. 73-76; E. Haenchen(1970), p. 216.

었다. 희생제물은 오후에 도살되기 때문이다.[184] 불트만에 의하면 "신의 행위에 의한 이스라엘의 역사적 해방을 축하하는 축제가 시작될 때 신의 종말론적 세계-해방을 일으키는 자가 사형선고를 받는다."[185] "유대인들"은 이제 하나님과의 계약을 포기해야만 한다. "하나님의 신실하심을 축하하기 위해 준비해야 할 바로 그 순간에 대제사장이 이스라엘의 신앙을 포기하게 되는 것은 실로 끔찍한 아이러니이다."[186]

이제 빌라도는 또 다시 그들에게 빈정거린다. "보시오, 당신들의 왕이오" (19:14b). 이것은 19:5의 "보시오, 이 사람이오"라는 말과 병행을 이룬다. 예수를 살리는 분명한 결단을 내려야 할 순간에 빌라도는 또 다시 예수를 우스꽝스럽게 만들어 전시한다. "보라, 이 사람이 너희의 왕이다. 어찌 이 미치광이 꼴을 하고 있는 인물을 황제에게 반역하는 인물로 진지하게 처형할 수 있을 것인가?"[187] 그러나 여기서도 그는 자신도 모르는 사이에 통렬한 진리를 말하고 있다. 유대인들의 반응은 앞에서와 마찬가지로 "왕의 등극에 대한 백성들의 환호를 아이러니하고도 기괴하게 왜곡시킨 형태"이다.[188] "없애버리시오! 없애버리시오! 그를 십자가에 못박으시오!" 그들은 격렬하게 예수를 거부했다. 그러나 요한은 빌라도의 이어지는 말을 통해 유대인들의 선택이 의미하는 바를 보다 분명하게 한다. 빌라도는 그들을 마지막 올가미 속으로 유인한다. "당신들의 왕을 십자가에 못박으란 말이오?"

---

184 C.K. 바레트(1978b), pp. 439-440.

185 R. 불트만(1968), pp. 735-736.

186 R.E. Brown(1970), p. 895.

187 R. 불트만(1968), p. 736. 듀크는 여기서 빌라도가 진리를 꿰뚫어 보고 진정으로 예수가 왕이라고 말하고 있다고 본다. 그러나 이렇게 볼 경우 결국에는 예수를 유대인들에게 넘겨주고 마는(19:16) 빌라도의 행동과 부합되지 않는다. 설령 그가 마음속에 예수를 인정했다 하더라도 그러한 인정은 실제로 아무 기능도 하지 못한다. 여기서는 불트만의 견해가 옳은 것으로 보인다. P. Duke(1985), p. 135.

188 J. Blank(1959), p. 62.

(19:15b) 유대인들이 방금 빌라도로 하여금 그의 왕에게 충실할 것을 종용했다면(19:12), 이제 빌라도는 그들로 하여금 그들 자신의 왕에 대해 생각하게 한다. 그들은 자신들의 메시아를 잃을 것인가? 그래서 하나님의 백성이기를 포기할 것인가?

그들은 기꺼이 그렇게 할 것이다. "우리에게는 황제 폐하밖에는 왕이 없습니다."(19:15c) 이 말은 이스라엘의 대제사장으로서는 도저히 할 수 없는 말이다. 신앙을 포기하지 않고서는 어떠한 유대인도 이런 신성모독을 할 수 없다. 이스라엘은 오직 한 분 왕을 가지고 있을 뿐이다(삿 8:23; 삼상 8:7; 사 26:13). 따라서 이 말이 불러일으키는 아이러니는 대단히 강력하다. 대제사장이 그렇게도 두려워했던 민족의 멸망이(11:47-50) 아이러니하게도 이제 그들 자신의 손에 의해 닥쳐온 것이다. 예수를 거부하기 위해 그들은 하나님을 포기했다. 그래서 결국은 예수와 아버지가 하나라는 사실을 드러냈다. 이렇게 "요한은 대단히 아이러니하게 유대인들이 마지막으로 예수를 거부하는 바로 그 순간에 궁극적인 신성모독을 하는 것으로 서술했다."[189] 슐리어는 보다 광범위하게 아이러니의 희생자 집단을 상정한다. 그는 이렇게 말한다: "하나님의 아이러니는 얼마나 강력한가! 유대인들은 예수에 대해, 그리고 빌라도에 대해서도 세상적인 의미에서 승리했다. 그러나 그들은 동시에 그 승리를 통해 얻고자 했던 것, 즉 그들 자신의 메시아와 그들의 희망을 포기했다. 또한 빌라도 역시 가이사를 위해 맹세하는 유대인들에 대해, 그리고 예수에 대해서도 세상적인 의미에서 승리했다. 그러나 이로 인해 가이사가 그에게 부여했던 것, 즉 정치적, 법적 직권의 권위와 정의를 포기했다."[190]

16절은 재판장면을 마감하며, 빌라도와 유대인들을 둘 다 정죄한다. 이

---

189 B. Lindars(1972), p. 572.

190 H. Schlier(1958), "Jesus und Pilatus-Nach dem Johannesevangelium", *Die Zeit der Kirche: Exegetische Aufsätze und Vortrage* (Freiburg: Verlag Herder), p. 73.

재판에서 유죄판결을 받는 것은 예수가 아니라 빌라도와 유대인들이며, 사실 예수는 피고가 아니라 참된 의미의 재판관이자 왕이다. 예수는 침묵한 채 재판석에 앉아 있다. 그는 한마디도 하지 않지만 그 모양 자체가 말을 하고 있다. 이것은 요한의 아이러니의 가장 극적인 한 예라고 할 수 있다. 여기서 빌라도가 예수에게 유죄판결을 내리는 구절이 없다는 점도 주목할 만하다. 총독은 예수를 유대인들에게 넘겨줄 뿐이다. 즉 그를 십자가에 못박으라고 대제사장에게 넘겨준다. 실제로는 병사들이 예수를 십자가에 못박았지만(23절) 예수의 죽음에서 아이러니하게 유대인들이 심판받는다는 요한의 관점에는 변함이 없다.[191] 유대인들은 율법 때문에 죽일 수 없다고 했지만, 신앙과 함께 율법도 포기되었다. 율법에 대해 책임을 져야 할 이스라엘의 대제사장이 자신들의 왕을 나무에 매닮으로써 그들 자신을 더럽힌 것이다.

아. 19:19-22 에필로그

여기서도 재판설화에서 중요하게 부각되었던 예수의 왕권에 관한 주제가 이어진다. 단순히 이어지는 정도가 아니라 십자가 위에 붙여진 명패에 대한 이야기로 보다 명시적으로 서술되었다. 이 점에서 명패에 관한 이야기는 재판의 에필로그로서 예수를 “유대인의 왕”이라고 하는 재판의 중심

191 역사적으로 빌라도는 예수를 십자가에 못박도록 유대인들에게 넘겨줄 수 없었는데 십자가형은 로마의 형벌이었고 로마군대에 의해 집행된 것이었기 때문이다. 따라서 16a절의 “그들에게”(αὐτοῖς), 즉 유대인들에게 “넘겨주었다”(παρέδωκεν)라는 말을 설명해야 할 필요성이 생긴다. 불트만에 의하면 이것은 빌라도가 유대인들이 요구하는 판결을 내렸다는 것을 뜻한다. R. 불트만(1968), p. 737 주 95. 바레트는 요한이 자료에서 παρέδωκεν이라는 말을 빌려왔을 뿐이고(막 15:15a에 비추어볼 때 그렇다) αὐτοῖς를 첨가함으로써 생기는 문제점에 주목하지 못한 것이라고 설명한다. C.K. 바레트(1978b), p. 441. 그러나 이것을 요한의 실수로 보고 해명하기보다는 유대인들에 대한 요한의 견해를 서술한 것이라고 적극적으로 해석해야 할 것이다.

장면(19:1-3)과 잘 어울리는 쌍을 이룬다.

빌라도는 히브리어, 라틴어, 그리스어로 예수의 십자가 위에 "유대인들의 왕"이라는 명패를 쓰게 했다. 역사적인 차원에서 보면 빌라도의 행동은 예수를 풀어주고자 한 자신의 의도가 좌절된 데 대해 유대인들에게 하는 복수이자 동시에 예수에 대한 때늦은, 뒤틀린 존경심의 표현일 수 있다. 그러나 요한의 관점에서 보면 십자가는 예수가 궁극적으로 왕으로 등극하는 장소이다. 십자가는 예수가 올리우는 장소이기 때문이다. 따라서 이 올리움의 장소에서 예수가 왕이라는 재판설화의 주제가 다시 나타나고, 보다 명확한 언어로 서술된 것이다. "유대인들의 왕"이라는 명패는 여기서 십자가의 아이러니를 극명하게 드러내준다. 그리고 등장인물들은 전혀 모르는 채 요한과 주의깊은 독자들만이 이 서술 배후에서 올리움과 참된 의미에서 왕으로의 등극을 읽어낼 수 있다는 점에서도 명패에 대한 서술은 아이러니하다.

"유대인들의 왕"이라는 칭호는 모든 복음서들에 나오지만 요한복음서에서는 특별히 정교하게 서술되었다.[192] 그것은 예수와 이스라엘 사이의 관계의 아이러니를 드러낸다. 우선 예수가 유대인들의 왕이 아니면서 동시에 그들의 왕이기 때문에 아이러니하다. 살아 있는 동안 예수는 자신을 왕으로 만들려는 백성들의 요구를 피하고자 했다(6:15). 그러나 여전히 그는 참된 의미에서 유대인들의 왕이다. 또 한편으로는 그들이 비록 알지 못하더라도 예수는 "유대인들", 곧 세상을 다스리기 때문이다.[193] 빌라도는 이 칭호를 히브리어, 라틴어, 그리스어로 쓰게 했다. 따라서 그의 증거를 세계를 향한 선포로 만들고, 그리스도의 왕권을 유대인들을 훨씬 넘어서 확대시키고,

---

192 명패의 내용은 공관복음서에서는 조금씩 다르다. 모두 "유대인들의 왕"이라는 내용을 전하고 있지만 마태는 "예수"를 덧붙였고, "나사렛 사람"은 요한복음에만 나온다.

193 "유대인들"은 요한복음에서 예수를 미워하고 그의 죽음을 요구한 사람들에게 사용된 명칭이다. 이 점에서 "유대인들"은 세상을 대표한다. R. 불트만(1968), p. 737; C.H. Dodd (1953), pp. 371, 436.

올리울 때 모든 백성을 자신에게로 이끌 것이라는 예수의 예언(12:32)을 성취시킨다. 의미심장하게도 유대인들은 이 명패에 기분이 상한다.[194] 그러나 빌라도는 이 명칭을 예수 자신의 주장으로 한정시키기를 거부하며, 자신이 쓰게 한 그대로 놓아둔다. 총독이 부지중에 왕권을 인정하자(Οὐκοῦν βασιλεὺς εἶ σύ;) 예수가 "네가 그렇게 말한다……."(Σὺ λέγεις ὅτι βασιλεύς εἰμι.)라고 했듯이(18:37), 이제는 빌라도가 "내가 쓴 것을 나는 썼다"("Ο γέγραφα, γέγραφα)라고 말한다. 이 말은 예수의 명패가 증거하는 바를 확증하는 의미를 지닌다. 그리고 이것은 재판, 즉 예수의 왕으로의 즉위식의 드라마에서 대단히 의미심장한 결론을 이룬다.

3. 맺는 말

앞에서 살펴본 바에 의하면 재판설화에서는 지속적으로 강력하게 아이러니가 사용되었다. 구체적으로는 아이러니한 이미지나 상징, 질문, 부정적인 기대 등을 통해 아이러니가 발생하지만, 그러한 크고 작은 아이러니들의 근저에는 십자가가 곧 예수 그리스도의 올리움의 자리라는 요한의 근원적인 아이러니한 인식이 깔려 있다.

사실 요한복음서 안에서 그리스도론과 관련된 지배적인 아이러니는 그의 죽음이 실은 올리움이라는 것이다. 바울을 비롯해서 다른 초기 그리스도인들은 예수의 십자가 굴욕이 걸림돌임을 애써 강조했다(고전 1:23; 갈 5:11). 초기 그리스도인들에게 십자가는 분명 거리낌이었다. 그러나 요한이

---

194 부스는 이처럼 요한복음에 명패에 대한 유대인들의 부정적인 반응이 나오는 것을 마가복음에 이러한 서술이 나오지 않는 것과 비교했다. 그에 따르면 요한의 서술은 아이러니를 약화시킨다. 유대인들이 이 명패를 통해 자신들의 고발의 정당성이 입증되었다고 생각한 것으로 서술되었다면 보다 더 아이러니했으리라는 것이다. 즉 아이러니의 희생자인 이들이 끝까지 모른 채 웃고 있었다면 더욱 아이러니했으리라는 것이다. W. Booth(1974), p. 28 주 21.

이 거리낌을 극복하기 위해 신학적으로 택한 방식은 그러한 굴욕당함이 곧 영광받음이라고 재해석하는 것이었다.[195] 따라서 요한에 의하면 십자가는 그러한 굴욕당함의 절정이자 동시에 영광받음의 절정이기도 하다. 체포에서 재판, 십자가처형에 이르기까지 수난설화 전체를 통해 예수는 자신을 붙잡아서 심판하려는 사람들에게 왕적인 통제권을 가지며, 스스로 자발적으로 죽음을 맞이한다. 요한복음서의 예수는 자신을 버린 하나님께 "어찌하여 나를 버리셨나이까?"(막 15:34)라고 외치기보다는 십자가 위에서 이미 아버지에게로 가는 길에 있다. 따라서 맥래가 요한복음서 저자에 대해 "예수의 죽음을 고양과 아버지에게로 감, 아들의 올리움으로 해석한 것이 가장 특이하고 중요한 아이러니"[196]라고 말한 것은 옳다. 이러한 십자가와 올리움의 아이러니가 빌라도 재판설화에서는 크고 작은 아이러니한 기제들을 통해 대단히 극적으로 표현되었다.

요한은 이 설화에서 빌라도와 유대인들의 불신앙의 하강 움직임과 예수의 고양 움직임을 그림으로써 십자가의 아이러니를 극적으로 표현했다. 왕으로서의 예수라는 주제를 중심으로 재판과정에서 예수가 왕으로 등극하는 것을 요한과 주의깊은 독자들은 점점 더 분명히 깨닫게 되는 반면, 아이러니의 희생자들인 빌라도와 "유대인들"은 그 사실에 대해 눈이 감겨 있다. 공관 안에서 점점 더 예수에게 감명을 받은 빌라도는 기이하게도 점점 더 그에 대해 모욕적이 되며, 믿지 않는 세상의 노예가 된다. 유대인들은 예수를 죽이려는 의도에 따라 움직이며, 하나님을 거부하고 그들의 왕을 죽인

---

195 앞서 3장 주석에서 지적했듯이 요한은 독창적으로 ὑψοῦ라는 말을 사용했다. 이 말은 그리스도교 어법에서 하나님이 예수를 고양시키는 것을 표현하기 위해 일반적으로 사용되었는데(행 2:33; 5:31; 빌 2:9), 그는 십자가에 달린 자를 언급하는 데 세 번 이 말을 사용했다(3:14; 8:28; 12:32). 이와 관련해서 보면 요한의 수난설화는 장엄하게 극화된 대관식이라고 할 수 있다. J. Blank(1959) 참조.

196 G.W. MacRae(1973), p. 94.

다. 그러나 고발당하고 위협받고 조롱당하는 예수는 재판을 통해 오히려 자신의 재판관을 심문하고, 왕의 옷과 관을 쓰게 되며, 그의 백성들이 배반하고 깨뜨린 계약의 파편들을 넘어서서 왕좌에 오른다. 십자가에서 그가 올리워지고, 왕으로 확정되며, 세상을 지배한다는 사실이 재판이야기에서 아이러니를 통해 극적으로 표현된 것이다.

IV. 아이러니와 요한공동체

요한복음서의 문학적, 신학적 아이러니가 전제하는 이원성을 요한공동체의 상황과 관련해서 사회학적으로 해석해본다면, 요한복음서의 아이러니에 대한 보다 입체적인 견해에 도달할 수 있을 것이다. 요한공동체의 사회적 성격은 일차적으로는 유대교와의 대결상황에 의해, 다음에는 요한공동체 자체 내의 갈등[197]과 또 요한공동체 외의 다른 그리스도교 공동체와의 갈등[198]에 의해 특징지어졌다. 말하자면 요한공동체의 사회적 성격은 유대

197 요한복음서 안에 나타나는 반영지주의적인 언급들(1:14; 6:51-53; 19:17, 34; 20:20 등)과 요한서신들에 나타나는 공동체 내의 영지주의자들에 대한 반박(요일 1:1-4; 2:18 이하; 요삼 1:9-10)으로 미루어 보건대 요한공동체 역사의 특정 단계에서는 요한공동체 스스로 확고하게 고수했던 위로부터의 그리스도론을 영지주의적으로 극단화하는 집단이 나타났던 것으로 보인다. 요한공동체 안에는 이로 인한 갈등이 존재했던 것으로 보인다. 복음서 본문과 공동체의 형태와의 상호성에 대해서는 서중석(2007), 『복음서의 예수와 공동체의 형태』(서울: 이레서원) 참조.

198 요한복음서에 나타나는 몇 가지 현상들에 근거해서 요한공동체가 반사도적인 공동체였다는 결론을 내리는 학자들이 있다. 우선 다른 복음서들에서와는 달리 요한복음서에서는 열두 제자들의 명단이 나오지 않으며, 열두 제자를 부르는 사건, 그들을 선교활동으로 파송하는 사건에 대해서도 아무런 언급을 하지 않는다. 일반적으로 요한복음서에서는 열두 제자, 또는 열둘이라는 말보다는 그냥 "제자들"이라는 말을 쓴다(네 번의 예외가 있다: 6:67, 70, 71; 20:24). 또 한편으로 요한복음서에서는 베드로의 지위를 약화시키는 경향이 있다. 요한복음서에서는 베드로가 처음 제자, 또는 수제자로 나타나지 않는다. 공관복음서에 의하면 베드로가 한 것으로 되어 있는 신앙고백도 요한복음서에는 나오지 않으며, 베드로가 다른 제자들과 달리 큰 축복을 받고 천국의 열쇠까지 얻는다는 언급도 없다. 또한 최후의 만찬 석상에서(13:23) 예수의 바로 옆에 앉아 그 품에 기대어 있던 제자는 베드로가 아니라 애제자였고, 베드로는 오히려 예수로부터 멀리 떨어져 있었다. 이밖에도

교와의 대결상황만이 아니라 요한서신들에 나타나는 요한공동체 내의 대결상황, 타 그리스도교 공동체들과의 갈등이라는 세 가지 요소에 의해 형성되었다. 그러나 앞에서 분석한 요한복음서의 아이러니와 관련하여 분명하게 드러나는 것은 요한공동체와 유대인들과의 대결상황이므로 여기서는 이 갈등을 중심으로 아이러니와의 관련성을 기술하겠다. 특히 요한복음서의 아이러니와 관련해서 요한적인 공동체성을 어떻게 추론할 수 있는지 살펴보겠다.

최근 수십년 동안 요한복음서를 연구하는 학자들 사이에서는 요한복음서와 요한서신들을 탄생시킨 공동체와 그 신앙이 매우 특이한 성격을 지녔다는 데 대해 견해의 일치가 이루어졌다. 요한복음서의 아이러니에 대한 앞의 분석과 요한공동체에 대한 연구를 연결시켜보는 것은 의미가 있으며, 서로에게 빛을 던져줄 수 있다. 물론 요한공동체의 특성을 요한복음서의 아이러니에 근거해서 추측할 수는 없지만 요한공동체에 대해 많은 학자들이 이야기해온 것이 요한복음서의 아이러니의 특성이나 규칙성과 일맥상통한다고 말할 수 있다.

믹스는 요한복음서의 은유적이고 이원론적인 언어들로 미루어보건대 요한복음서는 공동체 내에서 읽기 위해 쓰인 문헌이며, 거기 속하지 않은 사

18:10, 15 이하; 20:1-10 등 수난 부활설화에서는 계속해서 베드로에 비해 애제자의 우위를 반영하는 구절들이 나타난다. 따라서 컬페퍼에 의하면 요한공동체는 베드로의 영향과 지도 아래 있던 공동체였다기보다는 오히려 애제자의 영향과 지도 아래 있던 공동체였으며, 베드로가 상대적으로 도외시되고 있는 것도 그러한 이유에서였다고 한다. R.A. Culpepper(1975), p. 265. 이러한 사실들은 요한공동체가 베드로와 야고보를 중심으로 하는 주류적인 그리스도교 집단으로부터 어느 정도 벗어나 있었고, 그로 인한 갈등이 있었으리라는 결론을 내리게는 하지만 그렇다고 반드시 반교회주의적이었는지는 의문이다. 요한복음서와 요한서신에 나타나는 요한공동체의 변화과정 및 다양한 집단들에 대해서는 U.C. Von Wahlde(2010), *The Gospel and Letters of John* (Grand Rapids, Mich.: William B. Eerdmans Pub.); 김진호(2009), 『급진적 자유주의자들』(서울: 동연) 참조.

람들은 읽기 힘들게 쓰였다고 지적했다.[199] 이것은 지식사회학적으로 볼 때 타당하다. 요한복음서의 언어들이 공동체 밖의 사람들에게 전혀 이해가 되지 않는 것은 아니지만, 요한복음서의 풍부한 아이러니들은 예수가 그리스도이며, 하나님의 아들이라는 것을 인정할 뿐만 아니라 요한적인 사고와 표현형식에 이미 깊이 빠져들어 있는 사람들에게 보다 많은 것을 말해준다. 아이러니는 그 전제를 함께 하는 사람들 사이에서 보다 큰 힘을 발휘한다. 그리고 아이러니의 표현형식이 거듭 암시적인 형태로 나타날 때 저자와 독자(적어도 독자의 일부) 사이에 이전에 이미 어느 정도 친밀성이 있지 않았는지 의심해볼 수 있다.

르로이가 요한복음서의 오해에 대한 분석에 근거해서 얻은 요한공동체에 대한 이해는 여기서 아이러니에 근거해서 유추할 수 있는 요한공동체의 성격과 유사하다.[200] 르로이는 양식사학적인 관점에서, 즉 수수께끼라는 문학양식(특히 "풀 수 없는 수수께끼")에 근거해서 오해를 이해하고자 했다. 르로이에 의하면 특정 집단의 입교식에서 풀 수 없는 수수께끼를 통해 입교자들이 외부에 있는 사람들, 즉 알지 못하는 사람들로부터 구별되듯이 요한공동체도 마찬가지 방식으로 스스로를 외부인들로부터 구별했다. 예수의 유대인 대화상대자들은 오해장면들에서 예수가 무엇을 말하려고 하는지 깨닫지 못하며, 이로 인해 명예가 실추되고 "어리석은 자들"로, 즉 밖에 있는 자들로 드러난다. 반면 믿는 자들은 "(본문을) 읽음으로써 자신들이 유대인들보다 우위에 있음을 알게 된다. 자신들이 예수를 이해하는 사람들에 속한다는 것이 그들에게 확실해진다." 따라서 오해장면들을 통해 "요한공동체는 스스로를 아는 자들의 집단, 즉 주변의 유대세계에 대해 닫혀 있는

199 W.A. Meeks(1967), pp. 69-70.

200 믹스도 요한공동체에 대해 르로이와 비슷한 견해에 도달했다. W.A. Meeks(1972), "The Man from Heaven in Johannine Sectarianism", *The Interpretation of John,* ed. by J. Ashton (Philadelphia/London: Fortress/SPCK), p. 167 주 16.

특수언어를 사용하는 집단으로 이해한다. 쿰란공동체와 마찬가지로 요한공동체는 그들 자신의 일부가 된 계시를 통해 자신들이 회당보다 우위에 있다고 여겼다."[201] 공동체 앞에서 오해가 이야기될 때마다 그들은 자신들의 정체성을 계속해서 새롭게 확실히 갖게 되기 때문이다. 물론 이와 함께 외부세계에 대한 이들의 고립성도 강화된다.

이 점은 아이러니의 문학적 기능과 일맥상통한다고 할 수 있다. 앞서 아이러니의 정의와 기능에 따르면 아이러니는 비슷한 생각을 갖도록 초대하는 소리이자 동시에 비슷한 생각을 가진 집단이 이미 존재하고 있음을 말해주는 표징이다. 아이러니는 대단히 간접적인 의사소통 형태이며, 이미 독자들과 저자 사이에 지식이나 가치, 표현들을 공유하고 있는 관계를 전제한다. 요한복음서에 거듭 나타나는 아이러니와 매우 암시적이고 은유적인 언어들은 청중들이 적어도 부분적으로는 이러한 표현방식에 상당히 익숙해 있다는 것을 전제한다. 요한복음서의 아이러니가 수신인들에게 의도하는 효과 면에서 보면(2:19-22; 3:3-5에서처럼) 복음서는 요한공동체 자체를 향하고 있다. 요한복음서는 가령 밖에 있는 사람들을 위한 적극적인 선교문서 같은 것은 아니다. 아이러니는 이미 화자와 청중 사이에 주제에 대한 견해의 일치가 있을 때 의미가 있는 것이지 그렇지 않다면 논증은 아무 효과도 없고, 화자에 반대하는 결과를 불러일으킬 뿐이다. 요한은 아이러니를 통해, 또 그외 다른 문학적인 도구들(예를 들어 "오해")을 통해 신자들을 보다 철저히 질문 앞에 세우고, 그들이 아는 것을 계속 유지하게 하려고 했을 것이다. 아마도 요한은 공동체로 하여금 그들이 이미 가지고 있는 신앙 안에서 더욱 확고해지도록 하고 싶었을 것이다.

아마도 요한복음서의 아이러니는 요한복음서의 구체적인 목적들로부터 생겨났을 것이다. 요한복음서의 아이러니는 공격의 무기로서의 기능과 적

201 H. Leroy(1968), pp. 45-47, 62, 192.

극적으로 요한이 전하고자 하는 진리를 증거하는 기능을 한다. 이것은 요한공동체 밖의 유대인들을 향해 적극적이고 외향적으로 직선적인 공격의 말을 퍼붓는다는 의미에서 공격의 무기라는 뜻이 아니다. 아이러니는 어디까지나 요한공동체의 구성원들을 수신대상으로 삼으면서 흔들리고 상처받은 그들에게 유대인들의 어리석음과 불신앙의 맹목성을 밝히 드러냄으로써 내적인 확신을 갖게 한다는 점에서 공격적이며, 동시에 적극적 증거의 의미를 지닌다. 그리고 이것은 앞서 I장에서 아이러니의 일반적인 기능에 대해 말한 것과 일치한다. 본래 아이러니란 거짓을 드러내는 소극적인 기능과 진리에 보다 가깝게 다가서게 하는 적극적인 기능을 한다. 아이러니 일반의 이러한 기능이 요한복음서의 아이러니에서도 나타난다는 것이다.

요한공동체에 대한 연구들은 이 공동체가 적어도 공동체 형성과정의 특정 단계에서 그다지 평화롭지 못했다는 사실을 밝혀주었다. 이 복음서는 당시 유대회당과의 심한 갈등을 반영하고 있다. 이러한 상황에서 아이러니는 요한복음서에서 공격적인 무기로서의 성격을 지닌다. 앞서 본문주석에서 거듭 확인했듯이 아이러니의 일차적이고도 구체적인 희생자는 유대인들이다. 이것은 한편으로 그들이 세상의 불신앙을 가장 극적으로 대표하는 집단이기 때문이며, 다른 한편으로는 요한이 보기에 유대인은 그리스도를 거부함으로써 다같이 죄를 저질렀기 때문이다. 유대인들은 예수를 받아들여야 했음에도 불구하고 그렇게 하지 않았기 때문에 아이러니의 희생자들이 되었다. 말하자면 그들은 알라존이기 때문에 희생자가 된 것이다.[202]

유대인들은 시종일관 알라존의 역할을 맡는다. 그들은 계속해서 율법과

202 아이러니의 지속적인 희생자인 알라존은 실제 자신이 가진 것 이상으로 지식이나, 힘, 특권을 자랑하는 사람들이다. 빌라도가 예수에 대해 자신이 권한을 가지고 있다고 주장할 때 그 역시 알라존이다(19:10). D.M. Smith(2008), *The Fourth Gospel in Four Dimensions: Judaism and Jesus, the Gospels and Scripture* (Columbia: Univ. of South Carolina Press) 참조.

(19:7) 영적인 유산(8:39)에 호소해서 예수는 죄인이라고 외치지만(9:24) 사실은 그것들을 거부하고 배반했다. 또 신성모독의 죄목으로 예수를 처치하기 위해 아이러니하게도 하나님보다 시저를 위에 놓는다(19:15). 또한 유대인들은 부지중에, 자신들의 의도와는 상관없이 예수의 존귀함에 대해 증거함으로써 예수가 올리워지고 많은 사람들이 그를 믿게 되는 도구가 된다. 이 점은 재판설화에서 아이러니를 통해 극적으로 묘사되었다. 이러한 경우 유대인들은 직접적인 공격의 대상이 되는 것이 아니라, 아이러니라는 간접적인 공격의 대상이 된다. 그러나 사실은 자기 손으로 자신의 잘못을 고발하는 더욱 끔찍한 운명을 맞고 있는 것이다. 요한복음서가 디아스포라 유대인들을 위해 쓰인 선교문서라고 주장하는 학자도 있지만[203] 적어도 최종 형태의 복음서는 둘 사이의 상호관계가 적대적이 되고, 유대인 출신의 개종자를 만들기 위해 더 이상 노력하지 않던 상황에서 나왔을 것이다.[204]

포르트나는 표징자료와 수난설화를 포함한 보다 초기 형태의 복음서는 유대인들을 향한 선교문서로 사용되었으리라는 주장을 상당히 타당성 있게 펼쳤다.[205] 그러나 포르트나가 그러한 최초 형태의 자료집으로 재구성한 내용에는 아이러니가 나타나는 구절들이 거의 들어 있지 않다(1:46; 2:10과

---

203 J.A.T. Robinson(1960), "The Destination and Purpose of St. John's Gospel", *New Testament Studies*, 6, pp. 117-131.

204 R.E. Brown(1979), pp. 67-68; D.M. Smith(1976a), *John*, Proclamation Commentaries (Philadelphia: Fortress Press), p. 76; J.L. Martyn(1978), p. 120; W.A. Meeks(1975), p. 182 참조.

205 R.T. Fortna(1970), *The Gospel of Signs: A Reconstruction of the Narrative Source Underlying the Fourth Gospel* (Cambridge: Cambridge Univ. Press), p.225; 이외에 J.L. Martyn(1970), "Source Criticism and Religionsgeschichte in the Fourth Gospel", *Jesus and Man's Hope*, ed. by D.G. Buttrick (Pittsburgh: Pittsburgh Theological Seminary), pp. 248, 253-254; D.M. Smith(1976c), "The Setting and Shape of a Johannine Narrative Source", *JBL*, 95, pp. 231-241에서도 그런 주장을 했다. D.M. Smith(1990), "Judaism and the Gospel of John", *Jew and Christian: Exploring the Past, Present, and Future*, ed. by J.H. Charlesworth (New York: Crossroad)도 참조.

소수의 예외가 있다). 말하자면 아이러니는 이후 발전과정에서 생긴 것이다. 그것은 평이한 담론이 끝나고 조롱이 시작되는 대목임을 예리하게 알려준다. 요한복음서에 나오는 아이러니는 너무나 미묘해서 1세기의 적대적인 유대인들이 그 글을 읽었다면, 그 아이러니를 쉽게 알아차리지 못했을 뿐만 아니라 그것이 예수를 희생시키는 것이라고 오해했을 수도 있다.[206] 이러한 의미에서 아이러니는 알지 못하는 독자들의 무지를 더욱 심하게 하며, 유비적으로 요한복음서의 예수와 같은 기능을 세상 속에서 한다. 말하자면 그를 받아들이지 않는 사람들은 점점 더 보지 못하게 되는 것이다.

그러나 다른 한편으로 요한복음서의 아이러니는 진리를 증거하는 기능을 한다. 사람들로 하여금 보지 못하게 만들기도 하지만, 볼 수 있게 만들기도 한다.[207] 요한복음서의 아이러니는 무기일 뿐만 아니라 증거이며, 사실은 적극적인 기능이 부정적인 기능을 능가한다. 아이러니의 기능에 대해 앞서 I장에서 인용한 부스의 발언을 여기서 다시 한 번 상기해야 할 것 같다. "흔히 비슷한 생각을 가진 동지들의 공동체를 만드는 것이 유치한 희생자들을 배제하는 것보다 훨씬 더 중요했다. 안정적인 아이러니를 읽을 때 가지게 되는 지배적인 감정은 비슷한 영을 가진 사람들을 연합시키고 찾는다는 것이다……. 모든 아이러니들은 그것이 다른 사람들을 배제하는 경우에라도 불가피하게 믿는 자들의 공동체를 형성한다."[208]

만일 아이러니를 읽기 전에 독자가 저자와 비슷한 성향이나 생각을 가지고 있었다면 아이러니의 주장에 동조하기가 더욱 쉬워질 것이고, 아이러니의 전폭적인 동조자를 얻을 수 있는 가능성이 더욱 높아질 것이다. 독자

206 예를 들어 예수는 사기꾼이라고 확신하는 독자가 7:41-42, 52; 19:19같은 구절들을 읽었을 경우를 가정해 보라.

207 이것은 아이러니의 공격적인 기능과 독립적인 또 다른 기능이 아니라 동일한 기능의 다른 측면으로서 공격적인 기능과 동시에 작용한다.

208 W. Booth(1974), p. 28.

에 대한 아이러니의 영향력은 그들이 저자의 관점을 받아들이려는 정도에 비례한다. 따라서 만일 독자들이 예수의 주장에 동조하는 상황이었다면 아이러니는 보다 잘 이해되고, 믿음을 확고히 하고 깊이있게 하는 데 큰 힘을 발휘했을 것이다. 이 점이 요한공동체와 관련해서 무엇을 말해줄 수 있는가?

앞서 지적했듯이 요한복음서의 아이러니는 공동체 내부적인 언어이다. 회당으로부터 쫓겨난 사람들에게 유대인들에 대한 요한복음서의 아이러니의 공격은 만족감을 주었을 것이며, 그들이 취한 행동이 옳았음을 말해주었을 것이다. 침묵과 간접적인 의사소통의 방식을 통해 말하는 아이러니는 그들로 하여금 지각있는 사람들의 공동체에 속해 있다는 소속감을 든든히 가지게 했을 것이며, 그리스도와 그의 공동체에 대한 신뢰를 더욱 굳게 했을 것이다. 20장 31절의 경우도 복음서는 신앙을 더욱 확고히 하고 강화하기 위해 쓰였다는 의미로 이해할 수 있을 것이다. 즉 복음서는 이미 믿는 자들로 하여금 지속적으로 확고한 그리스도인이 되도록 하기 위해 쓰인 것이다.

그러한 목적이 기존의 요한공동체 자체를 넘어설 수 있었을까? 요한공동체 밖의 사람들을 향할 수 있었을까? 만일 예수의 주장에 심적으로 동조하면서도 아직 전적으로 그의 주장에 동의를 표하거나 요한공동체에 가입하지 않은 집단이 있었다면 그랬을 수 있다. 요한복음서에는 부적절한 방식으로(2:23; 8:31; 12:42) 예수를 믿은 유대인들에 대해 언급하는 구절들이 나온다. 특별히 유대인들에 대한 두려움 때문에(7:13; 19:38; 20:19), 구체적으로 회당으로부터 축출되지나 않을까 하는 두려움 때문에(9:22; 12:42) 자신의 믿음을 공개적으로 드러내지 않는 사람들에 대한 언급이 나온다. 아리마대 요셉, 니고데모, 그리고 어느 정도로는 빌라도 역시 예수에 대해 개인적으로는 우호적이지만 공적으로는 두려워하는 태도를 보인다. 바로 이러한 이유 때문에 요한복음서는 요한공동체 자체만이 아니라 숨은 그리스도인들을 위해서도 쓰였다는 주장들이 나왔다. 이들은 예수로부터 깊은 인상을 받았지만 회당으로부터 쫓겨나는 위험을 감수할 의사도 없었고, 그리스도교 신앙공동체를 완전히 끌어안을 의사도 없었다.[209]

요한복음서의 아이러니에 대해 위에서 말한 몇 가지 내용들은 바로 이 숨은 그리스도인 집단의 특성과 관련될 수 있다. 브라운은 이 "숨은 그리스도인들은 아마도 요한공동체의 그리스도인들만큼 철저하게 위로부터의 그리스도론을 받아들이지는 않았으며, 모세에 비해 예수의 권위를 그렇게 높일 필요를 느끼지도 못했다"고 본다.[210] 요한복음서의 아이러니는 대개 그리스도론적이다. 아이러니의 주제들은 대체로 예수의 기원(3장의 니고데모 이야기), 그가 족장들에 비해 우월하다는 것(4장의 사마리아 단화), 그의 죽음과 그것의 파급효과(18, 19장의 빌라도 재판설화) 등이다. 이러한 그리스도론적인 아이러니들은 예수에 대해 충분한 확신을 가지고 있지 못한 숨은 그리스도인들을 위한 것이 아닐까? 그리스도론적으로 분명한 확신을 가지지 못한 숨은 그리스도인들에게 그리스도론적인 아이러니를 통해 확신을 주고자 한 것이 아닐까? 마찬가지로 유대인들에 대한 공격은 아직도 여전히 회당 안에 안주하고 있는 숨은 그리스도인들을 동요시키기 위한 것이 아닐까? 아마도 그들은 요한공동체와 어떤 방식으로든 접촉이 있었을 것이고, 그 경우 복음서를 읽었을 수도 있다. 만일 회당축출이 강력하고 실제적인 위협이었다면, 요한복음서의 아이러니들은 회당과 성전은 망해가고 있으며, 결국 무너져버리고 말 것이니 어서 떠나오라고 반복해서 말하고 있는

---

209 R.E. Brown(1979), pp. lxxiii-lxxv, lxxvii에서는 요한복음서의 독자들을 완전히 믿은 사람들과 믿기는 믿었지만 여전히 회당 안에 머물면서 공개적으로 자신들의 신앙을 고백할 용기를 가지지 못했던 신자들로 본다. 그는 후자를 "숨은 그리스도인들"(crypto-Christians)이라고 했다. J.L. Martyn 역시 그와 같은 집단을 가정한다. J.L. Martyn(1979), pp. 76-89, 116-118.

210 R.E. Brown(1979), p. 73.

것이다.[211]

따라서 아이러니는 일차적으로 유대회당과 결렬상태에 있었던 요한공동체를 그 독자로 상정하고 있지만, 이차적으로는 유대회당과 요한공동체 사이의 회색지대에서 움직이고 있던 숨은 그리스도인들을 염두에 두고 있는 것으로 보인다. 마틴은 이같이 반쯤 믿는 유대인들이 예수의 주장의 타당성에 대한 미드라시적 증거를 누군가가 제공해주기를 원했으리라고 본다. 몇몇 공동체들은 이러한 요구를 받아들였지만(마태공동체, 저스틴, 어느 정도로는 표징자료의 저자) 마틴에 의하면 요한공동체는 그 요구를 거부했다. 합리적인 논증에 대한 요구를 물리쳐버리고 대신 "결단의 이원론"을 제시한다는 것이다.[212] 요한복음서는 미드라시의 규칙을 벗어나서 질문자들로 하여금 예수와 직접 대면할 수 있게 한다(요 4장). 그리고 이렇게 예수와 직접 맞닥뜨림으로써 선택을 해야만 하게 된다. 물론 마틴은 이러한 맥락에서 아이러니에 대해 직접 말하지는 않는다. 그러나 요한이 아이러니를 사용하는 방식은 이러한 마틴의 이해와 상당히 잘 맞아떨어진다. 아이러니야말로 합리적인 입증이 일단 제외되었을 때 사용하기 좋은 수단인 것이다. 아이러니는 청중들에게 결단을 요구한다. 그러나 그 방법은 배후에서부터, 간접적인 힘으로, 속삭이는 듯이 공격하는 것이다.

만일 요한공동체가 회당 안의 숨은 그리스도인들과 어떤 형태로든 관계

---

211 그러나 이러한 숨은 그리스도인들에 대한 요한복음서의 서술은 이중적이다. 한편으로 요한은 이들을 자신의 공동체 안에 끌어들이려는 의도를 지녔으면서도 다른 한편으로는 이들의 신앙이 불완전하고 불충분하며, 때로는 기회주의적이라는 점을 거듭 상기시킨다. 예를 들어 니고데모(3:1-21)나 날 때부터 소경인 자의 부모(9:19-23)에 대한 서술을 보면 그러한 점을 확인할 수 있다. 이러한 이중적인 서술은 동전의 양면과도 같다. 요한은 이들의 가능성과 한계를 동시에 보았을 것이다. D.M. Smith(1990), "Judaism and the Gospel of John", *Jew and Christian: Exploring the Past, Present, and Future*, ed. by J.H. Charlesworth (New York: Crossroad) 참조.

212 J.L. Martyn(1979), pp. 116-128. 그는 예수와 니고데모 사이의 대화를 그러한 미드라시적인 서술을 거부하는 한 예로 본다. 이밖에 7:15-17도 그러한 예로 본다.

를 가지고 있었다면, 요한복음서의 아이러니는 그들에게 어느 정도 호소력을 지녔으리라고 볼 수 있다. 이들은 예수에 대해 이미 우호적인 전이해를 가지고 있었기 때문에 요한복음서의 아이러니는 이들을 뚫고 들어갈 문을 발견할 수 있었을 것이고, 이를 통해 그들을 두려움으로부터 불러내어 완전한 신앙에로 인도할 수 있었을 것이다. 그러나 동시에 이러한 가설은 요한이 "하나님의 영광보다도 사람의 영광을 더 사랑했던"(12:43) 이 두려움에 찬 신자들을 경멸하고, 또 예수가 자신을 믿는 유대인들에게 살인하고 거짓말하는 악마의 자식들이라고(8:31-47) 말한다는 사실에 의해 균형잡혀져야 할 것이다.[213] 그는 이들의 가능성과 한계를 동시에 보았을 것이다.

그러면 아이러니는 요한복음서의 맨처음 독자들을 어떤 방식으로 끌어들였을까? 그리고 수세기 후에 그것을 읽는 독자들에게 어떤 기능을 했을까? 독자들은 아이러니를 통해 어떤 경험을 하는 것일까? 이 점에 대해서는 지금까지의 연구에 근거해서 다음과 같이 말할 수 있을 것이다. 아이러니라는 문학형식의 가장 중요한 특징은 끊임없이 독자들에게 문학적인 선택가능성을 내놓는다는 데 있다. 즉 표면적인 의미인가, 아니면 대안적인 의미인가를 선택하도록 끊임없이 독자들을 몰아간다. 따라서 아이러니를 통한 독자들의 경험 역시 주로 이러한 아이러니의 기본특성에 근거한다. 성공적인 독서의 비결은 표면적인 의미를 거부하는 모험을 감행하고 대안적인 의미로 도약하며, 그것이 옳다는 사실을 발견하는 것이다. 요한복음서에서 올바른 문학적 대안은 늘 겉에 나타나는 것과는 달리 예수를 보다 높이 평가하는 것이다. 복음서를 읽는 문학적인 경험에서 독자는 늘 예수를 선택한 데 대해 칭찬받는다. 그리고 그러한 옳다는 느낌은 문학적인 모험에서 제공된 신학적인 관점과 연결된다. 독자는 예수에게로 도약하는 연습을 여러 번 한다. 그리고 그것은 좋은 것으로 복음서 속에서 보상을 받는다.

---

213 J.L. Martyn(1978), pp. 109-115.

이러한 문학적인 칭찬과 보상을 통해 요한복음서의 독자들은 특이한 공동체적인 경험을 하게 된다. 아이러니는 그것을 알아들은 사람들 사이에 은밀한 유대감을 형성한다. 우선 아이러니는 독자와 저자 사이에 유대감을 형성한다. 다음에는 제대로 이해한 사람들끼리 공감대를 형성하게 된다. 등장인물들이나 다른 사람들은 진리를 보지 못해도 '우리'는 진리를 본다. '우리'와 '우리 안에 자리잡고 있는 저자'는 진리를 본다. 결국 아이러니는 그것을 이해하는 독자들에게 선택된 자들이라는 특권을 부여한다. 이러한 선택된 자들이라는 의식은 사회학적으로는 요한공동체의 소종파적인 자의식과 관련될 수 있을 것이다.[214] '우리'에게는 비밀을 아는 것이 허락되었다. 그리고 '우리'는 그 안에 머무르도록 초대받았다. 공동체를 떠나기로 선택할 수도 있지만 그러기 위해서는 이미 알고 있는 올바른 지식을 부정해야만 한다. 그리스도를 버리고 보지 못하는 맹인임이 드러난 사람들과 스스로를 동일시해야 하는 것이다. 그보다는 차라리 그대로 남아 있는 것이 더 쉽다.

요한복음서의 아이러니는 독자의 적극적인 참여를 요구한다. 아이러니는 실마리를 살짝 귓속말로 전해주며, 한 번 얼핏 보게 해줄 뿐이다. 그것이 의미하는 바를 독자에게 일일이 말해주려고 하지 않는다. 저자가 지시하는 영역을 분별하고, 그 영역이 헌신할 만한 가치가 있는지를 결정하는 것은 어디까지나 독자 자신이다. 아이러니는 가장 간접적인 의사소통 방식이면서 동시에 가장 직접적으로 독자들을 참여시키는 방식이라고 할 수 있다. 그렇다면 요한복음서의 아이러니의 힘은 그렇게 강력하게 독자를 본문의 세계로 끌어들인다는 점일 것이다. 아이러니는 독자들에게 선물을 주며,

214 선택받은 자들이라는 의식이 요한공동체에서 소종파적인 의식으로 나타나는지에 대해서는 논란의 여지가 있다. W.A. Meeks 같은 학자는 이러한 엘리트주의적인 의식을 요한공동체의 소종파적인 성격과 관련시킨다. 그러나 R.E. Brown은 요한공동체를 소종파적인 집단으로 보는 데 반대한다. R.E. Brown(1979) 참조.

선택하도록 요구하고, 그러면서도 독자들로 하여금 스스로 결정하도록 자유롭게 놓아둔다.

앞에서 서술한 요한복음서의 아이러니에 대한 독자들의 경험은 독특한 공동체의식을 형성한다. 이러한 공동체의식의 내용에 대해 구체적으로 알 수는 없지만 콜린스의 연구는 많은 시사점을 던져준다. 콜린스는 "요한복음서의 사회적 상황과 기능"을 분석함으로써 공동체의 상황과 복음서를 긴밀하게 관련시켰다. 복음서는 요한공동체의 힘든 상황을 반영할 뿐만 아니라 그 상황을 해석하고 올바른 행동으로 이끌어가고자 함으로써 그러한 어려운 상황을 극복했다. "한편으로 복음서는 다른 사회집단으로부터의 고립을 보상해주는 공동체생활의 비전을 표현하며, 다른 한편으로는 적대적인 세상에 대해 이 공동체의 순수성을 강화시켜주는 현실이해를 제공해준다." 콜린스는 요한공동체를 지칭할 때 평등주의적인 집단을 가리키는 communitas라는 사회학적 전문용어를 사용한다. 만일 요한복음서가 독자들에게 적극적인 사회적 정체성을 부여하려고 했다면, 세상에 대해 국외자의 입장에 있는 요한공동체의 현실에 직면해서 복음서는 "평등주의적인 연대성"의 방향으로 나갈 수밖에 없었으리라는 것이다. 요한 그리스도인들이 서로를 지칭한 "친구들", "형제들"이라는 명칭은 이 공동체의 평등주의적인 성격을 드러내준다는 것이다.[215]

또 한 가지 요한공동체의 성격에 대해 아이러니와 관련하여 말할 수 있는 것은 요한공동체에서는 특수하게 저술작업이 중요했다는 것이다.[216] 요

---

215 A.Y. Collins(1979), "Crisis and Community in John's Gospel", *ThD*, 27, pp. 313-318.

216 컬페퍼 같은 학자는 요한공동체를 학파로, 즉 가르침, 배움, 성서연구, 글쓰기를 정규적이고 중요한 행위로 삼았던 학파로 규정했다. R.A. Culpepper(1975), pp. 271, 274-275. 또한 커모드는 21장 25절에 근거해서 요한공동체의 세계인식은 책과도 같다고 말했다. F. Kermode(1979), *The Genesis of Secrecy* (Cambridge, Mass.: Harvard University Press), p. 121. 물론 이러한 주장에는 쉽게 동조하기 어렵다. 이들은 요한공동체의 문학적, 문서적 성격을 지나치게 아카데미즘적으로 축소시키려는 경향이 있다.

한복음서 배후에는 강력한 문학적 의식이 있다. 이 점은 공관복음서와 비교해볼 때 확연하게 드러난다. 요한의 글에는 굴곡이 많으며, 이미 한 말이나 앞으로 할 말들을 끊임없이 암시한다. 반면 공관복음서에서는 짧고 기억하기 쉬운 말들이나 이야기들을 엮고 있다. 비록 공관복음서 저자들에 의해 구전 양식이나 구전에서의 본래의 목적 등이 본문이라는 새로운 매체를 통해 창조적으로 변형되었다 할지라도[217] 공관복음서는 여전히 보다 더 구전적인 정신성을 반영한다. 물론 요한복음서도 구전전승과 전혀 무관하다고 할 수는 없지만, 공관복음서에 비해서는 훨씬 더 문서적인 정신성을 반영한다.

물론 구전에서도 아이러니는 존재할 수 있겠지만 요한복음서의 경우처럼 섬세하게 절제된 아이러니는 어느 정도 거리를 두고 조절할 수 있는, 문서활동이 가능한 환경에서 나온다. 요한복음서의 관점은 독자가 세상에 대해 거리를 두고 등장인물들이 하는 일들을 저자와 함께 바라볼 수 있는 관점이다. 이렇게 거리를 두는 것은 읽고 쓰는 행위가 언어와 세상을 대상화하고 의식을 결정하는 상황에서만 가능하다. 따라서 요한복음서의 아이러니는 적어도 부분적으로는 책에 깊이 빠져들어 있는 정신성을 가진 공동체의 소산이다.

여기서는 어째서 요한복음서의 아이러니한 담론들이 요한공동체 안에서 가능했는지, 그리고 요한복음서의 아이러니가 어째서 필요하게 되었는지를 기존의 요한공동체에 대한 연구결과들과 관련시켜서 설명하고자 했다. 요약하자면 유대회당과의 갈등관계로 인해 고립되어 있던 요한공동체의 상황과 글쓰기에 의해 규정된 공동체 내의 상호적인 의식이 아이러니라는 간접적인 의사소통 양식을 가능하게 했다고 할 수 있으며, 유대회당과의 관

---

217 W.H. Kelber(1983), *The Oral and Written Gospel* (Philadelphia: Fortress Press), pp. 90-139.

계결렬, 회당 안의 “숨은 그리스도인”들을 비롯하여 주변적인 신자들을 완전히 믿는 자들의 공동체 안으로 끌어들이려는 욕구, 그리고 이미 요한공동체의 신앙을 가지고 있는 사람들의 헌신을 더욱 확고하게 하려는 욕구로 인해 아이러니를 사용하게 되었으리라고 추측할 수 있다.

제3부

요한공동체의 사회적 경험과 자기의식

I. 요한복음 9:1-41에 나타나는 요한공동체의 사회적 경험

1. 본문의 구조

본문의 구조는 그다지 복잡하지 않다. 대부분의 학자들이 이 단락에서 요한의 문학적 기교가 가장 잘 드러난다고 하는 만큼[1] 본문의 구성도 매우 치밀하다. 하나의 문학적 통일체로서 이 단화가 지니는 자체 내 완결성에 대해서는 별다른 이견이 없는 것 같다. 그러나 이와 함께 제기되는 문제는 문학적으로 치밀하게 구성되어 있기 때문에 자체 내 완성도가 높은 대신 앞뒤 문맥과의 연결성은 부족하다는 것이다.

사실 이 이야기는 예수의 예루살렘 방문 기간 중 어느 때에 놓더라도 상관없다. 7-8장의 초막절 배경과 이 단화는 그다지 긴밀하게 관련되지 않으며, 초막절 축제는 여기서 별다른 의미를 지니지 않는다. 저자는 치유가 일어난 정확한 시점에 대해서도 말하지 않으며, 다음에 나오는 시간서술은 초막절보다 3개월 뒤인 봉헌절이다(10:22). 따라서 현재 상태의 복음서를 받아들이고, 치유가 초막절 방문 기간 중에 일어났다고 받아들인다 하더라도, 8장과 9장 사이에는 시간상 상당한 간격이 있었으리라는 브라운의 주장에 동의해야 할 것이다.[2]

그럼에도 불구하고 9장은 문맥상 앞뒤와 잘 연결된다. 예를 들어 3장과

---

1 브라운은 "복음서의 다른 어떤 이야기도 이렇게 긴밀하게 짜여져 있지는 못하다. 여기서 요한 최고의 드라마 기술을 볼 수 있다"고 했다. R.E. Brown(1966), p. 376.

2 R.E. Brown(1966), p. 376.

는 많은 유사점을 지니고 있으며,[3] 1절은 예수가 성전에서 나오는 것과 직접 연결된다. 보다 중요하게는 주제상으로도 "나는 세상의 빛이다. 나를 따르는 사람은 어둠 속에 다니지 아니하고, 생명의 빛을 얻을 것이다"라는 8:12의 계시의 말씀이 9장에서는 소경치유사건을 통해 구체적으로 전개되었으며, 처음(5절)과 마지막(39절)에 나오는 예수의 말에서 "세상의 빛인 예수"로 주제화되었다. 뿐만 아니라 7-8장에서 예수와 유대인들 사이에 벌어졌던 간격은 여기서 더욱 깊어진다. 8:13 이후 9장에 다시 나오는 바리새인들은 완고하게 예수를 거부하며, 적대한다. 그들의 불신앙, 그들의 보지 못함(39-41절)은 하나님의 부름에 자신을 열고 예수에 대한 신앙에 도달한(36-38절) 치유받은 자의 태도와 대조를 이룬다. 예수의 제자가 되는 일에 대해서도 다시 언급된다(9:27-28; 8:31). 마찬가지로 예수는 어디서 왔으며(9:29-30, 33; 8:14; 7:28-29) 그가 누구인가(9:36; 8:25)라는 물음도 다시 나타난다. 또한 실로암 못(9:7)은 물의식을 배경으로 하는 7:37-38과 관련된다.[4]

이어지는 장과의 연결성도 나타난다. 지도자들이 믿고자 하는 자를 어떻게 몰아세우고 백성들에게 압박과 공포를 자행했는지(22절) 예수가 하나님으로부터 왔다는 주장을 어떻게 봉쇄해버렸는지(30-34절)에 대한 묘사는 10장의 목자담론의 배경을 이룬다. 또한 이 소경치유의 표징은 11장에서 죽은 나사로를 일으켜 예수가 "부활과 생명"임을 입증하는 표징과 상응한

---

3 9:24과 3:2의 οἴδαμεν 9:30의 ὅτι ὑμεῖς οὐκ οἴδατε πόθεν ἐστίν과 3:8의 ἀλλ' οὐκ οἶδας πόθεν ἔρχεται καὶ ποῦ ὑπάγει· 3:10의 Σὺ εἶ ὁ διδάσκαλος τοῦ Ἰσραὴλ καὶ ταῦτα οὐ γινώσκεις; 9:33의 εἰ μὴ ἦν οὗτος παρὰ θεοῦ, οὐκ ἠδύνατο ποιεῖν οὐδέν. 과 3:2의 Ῥαββι, οἴδαμεν ὅτι ἀπὸ θεοῦ ἐλήλυθας διδάσκαλος· οὐδεὶς γὰρ δύναται ταῦτα τὰ σημεῖα ποιεῖν ἃ σὺ ποιεῖς, ἐὰν μὴ ᾖ ὁ θεὸς μετ' αὐτοῦ. 9:39의 심판, 봄, 보지 못함에 대한 서술과 3:17-20의 심판과 빛에 대한 서술.

4 R. Schnackenburg(1980[3]), *Das Johannes Evangelium II* (Freiburg: Herder), pp. 302-303 참조.

다. 그 다음부터는 예수를 죽이고 나사로까지 죽이려는(11:45-53, 57; 12:10) 지도자들의 적대감이 점점 더 고조된다. 이러한 점에서 볼 때 9장은 비록 전승사적으로는 독립된 이야기일지라도 전혀 무리 없이 현재의 문맥과 연결되며, 독립된 단화들을 연결시키는 요한의 탁월한 솜씨를 보여준다.

그러나 여기서 요한의 문학적인 솜씨는 무엇보다도 변화하는 장면들을 통해 극적으로 상승, 이행하는 구조에서 나타난다. 요한이 치유받은 자의 통찰력이 증대되어가는 것과 동시에 바리새인들이 점점 더 보지 못하게 되어가는 과정을 그린 솜씨는 놀랍다. 전에 소경이었다가 참된 지식을 얻은 사람은 자신의 무지에 대해 세 번 겸손하게 고백한다(12, 25, 36절). 한편 무지의 어두운 심연 속으로 점점 더 깊이 빠져들어가는 바리새인들도 세 번 자신들은 예수에 대해 알고 있다고 자신만만하게 말한다(16, 24, 29절). 요한은 이러한 구조를 통해 어둠 속에 있던 한 인간이 어떻게 물리적으로만이 아니라 영적으로 빛을 보게 되었으며, 다른 한편으로 스스로 본다고 생각했던 사람들이 어떻게 빛에 대해 눈이 멀고, 어둠 속에 빠져들게 되었는가를 이야기한다. 이것은 서막의 "참 빛이 있었다. 그 빛이 세상에 와서 모든 사람을 비추고 있다"(1:9), "그가 자기 땅에 오셨으나, 그의 백성은 그를 맞아들이지 않았다. 그러나 그를 맞아들인 사람들, 곧 그 이름을 믿는 사람들에게는, 하나님의 자녀가 되는 특권을 주셨다"(1:11-12)라는 말을 상기시킨다. 복음서의 중심적인 아이러니를 요약하고 있는 이 구절들은 9장의 드라마에서 생생한 활력을 얻게 된다.[5] 이 단화의 아이러니는 소경이었다가 치유받은 사람과 바리새인들이 겪는 과정의 극적인 대조에 근거한다.

---

5 D.M. Smith(1976a), p. 40. 여기서 그는 1:9-13은 "이 이야기(소경치유 이야기)와 관련해서 그 구체성과 특수성"을 얻게 되었다고 말했다. D.M. Smith(2008), *The Fourth Gospel in Four Dimensions: Judaism and Jesus, the Gospels and Scripture* (Columbia: Univ. of South Carolina Press)도 참조.

이야기는 1절에서 앞으로 시력을 얻게 될 소경에서부터 시작한다.[6] 그리고 41절에서 영적으로 눈이 먼 바리새인들에 대한 이야기로 끝난다. 표징 자체에 대해 이야기하기 전에 요한은 우선 표징에 대한 신학적 이해를 위해 장면을 설정한다(1–5절). 그는 표징의 의미는 "하나님께서 하시는 일들을 그에게서 드러내시려는 것"(9:3c)이라고 말한다. 다음에 그는 정작 표징 자체에 대해서는 매우 간략하게 기술한다(6–7절). 실제 관심사는 심문에 있기 때문이다. 아마도 표징자료에 따라[7] 간단하게 서술된 기적은 그것이 지니는 표징으로서의 성격과 증거로서의 가치에 따라 평가된다. 재판과정을 연상시키는 심문장면에서는 치유에 대한 모든 의혹이 제거되며, 불신앙은 용서받을 수 없는 것임이 드러난다(9:41; 참조 15:24). 치유받은 자의 신앙은 — 4장의 사마리아 여인과 비슷하게 — 단계적으로 발전해나간다. 매 심문 때마다 치유받은 자의 예수에 대한 이해가 점점 깊어진다. 맨 처음 이웃사람들이 예수에 대해 물었을 때 그가 알고 있던 것이라고는 자신을 고쳐준 사람이 "예수라는 사람"(ὁ ἄνθρωπος ὁ λεγόμενος Ἰησοῦς)이라는 사실뿐이었다(11절). 다음에 바리새인들의 1차 심문과정에서 그들이 보다 많은 것을 알아내려고 압력을 가하자, 그는 예수는 예언자(Προφήτης)라고 고백한다(17절). 마지막 심문에서 그는 예수에 대한 열렬한 옹호자가 된다. 예수가 행한 일(표징)은 그가 하나님께로부터 오신 분(ἦν οὗτος παρὰ θεοῦ)임을 보여준다는 것이다(33절). 다음에 절정을 이루는 예수 자신의 질문에 대한 답변에서 그는 예수를 인자(Πιστεύω, κύριε·)로 보게 된다(37–38절).

이처럼 전에 소경이었던 사람이 점점 예수에 관한 진리에 눈을 뜨게 되

---

6 이 인물에 대해서는 S. Hylen(2009), *Imperfect Believers: Ambiguous Characters in the Gospel of John* (Louisville, Ky.: Westminster John Knox Press) 참조.

7 R. 불트만(1968), p. 361. 기적 부분이 표징자료에서부터 왔다는 그의 주장을 받아들인다 할지라도, 그의 본문 재배열을 받아들이기는 어렵다. 놀라운 극적 기교를 구사하는 요한의 손길에 대해서는 불트만도 인정한다.

는 반면 적대자들의 태도는 점점 더 불신앙으로 굳어지며(16-18-24-28, 29) 악의(34절)를 드러내고 보지 못하게 된다(40-41절). 그들은 점점 더 완고하게 진리를 보지 못하게 된다. 1차 심문 때 그들은 치유 사실을 받아들이는 듯이 보였다(15절). 그들 중 어떤 사람들은 예수가 안식일규정을 위반한 데 대해 비난했지만(16절) 또 다른 사람들은 예수에 대한 치유받은 자의 말을 듣고(17절) 그 말을 믿을 용의도 있었다(16de절). 그러나 그의 부모들에 대한 심문장면에서는 이중 적대적인 집단이 장면을 지배한다. 그들은 그 사람의 부모를 불러 그가 소경이 아니었다는 점을 입증하고자 하며, 기적이 일어났다는 사실 자체에 대해 의심하는 태도를 보인다. 마지막 심문에서는 진실을 발견하려는 관심 자체가 실종되어버린다. 그들은 그 사람에게 기적이 어떻게 일어났는지 반복해서 말하게 해서 그를 올무에 엮으려고만 한다(27절). 기적에 대해 그가 뭐라고 말하건 간에 그들은 예수가 하나님께로부터 왔다는 사실을 부인할 것이다(29절). 그들은 증인을 욕하는 데까지 전락한다(34절). 결국 기적을 판결하는 위치에 앉아 있던 바리새인들이 예수에 의해 심판받는다(39, 41절).

예수의 활동은 분리와 심판이 되었다(3:18-19). 그래서 보지 못하는 자들이 보게 되고, 보는 자들이 보지 못하게 되었다(39절). 요한은 이러한 아이러니한 복음의 진리를 극적인 설화 기술과 아이러니를 구사하여 표현했다. 그것은 이 이야기 안에서 신앙과 불신앙의 과정을 극적으로 대조함으로써 아이러니하게 묘사되었다. 이하의 주석에서는 기본적으로 요한공동체의 상황과 관련하여 이 점을 밝힐 것이다.

본문의 전체적인 구조는 슈낙켄버그와 함께 크게 1-7절의 도입부와 8-34절의 토론과 심문부분, 35-41절의 신학적인 결론부로 나눌 수 있을 것이다.[8] 그러나 앞서 지적했듯이 이 본문의 극적인 구조를 관찰해보면, 9장

8 R. Schnackenburg(1980³), II, p. 303.

은 일곱 개의 장면으로 구성되어 있다. 여기서는 아이러니를 보다 분명하게 보여주는 대칭적인 장면구조에 주목한 맥래를 따라 장면과 등장인물의 변화에 근거해서 단락을 구분했다.

장면 1. 1-7절 예수와 소경

장면 2. 8-12절 치유받은 자와 그의 이웃

장면 3. 13-17절 치유받은 자와 바리새인들

장면 4. 18-23절 바리새인들과 부모

장면 3'. 24-34절 치유받은 자와 바리새인들

장면 2'. 35-38절 치유받은 자와 예수

장면 1'. 39-41절 예수와 바리새인들[9]

여기서는 위의 대칭적인 장면들을 설화의 아이러니한 움직임을 따라 분석하게 될 것이다. 그 움직임들은 치유받은 자가 겪는 믿음과 봄으로의 상승 움직임이면서 동시에 바리새인들이 겪는 불신앙과 보지 못함으로의 하강 움직임이다. 즉 소경으로 태어난 자는 점점 더 명료하게 보지만, 본다고 주장하는 사람들은 점점 더 어둠 속으로 들어가게 된다는 것이다.

한편 본문분석에 들어가기 전에 짚고 넘어가야 할 것은 요한의 이차원적인 서술방식과 역사성에 관한 문제이다. 마틴의 연구 이래 이 단화가 예수의 시대와 요한공동체의 시대가 함께 스테레오로 조망된 2차원적 드라마를 반영한다는 사실이 널리 인정되었다. 요한은 예수 시대의 사건에 대해 서

---

9 G.W. MacRae(1978), *Invitation to John: A Commentary on the Gospel of John with complete Text from the Jerusalem Bible* (Garden City, N.Y.: Image Books), p. 124. 맥래는 첫번째 장면을 "예수와 제자들"이라고 했는데 여기서는 "예수와 소경"이라고 바꾸었다. 그것은 이 단화 전체에서 제자들이 그다지 중요한 역할을 하지 않으며, 또한 이렇게 바꿀 경우 대칭적인 구조가 보다 잘 드러나기 때문이다.

술하면서 사실은 자기 시대의 문제들에 대해 쓰고 있다는 것이다.[10] 따라서 9장에서는 요한 자신의 시대적 상황과 그의 공동체에 대한 것을 읽어낼 수 있다. 여기서는 유대교와 그리스도교 사이의 대결이 나타나며, 그 대결의 중심에는 메시아에 대한 문제가 있다(22절). 공적인 바리새적 유대교는 예수가 메시아라는 것과 그가 하나님으로부터 왔다는 데 대해 열렬히 반대했을 뿐만 아니라, 예수 그리스도에 대한 신앙을 고백하는 사람들에 대해 강제적인 방책을 분명하게 세워놓고 대응했다.[11] 예수를 그리스도로 고백하는 사람들은 유대교공동체로부터 쫓겨났으며, 따라서 공동체로부터 제외되었다(34절). 마틴은 이 서술 전체가 두 차원에서 이루어졌다고 생각한다. 하나는 일회적이고 역사적인 차원이고, 다른 하나는 현재적이고 동시대적인 차원이다.[12] 개별 장면들은 직접 요한공동체의 상황을 반영한다. 성전에서 가까운 예루살렘의 거리는 요한공동체가 살던 도시의 유대인 거주지 거리가 될 수도 있고, 산헤드린 앞에서의 심문은 유대공동체의 지도자 집단이었던 게루시아 회의를 반영하는 것일 수도 있다. 또한 고침받고 믿게 된 자가 쫓겨나는 것은 그 도시의 믿게 된 자들이 회당에서 축출당했던 것을 반영한다. 이것은 요한 자신의 독자들에게 이 사건들이 실제로 일어났음을 의미한다. 만일 이러한 관점이 타당하다면, 9장은 역사적으로는 느슨한 틀 안에서 자신의 신학적 주제를 다루고, 자기 시대의 유대교와 대결하는 요한의 기교를 보여준다고 하겠다.

이하의 주석에서는 그러한 이차원성이 지니는 사회학적, 공동체적 차원에 관심을 가질 것이다. 그러나 주석상의 관심은 어디까지나 문학적인 통

---

10 J.L. Martyn(1979), pp. 27-36, 129-151.

11 이 책 1부 요한복음서의 특징과 역사적 배경 II장 "요한공동체와 유대교" 참조. D.M. Smith(1990), "Judaism and the Gospel of John", *Jew and Christian: Exploring the Past, Present, and Future*, ed. by J.H. Charlesworth (New York: Crossroad).

12 J.L. Martyn(1979), pp. 3-16.

일체로서의 이 설화이므로 역사적인 차원은 이차적인 관심의 대상이 될 것이다. 단지 이 드라마가 실제의 사건으로 일어났던 세계에서 살았던 최초의 독자들에게는 아이러니가 보다 풍부하게 느껴졌으리라는 점을 지적할 수 있다.

2. 본문주석

가. 9:1-7 예수와 소경-"누구의 죄 때문인가?"

이 단락은 이어지는 토론들의 계기가 되는 표징 자체를 서술하면서(6-7절) 동시에 표징에 대한 신학적 대화(2-3절)를 포함한다. 첫머리에 나오는 "가시다가"(παράγων)라는 짤막한 상황보도가 너무 막연하기 때문에, 불트만과 버나드 같은 학자들은 선행하는 단락과 이 단락은 전혀 연결이 되지 않는다고 보았다.[13] 그러나 현재 문맥을 그대로 놓고 보더라도 문맥상 이해가 된다. 이 말은 8:59 마지막에서 예수가 성전으로부터 나왔다는 말과 연결된다. 물론 이 단락이 표징자료에서부터 왔고, 원래 자료에서는 다른 문맥에 속했을 수도 있지만, 거기서의 의미를 따지는 것과는 상관없이 현재 문맥에서 분명한 의미를 가지고 있다. 이것은 요한이 설화를 잘 통합시켰다는 말도 된다.

바레트는 1절에서 소경을 등장시키는 방식이 매우 일반적이라는 데 주목했다. 그에 따르면 이것은 이야기 전체에 상당한 영향을 끼친다. 소경은 여기서 "어떤 사람"(τίς ἄνθρωπος)이 아니라 그냥 "사람"(ἄνθρωπος)으로 소개된다. 그럼으로써 그의 개별성, 특수성이 약화되면서 모든 인간은 소경으로 태어났다는 점이 암시된다는 것이다.[14] 이것은 이어지는 토론과 심

---

13 R. 불트만(1968), p. 362; J.H. Bernard(1929), *A Critical and Exegetical Commentary on the Gospel According to St. John* II (New York: Charles Scribner & Sons), pp. 341-342.

문들에서 아이러니의 효과를 극대화시키는 기능을 한다.

눈먼 자를 보는 순간 예수와 제자들 사이에 대화가 시작된다. 제자들은 이 사람의 소경된 원인이 그 자신의 죄에 있는가, 아니면 그의 부모의 죄에 있는가라고 묻는다. 그들의 이 질문은 오랜 유대교적 배경을 지닌다.[15] 여기서 이 말은 예수의 표징의 목적을 분명히 하고, 이 장에서 계속 나타나는 죄의 주제를 끌어들이는 기능을 한다. 죄의 주제는 치유받은 자, 바리새인, 예수 이 셋 모두와 관련되는 이 단락의 일관된 주제 중 하나이다.

2절의 제자들의 질문은 당시 유대교뿐만 아니라 오늘날에도 많이 남아 있는 고통에 대한 이해의 일단을 보여준다. 고통은 죄의 결과라는 것이다. 그러나 "이 사람이 죄를 지은 것도 아니요, 그의 부모가 죄를 지은 것도 아니다. 하나님께서 하시는 일들을 그에게서 드러내시려는 것이다"(9:3)라는 예수의 답변은 고통에 대한 기존의 이해를 뒤집는다. 여기서 예수는 그 사람의 소경됨을 결과로부터 원인으로 바꾸어놓고 있다. 9:2에서는 "장님이 된 것"이라는 말이 결과를 나타내는 ἵνα 절 안에 나온다(ἵνα τυφλὸς γεννηθῇ;). 반면 3절에서는 장님인 것이 "하나님의 영광을 드러내기 위한 것이라는" ἵνα 목적절의 이유가 된다(ἵνα φανερωθῇ τὰ ἔργα τοῦ θεοῦ ἐν αὐτῷ). 따라서 제자들의 질문에서는 "장님인 것"이 (죄의) 결과였던 반면 예수의 답변에서는 (하나님의 영광을 드러내기 위한) 원인으로 바뀌었다.[16] 이와

---

14 C.K. 바레트(1978b), p. 103. 이밖에도 C.H. Dodd(1963), pp. 184-185.

15 욥의 이야기는 고통과 죄의 인과율적인 관련성을 부정하는 극적인 예를 보여주지만, 예수 당시의 유대교에서는 그 둘 사이에 직접적인 관련성을 가정하는 경향이 여전히 있었다(눅 13:2 참조). 이와 관련해서 자주 거론되었던 구절은 출애굽기 20:5이었다: "……나, 주 너희의 하나님은 질투하는 하나님이다. 나를 미워하는 사람들에게는, 그 죄값으로, 본인뿐만 아니라 삼사 대 자손에게까지 벌을 내린다." 어떤 랍비들은 부모의 죄가 아기에게 그 영향을 끼칠 수 있을 뿐만 아니라, 아기가 어머니의 자궁 속에서도 죄를 지을 수 있다고 주장했다(StB, II, pp. 528-529). R.E. Brown(1966), p. 371에서 재인용.

16 브라운도 비슷하게 이 점을 지적하고 있다. "예수는 이 사람이 소경이 된 원인에 대해 질문을 받았는데, 그 목적에 대해 답변하고 있다." R.E. Brown(1966), p. 371.

함께 제자들의 질문과 그 배후에 있는 관점이 모두 거부된다.

"제자들은 고통을 보고 그것을 희생자에 대해 도덕주의적인 판단을 내리는 계기로 삼았다. 반면 예수는 고통을 하나님의 일을 하는, 즉 고통을 없애는 기회로 삼았다."[17] 요한은 고통 한가운데서 제자들처럼 기계적으로 신정론적인 문제를 제기하는 것이 아니라, 바로 그 고통 한가운데서 진정으로 하나님의 일이 나타나야 할 필요성에 대해 지적하고 있다. "하나님의 일"은 제자들의 생각처럼 죄인들을 고통으로 벌주는 것이 아니라, 바로 그 고통을 극복하는 것이다. 세상은 보지 못한다. 이것은 이미 주어진 현실이다. 그리고 그것을 치유하는 것이 하나님의 일이다.

그러나 이로써 "누가 죄를 지었느냐?"는 질문이 답변된 것은 아니다. 오히려 이 질문은 계속해서 전체 이야기의 배경에 깔린 주제로 나타난다. 요한복음서의 다른 어느 장에서보다도 이 장에서는 죄와 관련된 동사들과 명사들이 많이 나타난다. 제자들은 소경이나 그의 부모 중 하나가 죄를 지었음에 틀림없다고 생각한다(τίς ἥμαρτεν 9:2). 예수는 그들 중 아무도 죄를 짓지 않았다고 말한다(Οὔτε οὗτος ἥμαρτεν οὔτε οἱ γονεῖς αὐτου 9:3). 바리새인들 중 몇몇은 예수가 죄인이라고 말한다(Πῶς δύναται ἄνθρωπος ἁμαρτωλὸς τοιαῦτα σημεῖα ποιεῖν; 9:16). 또 몇몇은 부인하지만, 결국에는 그가 죄인이라고 강조해서 말한다(ἡμεῖς οἴδαμεν ὅτι οὗτος ὁ ἄνθρωπος ἁμαρτωλός ἐστιν. 9:24). 소경은 예수가 죄인일 리 없다고 말한다(9:25, 31-33). 바리새인들은 아이러니하게도 제자들의 입장으로 돌아가서 소경이 죄 가운데서 태어났다고 말한다('Εν ἁμαρτίαις σὺ ἐγεννήθης ὅλος 9:34). 그러나 마지막에 예수는 바리새인들에게 죄가 있다고 선언한다(ἡ ἁμαρτία ὑμῶν μένει. 9:41). 이렇게 보면 9장 전체가 "누가 죄인인가?"라는

17 A.M. Hunter(1965), *The Gospel According to John* (Cambridge: Cambridge University Press), p. 95.

물음에 의해 규정되었으며, 그 시초가 2절의 제자들의 질문에서 나타난다.

3절의 예수의 답변은 치유사건을 미리 지적한 것이면서 동시에 표징에 대한 요한의 일관된 견해를 드러낸다. 소경이 보지 못하는 것은 "하나님께서 하시는 일을 그에게서 드러내시려는 것"이라는 말은 11:4에서 나사로의 병이 "하나님의 영광을 드러내기 위한 것"이라는 말과 병행을 이룬다. 소경의 고통은 나사로의 병과 같은 목적을 위해서 이용된다는 것이다. 이것은 가나기적의 의미와도 같다: "예수께서 이 첫 번 표징을 갈릴리 가나에서 행하여 자기의 영광을 드러내셨다."(2:11) 단지 여기서는 "하나님의 영광"(τὴν δόξαν αὐτου)이라는 말 대신 "하나님의 일"(τὰ ἔργα τοῦ θεοῦ)이라는 말이 사용되었다. 불트만에 의하면 예수의 기적들이 "하나님의 일들"인 것은 오직 "그것들이 본래의 일들, 또는 그가 아버지의 부탁으로 수행하는 일에 관한 지시들, 또는 상징들로서 표징이라는 점에서만 하나님의 일들이다. 그러므로 이어지는 설화는 처음부터 이 상징성에 비추어서 이해되어야 한다. 소경에게 시력을 선사하는 자가 곧 '세상의 빛'이라는 것이다."[18] 불트만은 표징의 그리스도론적인 함축의미를 정확히 보고 있으며, 이것은 이어지는 문맥에서도 분명히 드러난다. 4-5절은 이러한 맥락에서 이해되어야 한다.[19] 여기서 예수의 말은 이어지는 토론, 심문과 관련하여 두 가지 의미를

---

18 R. 불트만(1968), p. 363.

19 4절 본문에 대해서는 이론이 있다. א* WLK[c] 0124 sa는 ημας δει…του πεμψ. ημας로, א[a] ACNT ΔΘ와 라틴 및 시리아 역본들은 εμε δει…του πεμψ. μεε로 읽는다. 이것들은 현재 본문에 나타나는 인칭상의 불일치를 제거하려는 시도들일 것이다(현재 본문에서는 ημας…με라고 되어 있어서 1인칭 복수와 1인칭 단수가 함께 나온다). 불트만은 이중 후자를 선택하며, "우리"라는 복수는 그리스도교 공동체에 의해 들어왔으리라고 본다. R. 불트만(1968), p. 364 주 18 참조. 그러나 브라운의 말대로 여기서는 예수가 자신과 제자들을 관련시키고 있다. 4:35-38에서도 예수는 제자들과 자신을 관련시켰다. 그리고 12:36에서 예수는 제자들에게 "너희는 빛이 있는 동안에 그 빛을 믿어서, 빛의 자녀가 되어라"고 말한다. 이것은 "우리가……낮 동안에 일해야 한다"는 이 구절의 진술과 일맥상통한다. R.E. Brown(1966), p. 372.

지닌다. 첫째는 14절과 관련해서 볼 때 안식일 역시 예수의 활동을 제한할 수 없다는 의미(4절)와 둘째는 이어지는 이 이야기의 내용과 관련한 그리스도론적인 선언, 즉 예수는 "세상의 빛"이라는 중심적인 진술을 제시한다는 것이다(5절).[20] 요한은 이 두 주제를 다음 단락들에서 발전시킨다.

이제 6-7절에서 소경의 치유사건이 보도된다. 문학적으로 이 서술은 마가복음 8:22-26; 10:46-52로부터 끌어낼 수 없다.[21] 이 설화내용은 공관복

---

20 많은 학자들이 이 구절들을 요한의 작품으로 본다. 즉 그는 1, 2, 3a, 6, 7절을 포함하는 간단한 기적설화를 표징자료로부터 물려받았고, 원래 여기에는 3b-5절의 예수의 답변과는 다른 답변과 치유사건에 대한 보도가 있었으리라고 본다. R. Schnackenburg(1980^3), II, p. 309. R.T. Fortna(1970), pp. 70-74에서도 이와 비슷하게 보는데, 단 원래 자료의 치유기적 이야기가 8절까지 이어진 것으로 보려고 한다. 한편 요한은 3b-5절과 실로암이라는 이름에 대한 해설을 덧붙였으리라는 것이다. 이렇게 본다면, 요한은 자료로부터 크게 소경치유의 동기만을 받아서 예수를 세상의 빛으로 상징적으로 서술하기 위해 특별한 인상을 주는 새로운 이야기를 만들었다.

21 예수가 소경을 치유한 이야기는 공관복음서에 많이 나온다. 공관서 전승에서 소경치유 이야기들을 열거하자면 다음과 같다.

1. 소경 바디매오의 치유, 그는 예수가 예루살렘으로 갈 때 여리고 근처에 앉아 있다가 구걸했다(막 10:46-52; 눅 18:35-43; 마 20:29-34 두 소경)
2. 갈릴리의 두 소경(마 9:27-31-앞의 이야기를 복사한 것인지 불확실하다)
3. 갈릴리의 장님 벙어리(가버나움?)-마태복음 12:22-23. 그러나 누가복음 11:14에서는 벙어리라고만 말하며, 예루살렘으로 가는 도상에 있다.
4. 벳새다에서 침을 사용하여 단계적으로 치유받은 맹인(막 8:22-26). 마태복음 15:30에서는 비슷한 상황에서 소경의 치유를 언급하는 요약문을 제시하고 있다.
5. 성전정결과 연결된 요약문에서 예수가 예루살렘에서 소경을 치유한 것으로 나온다(마 21:14)

외경 빌라도 행전 6:2에서는 분명히 위1의 바디매오인 소경에 대해서 "날 때부터 소경"이라고 언급하고 있다. 즉 공관복음서와 요한복음서의 보도를 뒤섞고 있다. 저스틴 역시 예수가 "절름발이와 중풍병자, 날 때부터 소경인 자들을 고쳤다"고 말할 때 두 전승을 뒤섞었다고 할 수 있다. 실제로 다양한 공관복음서의 보도들과 요한복음서의 보도 사이의 유사점은 의외로 많지 않다(위의 밑줄 친 부분 참조). 확실히 요한은 어느 한 공관복음서의 보도에 의존하고 있지 않으며, 여러 공관복음서 장면들의 세부묘사를 결합하지도 않았다. 요한에서 중요하고 특징적인 것들은 공관복음서의 장면들에 나타나지 않는다. 예를 들어 날 때부터 소경, 진흙 사용, 실로암 물을 통한 치유, 기적에 대한 심문, 부모들의 심

음서의 전형에서 거리가 멀다. 기적에 대한 서술에서는 특별히 예수의 주도권이 강조되었다. 소경의 역할은 단지 순종하는 것이다. 못의 명칭에 대한 설명 역시 예수와 관련된다. 불트만에 의하면 그것은 "설화의 상징적 의미를 알레고리적 의미로 승화시킨다."[22] "보냄받은 자"는 곧 예수라는 것이다(3:17, 34; 5:36). 소경이 실로암의 물에 의해서 보게 되는 것 같이 신앙은 "보냄받은 자"인 예수로부터 계시의 빛을 받는다는 것이다.

나. 9:8-12 치유받은 자와 그의 이웃—표징에 대한 질문들

고침받은 자가 돌아온 장면에서 예수가 나오지 않는 것은 특이하다. 8-34절은 요한복음서에서 예수가 등장하지 않는 가장 긴 대목이다. 요한은 예수가 등장하지 않는데 어째서 이렇게 길게 이야기했을까?

이 단화가 요한공동체가 처한 역사적 상황을 반영한다는 앞서 마틴의 가설을 전제할 때 고침받은 자는 단순한 개인이 아니다. 예수에 의해 시력을 얻고 그로 인해 유대인들로부터 괴로움을 당하는 고침받은 자는 요한 그리스도인들을 상징한다. 그들은 이 사람과 마찬가지로 세상의 빛인 분으로부터 시력을 얻었다. 그리고 그처럼 자신들의 신앙고백 때문에 고통을 당했다. 고침받은 자의 행동은 박해의 상황에서 어떻게 행동해야 하는지 보여준다. 바리새인들 앞에서 그의 태도는 담대하며, 그의 부모들이나 7:50-51

문 등이 그렇다. 물론 이러한 두드러진 특징들은 요한의 신학적 관심에 기여하는 것들이다. 요한의 이야기에서 원시적이고, 진정성을 나타내 주는 특징들로 언급할 수 있는 것들은 침을 사용하는 것, 기적에 대한 간단한 서술, 실로암못에 대한 지리적인 정보, 안식일 규정에 대한 자세한 지식 등이다. 그렇다면 전반적으로 9장 배후에는 요한전승에만 보존된 원시적인 치유이야기가 있다고 개연적으로 말할 수 있을 것이다. C.H. Dodd(1963), pp. 181-188 참조. 요한은 이 이야기 안에서 거의 이상적인 표징의 예를 발견했고, 이것은 그의 독자들을 훈계하고, 예수가 메시아라는 그들의 신앙을 더욱 굳게 하는(20:31) 데 사용되었으며, 그는 이러한 목적을 염두에 두고 이야기를 다듬었을 것이다.

22 R. 불트만(1968), p. 365.

의 니고데모의 행동과는 분명한 대조를 이룬다. 사실 그의 태도와 가장 유사한 것은 18:19-23에 나오는 대사제 앞에서의 예수의 태도이다. 아마도 이러한 유사성이 어째서 이야기의 중심부분에 예수가 등장하지 않는지에 대한 이유가 될 수 있을 것이다. 예수의 역할을 치유받은 자 자신이 대신하고 있는 것이다. 고침받은 자는 개인이나 요한공동체가 회당당국 앞에서 취해야 할 태도를 보여준다. 8-34절 전체는 이러한 역사적 배경에 비추어서 이해해야 한다.

불트만은 8-38절을 기적에 관한 토론이라는 주제 하에 한데 묶어서 주석하며, 여기에 기적설화 양식에서 전형적으로 나타나는 "증인들"의 놀람에 대한 주제가 이용되었다고 본다.[23] 그러나 여기서는 공관복음서의 기적설화들에서처럼 기적의 효과에 대한 서술로서 증인들의 반응이 나타나지는 않는다. 이어지는 장면들에서는 주변 사람들의 놀람이라든가, 그들이 하나님께 찬양을 돌렸다는 보도가 없고, 단지 치유의 사실 자체를 확증하고, 치유가 예수에 대해 증거하는 기능만이 강조된다. 여기서 문제가 되는 것은 다음과 같은 질문들이다. "치유받은 사람이 정말로 예전에 소경이었는가?"(사실성에 대한 질문), "치유는 어떻게 일어났는가?"(방식에 대한 질문), "치유가 일어났다는 사실이 예수가 하나님으로부터 왔다는 것을 증거해주는가?"(신학적 의미에 대한 질문)[24] 이중 첫 번째 질문인 사실여부는 이웃들과 치유받은 자 자신, 그리고 그의 부모를 통해 확증된다. 두 번째 치유의 방식은 치유받은 자가(26절까지) 거듭 반복해서 같은 말을 함으로써 확증된다. 마지막으로 신학적 의미에 대한 질문은 예수는 죄인인가, 아니면 하나님으로부터 온 분인가라는 그리스도론적인 질문으로 발전된다. 랍비적인 결의

23 R. 불트만(1968), pp. 365-366. 단 그것이 기적의 신뢰성을 위한 상황의 결문으로서가 아니라 주(主) 설화의 전주로 이용되었다고 한다. 양식상 치유기적 설화는 1) 병의 심각함 2) 치유 3) 치유의 입증으로서 구경꾼들의 감탄이라는 세 요소를 지닌다.

24 R. Schnackenburg(1980³), II, pp. 311-312.

론에 의하면 예수는 안식일규정을 어긴 죄인인 반면, 그렇게 큰 기적을 행한 것으로 보면 하나님으로부터 온 분이다. 이 세 주제가 이어지는 장면들에서 구체적인 대화들을 통해 아이러니하게 서술되었다.

8-34절은 네 개의 장면으로 이루어졌다. 첫째 장면에서는 고침받은 자와 그의 이웃이 등장한다. 이웃들은 이제 기적이 일어났다는 사실과 그것이 어떤 방식으로 일어났는지, 그 기적을 일으킨 사람이 어떤 사람인지에 대해 이야기하기 시작한다. 위의 세 질문들이 제기되기 시작하는 것이다. 제일 먼저(8-9절) 그들은 "이 사람은 앉아서 구걸하던 사람이 아니냐?"(9:8)라는 질문에서부터 확인을 해야 했다. 어떤 사람들은 "이 사람이 그 사람이다"라고 말했고, 또 어떤 사람들은 "그가 아니라 그와 비슷한 사람이다"(9:9)라고 말했다. 그는 간단하게 "내가 바로 그 사람이오"(9:9)라고 답한다.

기적이 일어났다는 사실을 확인한 후 이웃들은 그것이 어떻게(Πῶς) 일어났는지 묻는다(10-11절). 이것은 치유의 방식에 대한 질문으로서, 겉보기에 대수롭지 않아 보이는 질문이지만, 이 장에서 네 번 반복된다(9:10, 15, 19, 26). 이에 대한 치유받은 자의 답변은 핵심적이며, 예수에 대한 그의 생각을 담은 첫 번째 언급이다. "예수라는 사람이(ἄνθρωπος) 진흙을 개어 내 눈에 바르고, ……말하였소." 여기서도 행동을 주도하는 예수의 특성이 강조되었다. 그리고 '사람'(ἄνθρωπος)은 치유받은 자가 예수에 대한 호칭으로서 자신이 지금 이해하는 한도 내에서 할 수 있는 최소한도의, 가장 낮은 단계의 말이다. 예수에 대한 그의 인식은 앞으로 계속 발전될 것이다.

12절에서 사람들은 예수에 대해 보다 분명하게 "그 사람이 어디에 있느냐?"(Ποῦ ἐστιν ἐκεῖνος;)고 묻는다. 이에 대해 그는 "모르겠습니다"(Οὐκ οἶδα.)라고 답할 수밖에 없었다. 이 말은 아직 그가 예수에 대한 신앙에 이르기 위해 건너야 할 거리가 멀다는 것을 보여준다.[25] 그러나 그는 사마리

25 불트만은 이 말을 통해 복음서저자가 계시사건의 기이성과 추정불가능성을 암시했다고

아 여인과 마찬가지로 예수 자신이 마지막 신앙의 문을 열어줄 때까지 불신앙인들의 반대 가운데서도 그 길을 갈 것이다. 한편 9장에서 가장 두드러진 동기라고 할 수 있는 예수에 대한 인식이 γινώσκω가 아니라 οἶδα라는 말로 늘 표현되었다는 사실은 주목할 만하다. οἶδα라는 말은 원래 εἶδον이라는 말과의 관련성이 보여주듯이 보는 것과 관련이 있다.[26] 여기서 요한은 가능한 한 봄과 관련된 언어들을 사용했다.[27] 그는 처음에 사람들을 움직이는 나무들로 보았던 마가복음 8:24의 사람처럼 자신이 아직 알지 못한다는 사실을 고백한다.

앞에서 살펴보았듯이 이 장면에서는 표징의 사실성과 방식, 신학적 의미에 대한 앞의 세 질문들이 도입되었다. 이제 이 질문들은 장면마다 계속 제기되며, 장면이 바뀌고 등장인물들이 바뀔 때마다 새로운 발전과 전기를 얻게 된다.

다. 9:13-17 치유받은 자와 바리새인들-"너는 그를 어떻게 생각하느냐?"

이제 이 사람은 바리새인들에게 인도된다(13절). 그것은 이제야 말해지듯이(14절) 치유가 안식일에 일어났기 때문이다. 사람들은 흔히 바리새인들에게 가서 종교적인 문제들에 대한 판단을 듣곤 했다(7:26, 32 참조). 이 단락에서 그러한 일을 담당한 바리새인들은 분명히 율법학자들인데, 요한

본다. R. 불트만(1968), p. 366. 그러나 슈낙켄버그의 말대로 요한은 끊임없이 치유사건이 부인할 여지없이 확실한 사실임을 입증하고자 하므로 그렇게 보기는 어려운 것 같다. 물론 독자들은 이렇게 위대한 표징조차도 즉각적으로 신앙을 불러일으키지 못한다는 사실을 알게 된다(12:37). R. Schnackenburg(1980³), II, p. 313.

26 두 말은 모두 ιδ — 봄과 지혜의 어근 — 에서 나왔다. Liddell & Scott(1940), *A Greek-English Lexicon I*, rev. ed. (Oxford: The Clarandon Press), p. 483.

27 9장에서는 보는 것과 관련된 단어들이 미묘하게 연결되었다: οἶδα, φανερωθῇ, φῶς, τυφλὸς, βλέπω, ἑώρακας. 그리고 이것들을 통해 의미상 반복이 이루어지고, 아이러니가 고조되기도 한다.

은 γραμματεῖς라는 말을 쓰지 않았다. 아마도 이것은 요한의 시대에는 모든 율법학자들이 바리새인들이었고, 이들이 율법적이고 공적인 유대교를 대표했기 때문일 것이다.[28] 사실 9장에서 "바리새인들"(9:13, 15, 16)이라는 말은 "유대인들"(9:18, 22)이라는 말과 바꿔 쓸 수 있다. 이같은 바리새파의 역할과 이들의 회당축출 위협은 예수 자신의 삶의 정황과는 맞지 않는다. 이것은 복음서가 집필될 당시의 실제적인 상황을 반영한다.

"진흙을 개어"(τὸν πηλὸν ἐποίησεν)라는 말은 안식일에는 반죽을 개는 것이 분명하게 금지되었던 것을 염두에 둔 것이다. 또한 "뜨게 하셨다"(ἀνέῳξεν)라는 말을 사용한 데서도 역시 예수를 치유하는 자로, 안식일규정의 위반자로 부각시키려는 의도가 드러난다. 바리새인들로서는 처음으로 치유가 어떻게 일어났는지를 묻고, 이에 대한 치유받은 자의 대답은 그가 보게 된 사실에 대한 여섯 번째 언급이다(7, 10, 11, 13, 14, 15절). 이것은 치유받은 사실 자체가 그만큼 중요하다는 점을 말해준다. 아이러니하게도 바리새인들 중 몇몇은 즉각적으로 예수는 하나님으로부터 왔을 리가 없다고 결론내린다(16절). 왜냐하면 그가 안식일규정을 어겼기 때문이다. 치유받은 자는 예수가 어디 있는지 몰랐지만, 바리새인들은 그가 어디로부터 왔는지 확신하고 있다.

16절에서 요한이 명시적으로 아이러니를 구사했다고 주장하기는 어렵지만, 아이러니하게 해석할 수 있는 여지가 있다. 우선 바로 눈앞에 하나님을 두고도 그가 율법규정을 지키지 않았다고 해서 그를 부정하는 율법주의자들의 모습에는 슬프도록 우스꽝스러운 데가 있다. 뿐만 아니라 예수가 안식일에 활동하는 것은 예수가 하나님으로부터 오지 않았다는 증거가 아니라, 오히려 아이러니하게도 그 둘의 하나됨에 대한 증거이다. 왜냐하면 안식일 치유사건에 대한 또 다른 이야기에서 예수는 "내 아버지께서 이제

28 R. Schnackenburg(1980[3]), II, p. 313.

까지 일하시니, 나도 일한다"(5:17)라고 말하기 때문이다. 예수는 참된 안식인 죽음이 오기 전까지 아직 낮일 동안(9:4) 일해야 한다.[29] 바리새인들은 이 점을 전혀 이해하지 못한다.

그러나 예수가 율법을 지키느냐는 문제와 관련해서는 또 다른 아이러니가 나타난다. '지키다'(τηρέω)는 요한복음서에서 자주 사용되는 동사이다. 예수는 끊임없이 청중들에게 자신의 말과 명령을 지키라고 한다(8:51; 14:15, 21, 23; 15:10). 이 이야기 바로 앞에서도 그런 말이 나왔다(8:51). 예수는 그 자신이 율법을 지켜야 하는 존재가 아니라, 그의 말과 명령이 지켜져야 하는 존재이다. 나아가서 요한은 예수는 아버지의 말을 지키며(8:55) 그의 적대자들은 지키지 않는다(8:42, 55)는 사실을 이 이야기 앞에서 명확하게 밝혔다. 이것은 7:19에도 나왔다. 따라서 예수가 치유행위를 하면서 안식일규정을 어겼더라도 바리새인들은 그를 고발함으로써 아이러니하게도 그들 자신을 고발할 뿐이다.

바리새인들 중 몇몇의 발언도 이 점을 뒷받침해준다("죄가 있는 사람이 어떻게 그런 표징을 행할 수 있겠소?" 9:16). 그들의 말은 중요한 진리를 강조한다. 어떤 사람들에게는 예수의 행동이 안식일 위반으로 보이지만 볼 수 있는 사람들에게 그것은 표징이다.[30] 그래서 예수의 행위에서 표징을 본 사람들과 죄인을 본 사람들 사이에 분열이 생기게 되었다(καὶ σχίσμα ἦν ἐν αὐτοῖς. 9:16).[31]

---

29 S. Pancaro(1975), p. 18. p. 29에서 팡카로는 "문제는 '예수가 안식일에 일을 함에도 불구하고 하나님의 사람이라고 할 수 있는가'가 아니라, '하나님의 아들로서 예수는 안식일에도 일을 해야 하지 않는가'이다"라고 말한다.

30 S. Pancaro(1975), pp. 19-20. 여기서 그는 이 둘을 분명하게 대조시키고 있다.

31 역사적인 측면에서 이것은 유대당국 안에 니고데모와 같은 숨은 신자들이 있었다는 사실을 나타내는 것으로 볼 수도 있다(3:2). 그렇다면 소경이 그들 앞에 다시 불려나오고, 거기서 그들이 "너는 그 사람의 제자이지만 우리는 모세의 제자다"(9:28-29)라고 일치된 견해로 말하기 전에 이러한 분열이 사라진 것이든지, 아니면 그러한 그들의 일치된 발언은

내부분열로 혼란스러워진 바리새인들은 치유받은 자에게 개인적인 견해를 묻는다. "그가 당신의 눈을 뜨게 하였는데, 당신은 그를 어떻게 생각하오?"(9:17) 이것은 위의 세 번째 질문, 즉 치유의 신학적 의미에 대한 질문이며, 그리스도론적인 차원으로 발전되었다. 즉 이 질문은 예수가 하나님으로부터 온 분인가, 그리고 예수는 누구인가에 대한 질문으로 발전된 것이다. 이제 이 사람은 예수의 적대자들에 의해 예수에 대한 신앙에 한 걸음 더 가까이 가도록 강요받은 것이다. 그는 "그분은 예언자입니다"(9:17)라고 답변한다. 이것은 예수에 대한 그의 두 번째 언급으로서 좀 더 발전된 내용을 담고 있으며, 완전하게 보는 상태로 한 단계 더 나간 것이다. 바리새인들은 그와 논쟁을 하지는 않지만 불편한 심사는 분명한데, 이것은 장면이 갑자기 중단되고, 이어지는 그들의 전략이 즉시 바뀌는 데서도 나타난다.[32]

라. 9:18-23 바리새인들과 부모-"이 사람이 당신들의 아들이오?"

앞 단락에서 서술되었던 바리새인들 사이의 분열은 더 이상 언급되지 않는다. 이견을 제시했던 바리새인들 중 몇몇은 예수와 이웃들, 그리고 부모들이 그렇듯이 무대에서 조용히 떠난다. 장면이 바뀔 때마다 풋내기 신자와 완고한 불신앙인들 사이의 이원론적 대립에 초점을 맞추기 위해 등장인

이 숨은 그리스도인들이 자신들이 그리스도인임을 숨기는 데 머무르지 않고, 실제로 박해에 참여하기까지 했다는 것을 의미한다고 볼 수 있다. 실제로 마틴은 요한복음 8:31-59에 근거해서 숨은 그리스도인들이 요한 그리스도인들을 순교시키는 데 협력했을 가능성에 대해 말한다. J.L. Martyn(1978), pp. 114, 108-109. 또한 9:40-41에 나오는 "예수와 함께 있던 바리새인들"도 이 숨은 그리스도인들을 가리킬 수 있지만, 이것은 우연히 거기 있던 바리새인들을 뜻할 수도 있으므로 불확실하다. 소경이었던 사람의 부모들은(9:18-23) 보다 분명하게 은밀한 그리스도인들을 대표한다. 이들은 회당당국에 속하지 않는 일반인들이지만 회당으로부터 쫓겨날까 두려워 예수의 표징들을 인정하지조차 못한다. D.M. Smith(2008), *The Fourth Gospel in Four Dimensions: Judaism and Jesus, the Gospels and Scripture* (Columbia: Univ. of South Carolina Press) 참조.

32 R. Schnackenburg(1980^3), II, p. 315.

물들은 극적으로 줄어든다.

"유대인들"이라는 말은 예수에게 동조적인 몇몇 바리새인들이 퇴장할 때까지 자제되었다. 18절에서 "복음서저자는 '바리새인들'이라는 말을 '유대인들'로 바꿈으로써 심문의 공적인 성격을 나타내고자 했을 것이다. 왜냐하면 복음서저자에게는 '유대인들'이라는 말이 더 자주 유대당국으로서의 기능을 하기 때문이다(1:19; 2:18, 20; 5:10 등). 그리스도인들에 대한 회당축출 결정도 이 '유대인들'로부터 나온다(22절)."[33] 이제 "유대인들"은 공격의 논점을 바꾼다. 안식일 위반에 대한 고소가 실패했기 때문에, 그들의 유일한 희망은 기적이 일어났다는 사실 자체를 부인하는 것이다. 8절에서 이웃사람들이 치유받은 자에게 했던 질문을 다시 묻지만, 중요한 점이 달라진다. 그들은 그의 부모에게 "이 사람이, 날 때부터 눈먼 사람이었다는 당신들의 아들이오?"(9:19)라고 묻는다. 유대인들은 그가 전에 눈이 멀었었다는 데 대해 이의를 제기하고 있는 것이다. 이러한 유대인들의 질문은 앞서 말한 세 가지 질문 중 첫 번째에 해당하는 것으로 기적의 사실성 여부에 대한 것이다. 그런데 앞 단락(13–17절)에서 바리새인들은 기적이 일어났다는 사실 자체에 대해서는 의혹을 제기하지 않고, 그 방식과 치유자에 대해서만 질문을 제기했었다. 안식일규정 위반을 빌미삼아 예수를 죄인으로 입증하려는 시도가 자신들 내부의 분열로 인해 실패하자 그들은 첫 번째 질문으로 후퇴한 것이다. 유대인들의 이러한 태도는 불신앙의 퇴행성을 보여준다. 치유받은 자가 예수에 대한 고백에서 점점 진일보하는 것과 대조적으로 이들은 점점 더 완고하게 그에 대한 무지의 나락으로 떨어진다.

그러나 그 사람은 분명히 소경이었다가 보게 되었다. 유대인들은 누군가 그의 과거에 대해 거짓말하기를 기대하지만, 또 그의 부모들은 특별히 용기 있는 사람들이 아니었지만, 중요한 사실을 잘못 제시하지는 않는다. "이 아

33 R. Schnackenburg(1980^{3}), II, p. 316.

이가 우리 아들이라는 것과, 날 때부터 눈먼 사람이었다는 것은 우리가 압니다(οἴδαμεν).” 그러나 그들은 “어떻게”와 “누구”에 대해서 말하기를 꺼린다. 그들은 “다 큰 사람이니 그에게 물어보십시오. 그가 자기 일을 이야기할 것입니다”라고 말한다. 여기에는 아이러니가 나타난다. 왜냐하면 부모들의 두려움은 오히려 “유대인들”을 다시 한 번 가로막기 때문이다. 바리새인들은 이미 그들의 아들을 심문했다. 그리고 그는 자기 일에 대해 매우 분명하게 말했다. 그가 본다는 사실에 대한 그들의 불편한 심사가 그들로 하여금 다른 전략을 쓰게 만들었던 것이다. 그러나 이 전략도 실패했다. 불트만이 말하듯이 관여하지 않으려는 부모들의 답변은 “냉정하게도 당국 스스로 그들의 판단을 내려야 할 책임을 지우는 것이었다……. 그 대답은 아이러니한 조심성으로 자신들의 판단을 위해 당국이 책임질 것을 요구한다.”[34]

이제 기적은 부인할 수 없는 사실이 되었다. “유대인들”도 이 사람이 장님이었다가 보게 되었다는 사실을 인정할 수밖에 없다. 이어지는 심문과 박해는 눈을 열고 보게 된 기적에도 불구하고 행해진 것이다. 이 핵심적인 사실은 훗날 예수를 고백하게 된 유대인들이 겪어야 했던 끔찍한 고통을 반영한다고 볼 수 있다. 맥래는 여기서 회당축출에 대한 서술(22절)이 나온다는 이유에서 이 장면을 중심적인 것으로 본다.[35] 그러나 이와 함께 유대인들이 치유기적이 실제로 일어났다는 사실을 분명하게 인식하고, 그럼에도 불구하고 적대적인 행위를 점점 더 강화해나가기 시작한다는 점에서도 이 장면이 결정적인 분기점이라고 볼 수 있다. 여기서는 예수에 대한 믿음으로 인해 그리스도교 신자들이 지역 유대교공동체로부터 축출당하고,[36] 다른 한편으로 그에 대한 불신앙은 하나님의 활동을 보지 못하게 만

---

34 R. 불트만(1968), p. 367.

35 G.W. MacRae(1978), p. 126.

36 어째서 바리새인들이 예수를 그리스도로 고백하는 사람들에 대해 적대적이었는지는 분명치 않으며, 요한공동체가 경험한 박해의 동기가 무엇이었는지도 분명치 않다. 요한공

든다는 사실이 분명해진다.

이제 치유받은 자의 부모가 보인 두려움에 찬 태도에 주목할 필요가 있다. "이 아이가 우리 아들이라는 것과, 날 때부터 눈먼 사람이었다는 것은, 우리가 압니다. 그런데 우리는 그가 지금 어떻게 보게 되었는지도 모르고, 또 누가 그 눈을 뜨게 하였는지도 모릅니다. 다 큰 사람이니, 그에게 물어보십시오. 그가 자기 일을 이야기할 것입니다."(9:20-21) 겉보기에 이 말은 우스꽝스럽지만 사실은 그렇지가 않다. 요한의 설명에 의하면 그들은 누구든지 예수를 메시아라고 고백하는 사람들은 회당에서 쫓아내기로 결의한 "유대인들"을 두려워했기 때문에 그렇게 말했다(9:22). 여기서 요한이 주목하게 하려는 것은 그들의 무지한 발언이 아니다. 그는 그들이 두려워서 "다 큰 사람이니 그에게 물어보십시오"(23절)라고 말했다고 강조했다. 부모들은 자신들이 주목받는 것으로부터 스스로를 방어했을 뿐만 아니라, 고의적으로 심문자의 주의를 아들에게로 돌려놓았다. 그것도 자신들이 지금 두려워하는 판결을 그가 받게 되리라는 사실을 알면서도 그렇게 한 것이다. 이러한 그들의 행동이 어느 정도로 요한공동체 역사의 실제 사건들을 반영하는지는 알 수 없다. 여기서 부모의 중심적인 기능은 그들의 아들의 행동을 보다 두드러지게 하는 대조점의 역할이다. 숨은 그리스도인의 상징으로서 그들은 니고데모보다 더 부정적인 상을 제시한다. 그들은 독자들에게 요한공동체의 상황에서 공개적인 신앙고백을 피하는 것은 모험을 감행하고 대결의 과정에 이미 들어가 있는 사람들에게 위험을 가져다줄 수도 있다는

동체의 그리스도론에 대한 유대당국의 신학적인 혐오감 때문이었으리라는 것이 아마도 가장 분명하고 설득력 있는 설명일 것이다. 이와 함께 이방인들에 대한 그리스도인들의 자유로운 태도에 유대인들이 물들지나 않을까 하는 염려 때문일 수도 있고, 유대전쟁 이후 공동체적인 결집력을 강화하기 위한 것이었을 수도 있다. D.M. Smith(1990), "Judaism and the Gospel of John", *Jew and Christian: Exploring the Past, Present, and Future*, ed. by J.H. Charlesworth (New York: Crossroad) 참조.

사실을 상기시켜준다. 자기방어는 곧 다른 사람들에 대한 배반이라는 것이다. 모든 개인적인 행동은 공동체적 결과를 가져온다. 고침받은 자와 그의 부모는 둘 다 9장에서 선택 앞에 놓여졌다. 그리고 그들의 선택은 첨예하게 대립된다. 따라서 제자들이 제기했던 질문은 아이러니한 답변을 얻게 된다. "누구의 죄 때문입니까? 이 사람의 죄입니까? 부모의 죄입니까?"(9:2) 그들 중 누구의 죄 때문에 소경이 된 것이 아니다. 단지 그의 치유의 결과 소경이었던 사람은 완전한 빛에 도달한 반면, 그의 부모들은 여전히 죄 가운데 머물러 있는 것이다. 즉 보지 못하던 사람은 보게 되고, 보는 사람은 보지 못하게 되었다.

마. 9:24-34 치유받은 자와 바리새인들-"그분이 내 눈을 뜨게 하셨다"

이 장면에서 유대인들은 치유받은 자를 두 번째로 불러 2차 심문을 벌인다. 9장이 믿는 자가 완전한 신앙의 인식에 이르는 과정과 믿지 않는 자가 더욱 어두운 불신앙의 나락으로 떨어져가는 과정을 극화한 것이라면, 이 다섯 번째 장면에서는 그 둘의 직접적인 대결이 이루어진다. 적대적인 유대 당국은 아무런 대안도 없이 두 번째로 치유받은 자를 부른다. 그의 부모를 증인으로 내세워 기적이 일어났다는 사실 자체를 부정하려던 시도가 실패하자, 여기서도 그들의 전략은 바뀌었다. 이제 그들은 무조건 예수는 죄인이라고 단언하며, 아예 위협을 한다. 당국의 권위를 앞세워 그로 하여금 자신이 했던 증언들을 거두어들이게 하려는 것이다. 유대인들이 당국으로서의 권위를 내세우고 있다는 사실은 "우리는"(ἡμεῖς, 24, 28, 29절)이라는 말을 사용해서 두 번 강조적으로 반복된 "알고 있다"(οἴδαμεν, 24, 29절), 모세를 내세우는 것(28-29절), 자기들 뜻대로 되지 않는 이 사람을 욕하는 것(28, 34절)에서 드러난다.[37] 이들은 불신앙으로 인해 점점 더 절망적이고 맹목적인

37 R. Schnackenburg(1980³), II, p. 318.

행동을 하게 된다.

바리새인들의 첫 발언인 "영광을 하나님께 돌려라. 우리가 알기로, 그 사람은 죄인이다"(9:24)라는 말은 여러 측면에서 아이러니하다. 우선 이 말은 3장의 니고데모처럼 사실은 알지 못하면서 안다고 잘못 주장하는 대표적인 경우이다. 이들은 자신만만하게 "우리는 안다"(ἡμεῖς οἴδαμεν 9:24)고 주장한다. 그러나 이것은 예수를 향한 비난을 그들 자신에게 돌리는 기능을 한다. 그들은 예수가 죄인임을 안다고 주장하지만, 사실은 예수가 아니라 그들 자신이 죄인이며(9:41) 따라서 그들은 알지 못한다는 사실이 분명하게 드러난다는 점에서 아이러니가 발생한다. 또한 여기서는 그들이 경건한 체 앞에 갖다 붙인 "영광을 하나님께 돌려라"라는 말을 통해 그러한 아이러니가 더욱 고조된다. 일반적으로 이 말은 증언이나 죄를 고백하기 전에 정직을 맹세하는 말이었다고 한다.[38] 그러나 여기서 요한은 바리새인들이 이 말을 하는 것으로 서술하면서 그들을 은근히 비웃고 있다. 악의에 찬 심문자들이 경건한 체 가장한다. "유대인들"은 그렇게 엄숙하게 이 사람에게 진실을 말하라고 엄명하지만 그들 자신은 진리에 대해 닫혀 있음이 곧 드러난다. 또한 이 말을 한 그들의 의도와 상관없이 치유받은 자가 이어지는 신앙고백을 통해 정말로 하나님께 영광을 돌리게 되는 것도 아이러니하다.[39]

예수가 죄인이라는 비난은 사실 중요한 의미를 지닌다. 유대인들은 예수가 안식일법을 어긴 것을 염두에 두고 있다. 그러나 어떤 사람의 존재에 대해 죄인이라고 고발하는 것은 율법에 대한 그의 이해, 즉 율법에 대한 그의 전체적인 태도가 잘못되었다고 비난하는 것이다. 이것은 예수를 암 하레

38 예를 들어 여호수아 7:19; 제일에스드라 9:8. 슈낙켄버그는 여기서 유대인들이 이 사람으로 하여금 그가 이미 예수에 대해 했던 증언을 거두어들이도록 하기 위해 이 말을 했다고 본다. R. Schnackenburg(1980³), II, p. 318.

39 R.E. Brown(1966), p. 374. 브라운은 실제로 소경이 하나님께 영광을 돌리게 되므로 여기서 언어유희가 나타난다고 본다.

츠, 심지어 이방인과 동류로 취급하는 것이다. 그러한 점에서 이 고발은 어느 정도 진실을 담고 있다. 예수 자신은 소외자들과 함께 있다. 엄격히 말하자면 그는 유대 율법체계 밖에서 살았다.[40] 그러나 유대인들이 보지 못한 것은 예수가 하나님으로부터 왔기 때문에 안식일법을 폐기한다는 사실이었다. 예수는 율법을 지켜야 하는 분이 아니라, 그의 말씀과 명령이 지켜져야 하는 분이었다. 따라서 9장에서는 죄가 새롭게 규정되었다. 죄는 토라규정을 철저하게 지키지 못하는 것이 아니라, 예수에 대한 불신앙을 의미하게 되었다. 앞장에서(8:21, 24, 34, 46) 예수는 길게 유대인들의 죄에 대해 말했다. 9장 마지막 절은 그들이 고집스럽게 예수를 보지 않으려 하기 때문에 그들의 죄가 그대로 머물러 있다(9:41)고 한다. 그러므로 요한에 의하면 "그 사람"(예수 9:24)에 대해서 "우리가 알기로 죄인이다"라고 말하는 것 이상으로 자신의 죄를 만천하에 드러내는 것은 없다. 따라서 예수가 죄인이라는 유대인들의 말은 이 점에서도 역시 아이러니하다.

"유대인"들은 하나님의 일을 부인하기 위해서 영광을 하나님께 돌리라는 말을 한 것이다(9:24). 그들은 치유받은 자에게 진실을 말하라고 명령하지만, 곧 이어서 그들 자신이 진리에 대해 닫혀 있음이 드러난다. 그들은 안다고 말하지만, 사실은 알지 못한다. 그러나 이 사람은 자신이 알지 못한다는 사실을 기꺼이 인정한다(Εἰ ἁμαρτωλός ἐστιν οὐκ οἶδα: 9:25). 그는 자신이 보게 되었다는 반박할 수 없는 사실 한 가지만을 가지고 "유대인들"과 대결했다. 유대인들이 아무리 권위를 내세워서 그를 굴복시키려 해도 그는 예수로부터 치유받았다는 자신의 경험을 부인할 수 없었다. 여기서는 "유

---

40 S. Pancaro(1975), pp. 30-52. 그는 여기서 요한복음의 "죄인"(ἁμαρτωλός) 개념을 다루고 있다. 요한은 예수가 죄를 지었다는 고발들에 대해 분명하게 반박하면서도 그가 죄인으로 고발당했다고 거듭 서술했는데, 그것은 요한 그리스도인들 자신들이 이러한 고발을 당했기 때문이라고 한다. 이러한 경험을 통해 요한 그리스도인들은 예수에 대한 신앙을 보다 확고히 가질 수 있게 되었다고 한다.

대인들의 거짓된 지식과 치유받은 자의 살아 있는 경험이 대조된다."[41] 이어지는 그들의 질문은 철저한 좌절을 나타낸다. 왜냐하면 그들은 세 번째로 기적이 어떻게 일어났는가라는 질문을 하고 있기 때문이다. 그들은 필사적으로 질문한다. "그 사람이 네게 한 일이 무엇이냐? 그가 네 눈을 어떻게 뜨게 하였느냐?"(9:26) 무의미하게 반복되는 질문에 지겨워진 이 사람은 그들을 비난한다. "그것은 내가 이미 여러분에게 말하였는데 여러분은 곧이듣지 않았습니다."(9:27) 다음에 그는 짐짓 아무것도 모르는 체 아이러니한 질문을 던진다. "어찌하여 다시 들으려고 합니까? 여러분도 그분의 제자가 되려고 합니까?"(9:27)

이것은 치유받은 자가 처음으로 바리새인들을 향해 던진 질문이다. 그러나 이것은 순수한 의미의 질문이라기보다는 말하는 사람의 아이러니한 의도를 드러내는 말이다. 그는 분명하게 보게 될수록, 완전한 신앙에 보다 가까이 이를수록 점점 더 아이러니에 대한 감각이 늘어가는 것 같다. 표면상으로도 이 말은 풍자적이다. 바리새인들은 분명 예수를 따르려는 의사가 없다. 그런데도 이 사람은 그들에게 예수의 제자가 되려 하느냐고 묻고 있는 것이다. 불트만이 말하듯이 시달림을 당하고 있는 이 사람의 질문은 사실은 그들이 끊임없는 심문을 통해 자신들의 불성실성을 드러낸다는 점을 아이러니하게 보여준다.[42]

그러나 이 질문은 또 다른 점에서도 아이러니한 측면을 지닌다. 바리새인들이 보지 못하는 것은 의도적으로 그들이 "그의 제자가 되지" 않으려 하기 때문이다. 예수의 제자가 되는 것에 대한 그들의 적대적인 태도가 근본적인 문제이다.[43] 이러한 적대적인 경향은 어떤 의미에서는 예수에 관해서 그들 사이에 막연하게 진리라고 느끼는 것이 있었음에도 불구하고 존재했

41 R. Schnackenburg(1980³), II, p. 318.

42 R. 불트만(1968), p. 368.

43 S. Pancaro(1975), pp. 24-25.

다. 유대 지도자들 사이에 예수에 대한 은밀한 이해가 이루어지고 있었다는 사실은 7:26; 7:47-48; 7:52에서 이미 암시되었다. 이 구절들에서는 모두 다섯 차례 질문을 통해 유대 관원들에게 예수가 누구인지, 또는 그를 믿는지 묻고 있다. 마지막 세 구절에서는 μὴ καὶ ὑμεῖς(7:47)/ μὴ καὶ σὺ (7:52)라는 말을 반복함으로써 "온 세상이 그를 따라갔다"(12:19)는 사실을 강조하려는 것으로 보인다. 이 구절들은 자세히 보면 점층법적으로 서술되었다. 처음에는 예루살렘 사람 가운데 몇 사람이 자신들끼리 "지도자들이" 예수를 그리스도로 알고 있을 가능성에 대해 말한다(7:26). 다음에 바리새인들이 그 말을 받아서 자신들의 일치감을 과시하기 위해 경비병들에게 "지도자들이나 바리새파 사람들 가운데서, 그를 믿은 사람이 어디에 있다는 말이냐?"(7:48)라고 묻는다. 여기서 그들은 동사를 '알다'(ἔγνωσαν)에서 '믿다'(ἐπίστευσεν)로 바꾼다. 다음에 바리새인들은 그들 가운데 한 사람인 니고데모에게 예수의 동조자인지 묻는다("당신도 갈릴리 사람이오?" 7:52). 마지막으로는 이 이야기의 치유받은 자가 바리새인들에게 그들 자신이 제자가 되려는지 묻는다(9:27). 각각의 질문들은 불변화사 μη를 포함하며, 부정적인 답변을 기대한다. 즉 질문을 하는 등장인물들은 실제로 그럴 리가 없다고 여기고 있다. 그러나 그들 자신의 의사와는 달리 그들의 말은 진실을 담고 있으며, 이 점에서 아이러니하다. 그러므로 이 질문들은 모두 그리스도를 반대하는 사람들 가운데서조차 예수에 대한 올바른 인식이 있었을 가능성을 암시한다. 요한은 궁극적으로는 지배자들 중에도 은밀하게 믿는 사람들이 있었다는 사실을 말하고자 했을 것이다(12:42; 19:38-39). 물론 그는 이 점을 드러내놓고 주장하지는 않았다. 그러나 절제된 아이러니한 언어는 충분히 그런 가능성을 시사한다.

27절의 질문은 앞에서와 같은 맥락에서 이해된다. 앞의 네 구절들에서 질문들은 모두 아이러니한 측면을 지닌다. 또한 9:16에서는 예수에 대해 바리새인들 사이에 분열이 있었다는 사실을 알 수 있었다. 따라서 치유받은 자의 이 질문은 바리새인들 사이에 존재했던 예수에 대한 초보적인 이해를 겨냥한 것일 수 있다. 심문자들이 예수를 괴롭히려 혈안이 되어 있다는 사실에는 의문의 여지가 없지만, 적어도 여기서는 치유받은 자가 풍자적인 질문을 할 때 "그가 누군지는 사실 우리가 다 알지 않소?"라고 은근히 빈정거리고 있다는 암시를 받을 수 있다. 그리고 그들이 욕을 했다(9:28)는 것은 그가 실제로 아주 예민한 부분을 건드렸음을 의미한다.

그들은 자신들이 모세의 제자인 것과 그 사람이 예수의 제자인 것을 대립시킨다(9:28). 그러나 사실은 아직 그 사람이 누구의 제자인지 말해지지 않았고, 그의 참된 신앙이 무엇인지는 좀 더 있어야 드러난다(35-38절). 그러므로 17절에서 바리새인들이 그로 하여금 예수를 예언자로 고백하게 만들었듯이, 지금도 그들은 자신들의 의사와는 상관없이 예수의 제자라고 고백하도록 그를 재촉하고 있다.

29절에서 두 번째로 그들은 알고 있다는 자신에 찬 주장을 한다(9:24). 동시에 표면상 이들은 자신들이 예수에 대해 모른다는 사실을 처음으로 시인한다. 그들은 "우리는 하나님께서 모세에게 말씀하셨다는 것을 알고 있다. 그러나 이 사람은 어디에서 왔는지 우리는 알지 못한다"라고 말한다. 이들은 성서전통에 대한 자신들의 지식과 예수에 대한 지식을 대조한다. 여기서도 역시 "우리가 안다"(ἡμεῖς οἴδαμεν)라는 말을 통해 이들의 지나친 확신이 강조되었다. 이들이 "우리가 안다"고 자신있게 말할 때는 거의 항상 아이러니의 혐의가 있다. 또한 그들은 여전히 예수를 "이 사람"(τοῦτον)이라고 칭한다. 기술적으로 볼 때 성서전통에 대한 이들의 지식은 정확하며, 구체적인 성서구절을 댈 수도 있다(출 33:11; 민 12:2-8). 하나님이 모세에게 말씀하셨다는 것은 옳다. 마찬가지로 예수가 어디서 왔는지는 자신들이 알지 못한다는 말도 옳다.[44]

---

44 그러나 아이러니하게도 앞에서는 정반대의 말을 하기도 했다(7:27).

그러나 모른다는 사실을 시인하려는 것이 그들의 본심은 아니다. 그들은 "그러나 이 사람은 어디에서 왔는지, 우리는 알지 못한다"라는 말로 예수의 기원이 불명예스럽다는 사실을 말하고자 한 것이다. 그러나 늘 그렇듯이 그들은 자신들의 의사와 상관없이 알고 있는 것 이상을 말했다. 그들은 그를 모욕하려는 의도에서 이 말을 했지만, 이를 통해 그들의 인식체계 밖에 있는 그리스도에 대한 가르침이 제시되었다.

그들은 정말로 하나님이 모세에게 말씀하셨다는 것은 아는가? 그들은 하나님이 모세에게 말씀하신 내용이 아니라, 그 사실 자체만을 안다. 왜냐하면 이미 모세가 예수에 대해 말했다는 사실이 그들에게 말해졌고, 그래서 그들은 정죄받았기 때문이다(5:45-47). 9:29에서 바리새인들은 하나님과 모세를 알고 예수는 모른다고 주장한다. 30절에서 치유받은 자는 그것은 "참 이상한 일"이라고 말한다. 왜냐하면 이 치유자야말로 모세가 지시한 바로 그분이기 때문이다. 따라서 29절의 이들의 말은 거짓된 것이면서 동시에 참되다. 그들은 하나님이 모세에게 말씀하셨다는 사실을 알지만, 실제 그 의미는 모르며, 예수를 모욕하기 위해서 예수의 기원을 모른다고 말하지만, 그들의 모욕적인 의도와는 상관없이 실제로 예수는 그들의 지식 밖에 있는 분이다. 이렇게 등장인물의 발언의도와 상관없이 거짓과 진리의 병립을 통해 의미의 도약이 이루어진다는 점에서 여기서도 아이러니가 발생한다.[45]

이제 치유받은 자의 조롱은 더욱 예리해진다. "그분이 내 눈을 뜨게 해주셨는데도, 여러분은 그분이 어디에서 왔는지 모른다니, 참 이상한 일입니

45 이러한 유형의 아이러니는 이 구절 외에도 요한복음서에서 자주 나타난다. 대체로 이것들은 예수의 기원 문제와 관련된다. 예수의 적대자들은 자신들이 예수에 대해 알고 있다고 생각하는 것과 그리스도(6:42; 7:27, 42), 또는 예언자-모세에 대해 알고 있는 것을 병립시킨다(7:25; 9:29). 이러한 그들의 주장은 거짓이면서 동시에 참되다. 그들의 주장은 침묵(7:42, 52)이나 조롱 섞인 답변을 받는다(6:43; 7:28; 9:30). 저자와 독자는 모두 이들의 발언의 양면성을 알지만, 등장인물들은 알지 못한다.

다." 그는 인칭대명사를 사용하여 그들의 무지를 강조한다. ὑμεῖς οὐκ οἴδατε는 "당신들은 도대체 알지 못한다"는 뜻이다. 이 말의 아이러니는 3:10의 "네가 이스라엘의 선생이면서, 이런 것도 알지 못하느냐?"라는 예수의 말의 아이러니와 유사하다.

여기서 치유받은 자는 치유자와 마찬가지로 철저하게 에이론으로 나타난다. 니고데모의 "우리가 안다"는 말을 예수가 3:11에서 반복했듯이, 치유받은 자는 이제 "유대인들"의 "안다"(οἴδαμεν)라는 말을 다시 받는다(31절). 그는 더 이상 그들을 조롱하지 않지만, 논쟁을 진전시킨다. 능숙하게 그는 모든 사람들이 동의하는 관념으로부터 출발한다. 하나님께서는 죄인들의 말은 들어주시지 않으시지만, 하나님을 공경하고 그의 뜻을 따라 사는 사람의 말은 들어주신다는 것이다. 자신이 시력을 얻게 된 일은 결코 예전에 들어본 적이 없는 놀라운 일이라는 사실을 상기시키면서 그는 결론적으로 이렇게 말한다. "하나님이 이 일을 하셨고, 따라서 예수는 결코 죄인이 아니며, 하나님께로부터 오신 분"이라는 것이다(31-33절). 피차간에 인정하는 전제들과 부인할 수 없는 증거에 비추어볼 때 그의 논증은 결코 반박할 수 없는 것이었고, 사실은 16절에서 언급되었던 그들 사이의 분열을 결정적으로 해결하는 것이었다. 합리적인 이유에 의해서라면 이제 결코 예수는 거부될 수 없다. 요한이 심문장면을 구성한 대로 따라가면, 이제 사람들은 사실을 인정할 수밖에 없게 되든지, 아니면 사실에 대해서 눈을 감을 수밖에 없다. 두 가지 가능성이 있을 뿐이다.

"유대인들"은 이중 후자를 택했다. 그들에게 남은 유일한 반응은 이제 중상모략밖에 없다. "네가(σὺ) 완전히 죄 가운데서 태어났는데도, 우리를(ἡμᾶς) 가르치려고 하느냐?"(9:34) 강조적인 대명사들은 그들의 허세(알라조니)를 강조하기 위해 사용되었다. 물론 그들의 이 질문에 대해서는 그렇다고 답해야 한다. 예전에 소경이었던 사람이 그들을 재치있게 가르쳤기 때문이다. 앞서 그들이 그에게 예수에 대한 견해를 물었다는 사실을 기억해야 할 것이다(9:17). 이제 그들은 자신들의 질문에 대한 충분한 답을 얻은 것이다.

그가 "죄 가운데서" 태어났다는 그들의 말은 잔인하면서 동시에 희극적이다. 이것은 보지 못함이 죄에 대한 벌이 아니냐는 오래 방기되었던 2절의 제자들의 견해를 다시 받은 것이다. 이제 그가 볼 수 있게 된 마당에 이러한 견해는 무의미하다. 누가 "죄인들"인지를 분간하는 유대인들의 능력은 이미 심각하게 의문시되었다. 이 말의 또 다른 측면은 보게 된 이 사람이 정말로 소경으로 태어났다는 사실을 인정하는 것이다. 이제 그들은 더 이상 할 말이 없다. 백기를 들든지 아니면 중상모략에서 한 걸음 더 나가서 불의한 권력을 행사하든지 할 수밖에 없다. 그들은 나쁜 쪽으로 선택했다. "그리고 그들은, 그를 바깥으로 내쫓았다"(9:34)는 말은 장면을 어둡게 종결한다.

바. 9:35-38 치유받은 자와 예수-"주님, 내가 믿습니다"

그 사람은 쫓겨나자마자 예수의 옆에, 그와 함께 있게 된다. 예수와 함께 있는 자리는 회당 밖, 공인된 유대교적 삶의 세계 밖이라는 것이다. 결과적으로 여기서도 역시 "유대인들"은 자신들의 의사와 상관없이 그에게 유익한 일을 했다. 앞에서처럼 여기서도 예수는 능동적이며, 주도적이다. 그는 바리새인들이 치유받은 자를 내쫓았다는 말을 듣고 그를 만나서 묻는다. "네가 인자를 믿느냐?"(9:35) "주님, 그분이 어느 분입니까?"(9:36)라는 그의 반응은 아이러니하다. 그는 예수가 인자인지 모르면서 예수를 주(κύριε)라고 부르고 있는 것이다. 여기서 아이러니는 예수의 정체성과 관련된다. 이와 비슷한 방식으로 4:19-26; 20:14-16에서도 아이러니가 나타난다. 이 세 경우들에서 모두 등장인물은 예수가 누구인지 알지 못하면서 그를 주(κύριε)라고 부르며, 메시아, 인자, 또는 예수에 대해 언급한다. 예수는 곧 자신의 정체성을 드러낸다. 4:26에서 예수는 우물가 여인에게 "너에게 말하고 있는 내가 그다"라고 직접적으로 말하며, 무덤에서 마리아가 옆에 있었을 때는 그녀의 이름을 불러 자신을 드러냈다(20:16). 여기서도 예수는 자신을 드러낸다.

날 때부터 소경이었던 사람에게 이제 예수는 "너는 이미 그를 보았다. 너와 말하고 있는 사람이 바로 그이다"라고 말한다(37절). 이 이야기의 다른 곳에서 사용되었던 βλέπω와 대조적으로 ὁράω를 쓴 것은 아마도 그가 본 것이 단순한 물리적인 봄 이상이라는 사실을 암시할 것이다. 완료시제를 사용한 것은 그것의 영속성을 나타낸다.[46] P^{75}와 א에는 나오지 않는 38절은 아마도 브라운의 추측대로 아주 초기의 의전적인 삽입문일 것이다.[47] 그러나 이 구절은 이 장면의 적절한 결론이다.

예수는 그의 신앙이 점진적으로 발전하도록 적절한 계기를 준다(11, 17, 33, 36절 참조). 사마리아 여인과 마찬가지로 소경이었던 사람이 점진적으로 그리스도론적인 이해와 고백에 도달한다는 사실은 자주 주목되었다.[48] 처음에 그는 단순히 "예수라는 사람"(Ὁ ἄνθρωπος ὁ λεγόμενος Ἰησοῦς 9:11)에 의해 고침을 받은 것으로 알았다. 나중에 바리새인들 앞에서는 예수는 "예언자"라고 말한다(Προφήτης 9:17). 다음에는 보다 강력하게 그는 하나님으로부터 왔다고 말한다(εἰ μὴ ἦν οὗτος παρὰ θεοῦ 9:33). 마지막으로 여기서 예수 자신을 다시 만났을 때, 그는 예수를 인자로 경배한다(35-38절). 이러한 유형은 요한복음서의 다른 곳에서도 나타난다. 예를 들어 사마리아 여인의 경우도 그랬다. 이것은 예수에 대한 올바른 신앙에 도달하는 일이 요한에게 대단히 중요했음을 의미한다. 요한적인 완전한 그리스도론적 고백에 도달하는 것은 매우 중요하며, 이와 관련해서 복음서 마지막의 도마의 말도 이해된다. "나의 주님, 나의 하나님"(Ὁ κύριός μου καὶ ὁ θεός μου. 20:28)이라는 그의 고백은 그러한 그리스도론적인 고백의 절정이면서 그의 모든 의심이 사라졌음을 의미한다.

---

46 R. 불트만(1968), p. 371 주 62.

47 R.E. Brown(1966), p. 375.

48 R.E. Brown(1966), p. 377; R. Schnackenburg(1980^3), II, pp. 239-240.

그런데 고침받은 자의 점진적인 그리스도론적 깨달음에서 특별히 중요한 것은 그것이 발전하게 되는 상황이다. 그는 도마나 사마리아 여인과는 달리 예수와의 만남에서가 아니라, 바리새인들과의 대결을 통해 그러한 깊은 이해에 도달한다. 이것은 요한공동체의 역사에 대한 요한의 해석을 반영한다. 그들은 예수로부터 "치유받았다"("다만 한 가지 내가 아는 것은 내가 눈이 멀었다가, 지금은 보게 되었다는 것입니다" 9:25)는 가장 기본적이고 확실한 인식을 출발점으로 해서 인자에 대해 알게 되었으며, 다음에는 기존의 규범에 근거한 반대들을 꿋꿋하게 극복함으로써 인자를 알게 되었다. 예수가 누구인지에 대한 고침받은 자의 이해는 그가 겪었던 삶의 경험을 부정하는 사람들과의 대결을 통해 생겨났다. 그리고 이것은 요한이 그의 공동체에게 내세우는 모범이기도 하다. '당신들에게 일어난 일로 인해 당신들은 지배자들과, 어쩌면 모세 자신과도 갈등을 일으키게 될 것이다. 그러나 이러한 갈등의 과정을 통해서만 당신들의 깨달음은 완성될 것이다. 그리고 마지막에 당신들은 당신들로 하여금 다시 보게 해준 분을 만나게 될 것이다. 그가 누구인지를 정말로 알게 될 것이다.' 요한은 그의 독자들에게 이렇게 말하고 있다.

요한복음서의 이러한 측면을 파악하는 것은 대단히 중요하다. 요한복음서를 요한공동체가 처했던 고난의 상황과 관련 없이 읽는다면, 요한의 그리스도론적 절대주의는 구원을 대가로 기존의 공인된 교리에 동의하라고 요구하는 것으로 보일 수 있다. 그러나 사실 그러한 요구는 이 이야기에서 바리새인들이 하고 있다. 요한공동체의 그리스도론은 처음부터 맹아적으로 존재하기는 했지만, 회당당국과의 생사를 건 갈등의 과정 속에서 발전되었다. 또한 그것은 깊은 사유의 과정이 개입했겠지만, 책상 앞에서의 연구나 집단적인 결의를 통해 만들어진 것이 아니다. 일단 잉태되자 그것은 투쟁을 통해 지켜져야만 했고, 바로 그 투쟁 자체가 요한 그리스도론의 발전과 완성을 위한 토대가 되었다. 소경치유 이야기는 바로 그러한 요한공동체의 투쟁과 그 완성에 대한 요한의 상이다. 여기서 보면 요한공동체는 계속되는 신앙고백과 비난, 그리고 그 속에서도 꿋꿋하게 계속해 나가는 신앙고백의 과정 자체 안에서 예수에 대한 진리에 도달하게 된다. 이 이야기의 핵심은 이 소경과 같은 선택을 내린 사람은 그가 걸어갔던 것과 같은 길을 가야만 하며, 회당으로부터의 축출도 파국이 아니라 다시 보게 해준 분과의 만남을 더욱 깊게 해준다는 확신을 가지라는 것이다.

이 장면의 두 측면을 병행하는 장면인 8-12절과 관련지을 수 있다. 거기서는 이웃들이 그에게 예수가 어디 있는지 물었지만, 그는 "모르겠소"라고 대답했다. 이 대화는 8-12절에서 문맥상 별다른 기능을 하지 않았었다. 그러나 이제 그 대화의 중요성이 드러나는데, 그것은 결국 이 사람이 답을 얻었기 때문이다. 즉 예수는 회당 밖에, 회당으로부터 쫓겨난 사람들과 함께 있다는 것이다. 이제 예수가 다시 나타날 때 그는 인자로 나타난다. 학자들은 종종 35절에서 인자라는 말이 나오는 것이 의외라고 보았다. "하나님의 아들"이 나오리라고 기대하게 된다는 것이다.[49] 곧 이어서 심판의 주제가 나타나기 때문에(39-41절), 이 칭호가 사용되었다고 볼 수도 있을 것이다.[50] 그러나 11절에서 치유받은 자의 언급("예수라는 사람")과 16절과 24절에서 바리새인들이 예수에 대해 모멸적으로 사람이라는 말을 쓴 것에 비추어 볼 때, 35절의 인자는 중요하고 아이러니한 기능을 하며, 치유받은 사람의 말을 완성하고 확대하는 동시에 고발자들이 했던 모욕을 조롱한다고 볼 수 있다.

사. 9:39-41 예수와 바리새인들—봄과 보지 못함

불트만은 9:39-41이 5:16-18과 마찬가지로 간단한 논쟁대화로서[51] 지금

---

49 J.L. Martyn(1979), pp. 140-143.

50 R.E. Brown(1966), p. 375.

51 R. 불트만(1968), p. 372.

까지의 이적사화를 마무리하고 빛에 관한 보다 긴 담론으로 넘어가기 위한 가교라고 본다. 그에 따르면 직접 9장에 포함되지는 않지만, 소경치유 이야기를 전제로 하는 10:19-21은 원래 빛에 관한 보다 긴 담론의 결문이다.[52] 그리고 5:17-19이 이적사화에서 예수의 담론(및 대화)으로 넘어가는 가교 역할을 한 것과 같이 9:39-41은 분명히 이적사화에서 빛에 관한 예수의 담론으로 넘어가는 가교라고 한다. 이러한 불트만의 견해는 여러 단계의 본문 형성과정에 대한 복잡한 가설을 전제한다. 사실 그는 이적사화보다 중요한 빛에 관한 담론으로 넘어가기 위해 복음서저자가 이제까지의 장면들의 명료성을 희생시키면서 이 구절들을 덧붙였다고 본다. 말하자면 39-41절은 보다 원시적인 소경치유 이적설화(9:1-38)로부터 그에 대한 해석이자 보다 고차원적인 빛에 관한 담론(8:12; 12:44-50; 8:21-29; 12:34-36)으로 넘어가기 위한 가교로서 복음서저자에 의해 어색하게 덧붙여졌다는 것이다.

그러나 39-41절은 결코 앞 장면들의 명료성을 손상시키지도 않으며, 어색하게 덧붙여지지도 않았다. 오히려 이 부분은 9장 전반에 걸쳐 나타났던 요한의 문학적 아이러니를 첨예하게 절정으로 올려놓으며, 앞 장면들과 유기적인 연결성을 지닌다. 요한의 손길은 이 이야기 전반에서 감지되며, 따라서 특별히 이 부분만이 요한에 의한 것이라고 볼 수 없고, 굳이 이 부분과 앞 단락과의 단절을 가정할 필요도 없다.

이제 9장의 아이러니는 39절의 예수의 말에서 가장 분명하게 나타난다. 요한이 그의 공동체에게 하고자 했던 권면은 9:39-41의 예수의 아이러니한 말에서 절정에 달한다. 예수는 자신이 심판을 위해서, 보지 못하는 사람은 보게 하고, 보는 사람은 보지 못하게 하기 위해서 세상에 왔다고 말한다.

---

52 불트만은 이렇게 보지만 10:19-21이 직접 이 이야기의 결론을 이룬다고 보는 학자도 있다. J.H. Bernard(1929), II, pp. 341-342. 내용상 관련성이 있어서(10:21) 그렇게 볼 수도 있지만, 이 부분은 소경치유 이야기뿐만 아니라 이어지는 10장의 담론의 결론으로서도 손색이 없기 때문에 굳이 9장의 결론으로 볼 필요는 없을 것 같다.

예수가 말을 하는 중에 치유받은 자는 무대에서 사라지고 바리새인 집단이 등장한다. "심문자들이 그(치유받은 자)를 쫓아냈을 때 거부한 것은 사실은 예수이다……. 이제 예수는 바리새인들을 향해 말문을 연다."[53] "우리도 눈이 먼 사람이란 말이오?"라는 그들의 질문에서 불변화사 μὴ는 부정적인 답변을 기대하고 있음을 나타낸다. 한편 여기서 독자는 예수가 그들은 보지 못한다고 말할 것을 기대하게 된다. 그러나 놀랍게도 예수는 그들에게 동의한다. 그들은 소경이 아니다. "너희가 눈먼 사람들이라면, 도리어 죄가 없을 것이다. 그러나, 너희가 지금 본다고 말하니, 너희의 죄가 그대로 머물러 있다."(9:41)

이 아이러니는 매우 냉혹하다. 여기서 예수가 말하는 보지 못함은 자신이 보지 못한다는 사실을 분명히 알 수 있는 종류의 보지 못함이다. 그것은 소경으로 난 자의 보지 못함이었다(7-8절). 불행하게도 바리새인들은 이러한 약점을 가지고 있지 않다. 오히려 그들의 병은 일그러진 봄, 즉 더욱 깊은 어둠으로 그들을 인도할 일그러진 봄이었다. 그들은 소경이었던 사람과 예수의 죄에 대해 분개했었다. 예수의 죄를 볼 수 있다는 그들의 주장이 바로 그들을 자기 자신 안에 가두어놓았던 것이다. 요한공동체가 μένειν이라는 말을 특별한 의미로 사용했다고 볼 때,[54] 누구에 대해서든지 "죄가 그대로 머물러 있다(μένει)"고 말하는 것은 끔찍한 심판이다. 따라서 요한은 이 장을 시작부분에 상응하는 어두운 병행문으로 끝내고 있다. 예수는 이제 "본다"고 하는 사람들을 어둠에 넘겨준다.

소경인 것과 죄를 함께 이야기한 것은 9장 서두와 관련된다. 누가 죄인이냐는 물음은 이제 완전한 답을 얻었다. 관습적인 기준에 의하면, 예수와

53 C.H. Dodd(1953), p. 358.

54 "요한복음에서 예수와 함께 머문다(μένειν)는 것은 그와 직접적인 관계를 맺고, 하나님과 그와의 관계를 함께 나눈다는 것을 의미한다." W.A. Meeks(1966), "Galilee and Judea in the Fourth Gospel", *JBL*, 85, p. 167.

소경으로 난 자는 둘 다 죄인이다. 그러나 소경이었던 사람의 치유는 예수가 그를 죄인으로 보기를 거부하고, 그를 향한 하나님의 자비 행위를 실천할 때 실제로 시작되었다. 그 치유는 예수에 대한 그의 마지막 신앙고백에서 절정에 달한다(9:30-33). 거기서 그는 예수와 자신이 죄인이라는 바리새인들의 규정을 부정하며, 맞서 싸운다. 궁극적인 정당화가 이제 이야기 마지막에 이루어진다. 예수는 보지 못하는 것에 대해 단순히 설명하기 위해서가 아니라, 그것을 없애기 위해서 왔다는 사실이 다시 한 번 확인된다. 보지 못하는 것은 죄가 아니다. 죄는 하나님의 일을 거부하는 것이다. 그리고 본다고 주장하는 사람들이 보지 못하게 되는 것도 바로 이 죄 때문이다. 그러므로 가장 중요하게 보아야 할 것을 제대로 본 사람은 바리새인들이나 유대당국이 아니라, 그들에 맞서 자신의 자리를 점점 더 확고하게 지킨 고침받은 자이다. 요한은 고난의 시대를 살아가는 그의 공동체에게 이 사람을 결정적인 모범으로 세우고 있다.

3. 맺는 말

이 단화에서는 점점 더 깊은 신앙의 이해에 도달하는 치유받은 자와 점점 더 깊은 불신앙과 어둠의 나락으로 떨어지는 바리새인들 사이의 극적인 대조가 뚜렷하다. 앞의 분석에 의하면 이러한 점진적인 신앙과 불신앙의 과정은 요한에 의해 아이러니하게 그려졌다. 여기서 치유받은 자가 점진적으로 믿게 되는 것은 예수에 대한 그의 고백이 점차 발전되는 것(사람, 예언자, 하나님으로부터 온 분, 주님, 인자)을 통해 드러나며, 그가 점점 더 담대해지고 아이러니스트[55]로서의 자질, 예수의 옹호자로서의 그의 능력이 신장

55 회당과 논쟁했던 요한적인 변증가의 가장 분명한 대변자라고 볼 수 있는 이 사람이 재치 있는 에이론으로 그려졌다는 사실은 흥미롭다(9:27, 30).

되는 것을 통해 강조되고 있다. 그리고 이러한 그의 상승 움직임은 바리새인들의 하강 움직임에 의해 뒷받침되었다. 그들은 자신들의 의사와는 무관하게 그로 하여금 예수의 정체성에 대해 생각해 보고(17절), 예수의 제자가 되기 전에 미리 제자됨에 대해 생각해 보게 하며(28절), 예수 안으로 들어갈(34절) 기회를 제공한다.

바리새인들의 실패는 오히려 이 사람의 승리보다 더 두드러져 보인다. 그들은 처음에 치유 사실을 받아들이는 듯 했다(15절). 그들 중 몇몇은 예수에 대해 긍정적이기까지 했다(16절). 또한 기꺼이 치유받은 사람의 의견을 듣고자 했다(17절). 그러나 네 번째 장면(18-23절)에 이르면 그들은 치유 사실을 믿지 않으려 한다. 부인할 수 없는 증거를 일단 거스르기로 한 그들은 진실에 대한 관심을 잃어버리며, 이 사람을 옭아매고 그와 예수에 대한 고소거리를 찾아서 "그를 축출"하려고만 한다(24-34절). 결국 그들은 아무 희망 없이 어두운 죄 가운데 심판을 받는다. 이들의 알라조니(허풍)는 치유받은 자의 소박한 개방성과 분명한 대조를 이룬다. 그가 세 번 자신은 알지 못한다고 고백하는 것[56]과 대조적으로 그들은 자신들이 아는 것에 대해 세 번 자신만만하게 말한다.[57] 기본적으로 이 설화의 아이러니는 둘 사이의 극적인 대조를 통해 발생한다.

또한 아이러니는 요한이 서로 병행하는 장면들을 나란히 배열함으로써 더욱 강화되었다. 우선 첫 번째 장면(1-7절: 예수와 소경)은 마지막 장면(39-41절: 예수와 바리새인)과 병행하며, 여기서는 7절에서 소경이 보게 되는 것과 41절에서 "보는 사람"이 보지 못하게 된다는 선언이 아이러니하게 서

56 두 번은 12, 25절에서 οὐκ οἶδα라는 말로 나오며, 36절에서는 예수의 정체성을 묻는 질문에서 나타난다.

57 두 번은 24, 29절에서 ἡμεῖς οἴδαμεν으로 나오며, 16절에서는 "안식일을 지키지 않는 것으로 보아서, 그는 하나님에게서 온 사람이 아니오"라고 말한다. R.E. Brown(1966), p. 337.

로 상응한다. 다음에 두 번째 장면(8-12절: 치유받은 자와 이웃)은 여섯 번째 장면인 35-38절(치유받은 자와 예수)과 병행하며, 여기서는 12절의 "예수는 어디에 있는가"라는 질문이 35절에서 "예수는 회당 밖에 있다"는 답변을 얻고, 11절의 "예수라는 사람"이라는 가장 초보적인 신앙고백이 35절에서 "인자"에 대한 고백으로 발전된다. 세 번째 장면인 13-17절(치유받은 자와 바리새인)은 24-34절의 치유받은 자와 바리새인들의 장면과 병행한다. 여기서는 16절에서 바리새인들이 "그는 하나님께로부터 온 사람이 아니다"라고 말하는 것과 33절에서 치유받은 자가 그는 "하나님께로부터 온 분"이라고 말하는 것이 서로 아이러니하게 상응한다. 그리고 17절에서는 바리새인들이 "너는 그를 어떻게 생각하느냐?"라고 치유받은 자에게 물었던 반면, 34절에서는 "네가 우리를 가르치려고 하느냐?"라고 말함으로써 그들의 퇴행적인 불신앙이 아이러니하게 드러난다. 한편 18-23절은 불신앙과 신앙의 결정적인 분리가 일어나는 기점이 되는 장면이다. 따라서 18-20절에서는 표징은 부인할 여지가 없는 사실임이 분명해지며, 동시에 22절에서는 예수를 고백하는 것은 회당으로부터의 축출을 의미한다는 사실이 분명하게 서술되었다. 이것을 도표로 그려보면 228쪽의 표와 같다.[58]

이렇게 보면 여기서는 그리스도론적 고백의 발전과 함께 죄와 심판의 주제가 부각된다. 이 이야기의 아이러니한 구조에 주목하지 않을 경우 이 주제는 잘 눈에 띄지 않는다. 가령 불트만이나 브라운, 슈낙켄버그 같은 학자들은 이 단락의 주제를 그리스도론적인 것으로만 보았다. 그들은 대체로 이 표징이야기가 "세상의 빛인 예수"에 대한 상징적인 이야기라고 보았다. 그러나 여기서 예수가 세상의 빛이라는 사실은 주제가 아니라 전제에 해당한다. 이 이야기의 아이러니한 구조에 비추어볼 때 주제는 점차 신앙의 봄에 이르게 되는 자들과 불신앙의 보지 못함으로 떨어지는 사람들 사이의

58 이 도표와 이 이야기의 구조는 P. Duke(1985), p. 126 참조.

1-7절(장면 1) "보지 못하던 자"가 보게 됨: 7절	39-41절(장면 7) "보는 자"가 보지 못하게 됨: 41절
8-12절(장면 2) "예수는 어디에 있는가?": 12절 "예수라는 사람": 11절	35-38절(장면 6) 예수는 회당 밖에 있다: 35절 인자 예수: 35절
13-17절(장면 3) "이 사람은 하나님으로부터 오지 않았다": 16절 "너는 그를 어떻게 생각하느냐?": 17절	24-34절(장면 5) "이 분은 하나님으로부터 왔다": 33절 "네가 우리를 가르치려고 하느냐?": 34절
18-23절(장면 4) 기적은 부인할 수 없다: 18-20절 예수를 인정하는 것은 회당축출을 의미한다: 22절	

대결, 심판이다. 이 점은 이 이야기가 심문과정이라는 독특한 틀에 따라 구성되었다는 데서도 드러난다.

바리새인들은 고침받은 자와 함께 예수를 재판하고 있다. 그들은 궐석인 채로 예수를 재판하고 있는 것이다. 이것은 마지막에 아이러니하게 보는 사람과 보지 못하는 사람의 처지가 완전히 뒤바뀌게 되는 것과 상응한다. 아마도 처음에 독자는 빛의 선물은 하나님의 영광이 드러나는 것이라고만 생각했을 것이다(3절). 그러나 이제는 예수가 빛에 관해서 한 말의 어두운 측면을 알게 된다. 빛은 인간에게 생명을 줄 뿐만 아니라(1:4) 심판이기도 하다(3:19). 빛을 두려워하는 사람들의 행동을 밝히 드러내는 두려운 빛이기도 하며(3:20), 그럼으로써 그들을 깊은 어둠 속으로, 즉 보기를 거부하는 어둠 속으로 몰아넣는다.

역사적인 측면에서 보면 치유받은 자는 브라운의 말대로 숨은 그리스도인들의 이중적인 태도를 거부한 요한공동체의 역사를 행동으로 보여준다.[59]

59 R.E. Brown(1979), p. 72.

일찍이 마틴은 요한공동체의 역사에 대한 연구에서 이 소경치유 이야기를 자신의 주장을 뒷받침하는 예로 제시했다.[60] 주석에서도 언급했듯이 예수와 유대인들 사이의 논쟁과 관련된 이 이야기는 요한공동체가 예수와 회당 당국, 은밀한 그리스도인들과 어떠한 관계를 가져야 하는지에 대한 요한의 견해를 집약적으로 보여준다. 즉 요한공동체가 외부세계에 대해 확고하게 견지해야 할 태도가 어떤 것인지에 대해 말하고 있다.

이것은 상징적인 이야기이다. 왜냐하면 등장인물들의 행동과 말들이 대부분 상당히 자연스럽고, 무리가 없지만 요한공동체와 복음서를 형성한 사건들과 확신들을 매우 생생한 설화적인 형태로 제시하고 있기 때문이다. 따라서 이 이야기에서 등장인물들은 요한이 관심을 가진 과거의 인물들이었기 때문이 아니라, 요한공동체의 경험 속에서 역사적인 현실을 대표한다는 의미에서 역사적인 인물들이다. 어느 정도 역사적 상상력을 발휘한다면, 그들을 통해 요한공동체가 직면했던 상황의 복잡성과 긴장을 짐작할 수 있다. 결단이 내려져야만 했다. 신앙이냐, 불신앙이냐 또는 어느 편에 들어갈 것인가, 말을 할 것인가, 그냥 침묵한 채로 있을 것인가를 결단해야만 했다.

한편에는 유대공동체에게 크나큰 위기의식을 안겨주었던 일차봉기의 좌절 이후 공동체의 전통적인 신앙과 가치들을 수호하려는 바리새인들이 있다. 다른 한편에서 요한공동체의 그리스도인들은 불굴의 용기를 가지고 나사렛 예수와 하나님이 그를 통해 계시한 것에 대해 과격한 주장을 하고 있다. 그 가운데 소경과 그의 부모, 니고데모와 아리마대 요셉, 그리고 이 가르침에 감동을 받고 스스로 변화되었다고 느낀 사람들, 즉 다시 보게 되었다고 느낀 높고 낮은 사람들이 있다. 이들 중에서 결단에 직면했을 때 누구보다도 결단성 있게, 그리고 올바르게 행동한 사람이 높은 자리에 있던 니

60 J.L. Martyn(1979), pp. 24-62.

고데모도, 요셉도 아니고 앞 못 보던 거지였다는 사실은 주목할 만하다. 소경에 대한 바리새인들의 경멸은 그를 "죄 가운데서 난 자"(9:34)라고 말하는 데서 잘 드러나는데, 단순히 그에게만이 아니라 요한 그리스도인들 전반에 해당하는 말일 것이다. 이것은 7:49의 "저주받은 자들"(ἐπάρατοί)이라는 말과 마찬가지이다. 아마도 이것은 배운 것 없고, 경건하지도 못한 암 하레츠(am ha-arez)에 대한 초기 바리새파의 경멸과 관련될 것이다. 경건한 사람들은 이들과 접촉해서는 안 된다고 그들은 생각했다. 아마도 요한공동체는 이들 중 상당수를 받아들였던 것 같다.[61] 어쨌든 그들 가운데 바리새인들은 극히 소수였을 것이다. 적극적인 모범의 역할을 일개 거지가 하는 것으로 서술했다는 사실, 그리고 이 인물의 대담성과 용기는 확실히 요한공동체가 지배적인 종교적 사회적 권력층에게 비위를 맞추려고 하지 않았다는 사실을 보여준다. 또한 요한공동체가 사회적으로나 이념적으로나 기존 사회에 대해 대항적인 성격을 지녔으리라는 것을 시사해준다. 요한공동체는 적대적인 세상 한가운데서 적대적인 세상에 굴하지 않으면서 살아가려고 했다. 요한복음서의 문학적인 아이러니는 이러한 역사적인 대결구조와 요한공동체의 대항적인 성격을 바탕으로 하고 있다.

요한공동체의 대항적인 성격은 "누가 죄인인가"라는 이 단화의 일관된 질문과 관련해서도 나타난다. 이 질문에 답하는 첫 번째 방식은 죄에 대해 하나님이 벌을 주신다는 일반적인 관념이다. "이 사람은 소경이다. 그러니 분명 누군가가 죄를 지었기 때문에 그렇게 되었을 것이다." 이것이 제자들의 답변이었고, 바리새인들도 9:34에서 이 입장을 취한다. 그러나 이야기 서두에서 이미 이 입장은 예수에 의해 거부되었다. 그 의도 면에서나 요한

61 4장의 사마리아 여인 이야기에 비추어 보면 종교적으로 천시당하던 사마리아인들이 요한공동체 역사의 한 단계에서 대거 유입되기도 했다. 브라운의 가설에 의하면 이것은 요한공동체 역사의 제1단계에서 일어났다(50년대 중반에서 80년대 후반). R.E. Brown(1979), pp. 36-40.

공동체에 대한 파급효과 면에서 보다 중요한 의미를 지닌 답변은 바리새인들 자신이 일차적으로 관심을 가졌던 문제, 즉 "우리는 이 사람 — 즉 예수 — 이 죄인이라는 것을 안다"(9:24)는 것이다. 그들은 어떻게 이것을 아는가? 9:16에 의하면 기준은 안식일을 지키느냐는 것이다. 바리새인들은 보편적으로 인정되던 모세의 법에 호소했다. 이 규범은 누가 죄인이고 누가 아닌지를 판단할 수 있는 분명한 표준을 제공한다(9:29).

그러나 9:16은 몇몇 바리새인들이 의존한 다른 기준도 있었음을 시사해준다. "죄가 있는 사람이 어떻게 그러한 표징을 행할 수 있겠소?" 치유받은 자는 이 관점을 발전시킨다. 그는 결정적으로 "나는 그분이 죄인인지 아닌지는 모릅니다. 다만 한 가지 내가 아는 것은, 내가 눈이 멀었다가, 지금은 보게 되었다는 것입니다"(9:25)라고 한다. 여기서 치유받은 자는 바리새인들의 표준 말고 자신이 경험해서 스스로 확실히 아는 것에 대해 말한다. 자신이 직접 경험한 일과 유대인들이 정해놓은 기준 사이에 충돌이 일어났을 때, 그는 자신이 경험한 현실을 따를 수밖에 없었다. 그의 하나님은 책 속에, 율법서 안에 사는 것이 아니라, 바로 그에게 행해진 자비의 행위 안에 사신다. 그는 이러한 인식을 결코 포기하려 하지 않는다(9:31, 33).

이러한 그의 태도와 발언은 요한공동체의 상황을 반영한다. 그들은 바리새인들이 죄인이라고 간주했던 사람, 즉 예수에 의해 진리를 깨닫게 되었다. 그들은 그러한 자신들의 생생한 경험을 억누르거나, 아니면 그들 사회 속에서 공동체의 규범과 그 해석을 담당하는 사람들에게 끊임없이 대항하면서 자신들의 생생한 경험에 근거해서 살아가야만 했다. 말하자면 요한 그리스도교는 고통스러운 갈등을 겪으며 지역 유대교 내에서 대항적인 집단으로서 존재했던 것이다. 요한공동체는 예수 안에서 새롭게 하나님을 경험했으며, 이 경험은 그들의 삶을 전적으로 규정했다. 그들의 관점에서 보면, 예수에 대한 자신들의 신앙고백이 비합법적이라는 말은 그들이 현실을 이해하는 토대 자체를 부정하는 말이었다. 그것은 현실에 대한 그들 자신의 경험과 이해를 부정하고, 지배당국이 허락할 수 있는 한도 내에서 자신들의 신념체계를 재구성하라는 것을 의미했다. 그들은 그렇게 할 수 없었다. 예수에 대한 믿음에서 물러난다는 것은 자신들의 경험이 실제로는 아무것도 아니었다고 말하는 것이었다. 어떻게 그럴 수 있는가? "전에는 내가 보지 못했으나 지금은 내가 본다."(9:25) 이것은 그들의 삶 전체를 가장 깊은 곳에서부터 지배하는 경험이었다. 가장 중요한 것은 예수가 볼 수 있게 해주었다는 사실이다. 따라서 이 사실이 계속 환기된다(9:7, 11, 15, 25, 30, 32).

앞에서 살펴본 인물들의 초상에 의하면, 공개적인 신앙고백을 했던 요한공동체는 그렇게 하기를 꺼려하는 사람들에게 분명한 배신감을 느꼈다고 볼 수 있다. 이러한 느낌이, 그리고 그 사람들을 이렇게 그린 것이 실제로 정당화될 수 있는지는 객관적으로 판단하기 어려운 문제이다. 브라운의 말대로 숨은 그리스도인들의 입장에서 보면 소경은 "무모한 열광주의자"로 보였을 수도 있다.[62] 이것은 제3자로서는 판단하기 어려운 문제이며, 오늘날의 독자들 역시 1세기의 상황에 대해서는 제3자에 불과하다. 그럼에도 불구하고 요한복음서의 강력한 신학적 진술들 중 많은 부분이 이 오래되고 여러 측면을 지닌 갈등과 긴밀하게 관련되어 있다. 요한복음서의 아이러니 역시 보편적으로 쉽게 동의되기 어려운 예수에 대한 진리를 선포하기 위한 요한공동체 나름의 독특한 의사소통 방식이었을 것이다.

62 R.E. Brown(1979), p. 73.

Ⅱ. 요한복음 15:1-16:4a에 나타나는 요한공동체의 자의식

이 장에서는 지식사회학적 관점에서 요한복음 15장 본문에 나타난 요한공동체의 자의식을 규명하고 본문과 공동체의 삶의 정황이 어떻게 유기적으로 상호작용하는지 밝혀보고자 한다. 요한복음 15:1-16:4a를 중심으로 지식사회학적인 관점에서 요한복음서의 교회론을 규명하려는 것이다.[63] 지

63 요한복음서에 대한 지식사회학적 연구의 가능성을 맨 처음 보여준 학자는 믹스라고 할 수 있다. W.A. Meeks(1972), "The Man from Heaven in Johannine Sectarianism", *JBL*, 91, pp. 44-72. 그는 요한복음서에서 예수 그리스도를 기술할 때 사용한 특이한 언어유형, 특별히 상승과 하강의 도식을 분석하는 데서 출발했다. 예수는 하늘로부터 내려와서 그의 선교를 통해 세상을 결정적인 분기점으로 인도하고 아버지에게로 다시 돌아갔다는 것이다. 요한공동체는 세례 요한 종파로부터, 그리고 강력한 유대 사회로부터 스스로를 구별해야만 했다. 이러한 상황에서 요한공동체는 그러한 갈등들에 설명을 해주고 거기에 의미를 부여하는 "상징적인 우주"를 사용했다. 요한복음서에서 예수는 세상에서 이해될 수 없는 낯선 분이다. 그리고 이 예수 안에서, 그의 상황을 통해 이 세상을 고향으로 삼을 수 없는 요한공동체 자신이 이해된다. 따라서 믹스에 의하면 요한복음서에 나타나는 예수에 대한 특이한 서술들은 요한공동체가 자신의 상황을 이해하고 정당화하는 과정과 긴밀한 관련성을 지닌다. 이외에 A.F. Segal(1981), "Ruler of this World: Attitudes about Mediator Figures and the Importance of Sociology for Self-Definition", *Jewish and Christian Self-Definition*. vol. 2: *Aspects of Judaism in the Graeco-Roman Period*, ed. by E.P. Sanders, A.I. Baumgarten, A. Mendelson (Philadelphia: Fortress Press), pp. 245-268 참조. 또한 G.L. Renner(1982), *The Life-World of the Johannine Community: An Investigation of the Social Dynamics which resulted in the Composition of the Fourth Gospel* (Diss. Boston University) 참조. 누가나 바울 공동체의 자기이해와는 구별되는 요한공동체의 자기이해는 렌너에 의하면 무엇보다도 소종파적인 자기이해로 규정되며, 그는 윌슨(B.R. Wilson)의 소종파 유형론에 도움을 받아서 이러한 소종파의식을 연구했다. 그에 따르면 요한공동체가 소종파였다는 사정은 그들의

식사회학적인 연구는 담론과 그 담론을 형성시킨 사회적 존재 사이의 긴밀한 관련성을 인식하는 데서부터 출발한다. 따라서 지식사회학적으로 본문을 연구한다고 할 때는 본문을 탄생시킨 공동체에 대한 역사적 연구를 포함할 수밖에 없다. 여기서는 요한공동체가 유대인들에 의한 회당축출 위협에 직면해 있었다는 마틴의 연구결과를 전제한다.[64] 다른 한편으로 지식사회학적인 관점에서 요한 연구에 중요한 기여를 한 오누키의 연구를 끌어들일 것이다. 그는 요한복음서와 요한공동체 사이의 상호작용에 대해 중요한 통찰을 했다.[65] 그는 요한복음서가 의사전달의 매체로서 그 독자들에게 어떠한 기능을 했는지 묻는다. 본문의 실용적인 기능, 달리 말하자면 저자의 세계에 대한 태도가 본문을 통한 의사소통에 의해 독자 공동체에게 무엇을 불러일으키고자 했는지를 묻는다. 여기서는 본문의 실용적 기능에 대한 오누키의 방법론적 통찰을 적용해서 요한공동체의 위기상황은 요한공동체의 자기의식에 어떠한 영향을 끼쳤는지 살펴볼 것이다. 요한복음 15장 포도나

현실이해에도 영향을 끼쳤다. 소종파들은 보편적으로 인정받는 현실성으로부터 스스로 멀어졌기 때문에 고향을 잃은 상실감과 은둔성을 보상하기 위해 대안적인 현실을 구성한다. 렌너에 의하면 요한공동체의 현실구성 과정에서도 역시 대안적인 삶의 세계가 정당화되는 것을 볼 수 있다. 이러한 대안적인 현실을 구성하는 과정에서 요한복음서의 특이한 그리스도론도 나오게 되었다는 것이다. 이외에 W. Rebell(1987), *Gemeinde als Gegenwelt: zur soziologischen und didaktischen Funktion des Johannesevangeliums* (Frankfurt am Main: Peter Lang Verlag) 참조. 요한복음서의 교회론와 요한공동체의 다양한 집단 및 변천에 대한 연구로 김동수(2005), 『요한복음의 교회론』 (서울 : 대한기독교서회); 김진호(2009), 『급진적 자유주의자들』 (서울: 동연) 참조.

64 J.L. Martyn(1979), *History and Theology in the Fourth Gospel* (Nashville: Abingdon Press). 이외에 M. de Jonge(1977), *Jesus: Stranger from Heaven and Son of God* (Missoula, Mont.: Scholars Press); K. Wengst(1983), *Bedrägte Gemeinde und verherrlichter Christus: Der historische Ort des Johannesevangeliums als Schlüssel zu seiner Interpretation* (Neukirchen-Vluyn: Neukirchener Verlag) 참조.

65 T. Onuki(1984), *Gemeinde und Welt im Johannesevangelium: Ein Beitrag zur Frage nach der theologischen und pragmatischen Funktion des johanneischen "Dualismus"* (Neukirchen-Nluyn: Neukirchener Verlag).

무 담론을 중심으로 자기의식의 구성적 내용이라고 할 수 있는 "공동체 구성원 상호 간의 관계에 대한 이해"(15:1-17), "세상에 대한 이해"(15:18-16:4a)에 어떠한 영향을 끼쳤는지 살펴볼 것이다.[66]

1. 지식사회학적 관점에서 본 요한복음서와 요한공동체

인간은 해석된 세계, 다시 말해 의미있게 이해된 세계 속에서 살아간다. 이것이 지식사회학에서 말하는 상징적인 우주, 또는 상징적인 의미세계 개념의 기본전제이다. 인간은 수많은 자극의 단편들을 하나하나 분리된 형태로 인지하는 것이 아니라 그 중에서 몇 가지 자극들을 선택, 구조화해서 하나의 통일된 전체로 이해한다. 이러한 선택적인 활동과 구조화하는 활동을 통해 인간은 의미있는 세계구조를 만들어낸다. 이러한 포괄적인 해석행위만이 세계를 인간이 "살만한" 곳으로 만들어준다. 이처럼 인간이 경험적으로 주어진 세계가 아니라 의미있게 해석된 세계에서 살아가는 현상에 대해서 버거나 루크만 같은 학자들은 사회학적인 관심을 가지고 접근했다. 그들은 인간이 사회적으로 구성한 이러한 삶의 공간을 "상징적 우주"(symbolic universe)라고 불렀다.[67] 버거와 루크만에 의하면 한 사회의 사회

---

66 고별담론 전체와 관련해서 이 단락의 구조와 위치에 대해서는 William S. Kurz(1990), *Farewell Addresses in the New Testament* (Collegeville: Liturgical Press) 참조.

67 그들은 이러한 자신들의 출발점을 지식사회학 이론의 하나로 이해한다. 이것은 쉘러(M. Scheler)나 만하임(K. Mannheim) 등의 독일 계열의 지식사회학과는 구별된다. 쉘러나 만하임의 경우와 마찬가지로 버거와 루크만도 사회적 존재와 의식(보다 정확히 말하자면 "지식"으로 결집된 의식의 내용)의 동속성, 사유와 존재와의 관련성, 사유의 사회적 조건에 관심을 갖는다. 그러나 쉘러와 만하임은 이념사와 그것의 거대한 사상체계를 그 뿌리인 구체적인 사회적 상황과 관련해서 물었다면 버거와 루크만은 보통 사람들의 일상적인 세계에로 눈을 돌렸다. 왜냐하면 "'이론적인 사고', 이념, 세계관 등은 사회에서는 그렇게 중요하지 않기 때문이다. 이러한 현상들은 서로 연결되어 있기는 하지만 '지식'의 일부일 뿐이다. 이념만이 아니라 모든 지식이 지식사회학의 주요관심사가 되어야 마땅하기" 때

적, 경제적 상황에 뿌리를 둔 이론적인 반성을 통해 정신적으로 뿐만이 아니라 개인이나 사회와 관련된 모든 사건들에 포괄적인 의미를 부여하는 그 사회의 상징적인 우주가 생겨난다. 지식사회학은 이러한 상위현실성이 형성되는 "구성의 과정"을 탐구하는 것을 중요한 과제로 삼는다.[68]

인간은 현실에 의미를 부여하기 위해서 버거가 "외화"(Externalisation)라고 부르는 과정에 몰입한다. "모든 인간 사회는 외화되고 객관화된 의미성의 건축물이며, 늘 의미있는 전체를 지향한다. 모든 사회는 인간적으로 의미있는 세계에 도달하려는 끝없는 일에 매달린다."[69] 버거에 의하면 상징적 우주는 무엇보다도 갈등과 한계상황에 대한 인간의 경험에 의미를 부여한다는 점에서 특별한 의미를 지닌다. 특별히 종교적인 상징적 우주가 그렇다. 상징적 우주는 자체 안에 통합하는 힘과 모든 것을 설명하고 포괄하는 경향을 지니고 있다. 따라서 상징적인 우주는 죽음까지도 해명하고 정당화한다.[70] 또한 인간은 사회적 존재이기 때문에 상징적 우주는 다른 사람들과 공유된다. 그리고 상징적 우주는 공유됨으로써 안정된다. 다른 사람들의 확인을 통해 특정한 지식은 인간에게 지속적으로 신뢰성 있는 것으로 나타나며, 일상적인 세계의 삶과 현실을 신뢰할 수 있게 되기 때문이다. 버거와 루크만은 일상적인 삶 속에서 상징적 우주의 현실화 과정이 이루어진다고 본다.[71]

문이다. P.L. Berger, T. Luckmann(1967), p. 15.

68 P.L. Berger, T. Luckmann(1967), p. 3.

69 이미 어린아이 때부터 인간은 이처럼 정신적으로 일관성 있는 세계를 구성하기 시작한다. 버거에 의하면 어린아이를 어르는 어머니는 "최고의 질서를 대변하는 여사제"이다. P.L. Berger(1967), *The Sacred Canopy: Elements of a Sociological Theory of Religion* (Garden City, New York: Doubleday & Company, Inc.), p. 28.

70 P.L. Berger, T. Luckmann(1967), pp. 103-104.

71 가령 교외열차에 몸을 싣고 다 같이 아무 말 없이 직장으로 가는 사람들은 그들의 판에 박힌 행동을 통해 일상세계의 기본구조를 확고하게 하고 있다는 것이다. P.L. Berger, T. Luckmann(1967), pp. 149-150. 결혼한 남자가 아침마다 직장에 나가기 전에 그의 아내와 작별을 하는 것 역시 개별적인 사건들 하나하나에 그 의미를 부여하는 전체 현실성의

이러한 지식사회학적 주제에 비추어 보면 요한공동체와 요한복음서는 서로 긴밀하게 연결되어 있다. 지식사회학에 의하면 지식은 공동성에 의존한다. 그렇지 않으면 지식은 성립될 수가 없다. 요한공동체와 관련시켜 보면 이것은 요한의 신학이 요한 그리스도인들의 실질적인 조직형태, 세계관, 자기이해와 긴밀한 관련이 있다는 것을 의미한다. 그렇다면 요한복음서에 나타나는 요한공동체의 상징적 우주는 어떻게 구성되었는가? 그 구체적인 내용은 어떤가? 요한공동체에 대한 역사적, 사회학적 연구들은 요한공동체가 유대회당으로부터 박해를 받게 된 구체적인 계기가 된 것도, 또 요한복음서가 신약성서 신학에서 기여하는 것도 사실은 독특한 그리스도론적 인식 때문이었음을 밝혀주었다. 요한복음서에서는 종말이나 성령 등 믿음의 중요한 주제들이 그리스도론을 초점으로 재형성되어 있다. 4장의 사마리아 여인 이야기에서도 알 수 있듯이 저자는 그의 독특한 그리스도론적 인식의 세계 안으로 독자들을 끌어들여 자신과 독자가 함께 특수한 그리스도 경험에 참여하도록 하려고 한다. 그는 동일한 그리스도론적 경험을 나누는 공동체 형성을 자신의 중요한 과제로 파악하고 있다. 그리고 그 경험의 독특성은 그리스도의 십자가와 부활에 대한 인식에 근거하고 있다. 따라서 요한복음서의 상징적인 우주는 무엇보다도 그리스도의 십자가와 부활을 중심으로 하고 있다고 말할 수 있다. 서막뿐만 아니라 이미 요한복음 2:18-20에서 예수의 죽음과 부활이 그의 선포를 이해하기 위한 열쇠로 제시되었다. 슈낙켄버그는 요한신학에서는 십자가에 달리고 부활한 예수가 중심적인 의미를 차지한다는 것을 주석학적으로 밝혀주었다. 요한은 "예수의 죽음을 인간과 그들의 구원을 위해 생명을 내어주는 것으로 이해할 수 있었다."[72]

구조를 배경으로 하고 있다. P.L. Berger, T. Luckmann(1967), pp. 152-153.

72 R. Schnackenburg(1984), "Paulinische und johanneische Christologie. Ein Vergleich", *Das Johannesevangelium.* IV.Teil: Ergänzende Auslegungen und

사실 이것 자체만으로는 공관복음서 저자들과 다른 요한의 특징이 크게 부각되지 않는다. 그러나 그러한 인식을 표현해낸 요한의 방식은 대단히 독특하다. 요한은 지상 활동을 하는 예수를 이미 "올리운" 예수로 그렸다. 다시 말해 예수 안에서 역사적인 형태만을 보는 것이 아니라 죽음과 부활을 지난 예수가 역사적 예수 안에 현재하는 것으로, 둘이 하나가 된 것으로 묘사했다. 요한의 예수가 지니는 독특한 이중성은 이러한 데서 생겨난다. 요한복음서에서 예수는 독특하게 투명하다. 지상에서의 인간적인 그의 존재 자체가 투명하게 하나님을 드러낸다. 그의 등장과 활동에 전적으로 하나님이 현존한다(1:14; 2:11; 11:40; 17:24). 예수는 십자가를 통해 "올리운 자"가 된다. 그는 단순히 지상의 나무십자가로 올려졌을 뿐만 아니라 하나님의 영역으로 올려졌다. 이 점에서 요한에게서 올리움은 이중적인 의미를 지닌 개념이다. 예수에게 십자가는 "죽음이자 동시에 고양되는" 사건이다. 그리고 이것은 예수의 제자들에게도 역시 새롭게 되는 계기이다. 예수는 지상으로부터 올리워서 "모든 사람들을 자신에게로 이끌 것이다."(12:32)

따라서 요한은 예수의 십자가와 부활을 현실의 중심으로 삼으며, 예수 자신 안에서 살라고 사람들을 초대한다. 그는 이러한 상징적 우주를 무로부터 창조한 것이 아니라, 자신의 공동체의 삶을 이미 규정하고 있던 신학적 사유와 의미구조들을 개작해서 만들었을 것이다. 요한복음서는 변화된 상황에서 새로운 믿음을 형성하고, 믿는 자들에게 영향을 끼치는 것을 목표로 하고 있다. 그렇게 하기 위해서 요한복음서는 기존의 신앙이해를 수정했을 것이다.[73] 이미 가지고 있던 요한공동체의 신앙은 무엇보다도 "표징신학"의 영향을 강하게 받았던 것으로 보인다. 그러나 유대회당과 갈등을 일

Exkurse (Freiburg: Herder), p. 110.

73 J. Becker(1984), *Das Evangelium nach Johannes* II (Gütersloh/Würzburg: Gerd Mohn), p. 56 "복음서의 목적은 공동체 내에서의 특정한 신학적 발전을 새롭게 해석하고, 또 수정하려는 것이었다."

으키고 있는 요한공동체가 앞으로 처하게 될 상황에서 표징신학은 세상 안에서 그들 자신의 존재를 이해하는 데 적절치 못한 것으로 여겨졌으며, 따라서 수정되어야 했다. 즉 새로운 신학적 이해가 이루어져야 했다.

요한이 사용했으리라고 추정되는 표징자료에는 특정한 그리스도론이 나온다.[74] 예수는 신적 인간으로 묘사되며, 능력 있는 표징들을 행하고, 이 표징들을 통해 아버지의 주권을 계시하고, 자신에 대한 믿음을 불러일으킨다(2:11; 4:53; 6:14; 7:31; 11:40, 45, 47-48; 12:37-38; 20:30-31). 여기서는 헬레니즘적 신적 인간에 대한 표상이 영향을 끼치고 있음을 부정할 수 없다.[75] 니고데모와의 대화에서 볼 수 있듯이 요한은 이러한 표징자료의 그리스도론과 대결하는 과정에서 자신의 그리스도론적 관심을 표명하게 되었다. 그에게도 역시 예수가 행한 표징은 예수를 이해하기 위한 중요한 한 요소이

---

74 불트만 이후 어느 정도 일치된 견해에 의하면 현재 형태의 요한복음서로부터 표징자료의 존재를 추론해낼 수 있다. 이 자료는 나름대로 특정한 그리스도론을 보여주고 있으며, 요한은 한편으로는 그것을 비판하고 수정하려 했지만 다른 한편으로는 매우 중요하게 여겨서 자신의 복음서 안에 버릴 수 없는 한 부분으로 통합시키고, 또 자신의 그리스도론적 관심에 기여하는 방향으로 사용했다. 이 표징자료 가설의 문학비판적인 근거에 대해서 불트만은 다음과 같이 요약적으로 말했다. 기적설화들이 "하나의 문서자료로부터 나왔다는 사실은 아마도 2:11과 4:54에서 기적들을 첫 번째, 두 번째 하는 식으로 세는 것이 복음서저자 자신에 의한 것은 아니라는 데서도 확인할 수 있을 것이다. 복음서저자는 2:23; 4:45에서 그밖의 기적들에 대해 언급하고 있는 것으로 보아 그가 그렇게 썼을 리는 없기 때문이다. 12:37의 예수의 기적활동에 대한 회고 역시 복음서저자의 서술로 이해하기는 힘들 것이다. 왜냐하면 복음서 전체에서 기적은 시종일관 담론에 종속되어 있기 때문이다. 20:30의 결어 역시 기적설화 수집록의 결어에서 나온 것으로 보인다." R. Bultmann, "Johannesevangelium", *RGG* III, p. 842. 불트만의 이 논증은 상당히 설득력이 있으며, 요한복음서의 표징자료에 대한 불트만의 가설은(계시담론자료에 대한 또 다른 그의 가설과는 달리) 널리 받아들여지고 있다. 물론 요한복음서의 표징자료 가설에 대해 반대하는 학자들도 있다. O. Betz가 그러한 경우이다. 표징자료의 범위에 대해서는 매우 다양한 견해들이 있다. 표징자료 대신 표징복음서를 가정하는 학자들도 있다(R.T. Fortna, W.Wilkens).

75 J. Becker(1984), pp. 116-119.

다. 그러나 요한은 표징에만 근거한 신앙을 공격한다. 그러한 신앙만으로는 부족하며 그것은 시련을 견뎌내지 못한다.[76] 요한에게서 그리스도는 무엇보다도 그의 죽음과 부활에 의해, 즉 그의 올리움에 의해 규정된다. 요한은 자신의 복음서 안에 표징자료를 받아들임으로써 표징이 믿음을 불러일으킬 수 있다는 인상을 받게 했지만, 동시에 그 예수가 누구인지, 그가 누구로부터 보냄을 받았고, 그는 무엇이 다른지를 분명히 했다.[77] 요한복음서에서 십자가와 부활의 선포는 이와 같이 표징자료의 그리스도론을 보충했으며, 그것을 보다 큰 틀 안에 집어넣었다.

그러므로 요한은 자기 이전에 있던 신앙과 대결해야만 했다. 이전의 신앙에서는 예수의 죽음과 부활이 중심에 있지 않았고, 대신 그의 기적을 통해 그에게 이르는 길을 찾고자 했다. 이제 공동체의 고난을 경험하면서 요한은 오직 고난당하는 하나님만이 도울 수 있다는 본회퍼의 말처럼 예수의 십자가로 돌아간다. 예수의 십자가에 정초되지 않은 모든 현실이해는 한계상황을 경험하면서 모두 무너져버리고 만다. 예수의 십자가가 보여주듯이 바로 고난에서 하나님의 창조적인 능력이 힘을 발휘하게 된다. 그리고 이 능력이 작용하는 곳에 영광이 있다. 예수의 죽음을 곧 그의 영광스럽게 됨으로 보는 요한복음서의 신학은 요한공동체가 겪는 고난 속에서, 그 고난을 통해서 하나님의 창조적인 능력을 인식하는 공동체의 실제적인 경험과 상응한다고 할 수 있다.

이와 같이 요한복음서가 수립한 그리스도론적인 상징적 우주의 기본구조는 지속적으로 보존되어야 했다. 요한복음서가 제시하는 상징적 우주는 그 틀을 잃거나 폐쇄적이 될 위험성을 지니고 있다. 상징적 우주는 지속적으로 새로워질 필요가 있다. 버거는 인간은 자신이 속해 있는 현실규정(상

76 전승의 기적이해에 대한 복음서저자의 비판에 대해서는 2:23; 12:37 참조.

77 R. 불트만(1968), p. 116 참조.

징적 우주)을 잘 잊어버리기 때문에 그것은 모든 사람들에게 매우 중요한 기억의 도구인 종교적인 제의를 통해 거듭 기억되어야 한다고 했다. 종교적 제의는 근본적인 현실규정을 늘 새롭게 현재화하는 기능을 한다.[78]

마찬가지로 그리스도교 신앙도 지속적인 갱신을 필요로 한다. 예배와 성례전적 행위들, 기도, 성서낭독 등을 통해 그리스도교 공동체는 늘 새로워지며, 자신의 정체성에 대해 보다 확고해진다. 기본적인 확신의 구조가 신자들에게 거듭 다시 제시된다. 요한공동체는 전적으로는 아니더라도 상당 부분 요한복음서의 도움을 받아 그들의 정체성을 수립해야 했을 것이다. 아마도 복음서는 공동체 안에서 상당히 중요한 의미를 지녔고, 결정적인 연대고리였다고 가정할 수 있을 것이다. 만일 그렇지 않았다면 복음서가 계속 전승되지 않았을 것이다. 그리고 요한복음서는 요한공동체의 상징적 우주를 수립하는 기능을 하면서 동시에 요한공동체를 통해 읽힘으로써 그 상징적 우주를 유지시키는 기능을 했을 것이다. 왜냐하면 버거가 말했듯이 "모든 전승된 종교들은 그것 자체의 설득력을 계속 존속시켜나가기 위해 구체적인 공동체를 필요로 하기 때문이다."[79]

요한복음서와 요한공동체와의 관련성을 이렇게 긴밀하게 본다면 요한복음서에서 특정 형태의 교회론, 내지는 요한공동체의 자의식을 읽어내는 것이 가능할 것이다. 특히 '위로부터의 그리스도론'에 정초한 요한공동체의 상징적 우주는 당시 주변 세계와의 대립을 초래했고, 그 점에서 요한복음서가 제시한 새로운 현실규정은 세상에 대립하는 것이었다. 따라서 요한복음서의 상징적 우주의 지속을 위해서는 스스로를 대항세계로 이해하는 공동체가 필요했을 것이다. 오직 그러한 공동체 안에서만 새로운 현실이해가 지속적으로 유지될 수 있었을 것이다.[80] 요한 교회론의 특징적인 성격은 이

---

78 P.L. Berger(1967), pp. 39-40.

79 P.L. Berger(1967), p. 46.

80 W. Rebell(1987), pp. 114-115, 148-161, 185-194.

러한 맥락에서 이해할 수 있을 것이다.

그러나 요한복음서에는 교회론적인 관심이 매우 희박하다는 주장들이 자주 있어왔다. 가령 그라스는 요한복음서와 요한서신은 교회에 대해서는 매우 무관심한 것 같다고 기술했다.[81] 요한복음서나 요한1, 2서에는 "교회"라는 말이 나오지 않는다. 공관복음서에 "하나님의 나라"라는 표현이 산재해 있는 반면 요한에게서는 이 표현이 거의 나오지 않는다(3:3, 5에만 나온다). 하나님의 백성이라는 개념도 요한복음서에는 나타나지 않는다. 그런데도 요한의 교회론에 대해 말할 수 있는가? 요한복음서에서 공동체는 각기 예수에게 연결되어 있는 그리스도교 개인주의자들의 연합이 아닌가? 그들은 공동체에는 관심이 없는 사람들이 아니었는가? 이러한 의문들로 인해 요한복음서는 일차적으로 믿는 개인들을 목표로 하고 있으며, "구원의 개인주의"를 제시해준다고 생각되었다. 케제만은 당연히 요한복음서도 하나의 교회론을 보여주고 있는 것은 사실이지만, 그럼에도 그것은 "제자들을 단순히 개인들로 등장시키고 있다"고 말했다.[82] 이러한 논의들에서는 요한복음서 안에서 신자들의 공동체성을 이야기하는 부분들, 즉 10:1이하나 15:1이하와 같은 본문들이 빠졌다. 그래서 그러한 논의들에서는 일차적으로 믿는 개인들과 그리스도와의 관계에 초점을 두고, 믿는 자들 사이의 상호관계에 대해서는 고려하지 않았다. 그러나 위에서 언급한 요한 본문들은 직접적으로 주제화된 교회론적 구조를 지닌 것은 아니지만 공동체를 형성하는 방향으로 작용할 수 있다.

여기서는 15:1-16:4a를 다룰 것이다. 다른 곳보다 이 부분에서 요한공동체의 자의식이 강력하게 나타난다는 데 대해서 대부분의 학자들이 일치한

---

81 H. Grass(1973), *Christliche Glaubenslehre*, Teil II (Stuttgart: Verlag W. Kohlhammer), p. 105.

82 E. Käsemann(1971), *Jesu letzter Wille nach Johannes 17* (Tübingen: J.C.B. Mohr), pp. 87-88.

다. 여기서는 15장 본문이 독자로서의 요한공동체를 어떠한 자기의식에로 인도하는지 물을 것이다. 구체적으로 공동체의식의 구성적 요소라고 할 수 있는 공동체 내의 관계에 대한 이해(15:1-17)와 공동체 밖의 세계에 대한 이해(15:18-16:4a)와 관련하여 본문은 독자들을 어떠한 자기이해로 인도하는지 물을 것이다. 각각의 담론에 나오는 진술의 목적에 대한 서술은(15:11, 17; 16:1, 4a) 저자가 특정 상황에 있는 독자들에게 실천적으로 매우 구체적인 것을 말하려 했다는 것을 보여준다. 따라서 각각의 본문들을 저자와 독자로서의 요한공동체 사이의 의사소통의 관점에서 해석할 것이다.

2. 15:1-17 요한공동체 안에서의 구성원 간의 관계

가. 본문의 구조

불트만은 15:1-11과 13:1-20의 세족이야기가 구조적으로, 또 사고의 흐름상 병행한다고 지적하면서 15:1-8과 15:9-17로 단락을 구분했다. 15:1-8에서는 13:6-11에서와 마찬가지로 제자들과 예수와의 공동성이 주제가 되고, 15:9-17에서는 13:12-20에서와 마찬가지로 제자들 사이의 공동성이라는 주제가 중심에 온다는 것이다.[83] 그러나 15:9-10을 제자들 사이의 공동성이라는 주제에 연결시키기는 어렵다. 이 주제는 형제사랑의 계명이 전체 본문을 포괄하게 되는 12-17절에 가서야 분명하게 나타나기 때문이다. 다른 한편으로 브라운은 포도나무와 가지의 상이 나오는 1-6절, 그리고 이 상들을 고별담론의 문맥에서 해석하는 7-17로 나눈다.[84] 이러한 그의 구조분석은 원래 독립적인 1-6절의 포도나무 상징이 요한에 의해 고별담론의 문맥에서 해석되었다는 전승사적인 관점에서 이루어진 것이다. 따

83 R.불트만(1968), pp. 524, 581.

84 R.E. Brown(1970), pp. 665-667.

라서 전승사적인 관점에서 본다면 그의 분석이 정확할 수 있지만, 요한 자신이 설정한 본문의 흐름과는 거리가 있는 것으로 보인다. 요한은 15:1-16:4에서 네 번에 걸쳐 단락을 구분할 수 있는 표지를 만들어놓았다. 그는 15:11에서 "내가 너희에게 이러한 말을 한 것은……"이라고 하며, 다시 15:17에서 "내가 너희에게 명하는 것은 이것이다"라고 한다. 이것은 담론의 목적에 대한 서술로서 16:1, 4a에서 다시 나온다("내가 너희에게 이 말을 한 것은"). 따라서 11절에 나오는 담론의 목적에 대한 서술은 1-11절을 하나의 통일체로 묶어주며, 여기서는 1-11절, 12-17절의 단락으로 나누어 분석할 것이다.[85]

나. 15:1-11 세상 속에서 지속되는 구원의 역동성-구원의 직설법과 명령법

1절에서 예수는 "나는……이다"(ἐγώ εἰμι)라는 말을 통해 참 포도나무로 계시된다. 여기서는 이어지는 전체 구상담론이 요한의 아버지-아들 그리스도론의 틀 안에서 움직인다는 점이 시사된다. 형용사 "참"(ἀληθινή)을 쓴 것으로 보아 저자는 이미 독자들이 잘 알고 있는 포도나무 표상을 전제했을 것이다. 여기서 종교사적으로 포도나무에 대한 여러 가지 표상들을 생각할 수 있겠지만, 요한공동체의 상황과 관련해서 볼 때, 무엇보다도 이스라엘을 포도나무로 그리는 구약성서-유대교적 상이 전제되었을 것이다.[86] 요한공동체는 예언서들에서 약속된 종말론적인 구원의 백성으로 스

85 서사적 관점에서 요한복음서 13-17장의 구조를 통일적으로 이해하고자 한 연구로 G.R. O'Day(2009), "I have overcome the world(John16:33): Narrative Time in john 13-17", *Semeia*, 53 참조.

86 학자들은 요한 사상 전반의 배경에 대해서 흔히 그랬듯이 이 상징에 대해서도 한편으로는 영지주의, 만대아 자료들을 끌어다대든지(W. Bauer, Bultmann), 아니면 구약성서나 유대교 저작들을 끌어다댔다(Behm, Büchsel, Jaubert). 특별히 불트만은 요한의 상징이 동방의 생명나무 신화를 반영한다고 주장했다. 한편 구약성서에서 포도원은 흔히 이스라엘에 대한 상징이다(사 27:2-6; 렘 5:10; 12:10-11). 아마도 이스라엘을 식물이나 나무로

스스로를 이해했을 것이다. 이어지는 15:18-16:4a에서 동시대 유대교를 요한공동체의 적으로 파악하고 있는 것으로 보아 그러한 유대인과 대조되는 종말론적 구원의 백성으로 스스로를 포도나무로 그렸을 수 있다. 그러나 요한의 포도나무 상징에서 특징적인 것은 포도나무는 가지들에 생명을 주는 기능을 하며, 동시에 이 포도나무는 예수와 동일시된다는 점이다. 예수는 줄기가 아니라 포도나무 전체이며, 가지들도 역시 포도나무의 일부, 즉 포도나무다. 이 점은 이어지는 이 단락의 해석에서 중요한 기능을 할 것이다.

2절은 포도원 농부의 노동을 묘사하고 있다. "모든"(πᾶν)이라는 말을 두 번 강조해서 열매를 맺지 못하는 "모든" 가지는 "다" 찍어버리고, 열매를 맺는 나무들만 손질을 받는다고 한다. 가지를 자르고 손질하는 것은 수확 때보다 많은 열매를 맺기 위한 것이다. 이 때문에 열매를 맺는, 손질된 가지들은 보다 많은 열매를 맺어야 한다(καρπὸν πλείονα φέρῃ)는 과제가 주어진다.

3절에서는 독자들인 요한공동체에 대해 2인칭 복수로 직접 말한다. 여기서는 직설법으로 이렇게 말한다. 예수의 "말씀"을 통해 그들은 "이미"(ἤδη) 깨끗하게 되었다. 여기에는 요한공동체의 특별한 자의식이 나타난다. 이 말을 통해서는 무엇보다도 요한공동체의 특별한 지위가 강조된다. 요한공동체는 아들에 의한 하나님의 계시를 통해 깨끗하게 되었다. 아들을 통한 계시는 먼 역사적 과거로 가라앉아 있는 것이 아니라, 부활절 이후의 현재에 그 의미를 지속적으로 드러내고 있다. 요한공동체는 열매맺지 못하는

상징하는 일반적인 경향이 요한의 이 본문에 영향을 끼쳤을 것이다. 호세아 10:1; 14:8(7); 예레미야 6:9; 에스겔 15:1-6; 17:5-10; 19:10-14; 시편 80:9(8)이하; 제2에스드라 5:23을 예로 들 수 있다. 이 구절들은 요한과 밀접한 병행들을 제시한다. 특히 열매맺음과 나쁜 가지를 쳐내는 것 등. 이에 반해서 E. Schweizer, E. Käsemann 등은 영지주의의 생명나무 신화와 포도나무 구상을 관련시켰다. R. Bultmann(1968), p. 583 주 10 참조.

가지들, 다시 말해서 계시를 받아들이지 않는 사람들과 구분되어 열매를 맺는 가지들이라고 말해진다. 그들에게는 이미 종말론적 구원이 주어져 있다. 그러나 이 말은 그들이 더 이상 나갈 필요가 없는 목표점에 이미 이르렀다는 것을 의미하지 않는다. 오히려 그들에게는 깨끗해진 가지들을 더하라는, "더 많은 열매를 맺으라"(2c절)는 과제가 주어진다. 구원의 직설법은 공동체에게는 새로운 과제가 주어지는 명령법을 의미한다. 그러나 그들 편에서 보면 이것은 오로지 구원의 직설법에 근거해서만 달성될 수 있다.

이 점이 이어지는 4-6절에서 경고를 통해 소극적인 방식으로, 그리고 약속을 통해 적극적인 방식으로 표현된다. 포도나무에서 잘린 가지가 열매를 맺지 못하고, 단지 불에 태워져 사라질 뿐이듯이(4c, 6절) 예수에게서 떨어져서 공동체는 아무 일도 할 수 없다(ποιεῖν οὐδέν). 따라서 분명해지는 것은 이 공동체는 이미 주어진 구원 안에, 예수 안에, 즉 포도나무와의 공동적인 삶 안에 머물러 있어야 한다는 것이다. 이러한 이유에서 3절의 구원의 직설법 바로 뒤에 4a절에서 분명한 명령법 "너희는 내 안에 머물러 있어라"(μείνατε ἐν ἐμοι)가 나온다. 10절까지 전부 10번 나오는 이 동사(μεινεῖν)는 이 담론에서 저자 요한의 관심이 어디에 있는지 말해준다. 그는 요한공동체에게 예수 그리스도를 통해 이미 주어진 구원을 이어지는 부활절 이후의 시간 속에서 계속 지켜나가라고 권면하고 있는 것이다. 다른 한편으로 5절에서 교회론적으로 중요한 것은 포도나무와 가지의 관계로 표현되는 예수와 교회공동체 간의 일체성이다. 예수와 공동체는 포도나무와 가지처럼 하나이다.

7a절은 "나의 말"(τὰ ῥήματά μου)이라는 말을 사용해서 위에서 말한 내용, 즉 예수 그리스도 안에서 주어진 구원 안에 머물라는 말을 보다 강조한다. 이미 받은 구원 안에 머무르는 데 근거해서(ἐὰν) 공동체에게는 그들이 구하는 것을 모두 들어주고, 이루어주리라는 약속이 주어진다. "너희가 내 안에 머물러 있고, 내 말이 너희 안에 머물러 있으면, 너희가 무엇을 구하든

지 다 그대로 이루어질 것이다."(7절) 여기서 구체적으로 그처럼 들어줄 수 있는 기도가 무엇인지 묻는 것은 별 의미가 없고, 답변할 수도 없다. 7절은 이러한 약속을 통해 요한공동체를 종말론적인 존재로 그리려고 한다. 만일 그들이 이미 주어진 구원 안에 머무른다면, 예수와의 공동성을 유지한다면, 그들은 세상적인 가능성의 한계를 넘어서 하나님의 무한한 힘과 가능성 안에서 살아가게 된다. 7절은 이렇게 6절의 계속으로, 짝으로 이해할 수 있다. 왜냐하면 6절의 불에 태워 없애는 데 대한 구상적인 묘사는 다른 한편으로 예수 안에서 주어진 구원의 배타성에 대한 묘사이기 때문이다. 하나님의 주권은 세상적인 가능성의 한계를 벗어나는 공동체의 기도를 모두 들어주고 이루어줄 수 있다는 데서 드러난다(7b절). 이러한 생각은 14:13-14에서도 분명하며, 부활절 이후 시대를 위한 약속으로 드러난다. 15:7-8에서도 이러한 약속은 아버지의 주권(8a절 "이것으로 내 아버지께서 영광을 받으실 것이다" ἐν τούτῳ ἐδοξάσθη ὁ πατήρ μου)과 관련된다.

기도를 들어주는 것은 5cd절에서 약속된 풍성한 열매 중의 하나이다. 8절에서 그것은 단순히 약속으로만 말해진 것이 아니라, 아버지가 영광스럽게 된다는 보다 근본적인 목적 아래 놓이게 된다(8a절). 이것이 바로 2-3절에서 간접적으로 공동체에게 말했던 "더 많은 열매를 맺으라"는 과제의 목적이다. 8b절에서는 이러한 과제가 예수의 제자됨으로 서술되었다.[87]

만일 아버지가 이 공동체의 모든 기도를 들어주고, 그럼으로써 그의 영광을 드러낸다면(15:7-8), 그것은 12:28의 그의 이름을 계속 영광스럽게 하는 것이 부활절 이후에 현실화된 것을 의미한다. 요한복음서의 독자인 요한공동체는 자신들의 삶을 통해 예수의 제자들로서 아버지의 영광을 드러내야 하며, 이것은 부활절 이후에 지상 예수의 행적을 이어나가는 것이다.

---

87 ἵνα καρπὸν πολὺν φέρητε καὶ γένησθε ἐμοὶ μαθηταί(8b절) 여기서 καὶ는 "많은 열매를 맺고 (또) 나의 제자가 되면"이라는 부연적 의미가 아니라, 앞에 나오는 '많은 열매를 맺는 것'을 보다 정확하게 설명하는 의미로 보는 것이 의미상 더 자연스럽게 보인다.

그것이 곧 아버지의 영광을 세상 앞에서 드러내는 것이다. 따라서 비록 여기서 드러내놓고 표현되지는 않았지만, 세상으로부터 물러난 자리가 아니라, 바로 세상 한가운데서 요한공동체는 그들의 과제를 가진다는 사실이 분명해진다.

9-10절의 흐름은 3-4a절과 거의 같다. 3절의 구원의 직설법은 9ab절의 "아버지께서 나를 사랑하신 것과 같이, 나도 너희를 사랑하였다"에 의해서, 4절의 명령법은 9c절의 "너희는 내 사랑 안에 머물러 있어라"에 의해서 다시 이어졌다. 단지 3절과 7절에서는 구원이 "말씀"과 관련해서 조명되었던 반면, 9-10절에서는 "사랑"과 관련해서 말해진다. 물론 이것은 매우 요한적인 개념이다. 9-10절에서는 아버지가 자신의 아들을 계시자로 세상에 보낸 것이 아들과 세상에 대한 그의 사랑으로 인한 것이라고 한다(3:16, 35). 그러한 아버지의 계시자로서 예수는 자기 사람들을 세상에서 "끝까지" 사랑했다(13:1).[88] 공동체는 이미 예수의 사랑 안에 있지만, 그들이 이미 주어진 구원을 굳게 지킬 때에만 그 사랑 안에 머물러 있는 것이다. 이렇게 해서 구원의 직설법으로부터 계명이, 즉 앞의 포도나무 구상담론에서처럼 공동체를 위한 명령이 나온다.

여기서 중요한 것은 계시사건 전체가 부활절 이후 요한공동체의 관점에서 회고적으로 이해되었다는 사실이다. 이것은 9ab절의 단순과거 "그가 사랑했다"(ἠγάπησέν), "내가 사랑했다"(ἠγάπησα)와 10c절의 완료형 "내가 지켰다"(τετήρηκα)에서도 드러난다. 이러한 부활절 이후의 관점에서 볼 때 계시사건은 계시자로서 예수의 길의 모든 단계들과 함께(즉 예수의 죽음, 또는 생명을 내어주는 것과도 함께) 공동체 안에 현존한다. 이 때문에 슈낙켄버그는 "이 말(15:9)은 예수의 죽음을 전제하며, 직접 부활절 이후의 공동체를

88 여기서 케제만은 사랑이 "말씀"의 사건과 뗄 수 없이 결합되어 있다고 옳게 말한다. E. Käsemann(1971), pp. 126-127.

향하고 있다"[89]고 말한다. 1-8절의 포도나무에 관한 말 전체는 명백하게 드러내지는 않았지만 이러한 부활절 이후의 관점을 전제하고 있다.

다른 한편으로 11절도 그러한 부활절 이후의 관점과 잘 부합한다. 만일 공동체가 예수를 사랑하고(14:28), 그의 사랑 안에 머물러 있는다면(15:9-10), 예수의 기쁨은 부활절 이후의 시대에도 그들과 함께 할 것이다(ἐν ἡμῖν εἶναι). 따라서 여기서 말하고 있는 것은 요한공동체가 이미 지속적으로 그 안에서 살아가고 있는 부활절의 기쁨이다(20:20; 16:20-24). 마지막 문장의 "너희의 기쁨이 넘치게 하려는 것이다"(ἡ χαρὰ ὑμῶν ᾖ πεπληρωμένη)라는 말은 부활절 이후 요한공동체가 누리는 기쁨의 역동성을 분명히 보여준다. 1-8, 9-10절의 담론 전체가 관철시키고 있는 것은 바로 이러한 역동성이다. 즉 구원의 직설법과 그로부터 공동체에게 생겨나는 과제 사이의 역동성이다. 이 공동체는 계속해서 세상 속에서, 예수의 죽음과 부활 이후에도 지속되는 시간 속에서 살아가고 있기 때문이다. 구원의 직설법으로부터 나오는 구원의 명령법이 공동체를 지속적으로 세상 안의 종말론적 공동체로 만들고 있는 것이다.

다. 15:12-17 형제사랑-세상 한가운데 있는 종말론적 공동체의 과제

1-11절에 의하면 세상 안의 공동체에게는 구원의 직설법으로부터 종말론적 과제가 주어진다. 12절(17절)은 그것을 서로 사랑의 계명으로 정의한다. 그리고 12b절의 "내가 너희를 사랑한 것과 같이"(καθὼς ἠγάπησα ὑμᾶς)는 그 계명의 근거이다. 즉 이 사랑은 공동체를 향한 예수의 사랑 안에 그 근거와 규범을 가지고 있다. 예수의 이 사랑은 9-10절에서 부활절 이후 요한공동체의 관점으로부터 조명되었고,[90] 또 전체 계시사건을 통해 계시된

89 R. Schnackenburg(1982^{4}), III, p. 103. 그러나 이 경우 말씀을 케제만처럼 예수의 죽음에 의해 한정된 의미로만 이해한다면 부활절 이후의 관점이 충분히 고려되지 못한다.

90 단순과거형과 완료형 동사들이 사용되었다는 사실을 기억할 필요가 있다. ἠγάπησέν(9a

것으로 간주되었기 때문에, 12b절에 나오는 '사랑'에는 예수의 죽음이 전제되고, 포함된다고 볼 수 있다. 말하자면 예수의 사랑의 행위는 십자가에서의 그의 죽음을 포함한다. 이렇게 이해하면 12b절의 "내가 너희를 사랑한 것과 같이, 너희도 서로 사랑하여라"는 바로 다음에 이어지는 13절을 의미상 아주 잘 예비하고 있다. 13절에는 친구를 위해 목숨을 내어주는 것을, "반드시 그리스도교적이 아니라 인간적인 의미에서",[91] 가장 지고한 영웅적 사랑의 행위로 보는 한 격언이 나온다. 디벨리우스는 요한이 인용한 격언의 희생 사상은 "결코 예수의 죽음과 관련되지 않고", "친구"라는 말만 문맥상 중요하게 평가할 수 있다고 본다.[92] 그러나 이 격언은 그대로 받아들여진 것이 아니라, 요한적인 어법인 "목숨을 버리다"(τὴν ψυχὴν αὐτοῦ θῇ)에 의해 수정되었다. 나아가서 12b절과 13절 사이의 관련성도 디벨리우스의 견해와는 반대되는 것을 말해준다. 따라서 13절의 격언은 분명 예수가 자신의 목숨을 내어놓은 행위와 관련된다. 이러한 관련성은 불트만이 옳게 지적했듯이 "예수가 이어지는 부분에서 그의 제자들을 '친구들'(φίλοι)이라고 부르는"[93] 데서도 드러난다.

그러나 예수가 친구라는 것은 14절과 15절에서는 각기 다른 측면에서 기술된다. 14절에서는 예수가 공동체에게 명한 행동, 즉 상호적인 사랑의 행위에 근거해서("내가 너희에게 명한 것을 너희가 행하면 너희는 나의 친구이다"), 15절에서는 예수가 그들에게 자신이 아버지로부터 들은 것을 "모두"(πάντα) 계시해주었다는 사실에 근거해서 기술된다. 15절에서도 예수의 계

절), ἠγάπησα(9b절), τετήρηκα(10c절).

91 M. Dibelius(1953), "Joh 15, 13 Eine Studien zum Traditionsproblem des Johannes-Evangeliums", *Botschaft und Geschichte 1* (Tübingen: Mohr), pp. 204-220, 특히 217; R. 불트만(1968), p. 597에서 재인용.

92 M. Dibelius(1953), p. 216.

93 R. 불트만(1968), p. 597.

시행위는 부활절 이후의 관점에서 전체적으로, 통전적으로 이해되었다. 이와 함께 12c, 13절에서 암시되었던 예수의 생명을 내어준다는 동기가 분명해졌다. 예수의 계시의 완성은 요한이 볼 때는 십자가상에서의 올리움에서 일어난다(19:30 "예수께서 신 포도주를 받으시고서, '다 이루었다' 하고 말씀하신 뒤에, 머리를 떨어뜨리시고 숨을 거두셨다"). 이렇게 완성된 예수의 계시행위 전체는 부활절 이후의 요한공동체를 예수의 "친구들"로, "형제들"로(20:17) 만든다.[94]

따라서 14절은 공동체는 형제사랑의 계명을 수행함으로써 예수의 친구가 된다는 식으로 인과율적으로 해석될 수 없다. 오히려 14절은 10절과 마찬가지로 역동적으로 이해되어야 한다. 여기서 구원의 직설법, 즉 예수의 친구라는 사실은 사랑의 명령을 함축하며, 이 명령이 공동체를 통해 성취될 때에만 구원의 직설법도 살아 있다. 이 명령은 1-11절에서보다 12-17절에서 더욱 구체적이고 진지하게 파악된다. 단락 처음과 끝인 12절과 17절에 나오는 서로 사랑의 계명이 전체 담론의 틀을 형성하고, 14절에서는 "행하라"(ποιεῖν)라는 말이 15절의 구원의 직설법 앞에 놓여져서 구체적이고 현실적인 이 계명의 실행을 촉구한다. 그리고 이러한 행동은 12-14절의 문맥으로부터 알 수 있듯이 공동체 구성원이 서로를 위해, 그리고 예수를 위해 목숨을 내어놓을 수 있는 가능성을 함축한다. 이것은 무엇보다도 그들이 박해의 상황에서 살았기 때문일 것이다(15:20; 16:2-3). 따라서 여기서는 요한공동체의 윤리 문제가 나타난다.

16ab절은 15절의 구원의 직설법은 오직 예수의 절대적인 선택에 근거한다는 사실을 말하고 있다. 공동체는 세상으로부터 가려서 뽑힌 존재들이며, 그것 자체로서 하나의 초월이다. 세상으로부터 가려서 뽑힌 이 초월적

94 이것은 실제로 20:17에 가서야 비로소 십자가에서 죽고 부활한 자가 제자들을 그의 "형제들"이라고 부른다는 사실과도 일치한다.

인 공동체에게 제시된 서로 사랑의 계명은 형제사랑으로, 즉 공동체 내부에서 효력을 발생하는 형제의 윤리로 기술된다.[95] 이 점이 15:12-17에서 분명하게 표현되었다. 요한공동체는 세상적인 가치와 규범으로부터 벗어나 분리된 초월적인 공동체이기 때문에 계시의 기능이 그들에게 부여된다. 이것이 앞에 나왔던 13:34-35의 의미이다. "너희가 서로 사랑하면, 모든 사람이 그것으로써 너희가 내 제자인 줄을 알게 될 것이다."(13:35) 여기서 "나의 제자"(ἐμοὶ μαθηταί)라는 말은 15:8에서와 마찬가지로 역사적인 개념이 아니라 본질에 대한 진술이다(8:31과 9:27도 참조).[96] 형제사랑과 형제윤리로 무장한 제자들로서 공동체의 삶은 그 전체가 계시의 전달자이며, "모든 사람들", 즉 "세상" 앞에서 예수(13:35; 15:8)와 아버지까지 계시해야 할 명령을 받고 있다. 이 명령은 15:16c절에서 "내가 너희를 택한 것은 너희가 가서 열매를 맺도록 하기 위함이다"라는 말로 표현되었다. 여기서 열매를 맺는다는 말은 반드시 선교를 나타내는 것이 아니라,[97] 계시의 명령 아래 있는 공동체의 삶 전체를 나타낸다. 나아가서 16c절에서 "너희의 열매가 남아 있게 하려는 것"(καὶ ὁ καρπὸς ὑμῶν μένῃ)이라는 말은 부활절 이후에도 여전히 지속되는 세상의 시간 속에서 이러한 명령이 공동체의 삶 전체를 통해 계속 지켜져야 한다는 것을 나타낸다. 16d절에서 아버지가 공동체의 모든 기도를 들어주리라는 약속은 8절의 동일한 약속과 관련해서 이미 드러났듯이 아버지의 영광을 나타내는 계시의 한 형태이다.

---

95 케제만은 이에 근거해서 요한공동체의 자기이해를 소종파적인 형제단과 유사하게 이해하며, 이를 위해 20:17과 13:12-20 같은 본문을 인용한다. E. Käsemann(1971) 참조.

96 R. 불트만(1968), p. 580. "예수와 결합된 자들이 그의 '제자들'로 표시되었다면, 이 '제자들' 또는 '제자됨'이 역사적 성격을 지니지 않고 본질의 규정으로 생각되었다는 것이 분명하다."

97 W. Thüsing(1979), *Die Erhöhung und Verherrlichung Jesu im Johannesevangelium* (Münster: Aschendorf), pp.109, 112-113, 120 주47; R. Borig(1967), *Der Wahre Weinstock* (München: Kösel Verlag), pp. 243-244에서 재인용.

3. 15:18-16:4a 요한공동체와 세상과의 관계

가. 본문의 구조

15:1-17에서는 제자들에 대한 예수의 사랑과 거기에 근거한 형제사랑을 강조했다면, 이 단락에서는 제자들을 향한 세상의 증오를 기술하고 있다. 따라서 이 단락은 대조를 통해 앞 단락과 연결된다. 15:1-17이 통일성을 지닌다는 데 대해서는 학자들이 일반적으로 동의한다. 그러나 15:18에서 시작되는 단락이 어디서 끝나는지에 대해서는 학자들의 견해가 일치되지 않는다.

내용상으로 보거나 형식상으로 보거나 확실히 15:18-25는 통일체를 이룬다. 시작부분인 18절에는 이 단락의 전체적인 주제인 세상의 증오가 분명하게 나타나며, 그것은 세 가지 동기로 표현된다. 첫째는 제자들에 대한 세상의 증오이고, 둘째는 예수에 대한 세상의 증오이며, 마지막으로는 이 두 태도가 동일하다는 것이다. 이 세 번째 동기는 18절에서 드러내놓고 기술되지는 않았지만, 중요하게 전제되어 있다. 이어지는 19-25절은 각 구절들마다 이 세 가지 동기들 중 하나와 관련되며, 그것을 해석하고 있다. 첫 번째 동기는 19절을 통해, 두 번째 동기는 22-25절을 통해, 세 번째 동기는 20-21절을 통해 설명되었다. 따라서 19-25절은 전체적으로 18절에 제시된 기본주제를 해석, 성찰하고 있다.

그러나 15:26-27은 18-25절의 기본주제와 직접 관련되지 않고, 보혜사와 그 증거라는 새로운 주제를 끌어들인다. 따라서 26-27절은 앞에 나오는 18-25절과 구분된다. 동시에 본문의 사고의 흐름도 여기서 새로운 단계로 접어든다. 이 때문에 15:25에서 단락이 끝난다고 보는 경우들이 있는데 가령 호스킨스가 그렇다.[98] 그러나 25절과 26절 사이에 작은 단절이 있기는

98 E.C. Hoskyns(1947), *The Fourth Gospel*, ed. by F.N. Davey (London: Faber & Faber),

하지만 거기서 단락을 구분할 수는 없다. 왜냐하면 26-27절의 보혜사에 대한 주제는 18-25절의 세상의 증오에 대한 주제와 긴밀하게 관련되기 때문이다. 한편 바레트는 15:18-27절을 하나의 단위로 보고 15:27과 16:1 사이에 단절이 있다고 본다.[99] 그러나 16:1의 "내가 너희에게 이 말을 한 것은"이라는 말은 앞 단락과 연결되며, 16:1-4a의 박해에 관한 동기는 15:18-25의 박해의 동기와 상당히 유사하다. 그러므로 16:1-4a까지도 단락에 포함시켜야 한다고 생각된다.

반면 다드나 르와지 같은 학자들은 16장 훨씬 뒷부분에서 단락이 끝난다고 본다.[100] 그러나 여기서는 16:4a에서 단락이 끝난다고 볼 것이다. 16:1은 앞서 말했던 모든 것들을 받아서 그러한 예수의 담론이 어떠한 목적에서 이루어진 것인지 기술한다. 그러나 요한은 16:2-3의 부가문을 통해 예수의 담론 전체를 9장에서 이미 묘사한 그의 공동체 상황과 관련시켰기 때문에, 16:4a절에서 16:1과 거의 동일한 종결어구인 "내가 너희에게 이 말을 하여 두는 것은"(ταῦτα λελάληκα ὑμῖν ἵνα)이라는 말로 본문을 다시 한 번 결론짓고, 16:4b 이하의 다음 담론으로 넘어간다. 따라서 16:4a의 "내가 너희에게 이 말을 하여 두는 것은"이라는 말은 이 단락의 적절한 결론이 되며, 15:18부터 계속되어온 박해의 주제가 여기서 끝난다.[101] 여기서는 앞서 지적한 내용상의 변화와 통일성에 주목하면서, 즉 15:18-25에서 26-27절, 그

pp. 479-480.

99 C.K. 바레트(1978b), pp. 323-325.

100 C.H. Dodd(1953), pp. 390-423에서는 15:18-16:11을, A. Loisy(1903), *Le quatrieme Evangile* 1. ed. (Paris: Picard)에서는 15:18-16:15을 한 단락으로 본다.

101 R.E. Brown, Lagrange, Strathmann, Buchsel, Bultmann, Van den Bussche 그 외에 다른 학자들도 16:4a에서 단락이 끝난다고 본다. 브라운에 의하면 15:18-16:4a가 하나의 단위를 구성한다는 것은 이 구절들이 마태복음 10:17-25에 병행구를 가지고 있고, 16:4b-33은 13:31-14:31 즉 고별담론의 첫째 단락을 다시 쓴 것이라는 사실에 의해서도 확인된다. R.E. Brown(1966), pp. 692-693.

리고 16:1-4a로 논의가 이어지는 굴곡을 염두에 두면서 15:18-16:4a가 전체로서 한 단락을 구성하는 것으로 보고 주석을 하겠다.[102]

나. 15:18-16:4a 적대적인 세상을 향해 증거하는 공동체

이 본문은 공동체에 대한 세상의 증오를 기술하고(15:18-25), 그것을 선포의 명령(15:26-27), 그리고 박해에 대한 예고(16:2-3)와 관련시키고 있다. 여기서는 이 본문이 독자인 요한공동체에게 세상에 대해 어떠한 태도를 취하도록 요구하는지 물을 것이다.

18절에서는 요한복음서에서 처음으로 공동체에 대한 세상의 증오라는 동기가 나온다("세상이 너희를 미워하거든, 세상이 너희보다 먼저 나를 미워하였다는 것을 알아라"). 예수에 대한 세상의 증오는 앞서 3:20과 7:7에서 동일한 동사 미워하다(μισεῖν)를 사용해서 두 번 나왔다. 그러나 내용적으로는 예수에 대한 유대인들의 체포, 살해시도들에 대해 말하는 구절들에서도 이미 나왔다고 할 수 있다. 여기서는 공동체에 대한 세상의 증오를 예수에 대한 세상의 증오와 관련시키는 데 요한의 관심이 있다고 말할 수 있다. 18절에서 요한이 조건문을 사용한 것은("세상이 너희를 미워하거든" Εἰ ὁ κόσμος ὑμᾶς μισεῖ) 본문 자체 내의 시점에서 보면 부활절 이후의 시대가 아직 오지 않았기 때문일 것이다.

그러나 19절은 본문 내적인 "역사적인" 고별상황을 넘어선다. 이것은 근원적인 선언으로서 직접 현재의 요한공동체와 그들의 선포상황에 대해서도 타당하다("너희가 세상에 속하여 있다면, 세상이 너희를 자기 것으로 여겨 사랑할 것이다. 그러나 너희는 세상에 속하지 않았고, 오히려 내가 너희를 세상에서 가려 뽑아냈으므로, 세상이 너희를 미워하는 것이다."). 이러한 상황은 16:2-3에

102 여기서처럼 고별담론의 전체적인 통일성을 염두에 두고 현재의 문학적 구조를 존중하면서 분석한 연구로 L.S. Kellum(2004), *The Unity Of The Farewell Discourse: The Literary Integrity Of John 13:31-16:33* (Edinburgh: T&T Clark) 참조.

서는 유대회당으로부터의 축출로 보다 구체적으로 묘사된다. 거기서도 역시 회당축출은 떠나는 예수가 말하는 것으로 되어 있으며, 따라서 본문 내적인 맥락에서 볼 때 역사적인 고별상황 아래 놓인다. 그런데 18-19절에서 이러한 역사적인 고별상황과의 관련성은 보다 근본적이고 보편적인 신학적 차원에서 이루어진다. 이 때문에 18-19절에 나타나는 예수는 본문 내적인 역사적인 고별상황 안으로 잘 통합되지 않는다. 여기서 예수는 역사적인 고별상황의 예수가 아니라 15:1-17의 담론에서와 마찬가지로 부활한 자로, 항구적으로 요한공동체에 현존하는 자로서 말한다.

19절은 어째서 공동체가 세상으로부터 미움을 받아야 하는지 그 이유를 설명하고 있다. 이 구절은 두 부분으로 나누어진다. 상반절(19ab "너희가 세상에 속하여 있다면, 세상이 너희를 자기 것으로 여겨 사랑할 것이다")은 조건절로서 현실과 맞지 않는 가정을 나타내며, 후반절(19cde "그러나 너희는 세상에 속하지 않았고, 오히려 내가 너희를 세상에서 가려 뽑아냈으므로, 세상이 너희를 미워하는 것이다")은 결과절이다. 상반절의 비사실적인 서술 근저에는 세상의 사랑은 자기사랑이라는(τὸ ἴδιον ἐφίλει) 주제가 깔려 있다. 이러한 세상의 자기사랑은 15:13에서 공동체를 위해 생명을 내어주는 예수의 사랑과, 또 그것을 토대로 하는 공동체 구성원들 간의 상호적인 사랑과도 분명한 대조를 이룬다. 세상의 사랑이 자기사랑이라는 사실은 세상으로부터 미움을 받는 공동체가 세상이 보기에는 하나의 기이한 집단이었다는 것을 의미한다. 이것은 19절 후반절을 통해 표현되었다. "그러나 너희는 세상에 속하지 않았고, 오히려 내가 너희를 세상에서 가려 뽑아냈으므로, 세상이 너희를 미워하는 것이다." 여기서는 15:16에서 이미 암시된 생각, 즉 공동체는 세상에 속하지 않는 집단으로, 세상 안에서 초월적인 집단으로 선택받았다는 생각이 더욱 분명해졌다. 한편으로는 세상의 자기사랑 때문에, 다른 한편으로는 공동체가 세상으로부터 가려서 뽑혀나왔기 때문에, 불트만 식으로 표현하자면 공동체의 탈세계화 때문에 세상은 공동체를 미워한다. 세상은 자신에게 낯선 집단을 참을 수 없다. 세상은 그런 집단을 내쫓아야만 한다. 여기서는 자기폐쇄적이고 적대적인 세상과 탈세상화된 공동체가 서로 대립하고 있다. 이것은 당연하게 이원론적으로 묘사된다. 공동체와 세상의 이원론, 다시 말해 교회론적인 이원론이다.[103]

20b절의 "종이 그의 주인보다 높지 않다"(οὐκ ἔστιν δοῦλος μείζων τοῦ κυρίου αὐτοῦ)라는 말은 13:16a의 격언을 다시 반복한 것이다. 13:16a에서는 예수가 제자들의 발을 씻은 이야기를 통해 서로 간의 봉사의 모범을 구체적으로 제시하는 문맥에서 이 말이 쓰였다. 15:15에서 예수는 형제사랑의 계명을 지키는 제자들을 "친구"라고 부르고, 더 이상 종이라고 부르지 않는다고 했다. 요한공동체는 예수의 종이 아니라 친구이다(15:15). 그러나 동시에 그들은 예수의 종이다(20b). 20b절에서는 요한공동체와 예수와의 운명공동성의 근거로 요한공동체를 예수의 종으로 서술하고 있다. 말하자면 요한공동체는 예수의 종이며, 그로부터 보냄을 받은 사람들이기 때문에(13:16) 예수가 겪는 것과 동일한 운명을 겪어야 한다는 것이다. 저자는 20c-f절에서 두 개의 조건문장을 통해 이 점을 표현하고 있다("사람들이 나를 박해했으면 너희도 박해할 것이요, 또 그들이 내 말을 지켰으면 너희의 말도 지킬 것이다"). 공동체의 운명은 예수의 운명과 마찬가지로 박해받는 운명이라고 말하는 20cd절의 첫 번째 조건문은 19절 이후의 문맥과 아주 잘 부합된다. 그러나 공동체의 말씀선포를 세상이 어떻게 받아들이는가에 대해 말하는 20ef절의 두 번째 것은 문맥과 맞지 않는다. 이 때문에 21절은 문장 처음에 반의접속사 "그러나"(ἀλλὰ)로 시작함으로써 앞에 나오는 20f절을 어느 정도 약화시키며, 또한 "이런 모든 일을"(ταῦτα πάντα)이라는 말에 의해 19절과 20bc절의 내용, 즉 공동체의 비극적인 운명에 대한 서술을 요약하

103 이러한 의미에서 요한복음서의 이원론은 교회론적인 기능을 한다고 할 수 있다. J. Becker(1984), II, p. 239; R. Schnackenburg(1982^4), III, pp. 114-115 참조.

고 있다. 그러나 만일 여기서 20ef절의 의미를 읽어낸다면, 그것은 슈낙켄버그의 말대로 "요한공동체가 그렇게 세상으로부터 미움과 박해를 받는 운명을 순전히 무상황적으로, 추상적으로 만나는 것이 아니라, 절대로 포기할 수 없는 세상 앞에서 그들이 선포하는 상황에서 구체적으로 만난다는 사실을 뜻한다."[104] 요한 자신의 회고적인 입장에서 보면 본문에서 예고하고 있는 박해받는 운명은 유대회당으로부터 쫓겨난 현재 공동체의 폭력적인 현실 속에 이미 현존하고 있다(16:2-3). 요한에 의하면 그의 공동체는 예수의 이름 때문에(15:21a) 쫓겨났다. 즉 예수의 말씀, 그의 계시활동을 이어나가는 공동체의 말씀선포 때문에 쫓겨난 것이다. 보혜사에 대한 약속은 15:26에 가서야 나오지만 이미 여기서 요한공동체는 스스로를 보혜사, 즉 말씀선포의 능력에 의해 인도받는 카리스마적인 계시의 전달자로 이해하고 있다.

동시에 20, 21절에서는 앞의 19절과는 달라진 시점이 나온다. 19절에서는 부활절 이후 요한공동체의 시점에서 직접 말했었다. 이에 반해서 20, 21절에서는 지상 예수의 마지막 날 밤이라는 본문 내적인 역사적 상황에 근거해서 현재 요한공동체의 선포상황에 대해 예고형식으로 말하고 있다. 이 때문에 20, 21절에서는 미래시제 동사들이 연이어 나온다.[105] 그러나 이 구절들에서도 역시 요한공동체가 당하게 될 박해의 운명에 대한 예고는 본문 내의 역사적 상황과 결부된 제한된 의미를 넘어서서 보다 근본적으로 이 공동체의 미래에 대해서도 타당한 예고로 읽힐 수 있다. 왜냐하면 바로 앞에 19절에서 이들에게 직접 그렇게 말했었기 때문이다. 이러한 이중적인 시간적 관점은 근본적으로 이 본문이 고별담론이라는 문학적 양식을 통해 요한복음서의 독자들에게서 달성하려고 했던 실질적인 기능과 관련된다. 즉 요한은 떠나는 예수의 운명과 요한공동체의 현재의 운명을 하나로, 운명

104 R. Schnackenburg(1982^{4}), III, p. 115.

105 20절: διώξουσιν, τηρήσουσιν, 21절: ποιήσουσιν.

공동체적으로 서술함으로써 박해의 위기에 처한 공동체에게 뭔가 중요한 것을 말하고자 했던 것이다.

22-25절에서는 지상 예수, 즉 이미 온 계시자에 대한 세상의 증오에 대해 말하고 있다. 여기서는 "세상의 죄"라는 새로운 개념이 나타난다(22, 24절). 22ab절과 24ab절에서는 두 개의 조건문을 통해 세상의 죄는 예수가 온 이후 세상이 그의 말씀과 활동에 반대하는 결단을 내림으로써 비로소 확실해졌다고 말하고 있다("내가 와서 그들에게 말해주지 아니하였더라면, 그들에게는 죄가 없었을 것이다." 22ab; "내가 다른 아무도 하지 못한 일을 그들 가운데서 하지 않았더라면, 그들에게 죄가 없었을 것이다." 24ab). 물론 예수가 와서 세상을 향해 무언가 일을 해야만 했다는 사실 자체가 이미 세상이 타락했음을 전제한다. 그러나 그것이 죄로 지칭되지는 않았다. 세상의 죄는 계시자인 예수를 미워한 데 있다. 왜 그런가? 그것은 예수가 보냄받아 세상 안에 온 것이 타락한 세상에 대한 하나님의 관심, 즉 하나님의 사랑의 행위를 나타내기 때문이다. 23절에서는 "나를 미워하는 사람은 내 아버지까지도 미워한다"고 기술하고 있다. 하나님은 그의 독생자 아들을 보내고 내어줌으로써 타락한 세상을 구원하려고 했다(3:16-17; 12:47). 예수, 아들에 대한 세상의 증오는 따라서 아버지와 그의 사랑(23절)에 대한 증오이다. 사랑에 대한 증오는 확실히 아무 "까닭이 없다." 그래서 25절에서는 "그래서 그들의 율법에 '그들은 까닭 없이 나를 미워하였다'고 기록한 말씀이 이루어진 것이다"라고 기술하고 있다.

이 경우 주목해야 할 점은 예수가 그의 말씀과 행동을 통해서 세상을 부른 것이 결코 요한공동체의 현재와 상관없는 먼 과거의 닫힌 사건이 아니라, 요한공동체의 종말론적인 현재를 기술하는 사건이라는 것이다. 아들이 아버지로부터 보냄을 받았듯이, 지금 요한공동체는 아들에 의해 세상 안으로 보냄을 받았고(20:21) 그의 말씀과 활동을 이어나가야 한다. 세상이 예수를 미워하여 이미 그를 죽였지만, 그는 요한공동체의 선포의 말씀 안에서 다시 세상을 만난다. 이러한 의미에서 22-25절은 지상 예수만이 아니라 요한공동체의 선포의 상황과도 관련된다. 적어도 요한공동체의 선포상황이 이 부분에 반영되어 있다고 볼 수 있다. 슈낙켄버그도 옳게 여기서 동시대 유대교에 대한 요한공동체의 자기변호를 보았다.[106] 이것은 문체상으로도 입증된다. 22절과 24절에서는 두 번 다 실제 현실과 반대되는 가정법적인 서술과 그에 대한 결과문 "그들에게 죄가 없었을 것이다"(ἁμαρτίαν οὐκ εἴχοσαν)가 나오는데, 이것은 5:46; 9:41; 18:36(8:19b, 42도 참조)에서도 동일한 형태로 나오며, 거기서도 동시대 유대교에 대한 논쟁과 관련되었다.[107] 요한은 22-25절에서 예수의 입을 통해 동일한 논쟁적인 발언을 한다. 그럼으로써 하나님으로부터 보냄받은 예수와 요한공동체의 증거에 대한 유대교의 증오는 곧 하나님 자신에 대한 증오라고 간접적으로 주장하고 있는 것이다. 여기서는 요한공동체의 카리스마적인 전권의식을 분명하게 엿볼 수 있다. 말하자면 부활절 이후 요한공동체의 선포를 거부하는 유대인들은 실제로는 하나님의 선포를 거부하는 것이다. 즉 여기서는 예수의 활동을 거부하는 것이 하나님의 계시를 거부하는 것이었듯이, 요한공동체의 선포를 거부하는 것은 하나님의 선포를 거부하는 것이라고 말하고 있는 것이다.

이처럼 25절에서 논쟁적인 차원을 읽어낼 수 있다면, 한 걸음 더 나아가서 하나님의 사랑의 신정론에 대해서도 말할 수 있을 것이다. 말하자면 하나님은 이미 아들을 보내고 그의 생명을 내어줌으로써 세상을 향해 사랑을 보여주었지만 세상은 그를 미워했다는 것이다. 하나님의 사랑은 요한공동

106 R. Schnackenburg(1982^{4}), III, pp. 113-114, 116-117; J. Blank(1964), *Krisis: Untersuchungen zur johanneischen Christologie und Eschatologie* (Freiburg: Paulus), p. 336.

107 위 구절들에서도 동일한 문체와 상황이 나타난다. 즉 현실과 반대되는 가정이 나오고, 그 결과문으로 역시 현실과 맞지 않는 서술이 나온다. 그리고 위의 구절들에서는 모두 동시대 유대인들과의 논쟁이 나온다.

체의 선포 속에서 다시 한 번 그들을 향했지만 세상은 이것 역시 증오했다. 이렇게 본다면 25절은 요한공동체가 어째서 하나님의 사랑이 본래의 목적을 달성하지 못했느냐는 고통스러운 질문을 의식하고 있었음을 말해준다. 본문에 의하면 그 이유는 하나님의 편에 있는 것이 아니라, 하나님의 사랑에 대해 닫혀 있는 세상에 있다.

26절에서는 부활절 이후 보혜사의 선포활동에 대해 예고하고 있다.[108] 보혜사가 이미 자신들 가운데 있고, 지금 자신들의 삶 속에서 활동한다는 것은 요한공동체의 독특한 자기이해의 일부이다. 26절은 예수가 떠나는 본문 내의 역사적 상황에서 그러한 요한공동체의 자기이해를 예고의 형태로 서술하고 있다. 따라서 보혜사는 요한복음서의 독자들인 요한공동체 한가운데서, 지금 그들이 달성해야만 하는 과제(예수를 증언하는 것)에 대해 간접적으로 말하고 있다.

27절의 "너희도 처음부터(ἀπ'ἀρχῆς) 나와 함께 있었으므로, 나의 증인이 될 것이다"도 이와 비슷하게 해석될 수 있다. 여기서 "너희"(ὑμεῖς)가 부활절 이전 예수의 제자들에게만 한정된다고 보는 것은 적절하지 않다. "처음부터"(ἀπ'ἀρχης)라는 말은 요한문서들에서 역사적, 시간적 의미로 사용되었을 뿐만 아니라 본질을 규정하는 의미로도 사용되었기 때문이다.[109] 아마도 현재시제(ἐστε)를 통해 본질적으로 제자들이 예수와 함께 하는 존재들이라는 점을 서술했다고 볼 수 있을 것이다.[110] 본질에 대한 서술로서 이 말은 19절

---

108 여기서는 미래형 동사 πέμψω, μαρτυρήσει가 나온다.

109 그때그때 이 말이 어떻게 사용되었는지에 대해서는 W. Bauer(1963), *Griechsch-Deutsches Wörterbuch zu den Schriften des Neuen Testamens und der übrigen urchristlichen Literatur*, SP pp. 221-223 참조. 역사적-시간적 의미로는 주로 요한서신들에서 사용되었다. 예를 들어 요한일서 2:7; 3:11; 요한이서 5-6에서 그렇다. 그러나 요한복음서에서는 순전히 시간적인 의미로는 6:64와 16:4에서 ἐξ ἀρχῆς라는 말을 쓰며, 이에 반해서 8:44에서 ἀπ'ἀρχῆς는 본질을 서술하기 위해 사용되었다.

110 R. 불트만(1968), p. 611 주 37.

에서와 같이 제자들은 세상에 속하지 않는 종말론적인 존재라는 점을 기술하고 있다. 여기서는 요한공동체가 자신들은 예수의 지시에 따라 증거하는 사람들이라고 이해하고 있음이 드러난다. 설령 여기서 독자인 요한공동체가 이 "처음부터"를 역사적, 시간적인 의미로만 이해하고, 27절 전체를 마지막 날 밤 함께 있던 제자들에게 준 지시로 읽는다 할지라도, 여전히 이 말은 요한공동체와 관련된다. 왜냐하면 이어지는 16:2-3에서 부활절 이후 요한공동체의 상황이 매우 직접적인 언어로 서술되기 때문이다. 거기서도 요한공동체에게 주어졌던 선포의 과제가 암시적으로 다시 지적된다.

27절에서 예고의 형태로 요한공동체에게 요구되는 증거는 보혜사의 증거(26절)와 독립적인 것이 아니라 실제로는 하나로 결합되어 있다. 여기서는 앞서 22-25절과 관련해서 언급했던 요한공동체의 카리스마적인 전권의식이 다시 나타난다. 이에 따르면 요한공동체의 증거는 인간적이 아니라 초인간적인 증거이다. 요한공동체의 증거에서는 단순히 인간이 말하는 것이 아니라, 그들의 입을 통해 영인 보혜사 자신이 말한다. 그것은 예수의 자기증거를 계승한 것이다(5:31-47; 8:12-19; 10:25; 18:37). 더 나아가서 요한공동체의 선포를 통해 예수 그리스도는 자기 자신을 증거한다.

요한문서들에서 '증거'를 뜻하는 단어(μαρτυρεῖν이나 μαρτυρία)가 나오는 거의 모든 구절들에서는 예수와 관련해서든(3:11, 32; 4:39; 5:31-47; 8:12-19; 10:25; 요일 1:2; 4:14; 5:6-10), 역사적인 전통과 관련해서든(19:35; 21:24) 증거를 들은 사람들이 그 증거를 통해 인식, 또는 믿음의 과제를 부여받게 된다. 이 점은 매우 일관되게 나타난다. 늘 증거는 그때그때 듣는 사람들이나 부름받은 사람들을 증거된 자에 대한 신앙으로 인도해야 한다.[111] 요한의 "증

111 여기서 3:11을 예로 들 수 있을 것이다. 거기서는 교회를 가리키는 복수 "우리"라는 말이 입증하듯이 요한공동체 자신이 동시대 유대교에 반대해서 논쟁적으로 말하고 있다. "내가 진정으로 진정으로 너에게 말한다. 우리는, 우리가 아는 것을 말하고, 우리가 본 것을 증언하는데, 너희는 우리의 증언을 받아들이지 않는다."

거/증거하다"(μαρτυρία/μαρτυρεῖν) 용법이 지니는 이 같은 함축의미를 생각해본다면, 이 본문에서만(26-27절) 그 말이 달리 쓰였다고 보기 어렵다.[112] 따라서 간접적으로 요한공동체를 카리스마적인 증인으로 기술하고 있는 27절에서는 그들의 증거를 듣는 동시대 유대인들을 다시 신앙으로 인도해야 한다는 과제까지도 염두에 두고 있다고 할 수 있다. 즉 증거하는 자인 요한공동체와 늘 새롭게 증거를 듣는 자로서 유대인들, 내지는 세상을 전제하고 있는 것이다.

이렇게 볼 때에야 비로소 이 본문의 근저에 깔려 있는 세상과 요한공동체의 자기이해에 관한 중요한 문제가 드러난다. 이 문제를 밝히기 위해서는 무엇보다도 26-27절의 문맥상의 위치에 주목해야 한다. 이 구절들은 공동체로 하여금 증거를 하도록 요청하고 있다. 문맥상으로 보면 앞에 나오는 18-25절에서는 예수에 의한 계시의 시작에서부터 부활절 이후 요한공동체의 선포를 통한 계시의 계승에 이르기까지 계시의 전체적인 운명에 대해 성찰하고 있다. 이러한 사실은 여기서 공동체와 세상 사이의 상호적인 관계가 정적으로가 아니라 매우 역동적으로 파악되고 있다는 점을 말해준다. 공동체는 스스로를 이원론적으로 탈세계화된 존재로 이해하며, 고난받고 박해받는 자신들의 운명을 예수 자신의 운명과 동일한 것으로 이해한다. 그러나 그들은 세상이 이처럼 자신들을 미워함에도 불구하고 성령의 인도를 따라 세상을 향해 증거를 함으로써 미워하는 그들을 예수에 대한 신앙에로 이끌라는 명령을 받은 존재로 스스로를 이해한다.

여기서 중요한 것은 18-25절을 무상황적으로가 아니라, 구체적인 요한공동체의 선포의 상황을 고려해서 해석해야 한다는 점이다. 이 구절들은 본문 내의 "역사적" 고별상황 때문에 문학적으로는 예고형식으로 서술되기는 했지만(15:20, 21, 26-27; 16:2-3), 실제로는 요한공동체의 현재 상황을 반

112 J. Blank(1964), p. 332.

영한다. 말하자면 요한공동체는 보혜사를 통해 전권을 위임받았고, 또한 보혜사의 인도를 받아 동시대 유대교 앞에 카리스마적인 증거를 내놓았지만, 유대인들은 그에 대해 부정적이고 적대적인 반응을 보였고, 요한공동체는 회당으로부터 이미 축출까지 당한 상황을 전제하고 있다. 18-25절은 요한공동체의 이러한 부정적인 경험에 대한 반성이다. 이러한 반성은 끝에서(26-27절) 다시 한 번 요한공동체가 자신들을 미워하는 세상을 계속해서 자신들의 과제로 보고, 보혜사와 함께 예수에 대한 증거를 그들에게 계속 해야 한다는 요구로 이어진다. 그렇다면 여기서 요한의 사고의 흐름은 순환적이라고 할 수 있다. 즉 요한공동체 자신이 처한 선포의 상황에 대한 반성이 나오고(15:18-25 "세상의 증오"), 이러한 상황에서도 선포를 계속 해야 한다는 지시가 이어지며(15:26-27 "너희도 나의 증인이 될 것이다" 27절), 다음에는 다시 선포의 비극적인 역사적 상황에 대한 서술로 되돌아온다(16:2-3).

이러한 역동적이고 순환적인 사고구조는 마지막으로 16:1-4a에서도 입증된다. 2-3절이 요한 선포의 시대사적인 상황을 전제하고 있다는 데 대해서는 의심의 여지가 없다("사람들이 너희를 회당에서 내쫓을 것이다. 그리고 너희를 죽이는 사람마다, 자기네가 하는 그러한 일이 하나님을 섬기는 일이라고 생각할 때가 올 것이다. 그들은 아버지도 나도 알지 못하므로, 그런 일들을 할 것이다"). 당시 유대교가 요한 그리스도인들을 회당으로부터 축출했을 뿐만 아니라 실제로 그들을 죽이기까지 했다는 — 하나님을 섬기기 위해서 죽였다 — 것은 역사적으로 매우 개연성이 있다.[113] 여기서도 역시 확실한 것은 요한공동체와 유대교 사이의 대결이며, 그 중심적인 문제는 예수의 인격, 즉 그리스도론적인 문제였다(3절). 16:1의 "내가 너희에게 이 말을 한 것은,

---

113 이에 대한 유대교와 고대 그리스도교의 증거들이 R. 불트만(1968), pp. 612-613에 나와 있다. Dial. c. Tryph. von Justin(95, 4; 110, 4; 131, 2; 133, 6), 특히 Mischna Num r 21(Bill. 2, 565) 이밖에도 J.L. Martyn(1979), *History and Theology in the Fourth Gospel* (Nashville: Abingdon Press) 참조.

너희를 넘어지지 않게 하려는 것이다"라는 말은 이러한 상황에 걸려넘어진다는 것이 요한공동체에게는 결코 작지 않은 위협이었음을 암시한다. 15:18-27 본문 전반의 실용적인 기능은 이처럼 문제가 되는 위험한 상황 속에서 공동체의 정체성을 회고적으로 새롭게 확인하는 데 있다. 따라서 이 본문의 삶의 자리는 공동체 내의 선포에서 찾아야 한다. 이러한 실용적인 기능을 의식적으로 드러내놓고 제시하는 것이 16:1의 기능이기도 하다.[114]

4. 요한복음 15:1-16:4a에 나타난 요한공동체의 자의식

앞의 주석에 의하면 15:1-17은 권면적인 성격을 지닌다. 이 단락에서는 한 번도 "세상"에 대해 말하지 않았지만, 요한은 시종일관 세상 안에 있는 공동체의 존재를 염두에 두고 있다. 1-17절의 기본주제는 계시사건을 통해 직설법적으로 기술된 종말론적 구원을 아직 지속되는 세상 안에서 계속 지켜나가고 현실화하라는 것이다. 1-8절에서 이 명령은 많은 열매를 맺으라는(2, 5, 8절) 보편적인 내용으로 기술된 반면, 12-17절에서는 공동체 구성원 간의 형제사랑으로 보다 구체적으로 나타난다. 그리고 양자 모두에서 공동체는 그들의 삶 전체에서 예수의 제자임을 입증하고, 아버지의 영광을 드러내라는 요청을 받는다(8절). 이제 부활절 이후의 시간에 공동체는 계시의 전달자이며, 공동체의 형제적인 삶 전체가 계시의 기능을 한다.

그러나 여기서 구원의 직설법은 공동체에게 의무로 주어진 사랑의 법에 의해 손상되지 않는다. 3-4절과 9절에서는 구원의 직설법이 명령법보다 우선한다는 것이 형식적으로도 분명하게 나타난다. 구원의 직설법은 윤리를 내포하며, 따라서 공동체는 아버지가 요구한 구원의 결과들, 즉 "열매"를 맺

114 R.E. Brown(1970), pp. 701-702. R. Schnackenburg(1982[4]), III, pp. 113-123. R. 불트만(1968), p. 612에서 본문의 "실용적인 정신"에 대한 문제를 제기하고 있다.

어야 한다. 이미 주어진 구원은 정적으로 그 자체 안에 안주하거나, 자체의 목적 안에서 굳어지는 것이 아니다. 오히려 구원은 세상 한가운데서 자신을 계시하라는 아버지의 명령을 지속적으로 행하고 성취할 때 비로소 입증된다.

그렇다면 이러한 구원의 명령법에 의해 규정되는 공동체의 삶 자체가 어떻게 아들과 아버지를 계시할 수 있는가? 그것은 공동체의 삶이 예수 그리스도의 계시를 통해 주어진 구원의 결과이기 때문이다. 그러한 한에서 공동체의 삶으로부터 구원 자체에 대해서, 그리고 계시자 예수와 그를 보낸 아버지에 대해서까지 추측할 수 있기 때문이다(10:37-38; 14:10-11). 요한공동체가 예수의 일을 계속 해야 하고, 또 그보다 "더 큰 일을"(14:12) 해야 한다면, 그것은 공동체의 삶 전체는 세상이 그로부터 공동체의 본질에 대해서, 그리고 아들과 아버지에 대해서까지 추측할 수 있다는 점에서 "더 큰 일"을 해야 한다는 뜻이다.[115] 따라서 15:1-17에서는 요한공동체의 역동적인 자기이해, 즉 이미 현재하는 구원을 여전히 지속되는 세계의 일상성 속에서 지켜나가고 관철시켜나가야 한다는 역동성과 이를 통해 자신들은 아들과 아버지의 계시를 이어나간다는 자기이해가 나타난다.

다른 한편으로 15:1-17에 나타나는 요한의 교회론적 관심을 확대해 보면, 여기서는 어느 정도로는 그리스도 자신이 공동체의 거주장소로 나타난

115 한편으로 이 논리는 원시 그리스도교의 윤리적 급진주의를 드러내기도 한다. 공관복음서에도 이와 비슷한 내용이 있다. 마태복음 12:33/누가복음 6:43-44. 공동체의 삶에는 계시의 기능이 있다. "이와 같이 너희 빛을 사람에게 비추어서, 그들이 너희의 착한 행실을 보고 하늘에 계신 너희 아버지께 영광을 돌리게 하여라"(마 5:16) "예수 그리스도께서 주시는 의의 열매로 가득 차서, 하나님께 영광과 찬양을 드리게 되기를, 나는 기도합니다"(빌 1:11) 물론 요한의 포도나무 담론이 전승사적으로 여기서 말한 공관복음서나 바울의 구절들과 직접 관련이 있을 가능성은 없다. 그러나 그것이 그 기본구상이나 논리 면에서 원시 그리스도교 전승의 커다란 틀 안에 있음은 분명하다. H. Braun(1969), *Spätjüdisch-häretischer und frühchristlicher Radikalismus. Jesus von Nazareth und die essenische Qumransekte*, II (Tübingen: J.C.B. Mohr), pp. 29-34 참조.

다고 할 수 있다. 쾨니히는 이렇게 말한다. "어떤 구절들에서 예수는 장소를 예비할 뿐만 아니라 그 장소로 들어가는 입구, 더 나아가서 그 장소 자체가 되기도 한다. 요한복음서에서 우리는 '환대의 그리스도론'(hospitality christology)을 발견할 수 있다."[116] 쾨니히가 이와 관련해서 제시하는 구절들 중의 하나가 바로 이 단락(15:1-7)이다(이외에 10:9; 14:6, 23 참조). 쾨니히에 의하면 요한공동체가 "환대의 그리스도론"을 발전시킨 이유는 시대사적인 상황에서 찾아야 한다. 요한공동체는 유대회당과 충돌했으며, 홀로 남아 있다고 느꼈다. 그들은 새로운 안전성을 추구하면서 오직 그리스도 안에만 머물렀다. 그들은 그리스도 안에서만 그러한 안전성을 발견했다. "모든 것을 포괄하는" 요한복음서의 그리스도론에서 그리스도는 "아버지에 대한 참된 예배를 위한 성전이 되었다. 그는 새로운 거룩한 장소이다. 그는 또한 새로운 토라이기도 하다……. 이것은 전체 종교적인 삶의 인격화이자 그리스도론화이다."[117]

쾨니히의 해석에 의하면 요한복음서의 예수는 "확대된 예수"로서 공동체에게 그의 인격 자체 안에서 살 수 있는 공간을 제공한다.[118] 10:9에 대한 그의 분석은 여기서 "문"이라는 개념은 pars pro toto(전체의 일부분)라는 것을 밝혀주었다. 즉 공동체가 거주할 수 있는 확대된 예수의 일부분을 나타내는 개념이라는 것이다. 예수 자신이 바로 사람들이 들어가는 공간이며, 사람들의 인격은 하나님의 아들의 인간됨 안으로 들어가게 된다는 것이다. 밀러에게서도 비슷한 성찰을 발견한다. "신자들에게는 그리스도가 모든 것

116 J. Koenig(1979), p. 133.

117 J. Koenig(1979), pp. 134-135.

118 시모니스(A.J. Simonis)도 요한복음 10:1-18에 대한 연구에서 비슷한 결론에 도달했다. A.J. Simonis(1967), *Die Hirten Rede im Johannes-Evangelium: Versuch einer Analyse von Johannes 10, 1-18 nach Entstehung, Hintergrund und Inhalt* (Rom: Pontificio Istituto Biblico).

을 포괄하는 의미를 지닌다는 복음서의 지속적인 주장은 요한의 사상에서 예수는 믿는 자들의 세계가 되었음을 말해준다."[119]

요한복음서가 전적으로 그리스도론적으로 규정된 상징적 우주를 수립하고 있다는 사실에 대해서는 앞에서 이미 지적한 바 있다. 이러한 전체 틀 속에서 교회론은 결코 독립적인 주제가 아니라, 그리스도론 안으로 통합되었다.[120] 개별 신자들은 그리스도에게로 인도되며, 그리스도 안에서 "거하며", "살고", "그 안에서" 그와 공동체를 이루도록 초대받는다.[121] 왜냐하면 단순히 신자들이 그리스도 안에 거할 뿐만 아니라 요한에게 그리스도는 "모든 신자들을 포함하는"[122] "집단적인 인격"이기 때문이다. 그리스도가 거하는 세계는 전적으로 사랑으로 특징지어진다. 그리고 이 사랑 안에 머물며, 서로 사랑을 행하는 것이 중요하다(13:34-5; 15:9-10; 12:17; 17:26). 15:1-17에서 공동체성의 구조는 공동체의 지체들을 그리스도 안으로 끌어들이고 사랑의 계명으로 인도하는 데서 나타난다. 그리스도와 공동체 간의 공동성의 구조는 요한이 전하는 현실규정이 지속적으로 타당한 것이 되기 위해서 반드시 필요했던 것이다.

그래서 이 본문에서 "나는 포도나무다"라는 예수의 말은 특이하게 "나는 교회다"라고까지 확대해석할 수 있다. 여기서 교회는 몇몇 사람들이 의기투합해서 만든 제도가 아니라, 포도나무와 가지처럼 예수라는 인격체와 공

---

119 J.W. Miller(1976), *The Concept of the Church in the Gospel According to John* (Diss. Princeton Theological Seminary), p. 238.

120 J. Painter(1979), "The Church and Israel in the Gospel of John: A Response", *NTS*, 25, p. 112; J. Painter(1991), *The Quest for the Messiah* (Edinburgh: T&T Clark) 참조.

121 R. Schnackenburg(1982^{4}), III, pp. 211-212. "요한복음서의 교회론적 사고에서 특징적인 것은……신앙공동체와 예수와의 긴밀한 관련성이다. 그래서 공동체는 단순히 그 안에 자신의 근거를 가질 뿐만 아니라 그 안에서 지속적인 삶의 중심을 가진다."

122 E. Schweizer(1963), "Der Kirchenbegriff im Evangelium und den Briefen des Johannes", *Neotestamentica* (Zürich/Stuttgart), p. 260.

동체 구성원들이 신비로운 방식으로 하나가 되어 이루어진 것이다. 그리스도의 제자로 자처하는 사람은 누구나 그리스도의 교회의 일원이 되어야 한다. 즉 포도나무의 가지가 되어야 하는 것이다. 포도나무를 떠난 가지가 있을 수 없듯이, 교회를 떠난 제자직이란 존재하지 않는다. 즉 교회를 떠나서는, 포도나무를 떠난 가지처럼, 생명없는 존재들인 것이다. 따라서 혼자만의 숨겨진 제자직분은 환상에 불과하다. 이 구절에서 "나"는 예수이기도 하고, 동시에 그의 교회이기도 한 포도나무 전체이다. 여기서 공동체와 예수는 포도나무와 가지처럼 뗄 수 없이 서로 결합되어 있으므로 예수 그리스도가 곧 교회라고까지 생각할 수 있다는 요한공동체의 과격한 자의식을 읽을 수 있다.

15:1-17에서 세상 안에서 공동체의 과제와 공동체의 본질에 대해 다루었다면, 15:18-16:4a는 보다 직접적으로 공동체와 세상의 문제를 다룬다. 15:18-16:4a에 따르면 요한공동체는 동시대 유대인들 앞에서 하나님으로부터 보냄받은 자인 예수에 대해 증거를 했고, 그것은 철저하게 공동체를 통해 보혜사가, 그리고 보혜사를 통해 예수 자신이 말한다는 카리스마적인 전권의식 아래 이루어졌다. 그러나 유대당국은 요한 그리스도인들을 회당에서 축출하고 그들을 죽이기까지 했다. 이러한 상황 속에서 요한공동체는 자신들이 미움받고, 박해받는다고 생각했다. 공동체의 정체성을 새로이 확립하기 위해서는 유대인들의 증오와 박해의 이유를 설명해야만 했다. 말하자면 여기서는 신정론이 문제가 되고 있는 것이다.

15:18-16:4a는 이러한 문제의식과 함께 시작하고 있다. 본문은 유대교의 박해와 증오를 "공동체"와 "세상" 사이의 교회론적인 이원론의 도움을 받아 설명하고 있다. 한편에는 스스로를 예수로부터 "선택받은 자들", "탈세계화 된 자들"로 이해하는 요한공동체가 있고, 다른 한편에는 자기사랑 안에 갇혀 있는(19절) 적대적인 세상이 있다. 다음에 이 본문에서는 요한공동체의 부정적이고 고난에 찬 운명을 예수 자신의 운명과 동일시하고 있으

며, 예수와 그의 공동체에 대한 세상의 증오는 "아무 이유 없다"(25절)는 결론에 도달한다. 이렇게 해서 요한은 25절로 공동체의 부정적인 상황과 경험에 대한 회고적인 설명을 끝내며, 26-27절의 보혜사와 증거에 대한 말에서는 이러한 상황 한가운데서(16:2-3) 카리스마적으로 전권을 위임받은 증거를 이제 새롭게 공동체가 해야 한다고 요구하고 있다. 이로써 역동적인 순환이 이루어지고 있는 것이다.

따라서 15:18-16:4a는 고난의 상황 속에서 요한공동체의 정체성을 반성적으로 다시 파악하도록 함으로써 이러한 역동적인 순환을 가능하게 하는 기능을 한다. 이처럼 공동체의 정체성을 되찾고, 박해받는 상황 속으로 공동체를 새롭게 통합시키는 것이 본문의 주된 관심사라는 사실은 16:1에서 분명하게 드러난다. 그리고 18-25절에서 공동체의 구체적인 박해상황의 의미에 대한 해석이 유대교나 바리새파, 회당 같은 시대사적인 개념들이 아니라, 보다 보편적이고 포괄적인 "세상" 개념을 통해 이루어졌다는 점에 주목할 필요가 있다. 다시 말해 여기서 요한의 사고는 그 자신의 시대적인 차원을 넘어서서 우주적이고 보편적인 차원, 교회론적 이원론이라는 요한의 상징적 우주 안에서 움직이고 있다.

공동체가 고난에 찬 선포의 상황 속으로 다시 들어가게 되는 것은 교회론적 이원론의 실제적인 결과이고, 그것은 이 본문의 실질적인 기능이기도 하다. 말하자면 요한공동체는 스스로가 탈세계화된 공동체이며, 본질적으로 세상과는 다르다는 인식을 재확인함으로써 역설적으로 다시 세상에 대한 선포의 상황 속으로 들어갈 준비를 하게 되는 것이다. 요한공동체는 이 본문을 읽는 행위를 통해 그들의 선포상황과 경험으로부터 나와서 요한 이원론(또는 상징주의)의 포괄적인 의미해석, 즉 요한복음서의 상징적 우주로 인도된다. 공동체는 요한복음서의 이원론적인 상징적 우주 속에서 하나님의 계시, 세상에 대한 그의 사랑을 다시 파악한 뒤 새롭게 동일한 선포의 상황으로 떠나야 한다. 적어도 이 본문에 의하면 요한복음서는 바로 그 이원론 덕택에, 즉 요한공동체는 세상으로부터 특별히 구분되어 하나님으로부터 가려 뽑힌 종말론적 공동체라는 교회론적 이원론 덕택에 이러한 실질적인 기능을 발휘할 수 있었다고 본다. 15:18-16:4a은 이처럼 요한공동체를 철저하게 탈세계화된 공동체로 보여주는 교회론적인 이원론의 도움을 받아 그 역동성을 발휘할 수 있었다.[123]

요한공동체는 15:18-16:4a를 읽으면서 처음에는 제자들에게 예고를 했던 역사적 예수의 마지막 날 밤과 그들 자신의 현재 사이의 시간적인 거리를 의식하는 데 머물러 있었을 것이다. 그러나 마지막에는 그 예고가 본문의 "역사적인" 상황을 넘어서서 보다 근본적이고 보편적인 의미를 얻게 된다. 본문의 "역사적인" 고별상황은 세상 안에서 믿는 자들 일반의 상황을, 따라서 요한공동체의 상황도 상징한다. 그들은 여기서 "너희들"(ὑμεῖς)이라고 불린 사람들과 시간적인 거리를 느낀다기보다는 완전히 그들과 스스로를 동일시하면서 본문을 읽는다. 이렇게 본다면 요한공동체는 이 본문을 읽으면서 이미 공동체 내에 현재화된 일들만이 아니라, 앞으로 공동체의 미래에 대한 예고까지도 함께 읽었을 것이다.[124]

이러한 관점의 이중성은 중요한 의미를 지닌다. 본문 내의 "역사적" 상황에 종속된 예고로서 그것들은 요한공동체에게 일종의 사후예언으로 읽힐 수 있다. 공동체의 현재에서 보면, 그것들은 이미 일어난 일들을 예고한다.

---

123 그러나 요한공동체에 탈세계화 현상이 있었다고 해서 그들이 세상을 멀리하는 영지주의적 공동체였다고 볼 수는 없다. 앞에서 밝혔던 15:18-16:4a 본문의 역동성과 실용적인 기능은 근본적으로는 세상이 이미 심판받았음에도 불구하고 요한공동체의 선포가 종말론적인 성격을 잃지 않고 항상 지속되어야만 가능하다. 아마도 이 점이 영지주의적인 소종파들과 달라지는 점일 것이다.

124 물론 15:26의 영-보혜사 도래와 16:2-3의 유대교의 박해에 대한 예고가 본문 내적이고 "역사적인" 상황 아래 놓여야 한다고 볼 수도 있다. 그러나 이처럼 일방적으로 역사적인 상황과 관련시키는 것은 다른 구절들에서는 성립될 수 없다. 다른 예고들에서는 그것들을 이중적인 관점에서 읽을 수 있다. 즉 본문 내적이고 "역사적인" 상황에 종속되는 것으로, 그리고 동시에 근본적인(보편적인) 의미를 지닌 것으로 읽을 수 있다.

즉 영-보혜사의 도래와 유대교의 박해가 그 내용이다. 이러한 사후예언을 통해 요한공동체의 현재가 과거에 비추어 회고적으로 조명되고 해석되었다. 요한공동체는 박해 앞에서 아무런 거리낌도 느끼지 않았을 것이다. 왜냐하면 그것은 떠나는 예수가 16:4a에서처럼 이미 예고했던 것이기 때문이다. "내가 너희에게 이 말을 하여 두는 것은, 그들이 그러한 일들을 행하는 때가 올 때에, 너희로 하여금 내가 너희에게 말한 사실을 다시 생각나게 하려는 것이다."

다른 한편으로 이 예고들을 근본적인 의미로 읽는다면, 다가올 시대에 요한공동체가 계속할 선포의 운명에 대한 예고라고 할 수 있다. 그들의 선포는 예수의 이름 때문에 계속해서 세상으로부터 미움과 박해를 받을 것이다. 따라서 15:26-27과 16:2-3의 예고들은 요한공동체의 미래와 관련해서도 의미를 지닌다고 볼 수 있다. 영-보혜사는 늘 새롭게 와야만 하고, 공동체는 예수에 대한 증언을 늘 다시 새롭게 제시해야 하지만, 다른 한편으로 유대교의 박해도 계속될 것이다.

이러한 두 관점은 하나의 뗄 수 없는 전체를 형성한다. 이러한 관점의 중첩은 해석학적으로 말하자면 지평융합이라고 할 수 있을 것이다.[125] 이렇게

---

125 이러한 지평융합의 과정을 전승사적으로 설명하자면, 여러 주석학자들이 밝혀 주었듯이 이 본문의 저자는 공관복음서의 박해에 관한 말씀들(막 13:9-13 공관)과 비슷하거나 그것들과 관련이 있는 한 전승을 받아들였을 것이다. 21절의 "내 이름 때문에"(διὰ τὸ ὄνομά μου)와 20절의 "박해하다"(διώκω)는 요한복음서에서 각기 한 번씩 나온 말들이므로 요한 이전의 전승으로 간주될 수 있다. 이 요한 본문과 공관복음서 로기온 사이의 전승사적인 관련성에 대해서는 C.H. Dodd(1963), pp. 407-413; R.E. Brown(1970), pp. 692-695; R. Schnackenburg(1982[4]), III, pp. 115-120에서도 말했다. 어쨌든 이 본문에서는 그처럼 물려받은 전승이 1세기 말 요한공동체의 고유한 선포상황과 관련해서 재해석되었다. 아마도 이것은 물려받은 전승과 그 해석자로서의 요한공동체가 특정한 유사성을 지녔기 때문에 가능했을 것이다. 다시 말해 둘 다 박해와 고난으로 점철된 선포상황을 공유했기 때문에 가능했을 것이다. 박해와 고난의 상황에서 물려받은 전승의 역사적인 지평과 요한공동체의 현재적인 지평이 만난다. 이 과정에서 공관복음서의 박해에 관한 로기온은 그것이 형성될 당시 유대교 박해의 특수한 상황을 반영했던 역사적인 요

해서 이 본문에는 "역사적인" 고별상황을 통해 조건지어진 지평과 나란히 근본적이고 보편적인 지평이 존재하게 되었다. 이 두 개의 지평, 또는 관점이 역동적인 방식으로 동시에 계속 움직일 수 있다는 것, 이것이야말로 요한의 고별담론의 독특한 기능이라고 할 수 있다.

그러므로 요한복음서는 요한공동체가 자기 자신과 주어진 상황을 새롭게 발견하고 새롭게 대응할 수 있게 하는 일종의 모델이었다. 이 경우 공동체는 자신이 처한 어려운 상황에서(유대교와의 긴장관계) 우선 선포의 상황으로부터 물러나서 재성찰과 정체성 확립을 하게 된다. 다음에 공동체는 새롭게 수립된 자기이해를 가지고 선포의 상황으로 다시 들어간다. "요한복음서는 이렇게 물러남과 다시 들어감 사이의 경계지점에 있다."[126] 요한복음서는 자신의 독자들을 이러한 이중적인 움직임 속으로 끌어들이면서 상징적인 우주를 수립하며, 그것을 통해 공동체의 정체성이 세상 안에서 확인되고, 공동체는 자유를 얻게 된다.[127] 공동체의 정체성이 문제될 때마다 공동체는 복음서에 호소하게 되고, 동시에 새로운 자기이해로 이끄는 과정이 다시 일어나게 된다.

이러한 요한공동체의 이중적인 움직임은 유대인들에 대한 공동체의 관계가 지금까지의 요한복음서 연구에서 생각해왔던 것처럼 부정적이든, 긍정적이든 정적으로 고정된 것이 아니라 동적인 것임을 보여준다. 요한공동

소들을 떨어내고 그 안의 근본적인 것만을 받아들이는 방식으로 해석되었다. 말하자면 앞서 언급한 두 개의 지평이 여기서 그때그때의 역사적인 특수성을 극복하고 초월하는 새로운 제3의 의미지평으로 융합되었다는 것이다.

126 T. Onuki(1984), *Gemeinde und Welt im Johannesevangelium. Ein Beitrag zur Frage nach der theologischen und pragmatischen Funktion des johanneischen "dualismus"* (Neukirchen-Nluyn: Neukirchener Verlag), pp. 112, 218; T. Thatcher(2007), *What we have heard from the Beginning: the Past, Present, and Future of Johannine Studies* (Waco, Tex.: Baylor University Press) 참조.

127 T. Onuki(1984), pp. 112-113.

체는 유대인들을 "믿지 않는 '세상'의 상징"으로 평가하지만, 요한복음서 독서행위를 통해 그들은 다시금 선포의 대상이 된다.[128] 본문이 갈등을 해소하고 자유를 수립한다는 것은 상징적 우주 안에서 갈등이 이미 끝난 것으로 나타날 수 있음을 의미한다. 이를 통해서 갈등을 실질적으로 피할 수는 없지만, 상징적 우주 안에서 갈등은 현실적으로 평정이 된다.

결론적으로 말하자면 15:1-17에서는 유대교의 박해에 직면한 요한공동체가 예수 자신을 교회로 이해하는 데까지 공동체의식을 강화시켰으며, 그 공동체 안에서 요한 그리스도인들은 서로 사랑하라는 과제를 받은 자들로, 그럼으로써 옛 세계시간 안에서 하나님의 계시를 지속시켜나가는 자들로 스스로를 이해하고 있음을 확인할 수 있었다. 15:18-16:4a에서는 부활절 이후 요한공동체의 선포가 보혜사 영을 통해 본질적으로 그리스도의 선포를 이어가는 것임을 상기시키고 있다. 요한복음서 독서를 통해 이러한 사실을 인식함으로써 요한공동체는 다시 적대적인 세상 한가운데서 본래의 과제인 선포를 계속 수행해야 한다. 따라서 15:1-17에서는 공동체와 예수는 포도나무와 가지처럼 뗄 수 없이 서로 결합되어 있으므로 예수 그리스도가 곧 교회공동체라고까지 생각할 수 있다는 요한공동체의 과격한 자의식을, 그리고 15:18-16:4a에서는 적대적인 세상 한가운데서 본질적으로 예수의 선포인 공동체의 선포를 포기하지 않고 계속함으로써 하나님의 계시를 이어나가야 한다는 요한공동체의 자의식을 읽을 수 있다.

128 T. Onuki(1984), p. 139.

제4부

요한복음서의 신학적 아이러니와 영이해

I. 요한복음 4:4-42에 나타나는 그리스도의 자기계시와 아이러니

1. 본문의 구조

요한복음서 4장에서는 빌라도 심문장면과 마찬가지로 대화장면 전체에 걸쳐 주도면밀하게 아이러니가 반복해서 사용되었다. 따라서 이 단화는 요한복음서에서 아이러니가 어떻게 사용되었는지 확인하기 좋은 본문이며, 다른 한편으로 아이러니와 예수의 계시와의 관련성을 살펴볼 수 있다.

단화의 구조를 살펴보면, 4-6절이 서론이고 7-26절이 사마리아 여인과 예수의 대화장면이며, 27-38절이 예수와 제자들과의 대화장면이고, 39-42절은 결론부분이다. 전체적으로 분명하게 단락이 구분되지만 서두가 어디서 시작하느냐에 대해서는 의견이 일치되어 있지 않다.

사마리아 여인 이야기의 서두가 어딘지에 대해서는 논란이 많다. 주로 4장 1절과 4절이 물망에 오른다.[1] 어떤 학자들은 4장 1-4절이 유대-갈릴리-사마리아로의 예수의 여행경로를 담고 있기 때문에 그것을 한 단위로 본다.[2] 1, 2절은 이 여행의 이유, 즉 예수의 세례행위에 대해 말하고, 3절은 여

1 슈낙켄버그는 그의 주석서에서 1절부터 이 부분에 대한 주석을 시작하며, 4:1-5 전체를 서론으로 본다. R.E. Brown(1966)에서는 4절을, 또한 E.C. Hoskyns(1947)에서는 5절을 이 단화의 서두로 본다.

2 예를 들어 E. Haenchen(1980), p. 218; C.K. 바레트(1978a), pp. 364-368; F.J. Molony(1994), *Belief in the Word, Reading John 1-4* (Minneapolis: Fortress Press), pp. 134-135. 몰로니는 1-6절을 한 단위로 본다.

행의 시작을 이야기한다. 그러나 4절은 본래 여행의 일부라기보다는 중심적인 여행을 중단시킨다. 즉 예수는 사마리아에서 이틀 체류한 뒤 본래의 여행로로 되돌아갔다(4:43). 또한 4장 1-3절은 앞에 나오는 이야기의 결론 역할을 한다. 이 구절들의 일차적인 기능은 예수와 그의 제자들의 성공적인 활동에 초점을 맞춤으로써 세례 요한의 역할에 대한 이야기를 마무리짓는 것이다. 그럼으로써 세례 요한으로부터 예수에게로 이야기의 초점을 옮기려는 것이다. 따라서 4장 1-3절은 전환부분에 해당하며, 사마리아 여인 이야기의 서론이라고 볼 수는 없다.[3]

그러므로 4-6절이 이 단화의 서두이다. 4절은 예수가 사마리아 지역에 있게 된 이유를 말하고, 5-6절은 예수가 대화상대자를 만나는 사마리아 지역의 구체적인 위치를 설정하고 있다. 4장 7절은 예수와 여인과의 대화의 시작을 말한다. 8절의 “제자들은 먹을 것을 사러 동네에 들어가서, 그 자리에 없었다”(οἱ γὰρ μαθηταὶ αὐτοῦ ἀπεληλύθεισαν εἰς τὴν πόλιν ἵνα τροφὰς ἀγοράσωσιν)는 일반적으로 예수와 여인과의 대화를 단절시키는 서투른 이음새라고 생각되었다. 독립적으로 존재했던 이전의 이야기에 요한이 끼어들고 있다는 것이다. 그러나 이 구절은 사마리아 여인의 행동과 제자들의 행동이 결코 별개로 떨어져 있지 않다는 점을 독자들에게 알려준다. 예수는 그대로 있고, 그를 중심으로 일군의 인물들이 등장, 퇴장한다. 이러한 서술방식은 예수를 지속적인 중심으로 부각시키는 효과를 지닌다.

9절은 예수의 말에 대한 여인의 응답이다. 대화는 26절까지 계속되며, 7-15절, 16-26절로 나누어진다. 두 단락은 각기 예수의 요구, 내지는 명령으로 시작된다.[4] 예수와 여인 사이의 대화는 내용상 26절에서 끝나지만 형식상으로는 제자들이 돌아옴으로써 끝난다(27절). 8절에서처럼 여기서도 요한

---

3 R.E. Brown(1966), pp. 164-165 참조.

4 7절: “물을 좀 달라”(Δός μοι πεῖν) 16절: “가서 네 남편을 불러오너라”(Ὕπαγε φώνησον τὸν ἄνδρα σου καὶ ἐλθὲ ἐνθάδε)

은 등장인물들의 이동을 드러내놓고 이야기한다. 27절에서는 제자들의 귀환을, 28절에서는 여인의 퇴장을 이야기한다. 그러나 여인이 금방 시야에서 사라지는 것은 아니다. 대신 요한은 독자들이 잠시 무대 밖의 여인을 따라가게 한다. 즉 제자들이 방금 갔다온 마을로 시야를 돌리고, 그곳에서 여자가 좀 전에 일어난 장면을 사람들에게 어떻게 이야기하는지 보게 한다. 31절의 "그러는 동안에"(ἐν τῷ μεταξύ)는 28-30절의 행동이 이야기의 중심무대 뒤에서 일어난 것으로 보게 만든다. 이렇게 보면 27-30절은 아주 잘 발전된 전환장면으로 이 설화에서 매우 중요한 역할을 한다. 이것은 첫 번째 대화의 결미를 이루며, 동시에 두 번째 대화가 이루어지는 문맥을 제공한다.

두 번째 대화는 마을에서의 여인의 행동을 배경으로 하며, 역시 명령형으로 시작된다(31b절: Ῥαββί, φάγε "랍비님, 잡수십시오"). 제자들과의 대화는 38절까지 계속된다. 두 번째 대화도 첫 번째 대화와 마찬가지로 다른 등장인물이 나타남으로써 끝난다. 즉 사마리아 여인과 예수를 믿게 된 마을 사람들이 등장하며(39-40절) 사마리아인들의 등장으로 설화의 결론이 시작된다. 앞의 두 대화들에서와 마찬가지로 이것도 요구, 또는 명령으로 시작된다. 사마리아 사람들이 예수에게 유하라고 요청한다(40b절). 이와 함께 무대도 바뀐다. 즉 그동안 무대 뒤였던 사마리아 마을이 중심 무대가 되고, 예수는 우물에서 마을로 들어간다.

따라서 이 설화는 다음과 같은 구조를 지닌다.

1) 4-6절: 서두-설화의 배경
2) 7-26절: 첫 번째 대화-예수와 사마리아 여인의 대화
   (1) 7-15절
   (2) 16-26절
3) 27-30절: 전환장면
4) 31-38절: 두 번째 대화-예수와 제자들의 대화

5) 39-42절: 결론-예수와 사마리아인들

여기에서 알 수 있듯이 이 단화는 크게 예수와 사마리아 여인의 대화와 예수와 제자들의 대화로 나뉜다. 첫째 장면에서는 제자들이 등장하지 않으며, 둘째 장면에서는 사마리아 여인이 등장하지 않는다. 이 때문에 학자들은 이 부분의 통일성을 의심했다. 불트만은 사마리아 여인과 예수의 대화가 이 장의 원래 핵심이며, 이것은 표징자료에서 왔을 것이라고 추측했다. 그는 여기서 5-7, 9ab, 16-19, 28-30, 40절이 원래 자료에 속한다고 보았다. 그리고 제자들과 예수의 대화는 복음서저자가 2차적으로 첨가한 것이며, 이밖에도 9c, 22b절을 제외한 4장의 나머지 구절들을 복음서저자에 의한 첨가문으로 보았다.[5] 후에 포르트나도 요한복음서 4장에서 표징복음서로부터 왔다고 여겨지는 구절들을 추론했는데, 그의 견해는 불트만과 거의 비슷하다. 그는 4-7, 9ab, 16-19, 25, 26, 29-30, 40(42)절이 자료에서 왔다고 본다. 그에 따르면 특히 8절과 27절은 요한이 나중에 원자료를 편집해서 보다 큰 문맥에 집어넣는 과정에서 생긴 편집구절이다. 이런 후대 첨가문들은 2차적이라고 여겨졌고, 원래 이야기와는 단지 부차적으로만 연결된다고 보았다. 포르트나는 이 이차적 부가문을 없애고 나면 요한의 손질이 약간 남아 있는 일관된 이야기가 남는다고 했다(10-15, 20-24, 31-38절).[6]

한편 쇼트로프는 자료비판에 근거해서 이 구절들을 이원론적으로 해석했다. 이에 따르면 4:5-7, 9는 자료비판상 요한 이전부터 원래 있던 이야기로서 세계 내적인 문제라고 할 수 있는 사마리아인과 유대인 사이의 증오에 대한 주제를 다루고 있다. 반대로 10-15절은 요한에 의한 것이며, 세상적인 삶과는 부정적인 관계를 이루는 영원한 생명에 대해 이야기한다. 전

5 R. 불트만(1968), pp. 185, 200.

6 R.T. Fortna(1970), pp. 189-194.

혀 다른 출처로부터 나온 이 두 입장들 사이의 거리는 결코 해소될 수 없다고 한다.[7] 그러나 이러한 쇼트로프의 이원론적인 해석은 자료비판에 철저하게 근거하고 있어서 자료비판적인 견해가 타당성을 잃을 때 해석 자체도 흔들리게 된다. 이것은 불트만이나 포르트나의 경우도 마찬가지이다.

자료이론에 따라 이야기를 재구성할 경우 이야기의 논리적인 흐름에 보다 더 일관성이 생길지는 모르지만 그것은 요한이 최종적으로 독자들에게 제시하고자 한 형태가 아니다. 4:4-42은 예수와 사마리아 여인과의 대화(자료)만으로도, 예수와 제자들과의 대화(요한의 해석)만으로도 축소될 수 없다. 이것은 예수가 여자와, 또 제자들과 한 대화에 관한 이야기이며, 그 대화는 우물물로부터 생수로, 또 참된 예배로, 종말론적 추수로까지 화제가 옮겨간다. 본래 각 요소들이 전승사적으로 독립된 서로 다른 이야기들이었느냐는 것은 별개의 문제이다. 요한은 이것들을 주의깊게 하나의 이야기로 엮었기 때문이다. 이렇게 보면 8절과 27절은 서투른 이음새가 아니라 두 개의 대화를 하나의 복합적인 설화로 엮는 기술적인 연결어이다.

4:4-42은 하나의 문학적인 통일체로서 그 최종적인 형태대로 분석되어야 한다. 본문의 해석은 그것의 전사(前史)가 아니라 최종형태에 근거해서 이루어져야 하기 때문이다. 그리고 이렇게 보아야 하는 또 다른 이유는 요한 4:4-42 전체가 단계적인 예수의 자기계시와 이에 상응하는 계시의 인식과정에 관한 주제에 의해 작성되었기 때문이다. 이러한 단계적인 예수의 계시와 그에 대한 인식은 가령 9절의 "유대인"(Ἰουδαῖος), 11절의 "주님"(Κύριε), 12절의 "우리 조상 야곱보다 크다"(μείζων εἶ τοῦ πατρὸς ἡμῶν Ἰακώβ), 19절의 "예언자"(προφήτης), 26, 29절의 "그리스도"(ὁ Χριστός), 42절의 "세상의 구원자"(ὁ σωτὴρ τοῦ κόσμου)라는 칭호들에서 나타난다. 그리고 이중의미, 오해, 은유 등 요한의 문학적 기교도 본문 전반에 걸쳐서 나

7 L. Schottroff(1969), pp. 199-214.

타난다. 따라서 4:4-42는 하나의 단화로 해석되어야 한다. 여기서는 이 입장을 견지하면서 본문을 분석할 것이며, 요한이 어떠한 문학적 도구를 사용해서 독자들로 하여금 본문에 참여하게 했는지에 주목할 것이다. 저자인 요한과 독자 사이의 의사소통 과정에 주목함으로써 아이러니가 구체적으로 어떻게 발생하는지 살펴볼 것이다.[8]

2. 본문주석

가. 4:4-6 서두도입문

이 시작부분은 사건이 일어난 장소에 대해 세밀한 정보를 제시한다. 요한은 이야기를 진행시키면서 계속 이 지리적 위치를 상기시킨다. 4절의 "~수밖에 없다"(ἔδει)는 우선 이야기 자체의 흐름과 관련해서 지리적으로 이해할 수 있다. 1세기에 팔레스타인 지역에서 남북 방향으로 여행을 하려 할 경우 두 가지 길이 있었다. 사마리아를 지나는 길과 요르단 계곡을 지나는 길이었다.[9] 전자가 지름길이었고, 특히 로마 식민통치 하에서 유대, 사마리아의 경계가 무너진 당시로서는 사마리아를 지나기가 수월했을 것이다. 그러나 이 길에는 위험이 많았고, 당시의 지리적인 상황을 잘 알고 있었을 독자들은 4절에서 ἔδει가 사용된 데 대해 의아하게 생각했을 것이다. 왜냐하면 예수가 꼭 사마리아를 지나서 갈릴리로 가야만 하는 것은 아니었기 때문이다. 원한다면 그는 오래 걸리는 길로 갈 수도 있었을 것이다. 요한은 여

---

8 서사비평을 사용하여 독자와 본문과의 소통을 연구한 연구로 J.L. Resseguie(2009), *The Revelation of John: A Narrative Commentary* (Grand Rapids: Baker Academic) 참조. C.H. Talbert(2005), *Reading John: a Literary and Theological Commentary on the Fourth Gospel and the Johannine Epistles* (Macon, Ga.: Smyth & Helwys Pub.) 역시 문학적 통일성, 현재 상태의 본문구조를 존중하면서 요한 본문을 주석하고 있다.

9 Josephus, *Antiquities* 20.115; *Jewish War* 2.32; *Life* 269에서는 사마리아로 가는 길을 지름길이라고 한다.

기서 ἔδει를 사용함으로써 예수는 반드시 사마리아를 통과하는 길로 가야만 했다고 말했다. 이것은 예수의 이 여행 뒤에는 하나님의 뜻이 있다는 사실을 암시한다. 따라서 지리적인 차원과 신적인 차원, 두 차원의 의미가 모두 가능하다.[10]

5, 6절은 이야기의 장소에 대해 보다 생생한 정보를 제공한다. 지리적인 세부묘사가 아니라 종교적이고 족장사적인 용어들이 나온다. 수가는 야곱의 우물이 있는 곳, 즉 야곱이 요셉에게 준 땅에서 가깝다.[11] 확실치는 않지만 이 마을은 — 전승에 의해서 계속 고대 "야곱의 우물"과 동일시되고 있는 지역과 가까운 — 오늘날의 이스카르와 대체로 동일한 곳인 것 같다. 이스카르는 세겜과 매우 가까우며, 예루살렘에서 사마리아를 통과해서 갈릴리로 가는 길가에 있다.[12]

한편 앞으로 이야기의 발전에 중요한 단어들이 이 구절들에 나온다. "주었다"(ἔδωκεν), "야곱"('Ιακώβ), "우물"(πηγή) 등이 그렇다. 이것들은 나중에 이야기 전체 맥락에서 새로운 의미를 얻게 된다. 예수가 우물가에 도착하는 것으로 서두도입문은 끝난다. 6절에서는 예수가 여인에게 물 달라고 요구하는 이유가 서술된다. 예수는 여행에서 왔고, 그것도 뜨거운 한낮이었다.

이 단화의 서두에 나타나는 이야기의 배경은 부차적인 것이 아니라 앞으로 이야기 전개를 위해 중요하다. 5, 6절에서 요한은 사마리아의 중심적인

---

10 R.E. Brown(1966), p. 169.

11 창세기 33:19과 48:22에서는 야곱이 세겜에서 땅을 사서 요셉에게 주었다고 하지만 우물에 대해서는 아무 말도 없다. 그러나 야곱은 하란에 있는 라반의 우물과 관련이 있고, 랍비 전승들에서는 이것을 발전시켜서 야곱이 우물에서 기적을 행했다고 했는데, 아마도 4:12의 사마리아 여인의 질문 배후에는 이런 전승이 깔려 있었을 것이다. J.R. Diaz(1963), "Palestinian Targum and New Testament", *Novum Testamentum*, 6, pp. 76-77; J.H. Neyrey, S.J.(1979), "Jacob Traditions and the Interpretation of John 4, 10-26", *Catholic Biblical Quarterly*, 42, pp. 421-425.

12 C.K. 바레트(1978a), p. 369. 슈낙켄버그와 린다스도 이 위치를 받아들인다.

종교전승을 암시하고 있다.[13] 사마리아라는 상황설정은 전체 본문의 아이러니한 전개와 관련된다. 4:42(41)에서는 예수가 자기 백성이 아니라 사마리아인들 가운데서 성공을 거두었다는 점을 강조하고 있기 때문이다. 예수를 계시자로 당연히 받아들였어야 할 "그의 백성"(1:11a)은 그를 거부한 반면, 소외받던 사마리아인들이 그를 받아들였다는 것이다. 당연히 예수를 알았어야 할 사람들이 알지 못함으로 인해 불일치가 발생하고, 그로 인해 아이러니가 생긴다. 이 아이러니는 누가 계시자를 받아들이고 누가 받아들이지 않았느냐는 요한복음서 전체에 계속해서 나타나는 질문에 주목하게 한다.

나. 4:7-26 예수와 사마리아 여인의 대화

예수와 사마리아 여인의 대화는 크게 두 단락으로 나누어지며, 각 단락은 예수의 명령, 내지는 요구로 시작된다.

(1) 4:7-15: 생수

이 부분은 잘 구성되어 있다. 앞서 나온 시간에 대한 언급(6c절)은 예수만이 아니라 여자와도 관련이 있다. 유대적인 시간계산법에 따라 제6시를 정오경으로 본다면, 이 여자는 보통 여자들이 물 길러 나올 시각을 피해 뜨거운 한낮에 나왔다. 이 여자가 다른 사람들을 피해 한낮에 물 길러 나왔다는 것은 17, 18절과 관련해서 볼 때 이 여자의 결혼생활의 비정상적인 측면을 미리 시사하는 것일 수 있다. 그러나 다른 한편으로 이 여자가 사마리아인이고 물길을 준비가 되어 있다는 것은 앞으로의 대화전개를 위해 중요하다. 7절에서는 물달라는 예수의 요구로 대화가 시작되기 때문이다. 예수가 대화를 주도한다. 공관복음서에서 예수는 주로 질문을 받지만 여기서는 질문을 한다.

---

13 B. Olsson(1974), *Structure and Meaning in the Fourth Gospel: A Text-Linguistic Analysis of John 2, 1-11 and 4, 1-42* (Lund: GWK Gleerup), p. 141.

8절에서는 예수가 물을 달라고 하는 또 다른 이유가 나온다. 즉 피곤했기 때문만이 아니라 그에게 물을 줄 사람이 아무도 없었기 때문이다. 제자들이 먹을 것을 사러 마을에 갔으므로 예수에게 물을 줄 수 있는 사람은 사마리아 여인뿐이었다. 여기서 8절은 결코 문맥의 흐름을 파괴하거나 단절시키지 않으며, 전혀 무리가 없다. 따라서 굳이 8절을 2차적인 첨가문으로 볼 이유는 없으며, 설령 그렇다 하더라도 이 대화의 의미를 해석하는 데는 지장이 없다.

9절에는 예수의 요구에 대한 여인의 반응이 나온다. 여기서는 물을 좀 달라는 7절에서의 예수의 요구가 단순히 문자적인 의미에서 물을 달라는 것 이상을 의미한다는 사실이 드러난다. 그 요구에 대한 여인의 반응, 즉 "선생님은 유대 사람인데"(σὺ Ἰουδαῖος ὢν), "어떻게 사마리아 여자인 나에게"(Πῶς παρ' ἐμοῦ γυναικὸς Σαμαρίτιδος)라는 말은 예수와 여인 사이의 간격을 드러내기 때문이다. 물을 달라는 예수의 요구는 여인의 말에 나타난 것처럼 확고한 유대인과 사마리아인 사이의 벽을 흔드는 것이다. 따라서 그것은 단순히 문자적인 의미에서 물을 달라는 것 이상이다.

9c절에서는 그냥 현상적으로 그 불화를 기술하고 있다. 앞에 나오는 여인의 말만으로도 유대인과 사마리아인 사이의 불화를 충분히 표현할 수 있기 때문에 9c절은 불필요해 보인다. 그러나 이것을 후대의 편집구로 볼 필요는 없다.[14] 왜냐하면 설화에 자기 자신의 설명을 집어넣는 요한의 기술일 수 있기 때문이다(11:49-52 참조). 9c절에 대한 학자들의 논의는 대부분 사마리아인과 유대인 관계의 어떤 부분이 문제되고 있는지에 초점을 맞추어서 여기 나오는 "상종하다"(συγχράομαι)와 제의적인 정결성과의 관련성을

14 R. 불트만(1968), p.189 주 22 참조. 이 말들은 א* D a b e에는 나오지 않는다. 이 본문들에서 생략된 것인지, 아니면 다른 본문들에 첨가된 것인지가 문제이다. 그러나 바레트에 의하면 생략된 것이라는 증거가 훨씬 강하다. 즉 이 문장은 원래적이라는 것이다. C.K. 바레트(1978a), p. 370 참조.

강조했다. 다우브에 의하면 이 구절은 65년의 규정을 반영하는 것으로서 이때에는 정결법의 관점에서 사마리아 여자들은 갓난아기 때부터 월경을 하기 때문에 부정하다고 가정되었다. 이러한 부정은 사마리아 여자가 만지는 항아리에도 반드시 전해지는데 특히 그것에서 물을 마셨을 경우에는 더욱 그러하다. 따라서 65년경 "유대인들은 사마리아인들과 항아리를 함께 사용하지 않는다"는 원칙이 생겨나게 되었고, 이 단어도 본래 그 어원대로 "~과 함께 사용하다"로 번역되어야 한다는 것이다.[15] 바레트나 헨첸, 브라운도 이러한 다우브의 해석을 따른다.

그러나 이러한 해석은 역사적인 설명일 뿐 설화 전체에서 이 구절의 기능을 밝혀주지는 못한다. 만일 이 구절을 여인의 반응에 대한 요한 자신의 설명으로 본다면, 그 기능에 대해 보다 잘 설명할 수 있을 것이다. 9c절은 앞서 나온 여인의 말을 단순히 반복하는 것 같지만 사실은 그 이상이다. 요한과 독자들에게 예수와 사마리아 여인의 만남은 단순히 한 유대인과 사마리아인의 만남 이상이다. 그는 하나님의 아들이자 구원자이다. 그런데 여인이 예수의 요청을 단지 사마리아인/유대인 관계의 빛에서만 이해하기 때문에 불협화음이 생긴다. 그녀는 지금 자기에게 말을 거는 유대인이 누구인지 모른다. 요한은 10절에서 예수의 계시에 직면할 때 옛 대립관계가 힘을 상실한다는 것을 특유의 개념으로 표현한다.[16] 따라서 10절과 관련해서 볼 때 9c절의 반복적인 언급은 피상적으로는 타당하지만, 실제 상황의 본질을 파악하지 못하는 여인의 태도를 강조해서 표현하는 것으로서 예수의

---

15 D. Daube(1950), "Jesus and the Samaritan Woman: The Meaning of συγκράομαι", *JBL*, 69, pp. 137-147; D.R. Hall(1971-1972), "The Meaning of συγκράομαι in John 4:9", *ExpTim*, 83, pp. 56-57 참조.

16 R. 불트만(1968), p.190. 그러나 불트만은 여기서 자료가설에 근거하여 원래 자료에서는 유대인과 사마리아인 사이의 관계가 문제되었었는데 복음서저자가 예수의 계시와 관련된 문제로 확대했다고 본다.

정체성이라는 보다 중심적인 문제를 소극적인 방식으로 시사한다.

4장 10절에서 예수는 사마리아인과 유대인 관계의 빛에서가 아니라 자신의 정체성의 빛에서 여인에게 답한다. “네가 하나님의 선물을 알고, 또 너에게 물을 달라는 사람이 누구인지를 알았더라면, 도리어 네가 그에게 청하였을 것이고, 그는 너에게 생수를 주었을 것이다.” 이 설화의 흐름을 이해하는 데, 그리고 여인에 대한 예수의 요구를 이해하는 데 특별히 중요한 것은 예수의 정체성을 이해하는 것이다. “너에게 말하는 사람”(ὁ λέγων σοι)을 강조하는 것은 이 본문의 계시적인 측면을 미리 강조하는 것일 수 있다.[17] 자신과 이야기하는 사람이 누구인지 알면 중대한 역할의 변화를 일으킬 수 있다. 그것은 7, 9절의 주요동사들로 표현되었다(δίδωμι “주다”, πίνω “마시다”, αἰτέω “요구하다”). 그러나 같은 동사가 여기서는 정반대로 사용되었다. 물을 달라는 예수의 요구를 받았던 여자가 요구하는 사람이 될 것이고, 달라고 요구했던 사람은 주는 사람이 될 것이다. 여인의 요구대상도 달라진다. 여인이 받게 될 것은 생수(ὕδωρ ζῶν)이다. 이것은 살아 있는 물로도, 흐르는(샘솟는) 물로도 이해할 수 있다. 그러나 여기서 “하나님의 선물”(τὴν δωρεὰν τοῦ θεοῦ)이라는 말과 관련해서 볼 때 적어도 예수에게는 생수가 단순히 흐르는 물 이상이라고 독자들인 요한공동체가 이해하기를 요한은 기대했을 것이다. 여인은 예수가 누구인지 올바로 알기 전까지는 생수가 무엇인지 이해하지 못한다.

그러므로 10절에서 예수는 다음 단계 대화로 넘어가기 위해 필요한 지식을 여인에게 제공한다. “자신이 누구인지를 직설법적으로 말하는 대신 예수는 사마리아 여인의 마음속에 질문을 만들어 놓는다.”[18] 이 질문은 선언적인 진술 이상으로 많은 것을 이야기한다. 조건절을 통해 예수는 여인으

17 B. Olsson(1974), p. 179.

18 G. Friedrich(1967), *Wer ist Jesus? Die Verkündigung des vierten Evangelisten, dargestellt an Johannes* 4, 4–42 (Stuttgart: Calver Verlag), p. 31.

로 하여금 자신의 현재 상황을 돌아보게 한다. 여인은 자신이 목마른 한 유대인과 이야기하고 있다고 생각하지만, 이 유대인은 만일 그녀가 자신이 누구와 이야기하고 있는지, 하나님의 선물이 무엇인지 알았더라면 바로 자기 자신이 목마른 사람이라는 것을 깨달았으리라고 한다.

10절은 이 대화가 두 차원에서 동시에 일어나고 있음을 알려준다. 한 차원은 여인이 이해하는 차원이고, 다른 하나는 예수가 이해하는 차원이다. 이 두 차원이 아이러니의 근거가 된다. 왜냐하면 두 차원은 서로 맞지 않기 때문이다. 여기서 예수의 정체성에 대해 예수 자신이 제공한 실마리는 여인과 독자 모두에게 대화의 두 차원과 그 둘 사이의 모순을 이해하고, 여인의 차원으로부터 예수의 차원으로 옮겨오라는 초대이다. 대화가 전개됨에 따라 사마리아 여인은 예수와 의사소통을 제대로 하기 위해 애쓴다. 그러나 여인은 예수를 제대로 이해하지 못한다. 여인은 대화의 두 차원 사이에서 고투하지만, 결코 자신의 관점에서 벗어나지 못한다. 독자인 요한공동체는 그러한 여인의 고투를 보면서 두 번째 차원을 생각하게 된다. 10절은 예수의 정체성을 깨닫게 할 뿐만 아니라 어떻게 본문을 목적지에 도달하기 위한, 즉 예수를 올바로 이해하기 위한 과정들로 읽어야 하는지 보여준다.

11, 12절은 여인이 예수의 초대를 이해하지 못했음을 드러낸다. 여인은 애초의 대화 차원, 즉 마실 물의 차원에서 반응한다. 여인은 방금 자신에게 물을 달라고 한 사람이 "흐르는(샘솟는) 물"을 줄 수 있다는 것이 이해되지 않는다. 그래서 그녀는 당연한 질문을 한다. "선생님, 선생님에게는 두레박도 없고, 이 우물은 깊은데, 선생님은 어디에서(πόθεν) 생수를 구하신다는 말입니까?" 9절의 "어떻게"(πῶς)와 이 질문은 현상적인 차원에서 예수의 말의 모순을 드러낸다. 그러나 주의깊은 독자라면 "어디에서"(πόθεν)라는 말이 아이러니하게 예수와 그의 선물이 어디서 오느냐는 보다 깊은 차원의 질문을 암시한다고 생각할 것이다. 복음서 전체를 통해 요한은 자신의 기원에 대한 예수의 지식과 대화상대자들의 무지, 그릇된 가정들을 대조한

다.[19] 예수는 시종일관 자신이 "위로부터" 왔음을 알지만 아무도 그것을 모른다. 여인의 "어디에서"라는 질문은 마실 물을 어디서 얻느냐는 뜻으로도 이해된다. 여인은 단지 피상적 차원에서만 질문을 하고, 사실은 자신이 예수의 정체성에 대한 핵심적인 질문을 하고 있다는 점을 알지 못하기 때문에 아이러니가 발생한다. 즉 여기서는 '어디에서'라는 말이 지니는 이중적 차원과 여인의 '알지 못함'으로 인해 아이러니가 발생한다.

12절은 직접 예수의 정체성에 초점을 맞추고 있다. "선생님이 우리 조상 야곱보다 더 위대하신 분이라는 말입니까?" 요한이나 그의 독자들인 요한 공동체의 이해의 차원에서 보면 예수가 야곱보다 위대하다는 것이 확실하지만, 여인의 이해의 차원에서는 예수가 야곱보다 위대하다는 것이 이해되지 않으며, 이로 인해 아이러니가 발생한다.[20] 여인의 질문 첫머리에 나오는 부정적인 답변을 기대하는 μή는 여인이 잘못된 가정을 하고 있다는 점을 강조하며, 따라서 아이러니의 효과가 더욱 커진다.[21] 여인의 관점에서 보면 예수는 지금 두레박을 가지고 있지 않으니 야곱이 하란에서 했던 것과 같은 기적을 통해서만 자신에게 물을 줄 수 있다.[22] 여인은 이런 뜻에서 예수와 야곱을 비교했을 것이다. 한편 또 다른 차원에서 예수의 정체성에 관

---

19 P.S. Minear(1976), "'We don't know Where…' John 20:2", *Interpretation,* 30, pp. 131-132; P. Duke(1985), pp. 64-72. 3:8; 4:11; 6:5에서는 모두 예수의 선물이 "어디에서" 오는지 묻는다.

20 여러 학자들이 여기에 아이러니가 들어 있다고 보았다. 예를 들어 R.E. Brown(1966), p. 170; C.K. 바레트(1978a), p. 374; B. Lindars(1981), p. 182.

21 B. Olsson(1974), p. 180; P. Duke(1985), p. 70. 8장 53절에서 유대인들의 질문, "당신은 이미 죽은 우리 조상 아브라함보다 더 위대하다는 말이오?"도 마찬가지이다. 족장들에 대한 예수의 우월성 문제는 요한복음서에서 계속 아이러니하게 처리된다. P. Duke(1985), pp. 72-73.

22 이에 대한 구약성서 증거는 없지만 야곱과 하란의 우물에 대해 이와 비슷한 이야기를 전하는 창세기 28:10에 대한 팔레스타인 타르굼이 있다. J.R. Diaz(1963), pp. 76-77. "우리 조상 야곱이 우물 아구에서 돌을 들어내자 우물이 솟구쳐서 위로 넘쳤다. 그리고 그것은 20년 동안이나 흘렀다."

한 여인의 질문은 생수를 주는 것과 긴밀하게 연결된다. 예수는 그런 물이 아니라 생수를 줄 것이다. 그러나 예수가 야곱을 능가할 수 있다는 사실을 여인은 이해하지 못한다. 여인은 열정적으로 야곱을 옹호하며, 그 우물에서 먹은 사람들과 가축에 대해 이야기한다. 예수의 제안에 대한 여인의 응답은 질문이었고, 그 질문은 그녀가 예수의 질문의 성격도, 그의 정체성도 이해하지 못하고 있음을 아이러니하게 드러낸다. 그러면서도 여인은 부지중에 진실을 말하고 있다. “선생님이 우리 조상 야곱보다 더 위대하신 분이라는 말입니까?”(12절) 그렇다. 예수는 야곱보다, 족장들보다 위대하다.

13, 14절에서 예수는 여인의 질문에 직접적으로 답하지 않는다. 그러나 10절에서처럼 간접적인 답변이 직접적인 답변보다 더 많은 것을 이야기한다. 예수는 여인과는 다른 차원에서 말함으로써 아이러니하게 여인의 질문을 자른다. 물이 많다고 해서 더 좋은 것이 아니다. 10절에서처럼 예수는 다시 두 차원에서 이루어지는 대화로 여인의 주의를 집중시킨다. 여인은 문자적으로 물과 우물에 대해 말하지만, 예수는 문자에서 은유로 넘어가서 물과 우물에 대해 이야기한다. 13, 14절은 이 물들의 서로 다른 효과를 강조한다. 물의 차이는 목마름을 어떻게 해결해주는가에 근거해서 기술되었다. 야곱의 우물로부터 마시는 사람은 현재분사 “마시는 사람은 다”(πᾶς ὁ πίνων)로 표현되었고, 예수가 주는 물을 마시는 사람은 “마신 사람은”(ὃς δ'ἂν πίῃ)이라고 단순과거 가정법으로 표현되었다. 이로써 후자는 “완성된, 자기완결적인 행동”으로 표현된 셈이다. 이 우물과 물에 대한 서술은 예수와 야곱 사이의 관계에 대한 물음에 간접적으로 답한다.[23] 12절에서 여인은 야곱 자신도 이 우물물을 마셨다고 했는데, 13절에서 예수는 “이 물을 마시는 사람은 다 다시 목마를 것이다”라고 말한다. 따라서 야곱 역시 예수가 주

23 R.A. Culpepper(1983), p. 176에서는 12절의 질문에 대한 답변이 이루어지지 않았다고 본다. 그러나 13, 14절에서는 12절의 질문에 대한 간접적인 답변을 제시하고 있다.

는 물을 마시지 않은 사람으로서 늘 목마른 사람이다.

슈낙켄버그에 의하면 예수가 주는 물에 대한 이 구절들의 서술은 세 가지 중요한 주제를 말해준다. 첫째, 그 물은 갈증을 영원히 없애줄 것이다. 둘째, 그것은 모든 사람 속에서 우물, 샘이 될 것이다. 셋째, 이 샘물은 영원한 생명을 가져다 줄 것이다.[24] 따라서 13, 14절은 10절에서 암시적으로 느낄 수 있었던 것(예수가 주는 물은 마시는 물이 아니라는 사실)을 분명히 하고 있다. 말하자면 대화 속의 갈등하는 두 차원이 분명해지고 있다.[25]

14절이 신학적이라는 사실을 아무도 모를 것 같지 않으나 15절에서 여인은 그것을 놓치고, 이것은 실제로 그 점을 파악하지 못하는 사람들이 있다는 사실을 반영한다. "그 물을 내게 주십시오"라는 여인의 답변은 처음에는 제대로 된 것 같지만, "물길러 오지 않도록"이라는 이유설명에서 그녀의 오해가 드러난다. 여인은 예수와 함께 움직이지 못했다. 여인은 예수의 말의 일부, 즉 예수가 주는 물이 야곱의 물보다 좋다는 사실을 이해했지만 왜 그런지 이해하지 못했다. 갈증을 없애준다는 말을 신체적인 갈증으로만 이해한 것이다.

따라서 15절은 출발점(물의 요구)으로 다시 돌아간다. 아이러니하게도 물 달라고 하는 사람이 이제는 여인이다. 여인은 예수가 구하는 자였을 때 그랬듯이 자기 자신이 구하는 자일 때에도 예수가 누구인지 모른다. 그러나

---

24 R. Schnackenburg(1968), *The Gospel According to John I,* trans. by K. Smyth (New York: Crossroads, 1982), pp. 430-432.

25 G.R. O'Day에 의하면 여기서는 예수가 자신이 무엇을 말하고 있는지를 밝혔다는 점만이 아니라 예수와 여인 사이에 주고받는 대화라는 형식 자체가 대단히 중요하다. 여인이 예수의 말과 그의 정체성을 이해하기 위해 자신의 관점으로부터 예수의 관점으로 옮겨가려고 노력하는 과정을 보면서 독자들도 예수와 그의 계시를 일반적인 담론에서와는 다른 방식으로 경험하게 된다. 이러한 의사소통의 경험 자체가 요한복음서를 읽는 데서는 대단히 중요하다는 것이다. G.R. O'Day(1986), *Revelation in the Fourth Gospel* (Philadelphia: Fortress Press), pp. 63-64.

여인의 관점이 변한 것은 사실이다. 예수를 보통 유대인이 아닌 기적행위자로 본 것이다. 물론 그렇다고 해서 브라운이 말하듯이 10b절에서 예수가 조건문으로 말한 두 가지 중 한 가지를, 즉 하나님의 은사를 제대로 이해한 것은 아니다.[26] 여인은 예수처럼(7절) 물을 구하지만 자신이 무엇을 구하고 있는지, 예수가 누구인지 알지 못한다. 그녀의 무지가 그녀의 반응의 아이러니를 더해준다. 왜냐하면 여인 자신은 모르고 있지만 사실은 여인이 올바른 요구(δός μοι τοῦτο τὸ ὕδωρ "그 물을 나에게 주셔서")를 하고 있다는 것을 이해력이 있는 독자라면 알기 때문이다.

여기서 아이러니는 한 차원에서는 여인이 정확하게 이해했기 때문에 발생한다. 아이러니가 발생하려면 일군의 독자들이 그것을 문자적으로만 이해한다고 가정할 수 있어야 한다.[27] 사마리아 여인의 반응은 바로 그 점을 충족시켜준다. 여인은 문자적으로만 이해하며, 그녀 자신의 관점에서는 일관된 대화를 이끌어간다. 예수와 여인 사이의 대화는 두 가지 상호 충돌하는 의미의 차원을 독자들이 동시에 파악하여 아이러니를 정확히 이해할 수 있게 해 준다. 14절과 15절 사이의 대조는 두 차원 중 어느 하나도 다른 것이 없으면 불완전하다는 사실을 보여준다. 의미의 두 차원은 모두 본문 안에 잘 표현되어 있으며, 이것은 독자들이 계속해서 본문과 함께 움직이면서 두 차원이 이루어내는 화음을 읽어내야 한다는 것을 의미한다.

또한 여기서 중심적인 등장인물인 사마리아 여인이 계속해서 오해하고 올바른 결정을 내리지 못하는 것은 독자들이 스스로 결정을 내리도록 도전하는 기능을 한다.[28] 대화의 서두에서 여인은 예수에게 물을 주어야 할지,

---

26 R.E. Brown(1966), p. 177.

27 이 책 2부의 아이러니의 정의와 기능에 대한 서술 참조.

28 S. Hylen(2009), *Imperfect Believers: Ambiguous Characters in the Gospel of John* (Louisville, Ky.: Westminster John Knox Press) 참조.

말아야 할지 결정을 내리지 못했다.[29] 여기서는 10c절의 예수의 말에 대해 결정을 내려서 물을 달라고 하지만, 역시 이해력 있는 독자의 관점에서 보면 잘못된 결정을 내리고 있다. 여인과 독자는 동일한 단계를 밟아왔지만(10, 13, 14절) 서로 다른 자리에 도달한다. 요한은 여인의 진술이나 생수에 대한 여인의 이해에 대해 가타부타 평가하거나 수정하지 않는다. 이에 대한 평가나 수정은 16-26절에 나타난다.

(2) 4:16-26: **참된 예배**

15절에서 16절로의 이행은 갑작스럽다. 예수는 갑자기 생수로부터 화제를 돌려 여인의 남편에 대해 말한다. 그는 이렇게 명령한다: "가서 네 남편을 불러 오너라." 이 새로운 대화는 독자들에게 혼란을 일으킨다. 주석가들은 이렇게 화제가 갑자기 바뀐 이유에 대해 흔히 본문 외적인 논리구조를 본문에 덮어씌우려고 했다. 예를 들어 버나드는 이 대화의 "많은 부분이 복음서저자 요한의 서술에서 생략되고," 단지 대화의 단편만 남았기 때문에 이 요구가 이렇게 돌출적이 되었다고 본다.[30] 또한 린다스는 여기서 예수가 자신의 말이 여자뿐만이 아니라 그 남편에게도 해당한다는 것을 보여줌으로써 여인이 그가 단순히 물리적인 차원에서 물에 대해 말하고 있지 않다는 것을 깨닫기를 바라고 있다고 한다.[31] 그러나 이 갑작스러운 화제의 변

29 요한이 사마리아 여인이 예수에게 물을 주는 것을 서술하기를 잊어버렸다고 보는 것은 잘못이다. J.H. Bernard(1929b), *The Gospel According to John* (Edinburgh: T. & T. Clark), p.137에서는 그렇게 본다. 그는 이 서술의 문학적 기능을 보지 못했다.

30 J.H. Bernard(1929b), p. 143.

31 B. Lindars(1981), p. 185. 이밖에도 열왕기하 17:24-31에 근거하여 갑작스러운 화제의 변화를 알레고리적으로 설명하기도 한다. 말하자면 다섯 남편들은 열왕기하에 나오는 다섯 부족들의 신들을 상징하며, 여인이 남편을 계속 바꾸는 것은 사마리아인들의 예배가 불법적인 형태를 띠고 있다는 점을 반영한다고 해석하는 것이다. 이러한 알레고리적인 해석은 오래 전부터 대중적 인기를 누려왔으며, 오늘날에도 B. Olsson(1974), p. 186; P.J. Cahill(1982), "Narrative Art in John IV", *Religious Studies Bulletin*, 2, p. 44에서

화는 선물과 선물을 주는 자에 대한 여인의 오해라는 이야기의 포괄적인 틀 안에서 설명되며, 또한 이 구절은 아이러니를 통해 바로 앞 구절과 연결성을 갖는다.

15절에서 여인은 우물에 다시 올 필요가 없게(μηδὲ διέρχωμαι ἐνθάδε ἀντλεῖν) 물을 달라고 요구했었다. 그러나 16절에서는 예수가 여인에게 바로 그 일을 하라고, 즉 다시 우물에 오라고 요구한다. 그는 여인에게 남편을 불러서 다시 이곳으로 오라고(ἐλθὲ ἐνθάδε) 말한다. 여기서는 "이곳으로"(ἐνθάδε)라는 말이 두 번(15d, 16b) 사용됨으로써 아이러니가 발생한다. 독자들은 이 대화에서 장소에 대한 동일한 말이 각기 다른 의미로 사용되지 않았는지 주의를 기울이게 된다. 여인의 입에서 이 말이 장소를 가리켰다면 예수의 입에서 이 말은 예수 자신의 인격을 암시적으로 표현하는 것일 수 있다. 생수가 "어디에서"(πόθεν) 오느냐는 11절의 여인의 질문에서 "어디에서"라는 말이 아이러니하게 사용됨으로써 예수가 주는 선물의 기원이 어디인지 여인이 모르고 있다는 사실이 암시되었었다. 사마리아 여인은 생수의 선물을 장소와 연결시켜 생각했고, 그 선물은 어느 우물이냐가 아니라 주는 자에게 의존하고 있다는 사실을 이해하지 못했다. 따라서 여기서는 장소를 가리키는 부사가 반복적으로 사용됨으로써 여인의 무지가 아이러니하게 강조되었다. 다시 말해 16절의 ἐνθάδε는 문자적으로는 우물가를 의미하지만 실제로 예수의 입에서는 예수 자신을 의미한다. 그리고 여인은 이것을 알지 못한다. 따라서 아이러니가 발생한다.

이어지는 여인의 결혼상태에 관한 대화를 통해 요한은 계시자로서 예수의 인격을 강조한다. 예수의 요구에 대한 여인의 반응은 직선적이며("나에게는 남편이 없습니다"), 그녀가 예수의 요구를 금방 따를 수 없는 정당한 이유를 제시한다. 그러나 이어지는 예수의 답변은 독자들로 하여금 다시 한

이와 비슷한 해석을 하고 있다.

번 생각하게 한다. "남편이 없다고 한 말이 옳다. 너에게는 남편이 다섯이나 있었고, 지금 같이 살고 있는 남자도 네 남편이 아니니, 바로 말하였다." 예수와 독자는 같은 말을 듣고 읽었으나 전혀 다른 의미로 해석했다. 맨 처음에 독자는 문자 그대로 여인의 말을 이해하여 그녀에게는 남편이 없다고 생각했을 것이다. 그러나 예수의 관점에서는, 그리고 독자가 나중에 다 알고 나서 돌이켜 보면 여인의 답변은 아이러니한 과소서술이다. 그녀가 말한 것은 사실이지만("남편이 없다") 그녀가 의도한 것("여러 남자들을 거쳐 왔다")과는 맞지 않는다. 비슷하게 예수의 답변도 여인의 진술에 대한 독자들의 맨 처음 해석을 긍정하는 데서 출발한다("남편이 없다고 한 말이 옳다"). 예수가 어째서 여인이 사실대로 말한 것인지 암시하기 전까지는 독자들은 이 말의 진정한 의미를 알 수 없다. 남편이 없다는 여인의 말이 아이러니한 과소서술이라면, 남편이 다섯이나 있었다는 예수의 말은 아이러니한 과대서술이다.[32] 여인의 말이 옳다는 예수의 말 역시 맞지만 그것은 18절에서 드러난 사실과 갈등을 이룬다. 따라서 예수가 여인의 말이 맞다고 하는 것도 아이러니하다.

듀크는 예수와 사마리아 여인의 만남에 대한 이 이야기가 구약성서에 나오는 우물가에서의 구혼이야기들(창 24:10-61; 29:1-20; 출 2:15b-21)을 아이러니하게 각색한 것이라고 해석하는데, 그 근거로 18절을 내세운다. 18절까지 읽으면서 1세기의 독자들은 관습적인 장면을 또 한 편 읽고 있다고 생각했으리라는 것이다. 그러나 듀크에 의하면 18절에서 아이러니한 상황이 분명하게 드러난다. 왜냐하면 이 구절에서 예수가 우물가에서 처녀와 이야기하고 있는 것(구약성서의 우물가 구혼이야기에서 전형적인 한 요소)이 아니라 다섯 번이나 결혼에 실패한 여자와 이야기하고 있다는 점이 드러나기 때문

32 J. Graf(1951), "Jesus und die Samariterin", *Bibel und Kirche,* 6, p. 107; G.R. O'Day (1986), p. 67.

이다. 이 대화에서 야곱과 예수를 대조하고 있는 점이나 그밖에 족장들과 관련된 이미지들을(4:5) 끌어들이고 있는 점에 비추어 볼 때, 듀크의 말대로 특히 야곱의 우물가 구혼장면(창 29:1-20)을 요한이 암시했을 수 있다. 그러나 이 이야기가 구약성서의 우물가 구혼장면에 근거해서 만들어졌다고 보기는 어렵다. 왜냐하면 우물가 구혼 이야기에서 핵심적인 두 요소, 즉 처녀가 물을 주는 것과 약혼이 여기에는 나오지 않기 때문이다.[33]

여인의 실제 결혼상태에 대해 예수가 알고 있다는 사실이 드러나자 여인은 그를 예언자라고 선언한다(19절). 여인이 예수를 예언자라고 고백한 것은 완전하지는 않지만 올바른 방향으로 가는 한 단계이다(9:17 참조). 또한 이것은 논란이 많은 20절의 올바른 예배장소에 관한 진술의 근거가 되기도 한다. 15-16절 사이의 단절과 마찬가지로 20-24절에서도 갑자기 예배에 관한 주제가 들어오는 데 대해 많은 학자들이 당황했다. 그래서 그들은 새로운 주제의 도입을 흔히 심리학적으로 설명하려고 했으며,[34] 자주 여인의 성격이나 기능에 관한 빈약한 견해들에 의존했다.[35] 이러한 시도들은 모두 설화 자체에서 제공하는 증거들을 무시하는 경향이 있다. 요한은 19절과 20절을 분리하지 않았다. 둘 다 사마리아 여인과의 대화의 일부이다. 그녀

33 P. Duke(1985), pp. 101-103.

34 가령 P. Duke(1985), p.103에서는 여인의 삶의 실상이 드러나자 그녀는 "필사적으로……예수와 자신 사이에 거리를 두려고 한다"고 한다. 또한 E.C. Hoskyns(1947), pp. 237, 243에서는 사마리아 여인이 예수가 방금 폭로한 자신의 죄를 용서받기 위해 기도를 드릴 올바른 성소가 어딘지를 알고자 하는 것이라고 말한다. 이밖에도 예배에 관한 주제를 알레고리적으로 설명하려는 시도들도 있었다. P.J. Cahill(1982), pp. 46-47.

35 많은 남성학자들은 여기서 여인의 성품에 대한 근거 없는 추측들을 하고 있다. 가령 R.E. Brown(1966), p.175에서는 여인이 "으스대며 별볼일 없고, 경망스럽다"고 하며, p. 176에서는 사마리아 여인이 (예수의 말의) 깊은 뜻을 도대체 이해할 수 있었겠느냐고 묻는다. P. Duke(1985), pp. 102-103에서는 이 여인을 "다섯 번 실패한 여자", "창녀"라고 한다. 그러나 위의 견해들 중 어느 것도 본문에 근거했다기보다는 편협한 남성 학자들의 주관적인 편견에 의한 것이다.

는 사마리아, 또는 사마리아 가까이에 유대 예언자라고 그녀가 생각하는 사람과 함께 있는 만큼 사마리아인이나 유대인 둘 다에게 중요한 문제인 예배 문제를 그에게 들고 나오는 것이다.[36] 그러므로 예배에 관한 그녀의 말은 본문상으로나 의미상으로나 예수를 예언자로 인정하는 것과 관련이 있다.

이 대화에서 처음으로 여인이 대화의 주제를 끌어들이고 있다. 따라서 예배에 관한 주제는 그녀의 언어로 나온다. 올바른 예배장소에 관한 여인의 질문은 그녀가 맨 처음 질문을 시작할 때의 이분법적이고 양극적인 사고를 그대로 반영한다. 즉 20절의 "우리 조상"(οἱ πατέρες ἡμῶν) 대 "당신들"(ὑμεῖς), 9절의 "나 사마리아 여인"(ἐμοῦ γυναικὸς Σαμαρίτιδος) 대 "유대인인 당신"(σὺ Ἰουδαῖος)이라는 이분법이다. 여인은 여전히 대화의 두 상대자를 유대인 대 사마리아인의 관계로 이해하고 있다. 예수는 그녀의 이분법적인 언어를 받아서 답변을 시작한다. 그러나 말을 하면서 그는 이 양극성을 변화시키고, 넘어선다.

21절의 "여자여, 내 말을 믿어라"라는 예수의 말은 이제 예수가 말하려고 하는 것은 여인이 열심을 다해 집중해야 하는 내용이라는 것을 암시한다. 다음에 예수는 미래의 어느 시점을 가리키는 말을 한다("때가 올 것이다"). 여인은 예배에 관한 주제를 과거(προσεκύνησαν "예배를 드렸다")나 현재(ἐστὶν ὁ τόπος ὅπου προσκυνεῖν δεῖ "예배드려야 할 곳이 있다") 시제로 이야기하는 반면 예수는 미래적인 언어로 그녀에게 답변한다. 21절의 예수의 말은 앞에서 이미 보았던 기법을 다시 보여준다. 즉 한 진술의 단어들이 다른 진술에서 반복되는 것이다(7, 9절과 10절; 7절과 15절; 15절과 16절; 17절과 18절). 예수는 반박하기 위해서 여인의 말을 반복한다. "너희가 아버지께,

36 R. 불트만(1968), pp. 201-202. "이것은 사실 유대인들과 사마리아인들 사이에 있었던 옛 쟁점이다." R. Schnackenburg(1968), p. 434; B. Olsson(1974), p. 188.

이 산에서 예배를 드려야 한다거나, 예루살렘에서 예배를 드려야 한다거나, 하지 않을 때가 올 것이다." 20절의 여인의 말에서 예배의 대상이 누구인지 말해지지 않았다는 사실에 주목할 필요가 있다. 예수는 "아버지"라는 말을 함으로써 예배의 대상을 밝힌다.

"아버지"(πατήρ)는 수가라는 마을이 야곱이 그의 아들 요셉에게 준 땅에서 가깝다는 서술을 할 때 이 이야기에서 처음으로 사용되었다(5절). 사마리아 여인은 12절에서 분명하게 야곱을 "아버지"(조상)라고 했고, 그의 "자녀들"은 사마리아인들까지 포함한다. 다음에 20절에서는 이 말이 다른 방식으로 확대되었다. 야곱과 모든 사마리아인 조상들이 "우리 아버지들"(조상들)이라는 표현 안에 포함된다. 요한은 이 본문에서 미묘하게 이 말의 의미를 변화시키고 있다. 즉 한 아들의 아버지라는 의미로부터 집단적인 사마리아인들 조상 전체를 가리키는 말로 바뀐 것이다. 그러나 아버지에 대한 이 모든 언급들은 21절에서 예수가 한 "아버지"라는 말에 의해 일시에 잠재워진다. 이 단화에서 반복적으로 사용된 '아버지'는 이중적 의미차원을 지니며, 사마리아 여인이 아버지가 누구인지에 대해 아무것도 모른다는 사실이 아이러니하게 드러난다.

이것이 22절의 문제가 많은 "너희는 너희가 알지 못하는 것을 예배하고, 우리는 우리가 아는 분을 예배한다. 구원은 유대 사람들에게서 나기 때문이다"라는 말의 배후에 깔려 있는 문맥이다. 대화의 문맥에서 여인은 정말로 자신이 무엇을 예배하는지 모른다는 사실이 드러났다. 예수는 21절에서 예배의 대상을 제시해준다. 22절의 너희/우리의 양극은 대화 시종일관 생각되었던 사마리아인과 유대인을 가리킬 것이다.[37] 9절과 20절에 비추어 볼 때 예수가 자신을 유대인과 동일시하는 것은 전혀 놀랍지 않다. 여기서

37 R. 불트만(1968), p. 202 주 73; G. Friedrich(1967), p. 43 등에서는 사마리아인 대 유대인이 아니라 그리스도인 대 비그리스도인의 구분이 이루어지고 있다고 본다.

예수는 사마리아 여인의 관심사에 대해 그녀 자신의 언어로 답하고 있는 것이다. 그녀는 예배에 관한 문제를 이러한 양극적인 언어로 내놓았었다.

22b절은 요한복음서 4장에서 가장 논란이 많은 구절이다. 중심적인 문제는 이것이 후대의 주가 아니냐는 것이다.[38] 이것을 후대의 주로 읽는 주된 이유는 앞에 나오는 "예루살렘에서도 아닌 데서"와 뒤에 나오는 민족적인 경계를 넘어서는 예배에 관한 논의에 비추어볼 때 이 말은 흐름을 단절시킬 뿐만 아니라 모순되기까지 하다는 것이다. 4:4-42의 나머지 구절들을 일관된 전체로 읽는 저자들조차도 이 구절만큼은 후대의 주로 읽고 싶어 한다.[39] 그러나 두 가지 점에서 이 구절은 후대의 주가 아니다. 첫째로 21절과 23-24절에서 예수는 종말론적인 시간에 대해 이야기한다. 그러나 22절에서는 현재의 현실을 이야기하고 있다. 둘째로 22b절을 주로 보고 삭제하려면 22절 전체를 그렇게 해야 한다. 왜냐하면 전반부에서 너희/우리의 양극은 비슷한 민족주의적인 편견을 만들어내고 있기 때문이다. 그러나 20-21절과 22절 사이의 연관성은 22절 전체를 버릴 수 없게 만든다.

22b절을 대화의 본질적인 부분으로 보는 데는 보다 근본적인 이유가 있다. 첫째로 예수가 아직도 양극적인 대립을 전제한 여인의 물음에 답변하고 있기 때문이다. 그는 질문에서 여인이 썼던 언어를 사용해서 답하고 있다. 둘째로 사마리아 이야기와 전체 복음서 문맥과 관련해서 볼 때도 이 구절은 가능하며, 이해가 된다. 22b절은 단지 구원이 유대인으로부터 온다고 말할 뿐이다. 누가 구원을 받는지에 대해서는 아무 말도 하지 않았다. 구원은 하나님의 백성, 즉 유대인으로부터 오지만 요한복음서에서 그것을 인식하고 받아들이는 것은 유대인이 아니다. 믹스에 의하면 22b절을 이렇게 읽는 것은 요한복음서 전체에 나타나는 지리적인 서술에 근거해서 볼 때도

38 R. 불트만(1968), p. 202 주 73.

39 가령 G. Friedrich(1967), p. 43 참조.

가능하다. 요한복음서에서 예수는 유다와 갈릴리 지역을 오가며 활동하는데 대체로 유다 지역에서는 거부당하고 갈릴리 지역에서는 환영받는다. 4:44에서는 이렇게 예수가 유대인이면서 유다 지역에서 거부당하는 데 대해 "예언자는 자기 고향에서는 존경을 받지 못한다"고 말한다.[40] 이 사상이 얼마나 요한에게 중요했는지는 서막에서도 알 수 있다. "그가 자기 땅에 오셨으나, 그의 백성은 그를 맞아들이지 않았다."(1:11) 따라서 여기서 "구원은 유대사람에게서 난다"고 했을 때는 아이러니한 배경이 있다. 오랫동안 기다려오던 메시아를 유대인들 스스로 거부한다는 것은 요한복음서의 지속적이고 아이러니한 주제들 중의 하나이기 때문이다.[41] 사마리아 단화의 앞뒤 문맥 역시 이것을 아이러니하게 읽도록 뒷받침해준다. (유대인)예수가 제공한 구원은 유대인 니고데모에 의해 받아들여지지 않았지만, 사마리아인들에게는 받아들여지리라는 것이다(4:42). 이어서 갈릴리의 고관도 이 "유대인의" 구원을 받아들일 것이다(4:43-54).

그러므로 22절에서는 예수가 사마리아인/유대인 구조로 이루어진 여인의 양극적인 질문을 더욱 극단화시키지만, 23절에서 모든 것이 바뀐다. 23절 서두의 ἀλλά("그러나")는 예수의 말에서 결정적인 전환점을 나타낸다. 첫째로 새로운 예배를 위한 시간의 틀이 전혀 다르다. 21절에서는 예배의 형태가 바뀌는 때가 올 것이라고 했다. 23절에서는 그것이 단순히 올 뿐만 아니라 바로 지금이 그때라고 한다. 23a절의 ἀλλά는 23b절의 "그리고 바로 지금"(καὶ νῦν)에 의해 더욱 강화된다. 종말론적인 시간은 바로 지금이다. 그리고 이것은 예배의 문제를 전적으로 새롭게 볼 수 있는 관점을 제공한다. 21절에서 잠깐 끌어들여졌던 아버지에 대한 예배는 여기서 더 발전된다. 영과 진리로 아버지께 예배드리는 것은 예배장소와는 상관없는 내면

40 W.A. Meeks(1967), p. 41 주 2 참조.

41 P. Duke(1985), pp. 64-90; R.A. Culpepper(1983), pp. 167-170.

적이고 영적인 예배가 아니라, 아버지가 누구인지를 알고 완전한 지식을 가지고 드리는 참되고 순전한 예배를 가리킨다(24절). 유대인의 예배와 사마리아인의 예배에 대한 역사적인 문제는 하나님과의 종말론적인 만남에 관한 문제로 바뀌었다. 이러한 종말론적인 예배는 지금 가능하다("지금이 바로 그때다"). 이것은 예수와 그를 통한 계시라는 선물이 영에 접근할 수 있게 하기 때문이다. 참된 예배자가 되려면 예수가 누구인지를 알고, 그와의 관계 속으로 들어가야만 한다. 하나님이 영과 진리로 예배하는 자들을 찾고 계시다는 것은(23b절) 정말로 이 예배가 현재하며, 예수와의 현재의 관계를 통해 가까이 갈 수 있다는 사실을 강조하는 것이다.[42]

23절은 예수의 말의 형태에서도 전환을 이룬다. 여인의 말과 예수의 말 사이의 상호작용, 즉 여인의 말을 받아서 예수가 아이러니하게 쓰는 형식은 중단되고, 보다 직설적으로 서술된다. 23-24절에서 예수는 더 이상 여인의 범주에 따라 여인에게 답하고 있지 않다. 그는 자신의 언어를 대화에 끌어들인다. 예수가 대화 전체에 걸쳐 여인을 끌고 가려 했던(10, 13, 14, 16절) 대화의 두 번째 차원이 여기서 분명해진다. 독자는 참된 예배를 드리게 되는 때와 아버지인 하나님과 이러한 새로운 관계를 가지게 되는 때가 바로 지금이라는 말을 이 대화에서 가장 직접적인 언어로 듣게 된다. 10절에서와 마찬가지로 여기서도 여인은 자신이 처해 있는 상황에 대한 그녀 자신의 인식(20절)을 다시 한 번 돌아보도록 촉구받는다. 예배에 대한 그녀의 이해는 예수가 말하는 영으로 드리는 현재의 종말론적인 예배와 어울리지 않는다. 만일 여인이 자신과 이야기하는 사람이 종말론적인 예배를 현재에 가능하게 하는 분임을 알았다면, 그녀 자신도 참된 예배자로서 그 예배에 동참할 수 있었을 것이다. 만일 그렇지 않다면 예수의 관점과 그녀의 관점 사이의 거리는 그대로 남는다.

---

42 R. Schnackenburg(1982^4), III, p.439.

사마리아 여인은 예수의 말의 한 가지 측면은 정확하게 해석했다. 그녀는 그가 종말론적인 시간에 대해 이야기하고 있다는 사실을 이해했고, 그것이 메시아의 시대라는 것도 알았다. 그러나 그녀가 이해하지 못한 것은 바로 그 결정적인 때가 지금이라는 것이다.[43] "나는 그리스도라고 하는 메시아가 오실 것을 압니다. 그가 오시면, 우리에게 모든 것을 알려주실 것입니다."(25절)[44] 여인의 말은 아이러니하다. 15절에서처럼 25절에서도 여인은 잠정적으로는 적절해 보이는 말로 시작한다. 그녀가 메시아의 도래를 알고 있다는 점에서 보면 그녀의 말은 논리적으로 예수의 말과 일치할 수 있다. 그러나 그것은 "지금이 바로 그때"라고 할 때에만 그렇다. 하지만 그녀는 "그가 오시면"이라고 말한다. 사마리아 여인은 종말론적인 때에 대한 예수의 말의 의미를 놓쳤을 뿐만 아니라 자신과 이야기하고 있는 사람이 바로 그분이라는 사실을 깨닫지 못한 것이다.[45] 그녀는 자신과 이야기하는 분이 기대했던 구원의 때를 도래시키는 분일 뿐만 아니라 그의 인격 안에 그때를 드러내고 있다는 사실을 깨닫지 못했다.[46] 그리고 마지막으로 예수가 영과 진리로 드리는 종말론적인 예배에 대해 모든 것을 말하고 난 다음에도 여인은 메시아가 말해주기를 기다리고 있다고 한다. 사마리아 여인의 말은 그녀가 메시아의 말에 대해 열려 있기는 하지만, 아직 예수와 그의 계시를 이해하고 받아들일 수 있게 할 결정적인 걸음을 내딛지는 못했다는 사실을 아이러니하게 보여준다. 그녀의 말은 예수의 관점을 암시하면서 동시에 그녀의 무지를 드러낸다는 점에서 아이러니가 발생한다.

예수는 26절에서 이 대화에서 가장 직접적인 말로 여인에게 답변한다. "너에게 말하고 있는 내가 그다."(Ἐγώ εἰμι, ὁ λαλῶν σοι) 이것은 예수가

43 R. 불트만(1968), p. 205.

44 사마리아인들의 메시아 기대에 대해서는 W.A. Meeks(1967), p. 318 참조.

45 R. 불트만(1968), p. 206.

46 S. Schulz(1975), p. 76.

10절에서 사마리아 여인에게 내놓았던 질문에 대한 답이다. 10절의 "너에게 말하는 사람이(ὁ λέγων σοι) 누구인지 알았더라면"이라는 말은 여인을 향한 질문이었지만 여기서 예수 자신이 그 질문에 답하고 있다. 이 두 구절 사이의 관련성에 비추어 볼 때 여기서 ἐγώ εἰμι가 예수의 정체성에 대한 무조건적인 계시인 절대적인 ἐγώ εἰμι라는 사실에는 별 의문의 여지가 없다. 요한은 독자들이 25절의 여인의 진술로부터 술어를 취해서 ἐγώ εἰμι 뒤에 보충하기를 기대하지 않는다.[47] 여기서 예수는 자신이 사마리아 여인이 기대했던 메시아임을 확인해주는 것이 아니라, ἐγώ εἰμι를 사용하여 완전한 의미에서 하나님의 계시자, 하나님으로부터 보냄을 받은 자로서 자신의 정체성에 대해 말하고 있다(4:34). 한 차원에서 예수는 사마리아 여인의 메시아 기대를 충족시키며, 이것이 이야기 안에서 아이러니를 발생시켜 여인이 예수의 말을 가지고 마을로 갔을 때 그 아이러니가 더욱 고조된다.[48] 그러나 절대적인 ἐγώ εἰμι의 사용은 예수가 사마리아인들의 믿음의 특정 측면들을 받아들이기는 하지만, 역시 그것을 넘어선다는 사실을 보여준다. 문자적으로 ἐγώ εἰμι는 여인의 말을 긍정하는 것 같지만, 실제로는 여인의 메시아 기대를 부정하는 측면이 있으며, 여인은 예수의 이 말을 알아듣지 못한다. 따라서 아이러니가 발생한다. 독자는 미리 정해진 범주들, 예를 들어 사마리아인과 유대인 사이의 대립의 범주나 기존의 메시아 기대 같은 것들을 넘어서서 예수의 계시 자체에 대해 반응하지 않는 한 자신에게 말하는 사람이 누구인지 알 수 없다.

대화 전체를 통해 요한은 자주 동일한 사건에 대해 모순되는 두 가지 이해를 병립시켰다. 결코 올바른 견해만 따로 나오게 한 적이 없다. 예수가 분

---

47 C.K.바레트(1978a), p. 384와 B. Lindars(1981), p. 148에서는 4:26의 ἐγώ εἰμι 다음에 술어를 보충해야 한다고 본다. 그러나 이 같은 해석은 계시의 절대적인 힘을 약화시킨다.

48 "내가 한 일을 모두 알아맞히신 분이 계십니다. 와서 보십시오. 그분이 그리스도가 아닐까요?"(4:29)

명하게 자신에 대해 언급했을 때조차도(13, 14, 23, 24절) 요한은 얼른 여인의 반응을 집어넣어 불분명하게 만들었다. 독자는 두 관점 사이의 관계를 풀어야 할 과제를 지니며, 둘 중에서 선택해야 한다. 예수의 아이러니한 "이중적인 차원의 자기계시"와 이에 대한 여인의 반응은 독자들로 하여금 직설적인 진술로는 결코 불가능한 방식으로 계시의 과정에 동참하게 한다. 26절의 ἐγώ εἰμι가 독자들에게 커다란 영향을 끼치는 것도 바로 그러한 이유에서이다. 요한이 대화 전체에 걸쳐 설정해놓았던 거리, 즉 예수를 향해 자유롭게 움직여 갈 수 있도록 독자와 여인 앞에 펼쳐 놓았던 거리는 이 절대적인 자기계시의 선언으로 일시에 제거된다. 독자는 직접적이고 결정적인 예수의 자기계시와 마주하게 되며, 이것은 대화 나머지 부분들에서의 아이러니한 상호작용과는 전혀 다른 유형의 결단을 요구한다. 이제 긍정을 하든지 부정을 하든지 결정을 내려야만 한다. 독자는 대화의 앞부분에서 계시의 과정에 참여했기 때문에 이러한 결단을 내릴 준비가 되어 있다. 그러므로 26b절에서 ἐγώ εἰμι는 그냥 말해지는 것이 아니라 실제로 경험되는 것이다.

예수가 자신을 ἐγώ εἰμι로 선언했을 때 사마리아 이야기의 궁극적인 계시가 이루어진 것이다. 이야기의 나머지는 이 절정을 방해하는 것이 아니라 계시에 긍정할 수 있도록 준비시키며, 그것을 새로운 빛 아래서 보게 한다. 앞으로 나타나겠지만 제자들은 이 계시의 순간에 함께 있지 않았다. 이제 그들도 계시의 역동성 안으로 들어와야 한다.

다. 4:27–30 전환장면

전환장면은 떠났던 제자들이 다시 등장한다는 점에서 8절과 관련되며, 여인이 떠난 직후에 도착한다는 점에서 앞의 대화와 관련된다. 나아가서 여인의 태도와 제자들의 태도가 대조된다는 점에서 7–26절과 실질적인 연결성을 지닌다. 제자들은 예수가 여인과 대화를 하는 것을 보고 놀라지만 겉으로 드러내서 말하지 않는다. 이것은 조금이라도 이상하거나 놀라면 당장 드러내놓고 말하는 여인의 태도와 대조된다.

예수와의 대화에서 시종일관 잘못된 선택을 했다 하더라도 여인에게서 중요한 점은 바보 같은 질문을 하면서도 계속해서 예수와의 대화를 포기하지 않았다는 것이다. 이러한 관계와 참여는 계시의 인식과정에서 중요한 요소이다. 그러나 제자들은 질문을 하지 않으며, 그럼으로써 직접적으로 예수의 계시에 참여하지 못한다. 이야기의 이 부분에서 그들은 외부인들이며, 일어나고 있는 장면의 단순한 관찰자일 뿐이다.[49] 외부인들로서 이들의 위치는 그들이 말하지 않은 질문, 즉 "무얼 찾고 계십니까?"(Tί ζητεῖς;)와 "어찌하여 그 여자와 말씀을 나누고 계십니까?"(Tί λαλεῖς μετ' αὐτῆς;)에 의해 아이러니하게 강조된다. 이 질문들은 예수와 사마리아 여인 사이의 대화의 핵심을 찌르는 것들이며, 두 차원 모두와 관련된다. 예수는 여인에게 물을 좀 달라고 청했었고(7bc절), 자기 자신을 계시하고 여인에게 생수를 주기 위해 여인과 대화를 나누었다(10절). 그러나 제자들은 질문을 입밖에 내지 않는다. 이렇게 제자들이 마음속에 핵심적인 질문들을 품고 있으면서도 그 중요성을 의식하지 못하는 데 반해서, 독자들은 그들이 올바른 물음을 가지고 있다는 사실을 분명하게 안다는 사실로부터 아이러니가 발생한다. 문자적으로는 예수가 여인에게 물을 구하는 것 같지만 실제로는 예수가 여인에게 생수를 주고자 하며, 제자들은 이 사실을 모른다. 즉 의미의 두 차원이 대립되며, 등장인물의 무지라는 요소가 나타나므로 여기서는 아이러니가 발생한다.

또한 "무얼 찾고 계십니까?"라는 질문은 문맥상 또 다른 아이러니를 발생

---

49 그러나 P. Duke(1985), p.60에서는 요한복음서에서 제자들은 결코 외부인이 되지 않는다고 말한다. 한편 마가복음에서도 제자들은 아이러니하게 내부인이면서도 자주 외부인으로 된다. 이에 대해서는 W.H. Kelber(1979), *Mark's Story of Jesus* (Philadelphia: Fortress Press), pp. 30-42 참조.

시킨다. 제자들은 지금 예수가 이 하찮은 여인에게서 무언가를 찾고 있다는 것이 도저히 믿기지 않는다. 그러나 예수는 방금 여인에게 아버지는 자신을 영과 진리로 예배할 사람들을 찾고 계시다고 말했다. 제자들의 무지와 방관을 드러내는 이 질문에 대해 독자들은 두 차원 모두에서 답할 수 있다는 사실로부터 아이러니가 발생한다. 즉 문자적인 차원에서 예수는 여인에게 물을 구했지만 보다 깊은 차원에서는 아버지를 영과 진리로 예배할 사람들, 즉 자신의 계시를 받아들일 사람들을 찾고 있다.

28절의 여인의 떠남에 대한 서술은 학자들의 관심을 끌었다. 어째서 요한은 여인이 물동이를 버려두고 떠났다고 말하는가? 이 질문에 대한 답변은 매우 설득력 있는 것에서부터 우스꽝스러운 것에 이르기까지 다양하다. 이 구절에 대한 일부 역사비판적인 주석에서는 사마리아 여인이 자신이 없는 동안에도 예수가 물을 마실 수 있도록 하기 위해서 물동이를 남겨두었다고 하며,[50] 또 어떤 경우에는 생수 앞에서는 그냥 물이 아무 소용없다는 사실을 보여주기 위한 것이라고도 한다.[51] 이러한 해석들의 문제점은 본문에 의해 뒷받침되지 않으며, 이 구절의 설화적인 문맥을 진지하게 고려하지 않는다는 점이다. 여러 가지 설명들 중 가장 설득력 있고 본문에 의해 뒷받침되는 것은 물동이에 대한 언급은 여인이 다시 돌아올 것임을 암시한다는 것이다.[52] 전체 문맥에서 보면 28절의 기능은 8절의 기능과 비슷하다. 먹을 것을 구하러 갔다는 서술과 물동이를 두고 갔다는 서술은 둘 다 등장인물들이 영원히 사라지는 것이 아니라 무대에서 잠시 퇴장한다는 것을 암시한다. 이 두 세부묘사는 독자들로 하여금 등장인물이 다시 돌아오기를 기대

---

50 C.K. 바레트(1978a), p. 384.

51 R.E. Brown(1966), p. 273. R. 불트만(1968), p.206 주 89에서는 여인의 생의 결핍이 예수의 말에 의해 채워졌다든가, 지상의 물이 불필요하게 되었다는 등의 알레고리적 의미를 가진 것일 수 없으며, 단지 그녀의 성급함을 보여줄 뿐이라고 말한다.

52 B. Lindars(1981), p. 193.

하게 만든다.[53]

여인은 동네로 들어가자 동네 사람들에게 예수와의 만남에 대해 말한다. "와서 보십시오. 내가 한 일을 모두 알아맞히신 분이 계십니다. 그분이 그리스도가 아닐까요?"(Δεῦτε ἴδετε ἄνθρωπον ὃς εἶπέν μοι πάντα ὅσα ἐποίησα, μήτι οὗτός ἐστιν ὁ Χριστός;) 와서 예수를 보라는 초대는 요한복음서 독자가 이미 두 번 받은 것이다. 1:39에서 예수는 "어디에 묵고 계십니까?"라는 세례 요한의 제자들의 질문에 "와서 보아라"("Ερχεσθε καὶ ὄψεσθε)라고 답한다. 같은 이야기에서 빌립은 예수에 관한 나다나엘의 질문에 "와서 보시오"라고 말한다(1:46). 그러므로 와서 예수를 보라는 초대는 예수가 누구인지를 이해하기 위한 중요한 걸음이다. 그것은 참여하라는 초대이다. 그러나 이 초대는 사마리아 여인의 말에서는 아이러니하다. 왜냐하면 그녀는 예수와의 대화에서 너무나 조금밖에 보지 못했기 때문이다. 정확하고 올바른 초대였지만 그녀 자신은 제대로 알지 못한 채 그 초대를 하고 있는 것이다.

여인의 초대의 아이러니는 예수에 대한 묘사에서 분명해진다. 예수에 대한 그녀의 인식은 예배에 대한 예수의 말(21-24절)이나 직접적인 자기계시(26절)에 근거하지 않았다. 그녀는 자신의 결혼상태에 대한 예수의 말에 근거해서 초대를 한다. 한 차원에서 그녀는 정확하다. 예수는 그녀가 한 일을 "모두" 알아맞혔다. 그는 그녀가 기대하는 메시아처럼 "모든 일"을 그녀에게 말했다(25절). 그러나 이 "모든 일"에 대한 여인의 이해는 예수의 계시와 다르다. 즉 여기서도 의미의 두 차원이 대립되며, 여인은 실제 의미를 모른다는 점에서 아이러니가 발생한다.

질문에서 여인이 마지막으로 한 말은 예수에 대한 그녀의 잠정적인 고백

---

53 B. Lindars(1981), p.179에서는 8절과 28절의 또 다른 보완적인 기능에 대해 말한다. 즉 8절은 먹을 것이라는 두 번째 대화의 주제를 여인과의 장면에 끌어들이고, 28절은 제자들과의 장면에서 첫 번째 대화의 물이라는 주제를 끌어들인다는 것이다.

을 드러낸다. “그분이 그리스도가 아닐까요?”(μήτι οὗτός ἐστιν ὁ Χριστός;)(29절) 이 문장 처음에 나오는 μήτι는 정확히 긍정이나 부정이라고 잘라 말하기 어렵다. 이것은 부정도 아니지만 완전한 긍정도 아니다. 26절의 대담한 ἐγώ εἰμι에 비추어 보면 어떻게 이렇게 불확실하게 답변할 수 있는지 놀랍다. 그러나 문맥상으로 보면 이러한 불확실한 성격은 중요한 기능을 한다. 이것은 확고한 긍정이 아니기 때문에 읽는 사람들이 독자적으로 반응할 수 있는 여지를 남긴다. “여인의 이 질문을 보면서 독자는 예수 자신의 자기계시로 돌아가서 다시 한 번 생각해보게 되는 것이다.”[54]

전환장면의 결론인 30절은 8:27, 28과 비슷한 기능을 한다. 이것은 등장인물들의 귀환을 이야기하며, “이야기가 두 개의 무대에서 상연되고 있음을 독자들에게 상기시켜준다.”[55] 이 구절의 “사람들이 동네에서 나와서, 예수께로 갔다”와 31절의 “그러는 동안에”라는 말은 이 사건이 예수와 제자들의 장면과 동시적으로 일어났음을 말해준다. 미완료형(ἤρχοντο)은 사마리아인들이 예수에게로 오는 도중에 있으며, 아직 도착하지 않았음을 뜻한다.[56] 일군의 등장인물들이 다른 한 등장인물에게로 다가오며, 이 둘 사이의 관계는 이전보다 훨씬 강력하게 느껴진다. 사마리아인들의 도착이 임박했다는 사실은 예수와 제자들의 대화에서도 알 수 있다.

라. 4:31-38 예수와 제자들의 대화

(1) 4:31-34: 양식

사마리아 여인과의 대화와 제자들과의 대화의 관련성에 대해서는 여러 학자들이 의문을 제기했다. 역사비판적으로 이 단화를 연구한 학자들은 대

---

54 R. Schnackenburg(1982[4]), III, p. 444.

55 B. Olsson(1974), p. 148.

56 R.T. Fortna(1970), p. 192.

부분 두 대화가 전승사적으로 독립적이라는 사실을 강조하는 데 집중한 나머지 둘 사이의 주제적인 연결성을 설명하는 데는 미흡했다. 예를 들어 바레트는 “사마리아 단화의 대부분을 사마리아 여인과의 대화가 차지”하며, “31-38절은 중간에 삽입된 것”이라고 보는데, 삽입의 이유에 대해서는 분명한 설명을 하지 않고 있다.[57] 한편 슈낙켄버그는 제자들과의 대화가 중간 장면으로 삽입된 이유는 이야기 결론(39-42절) 부분의 긴장을 고조시키기 위함이었다고 한다.[58] 또한 불트만에 의하면 20-26절이 요한에 의한 작문으로서 단화의 절정을 이루며, 나머지는 저자가 첨가한 것이다. 그에 따르면 “1-30절이 예수의 자기증언이라면 31-42절은 자기증언에 대한 신자들의 증언의 관계”[59]이다. 그러나 불트만의 이러한 해석은 부활절 이후 설교에서의 말씀의 현재에 관한 그 자신의 요한신학 해석을 본문에서 무리하게 읽어내려고 한 경향이 있다. 사마리아 여인과의 대화와 제자들과의 대화의 관련성을 예수의 자기증언 대 신자들의 증언의 관계로 해석할 경우 각 대화에서 예수와 대화상대자들 사이의 상호작용과 대화상대자의 반응을 무시하게 된다. 그 경우 새로운 대화를 첨가했다는 현상을 단순히 기술할 뿐 앞단락과의 관련성, 내지는 첨가의 이유를 설명하지는 못한다. 따라서 앞의 학자들은 두 대화 사이의 직접적인 주제적 관련성을 발견하지 못했을 뿐 아니라, 모두 31-38절을 이차적인 삽입문으로 보고, 단화 내에서 이 부분의 의미를 적극적으로 해석하지 못하는 경향이 있다.

그러나 아이러니 같은 요한의 문학적 도구들에 주목하여 본문을 분석할 경우 계시와 계시의 말씀을 듣는 자 사이의 상호작용이 보다 분명하게 드러나며, 두 단락의 연속성도 확고해진다. 여기서는 여인과의 대화와 제자들과의 대화가 요한에 의해 유기적인 전체로 구성되었으며, 요한이 사용한

57 C.K. 바레트(1978a), pp. 364-365.

58 R. Schnackenburg(1982[4]), III, p. 456.

59 R. 불트만(1968), p.186. 그는 첨가된 두 주제의 공통성을 선교의 문제라고 본다.

문학적 기법과 예수의 자기계시라는 동일한 주제가 두 대화 모두에서 전개되고 있다는 사실을 주석을 통해 확인할 수 있을 것이다. 말하자면 문학적으로, 내용적으로 두 대화는 긴밀하게 관련되어 있다.[60]

예수와 제자들 사이의 이 대화는 고별담론과 함께 요한복음서 안에서 몇 안 되는 예수와 그의 제자들만의 대화이다.[61] 31절의 "그러는 동안에"(ἐν τῷ μεταξύ)는 앞서 30절의 사마리아인들에 대한 서술로부터 설화의 중심무대인 우물가와 예수와 그의 대화상대자인 제자들에게로 독자들의 시선을 돌리게 한다. 제자들이 대화를 시작한다. 사마리아 여인과의 대화에서와 마찬가지로 이 새로운 대화도 "랍비님, 잡수십시오"라는 명령형으로 시작된다. 제자들의 이 요구는 앞 설화와의 관련성을 보여준다. 왜냐하면 이것은 8절의 당연한 귀결이기 때문이다. 첫 번째 대화에서와는 달리 여기서 이 명령은 예수가 아니라 제자들에 의한 것이다. 그러나 대화의 흐름과 분위기를 결정하는 것은 역시 예수 자신이다. 제자들에 대한 그의 응답, "나에게는 너희가 알지 못하는 먹을 양식이 있다"(Ἐγὼ βρῶσιν ἔχω φαγεῖν ἣν ὑμεῖς οὐκ οἴδατε)가 앞의 대화에서와 마찬가지로 역동적으로 핵심적인 주제를 끌어들이기 때문이다. 이어지는 구절들에서 예수는 자신의 정체성에 대해 말한다.

앞의 사마리아 여인과의 대화에서 예수는 여인이 알지 못한다는 데 대한 분명한 지적으로부터("만일 네가 알았다면") 여인과의 아이러니한 소통을 시작했다. 27절에서는 발설하지 않은 제자들의 질문이 그들의 무지를 나타냈었고, 이러한 무지에 대한 서술은 아이러니를 발생시키는 중요한 동기가 되었다. 이 단락에서도 그 같은 말이 나온다. 32절에서 예수는 "너희가 알지

---

60 여기서와 비슷하게 문학적 통일성을 중요하게 본 연구로 J. Neyrey(2007), *The Gospel of John* (Cambridge: Cambridge University Press) 참조.

61 이밖에 1:37-51과 6:66-71에 예수와 제자들만의 대화가 나온다.

못하는"이라고 말함으로써 분명하게 그들의 무지를 지적한다.[62] 이것은 사마리아 여인의 경우와 유사하다. 물을 달라는 예수의 요구에 대한 여인의 반응은 제자들과 마찬가지로 그녀도 그러한 지식이 없음을 드러냈다(9b절 "선생님은 유대 사람인데, 어떻게 사마리아 여자인 나에게 물을 달라고 하십니까?"). 그러나 여인의 무지에 대한 예수의 지적은 그녀 자신의 이해를 통해 ("'내게 물을 달라'고 네게 말한 사람" 10절) 그를 보도록("너와 말하는 바로 그 사람이다" 26절) 초대하는 말이었다. 그렇다면 이 설화의 유형에 잘 적응한 독자는 제자들의 무지에 대한 예수의 말(32절)도 사실은 이와 비슷한 초대임을 알 수 있을 것이다. 제자들은 그들 자신의 이해(27, 33절)와 동시에 작용하는 예수의 계시를 보도록(34절), 의미의 두 차원을 동시에 보도록 초대받는다. 32절의 "양식"이라는 말의 문자적인 의미와 실제 의미가 다르며, 동시에 제자들이 깨닫지 못하더라도 독자들은 이 초대를 받고 있다는 사실을 깨달을 수 있기 때문에 32절은 아이러니하다.

제자들의 상황의 아이러니는 33절에서 잘 드러난다. 제자들의 관점에서 보면 예수가 이미 먹을 것을 가지고 있다는 사실은 놀랍기도 하지만 전혀 논리적으로 이해할 수 없는 것만도 아니다. "제자들은 '누가 잡수실 것을 가져다 드렸을까?'(Μή τις ἤνεγκεν αὐτῷ φαγεῖν)하고 서로 말하였다." 이들의 질문은 11, 12절의 여인의 질문과 동일한 관점을 반영한다. 여인이 생수의 두 가지 의미차원이 아니라 한 가지 의미만을 알 수 있었던 것처럼 제자들은 그들이 방금 마을에서 가져온 음식이라는 의미에서만 양식(βρῶσις)을 이해할 수 있었다. 그래서 그들은 다른 사람이 자신들을 대신해서 예수에게 먹을 것을 가져다주었나 보다고 생각했다. 그들은 예수의 말에서 다른 것이 문제되고 있음을 깨닫지 못한다. 33절의 물음은 제자들이 이미 그들

62 여기서는 메시아 비밀과 관련된 마가적인 제자들의 몰이해 동기가 아니라 예수의 은유적인 계시에 대한 제자들의 오해라는 요한의 문학적인 기법이 사용되었다고 보아야 할 것이다.

마음속에 답을 가지고 있음을 나타내며, 그들이 하고 있는 잘못된 가정을 아이러니하게 드러낸다. 그들의 짐작과 달리 아무도 예수에게 먹을 것을 가져다주지 않았으며, 그들이 생각하는 먹을 것과 예수가 말하는 "양식"은 다르다.

그러나 독자는 제자들이 깨닫지 못하는 것을 깨닫는다. 독자는 예수가 βρῶσις라는 말로 무엇을 뜻하는지 지금 정확히 알지는 못하지만(예수는 34절에서 정확한 언급을 한다), 보통의 음식 이상의 것을 뜻하고 있다는 사실만은 어렴풋이 짐작하며, 따라서 제자들의 질문은 부적절하다고 할 수 있다. 독자는 앞에서 한동안 이야기 속에서 계시의 역동성에 참여한 결과 제자들보다 예수의 계시에 더 가깝게 서 있다. 독자는 예수가 말하는 것과 의미하는 것 둘 다를 이해할 수 있다. 즉 여기서 요한은 여인과 마찬가지로 제자들이 은유(βρῶσις)를 이해하지 못하는 것으로 서술함으로써 오해라는 문학적 기법을 사용했고, 그 결과 제자들이 파악하지 못하는 것을 독자가 파악할 수 있기 때문에 아이러니가 발생한다. 그러나 34절의 예수의 말은 독자와 제자들 사이의 거리를 제거하게 될 것이다.

첫 번째 대화에서 26절의 기능과 두 번째 대화에서 34절의 기능은 기본적으로 동일하다. 이것은 예수를 하나님의 계시자로, 하나님으로부터 보냄받은 자로 서술한다. 34절은 예수의 정체성을 구성하는 내용으로서 그의 기능에 초점을 맞춘다. 이러한 방식으로 이 구절은 앞의 대화와 주제적인 연결성을 가진다. "나의 양식(βρῶμα)은, 나를 보내신 분의 뜻을 행하고, 그 분의 일을 이루는 것이다." 여기서 예수가 말하는 양식은 그가 다른 사람에게 제공하는 양식이 아니며(6:27), 예수 자신도 아니다(6:35에서 ἄρτος의 용법). 그것은 예수 자신의 양식이다. 르로이에 의하면 이것은 32절의 βρῶσις로부터 34절의 βρῶμα로의 이행을 설명해준다."[63] 요한이 새로운 용어를

63 H. Leroy(1968), pp.151-152.

끌어들이는 것은 예수가 제자들의 βρῶσις와는 구별되는 새로운 범주를 끌어들이고 있음을 알려준다는 것이다.

자신의 양식에 대한 예수의 말은 요한의 그리스도론과 관련된다. 34절은 은유법으로 기술되었다. βρῶμα는 예수가 하나님으로부터 보냄을 받은 분이며(τοῦ πέμψαντός με "나를 보내신 분"), 하나님의 일을 한다는(ποιήσω τὸ θέλημα……τελειώσω αὐτοῦ τὸ ἔργον "[나를 보내신 분의] 뜻을 행하고, 그분의 일을 이루는 것이다") 추상적인 의미내용을 표현하는 구상적인 언어이다. 예수는 자신을 보낸 분의 뜻과 일을 행함으로써 존재한다. 또한 34b절 마지막의 "이루다"(τελειώσω)라는 말은 그 일을 완성하는 예수의 역할을 강조한다.[64] 34절은 예수가 누군지에 대한 논의는 예수가 행하는 일에 대한 논의 없이는 무의미하며, 그 반대도 무의미하다는 사실을 말해준다. 이 점에서 이 구절은 요한의 그리스도론의 내용을 제시한다. 34절은 26절의 예수의 계시, 즉 ἐγώ εἰμι의 실제 내용을 제공한다. 이 구절에서 예수는 자신의 존재와 활동이 자신을 보낸 분과 하나를 이룬다고 함으로써 그 자신의 말을 해석하고 있는 것이다.

제자들에 대한 예수의 이 말은 그들을 신속하게 무지의 상태로부터 앎의 상태로 옮겨가게 한다. 요한복음서의 전체 문맥에서 내부자[65]로서의 위치를 그들이 다시 회복했다고 말할 수 있을 것이다. 이 계시는 그들의 위치를 보다 확고하게 한다. 왜냐하면 이들은 사마리아 여인이나 마을 사람들은 알지 못하는 지식을 받았기 때문이다.[66] 여기서 놀라운 것은 이러한 변화가

64 5:36; 17:4 참조.

65 내부인, 외부인에 대한 주제를 단순화시켜 말하자면 내부인은 요한공동체에 속한 사람, 외부인은 속하지 않은 사람이라고 할 수 있다.

66 M. de Jonge(1977), p.66. R.A. Culpepper(1983), p. 179에서는 예수가 제자들에게만 특별히 자신을 분명하게 드러냄으로써 사마리아 여인이 아이러니의 희생자가 되었다고 한다. 그러나 여기서 예수는 누군가를 깎아내리면서 자신을 계시하고 있지 않다.

단계적이 아니라 일시에 이루어졌다는 점이다. 26절과 34절은 둘 다 예수의 직접적인 진술이지만, 26절에서 예수는 여인이 계시의 상호관계 안으로 들어온 후에야 비로소 ἐγώ εἰμι로 자신을 계시했다. 예를 들어 4:13-14에서 예수는 분명하게 생수에 대해 말하지만 그것의 구체적인 내용이 무엇인지는 말해주지 않는다. 그는 사마리아 여인이 오해할 수 있는 가능성을 열어놓는다. 그러나 이와 대조적으로 4:34에서는 자신의 양식에 대한 예수의 진술이 엇갈리는 의사소통의 상황을 바로잡는다. 예수는 제자들에게 자신의 정체성을 이해하는 데 필요한 정보, 다시 말해 아이러니한 상호작용이 지속될 가능성을 제거하는 정보를 제공한다. 오해의 가능성을 열어놓는 7-26절의 아이러니한 의사소통 방식과 비교해 보면 다른 의사소통의 방식이 여기서 사용되고 있다는 것을 알 수 있다.

예수와 그의 제자들의 장면은 진정한 의미에서 대화라고 할 수 없다.[67] 27절에서는 앞에서 언급했듯이 제자들의 질문이 발설되지 않은 채로 있었으며, 33절에서 제자들은 예수가 아니라 자기들끼리 말했고, 34절의 예수의 답변은 33절에 대한 구체적인 답변이 아니라 제자들의 질문들의 모든 측면을 총괄하기 때문이다. 뿐만 아니라 34절의 예수의 답변은 7-26절의 사마리아 여인과의 대화의 여러 측면들도 포괄한다. 그러므로 제자들과의 대화는 대화적인 요소와 설명적인 요소가 혼합되어 매우 포괄적인 성격을 지닌다. 이러한 설명적이며 포괄적인 성격은 예수와 제자들 사이의 대화가 계속되면서 더욱 확대된다. 35-38절에서 예수는 앞서 34절에서 말했던 것을 분명히 하고 보다 확대하는 일련의 속담들을 엮고 있다. 만일 34-38절을 하나의 단위로 읽는다면, 여기서부터 예수가 설명적인 형태로 말하기 시작하는 것으로 보인다. 독자들은 앞에서와는 다른 형태의 언설을 대하고

67 B. Olsson(1974), p. 220.

있다고 느끼게 될 것이다.[68]

(2) 4:35-38: 추수

이 구절들은 많은 난점을 제기한다. 예를 들어 35절의 예수의 말은 보편적으로 적용되는 속담에 근거한 것인가, 아니면 그냥 제자들이 하는 말에 근거한 것인가? "이미"(ἤδη)라는 단어는 35절에 속하는가, 36절의 시작인가? 36절의 뿌리는 이와 거두는 이는 누구이며, 37절의 한 사람과 다른 한 사람은 누구인가? 38절에서 제자들은 남들이 수고한 결실에 참여하게 되리라고 했을 때 누가 "남들"인가? 주석에서는 이러한 물음들에 답할 수 있어야 할 것이다.

우선 35절에 나오는 추수에 관한 말의 기원은 밝혀지지 않았다. 따라서 이 말이 실제로 속담인지 여부도 불확실하다. 불트만은 팔레스타인 지역에서는 보리 재배가 10/11월에 시작하여 이듬해 4월에 추수하므로, 파종과 추수 사이의 기간은 정확히 6개월이라고 한다. 그러나 겨울 파종이 우기에 따라 12월까지 연장될 수도 있기 때문에 이 말이 팔레스타인의 농경관습과 그리 동떨어진 말은 아니며, 따라서 속담으로 볼 수 있다고 한다.[69] 브라운에 의하면 단장(短長, iambic) 삼보격(三步格, trimeter)인 이 시의 형식은 그것이 본래 그리스어로 된 격언일 가능성을 높여준다.[70] 이것은 속담일 수도 있고, 아직 추수 때까지 얼마 남은 실제 현실에 근거해서 일반적인 견해로

---

68 34-38절의 담론적이고 설명적인 성격은 7-26절에서 끊임없이 아이러니를 발생시켰던 대화적인 성격과 비교할 때 갑작스러운 변화이다. 7-26절에서는 서로 잘 의사소통이 이루어지지 않는 예수와 사마리아 여인 사이의 대화형식 자체가 아이러니를 발생시키고, 독자들의 참여를 가능하게 하는 중요한 요소였기 때문이다.

69 그는 G. Dalman(1928), *Arbeit und Sitte in Palästina I*, pp. 164 이하, 413 이하를 인용해서 이렇게 말한다. R. 불트만(1968), p. 210 주 107 참조.

70 R.E. Brown(1966), pp. 173-174.

제시되었을 수도 있다.[71] 한편 다드는 35-38절의 추수에 관한 말들이 공관복음서(마 13장)의 농업적인 비유들과 대단히 유사하며,[72] 요한복음서의 특징적인 언어들이 이 구절들에서 잘 나오지 않는다는 데 착안해서 이 짧은 담론의 기본뼈대는 독립된 예수의 말씀 전승들로서 그것들이 한데 엮어졌다고 본다. 그리고 현재의 문맥에서 이 말들은 실현된 종말론의 주제를 표현하고 있다고 한다.[73] 그러나 다드는 31-34절과 35-38절의 연속성을 발견하지는 못했다. 그는 34절로부터 추수에 관한 상징이 자연스럽게 발전될 수 있는 가능성을 보지 못한 것이다.

그러나 그 출처에 대해 어떻게 추측하건 간에 본문에 근거해서 확실하게 말할 수 있는 것은 이 말은 제자들을 향한 것이며, 현재 상태에서 앞 구절들과 분명한 연속성을 가진다는 사실이다. 예수는 바로 앞에서(34절) 자신을 보낸 분의 일을 완성하는 자신의 역할에 대해 말했다. 다음에 그는 완성에 대한 성서의 전통적 상징인 추수라는 말을 쓴다.[74] 추수는 완성에 대한 일반적인 상징일 뿐만 아니라 종말론적 완성에 대한 상징이기도 하므로,[75] 이 문맥에 특별히 적절하다. 또한 31-34절의 상황은 추수에 대한 말에서도 계속된다. 불트만은 35-38절이 31-34절 뒤에 나오는 동기는 제자들의 파견을 예수의 파견에 비추어 이해시키려는 데 있다고 본다.[76] 즉 예수가 자신

71 이렇게 볼 경우 사마리아에서의 사건이 추수가 있기 4개월 전에 일어났다는 시간적인 추론을 하게 된다. 세겜 동쪽 마네 평원에서의 추수는 5월 중순(보리)에서 6월 중순(밀)에 행해졌다. 그렇다면 이 사건은 1월이나 2월에 일어났다고 보게 된다. 이렇게 보면 5:1에서 분명하게 서술되지 않은 축제는 3월 말이나 4월 초의 유월절이다. R.E. Brown(1966), p. 174 참조.

72 특히 "씨뿌리다", "거두다", "결실", "수고", "삯"이라는 말이 정확히 병행한다.

73 C.H. Dodd(1963), pp. 391-399.

74 E.C. Hoskyns(1947), p. 246. 한편 추수의 상징은 음식이라는 상징과도 관련될 수 있다. R.E. Brown(1966), p. 181.

75 R. 불트만(1968), p. 209 주 104 참조.

76 R. 불트만(1968), p. 209.

을 보내는 분의 뜻을 행함으로써 존재하듯이 제자들도 자신들의 뜻과 힘에 의존하는 자들이 아니라는 것이다. 불트만처럼 해석하려면 35-38절에 나타나는 예수와 제자들의 관계에서 34절의 아버지와 아들의 관계와 유사한 것이 나타나야 하며, 초점이 예수에게서 제자들에게로 넘어가야 한다.[77] 그러나 38절에 가서야 제자들의 적극적인 역할이 기대될 뿐 여기서는 초점이 제자들에게로 넘어간 것이 아니라 예수는 아직도 그의 제자들에게 자신의 일과 인격을 이해하는 데 필요한 통찰을 제공하고 있다. 그러면 그 내용은 무엇인가?

35절에서는 예수가 제자들의 관점을 그들 자신에게 제시한다. "너희는 넉 달이 지나야 추수 때가 된다고 하지 않느냐?" 이 질문 첫머리의 "너희는 말하지 않느냐?"(οὐχ ὑμεῖς λέγετε ὅτι)는 이 질문이 답변을 기대하지 않고 질문하는 사람 자신이 이미 답을 아는 수사학적인 질문임을 암시한다. 예수의 말의 초점은 씨뿌리는 때와 추수 때 사이의 기다리는 기간이다. 그러나 예수는 이 말을 부정한다.

35b절에서 예수는 제자들의 관점과 자신의 관점을 대조한다. "그러나 나는 너희에게 말한다. 눈을 들어서 밭을 보아라. 이미 곡식이 익어서, 거둘 때가 되었다." "나는 너희에게 말한다. 보아라"는 반의(反意)적인 말이다. 제자들은 추수 때를 기다려야 한다고 믿고 있다. 그러나 예수는 이미 지금 추수할 때가 되었다고 한다. 예수의 말은 그가 앞서 사마리아 여인에게 했던 말을 은유적으로 설명하는 것이다. "그때가 바로 지금"(4:23)이라는 것이다. 전통적인 견해에 의하면 때/추수를 기다려야 하지만 실제로는 지금이 바로 그때라는 것이다.[78] 이처럼 현재의 현실로서의 종말론적인 미래에 초점을 두는 것이 이 부분의 농업적인 상징들을 결합하는 요소이며, 이것은 앞의

77 특히 36절의 씨뿌리는 자를 예수로, 거두는 자를 제자들로 해석할 수 있어야 한다. 그러나 이것은 문제이다. 해당 구절 주석 참조.

78 W. Thüsing(1979), p. 151.

여인과의 대화와의 내용적인 연속성을 보여준다.

35b절의 예수의 말은 지금 주변에서 일어나고 있는 일을 보라는 이중권면이다(ἐπάρατε τοὺς ὀφθαλμοὺς ὑμῶν καὶ θεάσασθε "눈을 들어서 밭을 보아라").[79] 이것은 제자들이 보아야 할 대상을 강조한다. 제자들은 그들이 처해 있는 구체적인 상황에 주의를 기울이도록 요청받는다. 이 권면을 30절("그들이 예수께로 갔다")의 문맥과 관련하여 읽는다면 가까이 다가오고 있는 사마리아인들에게로 제자들이 눈을 돌리기를 예수가 원하고 있는 것이다. 추수는 무르익은 곡식을 언급할 뿐만 아니라 사마리아 신자들의 수확을 가리킨다. 예수의 일(4:34; 6:29)은 절정에 달했다. 들판은 정말로 추수 때를 기다리며 무르익었다.

그러므로 예수는 두 차원에서 말하고 있다. 그가 말하는 것은 문자적 의미와 상징적 의미를 동시에 지닌다. 예수는 사마리아인들을 추수할 곡식에 비유하여 은유적으로 말하고 있다. 들판은 추수를 위해 무르익었다. 36절에서는 추수가 "이미"(ἤδη) 시작되었다. ἤδη는 36절과 함께 읽어야 한다. 의미상으로나, 본문의 구두점 위치로나 이렇게 읽는 것이 옳다.[80] 따라서 35-36절의 이행은 시간적인 틀에서 보면 약간의 변화를 내포한다. 35절에서 서술한 일이 36절에서는 이미 일어나고 있는 것이다.

그러면 누가 추수자이고, 누가 씨뿌린 사람인가? 이 질문에 답하는 과정에서도 앞 단락과의 연결성을 확인할 수 있다. 36절의 "품삯을 받고" "열매를 거두어들인다"는 말은 34절의 일과 일의 완성에 대한 말을 암시하며, 추

---

79 올슨은 아이러니에 의한 초대와 이 초대의 차이를 지적한다. "예수는 앞에서도 그의 대화 상대자(사마리아 여인)에게 사태를 정확히 보라고 했지만 그 초대는 암시적이었다. 그 초대 자체가 자세히 주의깊게 구별해야만 알 수 있는 것이었다. 그러나 여기 나오는 권면은 앞의 암시적인 초대와는 뚜렷한 대조를 이룬다. 왜냐하면 지금 예수는 분명하게 보라고 명령하기 때문이다." B. Olsson(1974), p. 78.

80 א D 33 b e sin cur 등의 본문과 요한의 용법에 따르면 이 말은 당연히 36절에 속한다. C.K. 바레트(1978a), p. 387 참조.

수자와 씨뿌리는 자가 그 일에서 같은 목적을 가지고 있다는 사실을 강조하는 "함께 기뻐함"이라는 말은 34절의 보낸 분과 보냄을 받은 분 사이의 하나됨에 대한 서술을 반영한다.[81] 예수의 양식은 그를 보낸 분의 일을 완성하는 것(34절)이고, 추수는 씨뿌리는 자의 일을 완성하는 것(36절)이다. 따라서 이러한 36절의 내용과 문맥은 예수가 추수자이며, 하나님이 씨뿌리는 자임을 암시한다.[82] 한편 불트만은 여기서도 제자들의 파송과 증언이 다루어지고 있다고 보고, 예수를 씨뿌리는 자로, 제자들을 추수하는 자로 해석한다.[83] 그러나 이러한 그의 해석은 이 구절의 문맥을 제대로 설명하지 못하며, 요한복음서 전체에서 예수가 하나님의 일을 계속하고 완성하는 것을 강조하는(5:36; 10:37-38; 14:10; 17:4) 점에 비추어 보더라도 맞지 않다. 또한 30, 35절에 비추어 볼 때 36절에서 추수자로서의 예수의 활동은 다가오는 사마리아인들과의 관계 안에서도 보아야 한다. 와서 예수를 구원자로 고백할(4:42) 사마리아인들은 이 추수의 구체적인 열매이다. 그러므로 36절은 예수와 하나님의 공동활동에 대한 일반적인 언급으로도, 사마리아인들에 대한 특수한 언급으로도 볼 수 있다.

예수는 37절에서 두 번째 속담을 끌어들여서 추수자/씨뿌리는 자의 상징을 확대한다. 이 구절은 35-38절을 한데 묶는 역할을 한다. 이 구절 서두에 나오는 γάρ는 "한 사람은 뿌리고, 한 사람은 거둔다"는 속담이 앞부분과 연결되기도 하지만, 38절에서 확대될 새로운 주제를 끌어들이고 있다는 사실을 암시한다. 그러므로 "37절은 추수에 대한 일련의 말에서 전환의 기능을 한다."[84] 이것은 36절과 38절 둘 다에 대한 주석으로 볼 수 있다. 37절을

81 B. Olsson(1974), p. 228.

82 W. Thüsing(1979), p. 54; B. Olsson(1974), p. 228; R. Schnackenburg(1982[4]), III, p. 447.

83 R. 불트만(1968), p. 211.

84 R. Schnackenburg(1982[4]), III, p. 452.

36절과 관련하여 이해할 때에는 여기에 나타나는 추수자와 씨뿌리는 자 사이의 구분이 둘 사이의 통일성에 대한 36b절의 서술에 균형을 맞추는 것이라고 볼 수 있다. 비록 둘이 동시에 기뻐하기는 하지만 씨뿌리는 자와 추수하는 자는 구분된다. 34절에서도 비슷하게 구분하고 있다. 즉 예수는 그를 보낸 분, 즉 다른 분의 일을 완성한다. 또한 37절을 뒷부분과 관련해서 읽으면 이것은 38절의 두 가지 구분되는 범주를 끌어들이고 있다. 즉 수고한 "다른 사람들"("수고는 남들이 하였는데" ἄλλοι κεκοπιάκασιν)과 추수하는 제자들("너희가 수고하지 않은 것을 거두게 하려고" θερίζειν ὃ οὐχ ὑμεῖς κεκοπιάκατε)이다. 이렇게 보면 37절은 36절의 그리스도론적 초점으로부터 38절의 제자들에게로 가는 길목이다. "한 사람은 뿌리고, 한 사람은 거둔다"는 말은 속담이나 격언적인 말이 으레 그렇듯이 어느 한 가지 의미로만 적용할 수 있는 것이 아니라 여러 가지 적용이 가능하다. 이러한 37절의 이행적인 성격은 이 구절에서 "씨뿌리는 사람"(σπείρων)과 "거두는 사람"(θερίζων)이라는 말 앞에 나오는 정관사 ὁ를 일반적인 유형을 나타내는 의미로 이해하면 더욱 분명해진다. 말하자면 36절의 "씨뿌리는 이"와 "거두는 이"가 각기 하나님과 예수를 뜻했다면, 37절에서는 일반화시키는 정관사를 통해 이 말들이 각기 일반적이고 보편적인 의미로 사용되었다고 볼 수 있다.

그러므로 37절은 예수가 추수자인 36절로부터 제자들의 역할을 가정하는 38절로 가는 다리 역할을 한다. 한편 38절에서 수고한 "남들"이 누구인지에 대해 학자들 사이에 많은 논의가 있었다. 예를 들어 브라운은 마을 사람들이 예수를 만나러 오도록 예비한 사마리아 여인이 바로 씨를 뿌린 다른 사람이라고 한다.[85] 또한 쿨만은 사마리아 지역에 선교의 기초를 놓은

85 R.E. Brown(1979), "Roles of Women in the Fourth Gospel", *The Community of the Beloved Disciple* Appendix II (New York: Paulist Press), pp. 188-189.

초기 교회의 선교자들이었다고 본다.[86] 즉 빌립을 중심으로 하는 헬라주의자들이었다는 것이다.[87] 그러나 이러한 설명들은 이 설화에서 그 말이 지니는 확대된 의미를 제대로 파악하지 못하는 것 같다. 37절의 속담과 마찬가지로 이 말도 상당히 포괄적으로 적용할 수 있을 것이다. 사실 여기서 이 말은 예수까지도 포함할 수 있다.[88]

38절에서는 추수에 관한 말에서 결정적인 변화가 이루어졌다. 왜냐하면 지금까지 추수 관찰자 역할만을 했던 제자들이 이제 적극적인 참여자의 역할을 하도록 촉구받기 때문이다.[89] 이러한 제자들의 역할변화는 시간적 관점의 변화에 의해서도 강조된다. 예수는 자신이 제자들을 보낸 것을 과거로 언급한다. 또 제자들이 다른 사람의 노동의 결실에 참여하는 것도 과거로 이야기한다.[90] 이 과거시제들은 해석하기 힘든데 그것은 이야기 문맥상 과거시제로 넘어가는 것이 자연스럽지 못하기 때문이다.[91]

38절의 시간적인 변화는 35-38절의 종말론적 시간의 도래에 대한 언급과 관련해서 보면 더욱 중요해진다. 35-38절의 추수 은유는 시간에 대한 새로운 이해를 전제한다. 씨뿌리는 때와 추수 때 사이에 얼마를 기다려야

---

86 O. Cullmann(1956), "Samaria and the Origin of the Christian Church: Who are the αλλοι of John 4:38?", *The Early Church*, ed. by A.J.B. Higgins (London: SCM Press), pp. 285-292.

87 사도행전 8:1-25에 의하면 스데반의 죽음 이후 헬레니즘계 그리스도인들이 예루살렘으로부터 흩어졌는데 일곱 명의 지도자들 중 하나였던 빌립이 사마리아 지역으로 가서 그리스도를 전파했다.

88 F.J. Molony(1994), p.165에서는 예수와 세례 요한이 ἄλλοι라고 본다.

89 C.H. Dodd(1963), p. 392.

90 ἀπέστειλα("내가 보냈다"), οὐχ ὑμεῖς κεκοπιάκατε("너희는 수고하지 않았다"), κεκοπιάκασιν("남들이 수고했다"), εἰσεληλύθατε("너희가 참여하게 되었다")

91 R. 불트만(1968), p. 214에서는 이 시간적 관점의 변화를 예수가 35-37절에서와는 달리 38절에서 종말론적 관점이 아닌 역사적 관점에서 말하기 때문인 것으로 설명한다. 그러나 불트만의 설명은 변화가 일어난 현상에 대한 설명은 될 수 있어도 그 변화의 의미를 밝혀주지는 못한다.

하느냐고 산술적으로 계산하는 것은 무의미하다(35절). 때의 도래는 현재와 미래의 관계를 변화시킨다. 38절의 시간변화는 부활 이후의 관점, 부활한 예수의 말을 반영한다고 설명할 수도 있다. 그러나 38절을 단순히 부활절 이후의 것으로만 읽는다면 이 구절과 요한복음서 전체의 시간적인 문맥을 왜곡하는 것이다. 요한복음서에서는 부활절 이전과 부활절 이후를 그냥 간단히 분리할 수 없기 때문이다. 요한복음서 전체에 걸쳐 계속 두 관점이 함께 나타나며, 동시에 작용한다. 요한은 예수 이야기를 하면서 전통적인 연대기적 서술의 시간적인 틀에 얽매이지 않았다.[92] 따라서 사마리아 단화에서 영과 진리로 드리는 참된 예배를 가능하게 하는 지식은 예수 생애의 어느 한 시점, 다시 말해서 영광받은 이후나 보혜사를 보낸 이후만으로 한정되지 않고, 현재적인 지금(4:23)으로 이야기된다.

그러므로 요한은 현재와 미래가 공존하는 예수 생애에 대한 이차원적인 비전을 제공해주고 있다. 38절은 이러한 두 차원의 서술의 산물이다. 그래서 이 구절은 미래에 있을 제자들의 파송을 이미 일어난 것으로 그리고 있다(23절: "그때가 오는데 지금이 바로 그때이다"). 38절은 부활한 예수의 말이 그냥 전가된 것이 아니라 추수장면에 대한 요한의 해석으로서 때, 즉 추수의 도래에 의해 달라진 새로운 시간적 관점에서 이야기하고 있다.

35-38절에 연이어 나오는 추수에 관한 말들은 제자들에게 예수의 정체성과 일에 대한 가르침을 제공한다(36-37절). 그리스도론적인 초점 외에 추수 상징은 제자들이 예수의 활동과의 관계에서 볼 때 언제, 어떻게 부름을 받는지 알려주는 기능을 한다(35, 37, 38절). 33절에서 제자들은 예수의 양식에 대해 물었고, 34-38절의 종말론적 성격을 지닌 격언들과 은유들은 그

92 요한의 특이한 시간서술은 3:13에서 분명히 드러난다. καὶ οὐδεὶς ἀναβέβηκεν εἰς τὸν οὐρανὸν εἰ μὴ ὁ ἐκ τοῦ οὐρανοῦ καταβάς, ὁ υἱὸς τοῦ ἀνθρώπου("하늘에서 내려온 이, 곧 인자밖에는 하늘로 올라간 이가 없다") 거기서는 예수의 성육과 올리움을 둘 다 과거시제로 서술하고 있다.

질문에 대한 답변을 제공한다.

제자들과의 장면(31-38절)에서 예수가 속담과 은유를 사용한 것은 동일하게 두 차원을 지닌 언어이지만 아이러니와 은유의 차이점을 보여준다. 아이러니와 은유는 둘 다 두 가지 의미의 차원을 지닌 언어이지만 아이러니에서 두 의미차원이 서로 갈등한다면 은유에서는 상호보완적이다. 여기서 추수 상징은 아이러니가 아니라 은유로 사용되었다. 물론 추수와 사마리아인들에 대한 제자들의 이해부족은 이 대화 전체에 아이러니한 문맥을 제공하기는 하지만 이러한 아이러니가 지배적인 기조는 아니다. 요한은 7-26절에서는 예수의 자기계시를, 27-30절에서는 사마리아인들의 등장을 서술함으로써 추수의 은유를 이해하는 데 필요한 통찰을 제공했다. 독자들은 예수와 사마리아 여인 사이의 아이러니한 상호작용을 통해 26절의 절대적인 예수의 자기계시에 대해 이미 결단을 내린 다음에 추수의 은유를 듣게 되는 것이다. 따라서 31-38절은 7-26절의 아이러니한 대화전개의 토대 위에 서 있으며, 이 구절들에서 사용된 은유적 언어는 아이러니가 그랬던 것처럼 독자들을 일련의 선택과 결단으로 끌어들이지 않는다. 단지 이미 알고 있는 것을 더욱 확대한다.

마. 4:39-42 결론–예수와 사마리아인들

이 단락은 사마리아 단화 전체의 결론으로서 여러 측면에서 앞의 주제들을 마무리 짓는다. 여기서는 다시 사마리아인들이 등장함으로써 제자들과의 장면이 마무리 지어진다. 그러나 실제 사마리아인들의 등장에 앞서 39절에서는 29-30절을 다시 기술했다. 29-30절에서는 여인의 말에 대한 동네 사람들의 반응이 나오지 않았지만 여기서는 나온다. “그 동네에서 많은 사마리아 사람이 예수를 믿게 되었다. 그것은 그 여자가, 자기가 한 일을 예수께서 다 알아맞히셨다고 증언하였기 때문이다.” 이것은 9절에 도입된 유대인과 사마리아인 사이의 간격에 대한 주제에 결론을 내리는 것이다. 예수의 종말론적 계시에 사마리아인들이 응답함으로써 이제 그 벽은 무너졌다. 이 구절은 요한에게 특별한 신학적 의미를 지닌 말들을 포함한다는 점에서도 단화 전체를 마무리 짓는 것이라고 할 수 있다. "믿다"(πιστεύω), "말"(λόγος), "증언하다"(μαρτυρέω) 등이 그렇다. 한편으로 여인은 다른 사람들로 하여금 예수를 믿게 하는 증인이다. 그러나 29절의 동사를 정확히 반복하고 있다는 사실이 보여주듯이, 그녀가 마을 사람들에게 한 증거는 예수의 정체성과 기능에 대한 그녀 자신의 제한된 이해이다. 독자는 사마리아인들이 예수를 제대로 믿는지 의심쩍어 하게 된다.

40절은 30절의 미완료 시제(ἤρχοντο "가고 있었다")가 과거진행형으로 불확실하게 열어두었던 행동을 완결 짓는다. 이제 사마리아인들은 우물에 도착했다(ἦλθον). 예수와 사마리아인들 사이의 이 만남 역시 간접적이기는 하지만 요청으로 시작된다. 사마리아인들은 예수에게 자기들과 함께 머물러 달라고 요청한다. 이 요청은 유대인과 사마리아인의 관계에 대한 이 이야기의 주제를 완결 짓는다. 9절에서 사마리아 여인은 사마리아인과 유대인 사이의 부정적인 관계에 대한 고정관념에 매달려서 예수를 올바로 이해하지 못했는데, 여기서는 사마리아 여인의 중재로 사마리아인들이 관계를 맺기를 요청하고 있기 때문이다.

그리고 이 설화에서 처음으로 요청이 승락된다. "예수께서 이틀 동안 거기에 머무르셨다."(ἔμεινεν ἐκεῖ δύο ἡμέρας 40c절) 4절의 ἔδει와 마찬가지로 μένω도 이야기의 흐름 속에서 중요한 신학적 함축 의미를 지닌다. "요한복음서에서 예수와 함께 거하는 것은 그와 직접적인 관계를 맺고, 하나님과 그와의 관계를 함께 나눈다는 것을 의미한다."[93] 그러므로 40절의 마지막 언급은 부차적인 세부묘사가 아니라 예수와 사마리아인들 사이의 관계에 대한 중요한 언급이다.

---

93 W.A. Meeks(1966), p. 167.

41절과 42절은 예수가 사마리아인들과 함께 거했다는 것이 그가 단순히 이틀 머물렀다는 것 이상의 의미를 지닌다는 견해를 뒷받침해준다. 이 구절들은 예수가 그들과 함께 거함으로 인해 생겨난 두 가지 결과에 주의를 집중시킨다. 첫째로 더 많은 사람들이 "그의 말 때문에"(διὰ τὸν λόγον αὐτοῦ) 믿었다. 여기서는 39절의 여인의 증거에 대한 언급(διὰ τὸν λόγον τῆς γυναικός)과 동일한 문구를 사용하고 있는 것으로 보아 여인의 말과 대조하려는 의도가 있다. 그렇다면 이 말은 여인이나 여인의 말 때문에 믿은 사람들을 깍아내리는 것인가? 이 의문은 42절에 이르면 더욱 강해진다. 42절에서 사마리아인들은 이렇게 말한다. "우리가 믿는 것은, 이제 당신의 말 때문만은 아니오. 우리가 그 말씀을 직접 들어 보고, 이분이 참으로 세상의 구주이심을 알았기 때문이오." 사마리아인들은 더 이상 그들의 믿음을 여인의 말에 근거할 필요가 없다. 즉 예수와의 직접적인 만남이 중요한 것이다. 42b절에서는 αὐτοὶ γὰρ ἀκηκόαμεν καὶ οἴδαμεν이라고 쓰고 있다. 여기서 αὐτοί는 문장 구성상 불필요하지만 강조적 용법으로 사용되어 "우리들(사마리아인들) 자신이" 듣고 보았다는 직접성을 강조한다. 여인의 말을 통해 믿은 사람들보다 예수의 말을 통해 믿은 사람들이 수적으로 많을 뿐만 아니라 여인의 말을 통해 믿은 사람들조차도 예수의 직접적인 계시에 자신들의 믿음의 근거를 가진다. 여기서는 41절의 예수의 말을 통해 믿게 된 보다 많은 사람들만이 아니라 앞서 여인의 말을 통해 믿게 된 사마리아인들도 동일한 경험을 가진 하나의 통일체로서 발언한다. 요한은 두 집단이 함께 나눈 하나의 경험을 강조하고 있다. 그러나 여기에는 앞서 지적한 한 가지 문제가 개입된다.

이것은 여인의 말을 완전히 무시하는 것인가? 42절에서 여인의 말을 λαλιά라고 하고, 41절에서 예수의 말을 λόγος라고 한 것은 그러한 결론을 이끌어내게 할 수 있다. 예를 들어 불트만은 "이 여인의 증언은 그 사람들을 위해 그들의 신앙의 필요불가결한 전제였으나 그 증언은 독자적인 의미를 가지는 것은 아니다. 그 증언의 의미는, 그 증언이 예수에게 인도함으로 신앙이 '그의 말에 의한' 신앙이 되는 데 반해, 인간의 증언은 λαλιά, 즉 스스로 내용을 지닐 수 없는 빈 말로 되게 하는 데 있다"고 한다.[94] 그러나 39절은 λαλιά/λόγος의 엄격한 구별을 불가능하게 한다. 39절에서는 여인의 말에 대해 분명하게 μαρτυρούσης("증거"),[95] 또 λόγος라고 언급하며, 요한은 분명히 그것을 통해 사람들이 믿게 되었다고 말했다. 여기서 주목할 것은 사마리아 여인의 말을 λαλιά라고 지칭한 것은 마을 사람들의 직접적인 질문에서였고, 그것을 λόγος라고 지칭한 것은 요한의 해설에서였다는 사실이다. 요한에게 여인의 말은 결코 빈말, λαλιά가 아니었다. 그러나 39-42절, 특히 42절은 예수의 직접적인 말을 선호하여 그것이 여인의 말을 넘어서고 능가한다는 사실을 암시한다.[96] 이러한 양면성과 관련해서 볼 때 여인의 증거, 즉 "내가 한 일을 다 알아맞혔다"는 말은 물을 달라는 예수의 요구(7절)나 제자들이 먹을 것을 제공하는 것(31절)과 동일한 선상에서 이해된다. 즉 이것들은 모두 계시를 인식해가는 과정을 촉발시키는 말들이다. 그것은 불충분한 말이지만 계시의 인식을 촉발시키는 말이기도 하다. 따라서 42절은 사마리아인들이 여인의 말을 거부했다는 것이 아니라 그들이 지금 예수와 그의 계시를 직접 경험했다는 것을 나타낸다.

사마리아 단화는 예수에 대한 사마리아인들의 고백으로 끝맺는다. 이 고백의 말은 앞의 이야기와 중요한 연결점을 가진다. 첫째로 29절에서 여인

---

94 R. 불트만(1968), p. 215. λαλιά는 고전 그리스어에서 대개 "지껄임"을 뜻하지만 λόγος에서 그것이 담고 있는 내용을 뺀 담화, 담론을 뜻하기도 한다. R. 불트만(1968), p. 215 주 132. S. Hylen(2009), *Imperfect Believers: Ambiguous Characters in the Gospel of John* (Louisville, Ky.: Westminster John Knox Press) 참조.

95 유대법정에서 여성의 증언이 증언으로서의 효력을 지니지 못했다는 사실은 잘 알려져 있다. 그러나 여기서 요한은 여인의 말에 대해 증언, 증거를 뜻하는 μαρτυρία를 사용했다. 이것은 요한 자신이 여인의 말을 높이 평가하고 있다는 사실을 암시한다.

96 C.K. 바레트(1978a), p. 391.

의 잠정적인 고백, "그분이 그리스도가 아닐까요?"가 사마리아인들에 의해 긍정되면서 동시에 능가된다. 그들은 특수한 메시아 기대에(25절) 제한되지 않는 호칭("세상의 구주")을 쓴다.[97] 둘째로 22절의 구원과 이 구절의 구원자와의 관계 역시 간과할 수 없다. 이 단어들은 요한복음서에서 각기 한 번씩 나온다. 22절에서 예수는 구원이 유대인으로부터 나온다는 사실을 강조한다. 그런데 여기서 요한이 구원자라는 말을 쓴 것은 예수의 구원 제안을 사마리아인들이 받아들였다는 사실을 강조한다. 22b절에 있음직했던 아이러니는 여기서 확고해진다. 유대인으로부터 나왔으나 유대인들이 거부한 구원을 유대인이 아닌 사람들이 기꺼이 받아들였다는 것이다. 셋째로 예수를 '세상의 구원자'로 지칭한 것은 전체 이야기와 중요한 주제적 관련성을 지닌다. 사마리아인들은 예수를 민족적인 구원자로 고백하지 않는다. 예수의 정체성은 유대인으로서의 정체성으로부터 보편적인 구원자로 옮겨갔다.[98]

그러므로 39-42절은 사마리아 이야기의 매우 적절한 결론이다. 이 구절들은 이야기의 중요한 주제들을 한데 묶을 뿐만 아니라 사마리아 여인과 제자들의 장면에서 이미 드러난 예수의 정체성과 기능, 계시에 대한 질문들을 다시 한 번 정리하고, 독자들이 사마리아 이야기 전체를 통해 경험한 것을 집약적인 형태로 긍정한다.

4. 맺는 말

4:4-42에 대한 앞의 분석은 요한이 단순히 요한복음서 4장의 이야기를 독자들에게 제시한 것이 아니라 이야기가 전하고 있는 계시경험에 독자들이 참여하게 하는 방식으로 서술했다는 점을 말해준다. 특별히 아이러니라

97 R. Schnackenburg(1982[4]), III, p. 457.

98 R. Schnackenburg(1982[4]), III, p. 457.

는 문학적 기법이 그 일을 가능하게 했다. 여기서 아이러니는 요한 본문 안에서 가질 수 있는 구체적인 현실경험 안으로 독자들을 끌어들이려고 한다. 그 현실은 바로 계시의 현실이다. 독자는 예수와 그의 계시를 직접 만난다. 그것도 이야기 자체를 통해, 표현된 언설 자체를 통해 그러한 경험을 한다. 그러므로 요한복음서의 언어적인 형태는 계시경험에서 없어도 좋을 것이 아니라 중심적인 요소이다.

앞의 분석에 의하면 요한이 독자들을 이야기에 끌어들이는 주요 수단은 아이러니를 사용하는 것이다. 4:4-42에서 요한이 여러 방식으로 아이러니를 사용한 것을 확인했다. 사마리아 여인과 제자들, 마을 사람들이 차례로 무대에 등장, 퇴장하는 이야기의 극적인 구조는 아이러니에 기여하며, 또 그것을 발전시킨다. 장면들을 끼어 맞추고, 엇갈리는 언급들을 하며, 주제적, 시간적, 공간적으로 한 장면에서 다른 장면으로 넘어가는 극적인 요소 역시 자주 나타난다. 이러한 극적인 요소들을 통해 독자는 이야기가 일차원적이 아니라 다차원적이며, 두 개의 대립되는 이야기의 차원이 종종 동시에 일어난다는 것을 알게 된다. 즉 이야기는 무대뿐만 아니라 무대 뒤의 배경을 가지고 있으며, 예수가 말하는 은유적인 언어들은 현상적인 의미 말고 영적인, 계시적인 의미를 지녔다는 것이다. 다른 중요한 아이러니한 기법은 반복법이다. 예를 들어 9절의 유대인과 사마리아인 사이의 관계에 대한 언급은 10절에서 반복되었고, 7절의 물을 좀 달라는 말은 9절과 10절, 15절에서 반복되었다.[99] 사마리아 이야기 전체에 걸쳐서 한 등장인물의 말은 다른 곳에서 반복되곤 했다. 따라서 동일한 표현이 새로운 문맥에서 새로운 의미를 얻게 된다. 반복을 통해 독자는 원래의 용법과 새로운 용법을 모두 기억하도록 요청받는다. 이를 통해 아이러니한 긴장이 강조된다.[100]

---

99 이외에도 14절의 생수에 대한 예수의 말은 15절의 여인의 말에서 반복되었고, 29-30절은 39절에서 반복되었다.

100 예를 들어 7절의 "물을 좀 달라"와 15절의 "그 물을 내게 주십시오".

또 다른 아이러니한 기법도 있다. 여인의 상황에 대해 말해진 것과 기대된 것 사이의 아이러니한 대조(17, 18절), 잘못된 가정이나 인식, 오해에 기초한 여인과 제자들의 아이러니한 질문들(12, 33절), 일반적인 질문과 간접적인 답변(9, 10절; 12, 13절과 14절)들이다. 이러한 기법들 외에 예수의 대화 상대자들 자신, 즉 사마리아 여인과 제자들 역시 아이러니를 발생시킨다. 예수에 대한 그들의 답변은 종종 대화의 두 번째 차원에 대한 그들의 무지를 드러내며, 독자로 하여금 아이러니를 보다 분명히 인식하게 한다. 그러므로 등장인물은 독자에게 모범으로 제시되지 않았다. 오히려 본문은 독자가 제자들까지 포함해서 등장인물보다 더 잘 하거나 또는 그들과 달리 행동하기를 기대한다.

요한은 이러한 문학적 기법에 의해 본문과 그 안에 있는 예수와 관계를 맺도록 독자들을 유도한다. 독자가 계시자 예수를 올바로 인식하는 일은 아이러니를 제대로 이해하는 것과 동일선상에 있다. 여기서 아이러니는 독자들로 하여금 결단하도록 강요하는 것이 아니라 독자들이 참여할 수 있는 구조를 만든다. 아이러니에서 참여에의 요구와 "거리를 둠"[101]이라는 요소는 고도의 균형을 유지하고 있다. 4:4-42의 대화형태와 설화적인 구조는 참여에의 요구와 거리를 둠이 긴장을 이룬 탁월한 예라고 할 수 있다. 대화는 독자들로 하여금 거리를 두고 예수와 그의 대화상대자들의 말을 관찰하고 엿들을 수 있게 하지만, 동시에 독자들이 직접 이야기 자체에 빨려들어가고, 본문의 아이러니한 상호작용 속으로 들어갈 기회를 제공한다. 이 대화는 이러한 방법을 통해 독자들을 손쉬운 신앙의 안주와 오해로부터 벗어나서 자기비판적인 배움의 길로 인도하려고 한다. 만일 아이러니를 통해 요한복음서에 접근한다면, 변화의 과정을 직접 겪는다면, 요한의 풍부한 언어세계가 열리며, 소박하고 단순한 자기묘사로부터 갑자기 날카롭고 자기

101 이 책의 제2부 아이러니의 정의 참조.

비판적인 신앙의 반성이 이루어지는 것을 느낄 수 있다.[102]

7-26절에서 예수는 여인에게 그의 말을 올바로 해석하고 그의 정체성을 이해하는 데 필요한 분명한 정보를 자주 주지 않았다. 대신 그의 암시적이고 간접적인 답변들은 여인이 예수에게로 움직여 갈 수 있는 여지를 남겨 놓았다. 예수와의 소통을 위한 그녀의 노력이 결코 성공적이라고만 할 수는 없지만, 그것은 만일 그를 이해하고 싶다면, 어떻든 이 움직임을 계속해야만 한다는 사실을 보여준다. 이것은 계시자로서의 예수에 대한 4:4-42의 서술에서 이야기의 형태나 언설 자체를 진지하게 고려해야 한다는 것을 암시한다. 만일 4장에서 예수의 계시를 그 구체적인 내용, Was에 근거해서 분석한다면 사마리아 단화는 불필요하고, 기껏해야 반복적인 것으로 나타난다. 왜냐하면 서막에서 이미 예수가 누구인지가 말해졌기 때문이다. 또한 이 단화를 주로 예수의 순전한 사실, dass에 근거해서만 분석한다 해도 이 이야기는 불필요하다. 본문의 전개양식, 특별히 아이러니는 예수와 그의 계시에 접근하는 한 길을 인도한다. 본문에서 아이러니가 어떻게 기능하느냐는 것은 계시자로서 예수가 어떻게 기능하는지를 이해하기 위한 열쇠이다. 문학적인 유형과 신학적인 내용 사이의 이러한 상호의존성은 이야기 자체를 계시의 자리로 만들어준다. 이 단화에서 요한은 계시의 역동성을 전달하기 위해 아이러니를 사용한 결과 계시에 대한 이해가 본문의 아이러니를 이해하는 것과 동일선상에서 이루어지게 되었다.

102 I. Baldermann은 요한복음서의 서술방식의 이러한 특수한 기능을 교육학적으로 설명했다. 그에 따르면 그것은 마치 요한복음서 안에 일종의 커리큘럼이 들어 있는 것과도 같다. 요한의 본문 안으로 끌려들어가는 것은 본문 안에 고유하게 내재하는 특정한 학습의 과정, 즉 "그리스도인됨을 배우는" 과정 안으로 들어가는 것과 같다. I. Baldermann (1980), *Die Bibel-Buch des Lernens: Grundzüge biblischer Didaktik* (Göttingen: Vandenhoeck und Ruprecht), p.22.

II. 요한복음서의 아이러니와 요한의 이원론

1. 요한복음서의 이원론의 양극과 아이러니의 두 차원

본래 이원론은 인간이 세상 안에서 경험하는 악, 고통 등의 부정적인 현상을 설명하는 과정에서 생겨났다. 즉 '악의 문제'를 해명하는 과정에서 생겨났다.[103] 악한 현상들을 초래하고 고통을 불러일으키는 악의 근원으로서 신적인 존재가 있다는 것이다. 전통적으로 이원론은 선신과 악신의 양립을 인정하는 이원론적인 종교들에 분명하게 나타난다. 그러나 초대 그리스도교인들도 자신들이 경험하는 악의 문제를 설명하기 위해 이원론적인 개념들을 사용했다. 초대 그리스도교는 그 모태인 유대교의 이원론을 물려받았다. 그러나 유대교와 그리스도교는 어디까지나 유일신교적인 한계 내에서 이원론을 발전시켰다. 따라서 이 반신적인 세력을 하나님에 필적할 만한 존재로 인격화시켜서 발전시키기보다는 시간적인 틀을 통해 반신적인 세력을 서술했다. 즉 사탄이 지배하는 현 시대와 하나님의 통치가 이루어질 다가올 시대라는 시간적이고 역사적인 형태의 이원론이 발전되었다. 종말론이라는 시간적인 형태의 이원론이 발전된 것이다.

이에 따르면 악의 세력은 실제로 사람들에게 고통을 주지만 그들이 앞으

103 요한복음서의 이원론에 대한 종교사적 관점에서의 연구로 J.L. Price(1991), "Light from Qumran upon Some Aspects of Johannine Theology", *John and the Dead Sea Scrolls*, ed. by J.H. Charlesworth (New York: Crossroads Publishing Company) 참조.

로 존재할 기간은 얼마 남지 않았고, 결정적인 때가 이르면 메시아가 등장하고 하나님은 사탄에게서 통치권을 되찾아 다시 이 세상을 다스리게 될 것이다. 초대 그리스도교인들은 나사렛 예수의 삶을 통해 강력한 사탄의 통치가 일단 무너졌으나 예수의 재림을 통해 모든 악이 최종적으로 사멸할 것이라고 여겼다. 따라서 초대 그리스도교인들은 자신들이 예수의 첫 번째와 두 번째 옴 사이의 중간 시기에 살고 있다고 생각했고, 두 번째로 예수가 오면 모든 악의 세력이 최종적으로 사라지게 될 것이라고 믿었다. 이러한 그들의 믿음은 악의 세력이 하나님의 힘만큼 강력하다고 믿지 않는다는 점에서 제한된 이원론이었다. 또한 역사 역시 사탄이 지배하는 현 시대와 하나님의 통치가 실현됨으로 인해 사탄과 그의 세력이 패배하는 다가올 시대로 나뉘어졌다고 보는 점에서 그것은 시간적인 이원론이기도 했다.[104]

그런데 요한복음서는 이 견해를 그대로 받아들이지 않았다. 요한복음서의 이원론은 신약성서 전반의 이원론을 수정했다. 불트만에 의하면 요한복음서에서 "특이한 것은 이원론적인 대립이 시간의 대립이 아니라 본질의 대립으로 여겨졌다는 점이다."[105] 요한은 "이 시대"(αἰών οὗτος)와 "다가올 시대"(μέλλων 또는 ἐρχόμενος αἰών) 사이의 대립에 관해서 말하지 않는다. 시간적인 이원론의 틀보다는 존재론적인 이원론의 틀이 사용된 흔적이 많다.

예를 들어 요한복음서의 두드러진 이원론적 용어의 하나인 세상(κόσμος)이라는 말의 용법을 살펴보면 이원론의 부정적인 한 극으로서[106] 세상은 그

---

104 R. Kysar(1976), *John the Maverick Gospel* (Atlanta: John Knox Press), pp. 47-64 참조. 요한복음서의 이원론과 사해사본의 이원론에 대한 찰스워스의 다음 연구 참조. J.H. Charlesworth(1991), "A Critical Comparison of the Dualism in 1QS 3:13-4:26 and the 'Dualism' Contained in the Gospel of John", *John and the Dead Sea Scrolls*, ed. by J. H. Charlesworth (New York: Crossroads Publishing Company).

105 R. 불트만(1968b), 『신약성서신학』, 허혁(역) (서울: 성광문화사, 1976), p. 373.

106 이 개념은 요한에 의해 때로는 이원론적으로, 때로는 중립적으로 사용되었다. 17:24;

리스도 안에서 계시된 하나님의 진리를 전적으로 거부하는 불신앙의 영역을 대표하는 상징이다. 이 말은 9:39; 12:31; 16:11에서 "심판"이나 "사탄"과 함께 사용되었다. 이것은 하나님과 그의 구원 계획에 반대하는 존재양식을 상징한다. 또한 하나님과의 관계를 불필요하고 바람직하지 않다고 보는 삶의 태도이다. 불트만에 의하면 이것은 "창조의 왜곡"이다. 창조성이란 하나님에 대한 인간의 의존성을 뜻한다. "세상"은 마치 하나님에 대해 독립적으로 존재할 수 있는 듯이 가장하는 인간의 태도를 나타낸다. 그것은 "인간이 본래의 모습이 아닌 다른 존재로 살아가려는 태도"[107]를 나타낸다. 이것은 단순히 선하게 사는 사람들과 악하게 사는 사람들 사이의 도덕적인 분리가 아니라, 현실성 전체와 관련해서 자신을 이해하는 한 방식을 나타낸다. 요한의 용법에서 이 말은 이원론의 부정적인 한 극을 나타낸다. 세상은 어둠이며(8:12), 사탄의 지배를 받는다(12:31).

그런데 이 세상은 8:23; 13:1에서는 또 다른 어떤 세계와 대립하고 있다. 이 두 구절들에서 예수는 자신의 고향은 이 세상이 아니라 다른 곳이라고 말한다. 세상은 하나님의 영역과는 구별되는 곳이다. 이러한 구별은 요한복음서 안에 나타나는 다른 구별들, 즉 땅과 하늘, 아래와 위 사이의 구별과 비슷하다. 하나님의 영역은 이 세상이 아닌 다른 곳이다. 예수의 집은 바로 그 다른 곳이며, 단지 잠시만 세상에 왔을 뿐이다. 그는 다시 그곳으로 돌아가야 한다.

이것은 요한이 두 세상이라는 우주론적, 존재론적 이원론을 받아들였다

16:21; 1:9; 3:16에서 이 말은 긍정적으로, 적어도 중립적인 의미로 사용되었다. 이것은 요한이 물질적인 세상 자체에 대해서는 부정적으로 생각하지 않았음을 의미한다. 그가 세상이라는 말을 부정적인 의미로 사용할 때도 세상의 물질성에 대해 부정적으로 말하지는 않았다. 피조된 세계로서 κόσμος는 하나님의 사랑의 대상이다. 그 곳은 사람들에게 빛이 비치는 장소이기도 하다. 요한은 물질적인 세상을 긍정한다.

107 R. 불트만(1968b), p. 387.

고 보게 만든다. 사실 신약성서 어느 곳에서도 우주적인 표상들이 요한복음서에서처럼 분명하게 나타나지는 않는다.[108] 요한복음서에는 역사적인 종말론을 나타내는 말들이 거의 없다.[109] 현시대의 종말이나 새 시대의 도래에 관한 말들이 요한복음서에는 없다. 이렇게 본다면 요한은 초대 교회의 역사적인 이원론을 비시간화하여 우주적인 이원론으로 만들어놓았다고 볼 수 있다.

그러나 우주론적 개념들을 요한이 사용했다고 해서 그것이 곧 요한의 이원론 자체를 우주론적 이원론으로 해석할 수 있는 근거가 되지는 않는다. 그보다는 요한이 이원론을 표현하는 데 사용한 공간적인 표상들을 어떻게 해석하느냐는 것이 문제가 된다. 불트만에 의하면 계시사건은 나사렛 예수의 십자가 죽음에서 이미 완성되었지만, "종말론적 사건으로서 계시사건은 역사적 차원으로부터 벗어나서 과거의 일회적인 사건이 아니라, 부활절 이후 공동체의 선포의 말씀에 현재한다." 세상은 이미 예수의 십자가 죽음에

108 요한복음서의 이원론적 상징들의 목록을 작성하면 다음과 같다. R. Kysar(1976), p. 49.

긍정적인 상징	예	부정적인 상징
빛	1:5	어둠
위	8:23	아래
영	3:6	육체
(영원한) 생명	3:36	죽음
진리	8:44-45	거짓(거짓말)
하늘	3:31	지상
하나님	13:27	사탄
이스라엘	1:19, 47	유대인
	17:14	(때로는)세상

109 마가복음서의 중요한 종말론적 서술인 "때가 차고 하나님 나라가 가까웠다"(1:15)는 서술이 요한복음서에는 나오지 않는다. 그러나 시간적인 구분의 흔적은 요한복음서에서도 발견할 수 있다. 가령 2:4; 7:6.

서 심판을 받았지만 부활절 이후 선포의 말씀을 통해, 말씀 안에서 현존하는 아들 자신을 통해 거듭 신앙으로, 구원에로 부름을 받는다. 이 공동체의 선포의 말씀에 대한 신앙, 또는 불신앙에로의 개인적 결단이 구원이냐, 심판이냐를 결정한다. 이렇게 해서 불트만은 요한의 우주론적인 이원론적 표상들을 결단의 이원론으로 해석하고 있다.[110]

요한의 이원론을 불트만처럼 결단의 이원론으로 해석할 수 있느냐는 것은 논란의 여지가 있는 문제이지만,[111] 포괄적으로 요한복음서의 이원론적 상징들의 양극이 각기 신앙과 불신앙의 영역을 상징한다고 말할 수 있다. 따라서 인간의 자기이해와 관련해서 본다면 요한이 사용한 우주론적, 존재론적 언어들은 인간학적 이원론을 표현하기 위한 수단이다. 즉 하나님의 지배 아래 살아가느냐, 아니면 그로부터 벗어나느냐의 두 가지 가능성 중 인간이 어느 하나를 선택해야 한다는 신념을 시적인 방식으로 표현한 것이 우주론적 이원론이다. 아마도 그는 인간이 직면한 두 가지 삶의 가능성을 말하고 싶었을 것이다. 이렇게 보면 요한 이원론의 양극단을 나타내는 개념들은 인간이 선택하는 두 가지 삶의 방식을 나타내는 은유이다.

그렇다면 우주론적 이원론을 나타내는 언어들은 요한복음서 안에서 어떠한 기능을 하는가? 어째서 요한은 다른 신약성서 저자들과는 달리 우주

---

110 R. 불트만(1968b), pp. 379-386, 433-441.

111 케제만에 따르면 불트만의 결단의 이원론은 입증되지 않는데, 그것은 이러한 결단이 "단지 모든 개인의 결단을 선행하는 빛과 어둠의 장엄한 분리를 경험적으로, 구체적으로 확정하는 것에 불과"하기 때문이다. E. Käsemann(1971), p. 132. 불트만에게서 초점이 말씀의 성육신과 부활절 이후 현재하는 공동체의 말씀선포에 있다면, 그래서 근본적으로 그 관계가 변증법적으로 파악되었고, 이원론도 변증법적인 결단의 이원론으로 이해되었다고 한다면, 케제만에게서는 로고스의 선재와 이미 태초에 일어난 심판에 초점이 있다. 즉 그는 계시사건의 변증법적 성격보다는 이미 일어난 계시사건의 (심판으로서의) 객관적인 성격을 보다 무겁게 평가했고, 따라서 요한의 이원론도 결정론적으로 이해했다. 이 밖에도 계시사건의 객관적 성격을 강조하는 학자들은 요한의 이원론을 결단의 이원론으로 보는 것에 반대한다. 예를 들어 J. Blank(1964), pp. 65, 76-77, 92.

론적 표상을 사용했는가? 첫째 불트만의 말대로 그것은 인간학적 이원론의 강도를 높이는 기능을 한다. 이원론을 표현하기 위해 사용된 공간적인 언어들은 이분법적으로 하나님에게 속하는가, 아니면 악마에 속하는가, 진리에 속하는가, 아니면 거짓에 속하는가, 위에 속하는가, 아니면 아래에 속하는가에 따라 인류가 두 부류로 나뉘었으며, 그것도 각기 고유한 성품에 의해 처음부터 본질적으로, 운명적으로 규정되어 있는 것 같은 인상을 준다. 인간이 그의 근원에 의해 규정되며, 또 각자의 근원에 의해 각자의 길의 목표가 이미 결정되고, 예수에 대한 각자의 결단도 각자의 근원에 의한 것으로 나타난다.[112] 예수에게 오는 자는 오직 아버지가 끌어오는 자(6:44), 아버지가 그에게 준 자(6:65; 6:37, 39; 2:6, 9, 12, 24)뿐이다. 그의 음성을 들을 수 있는 자는 진리에 속하는 자, 하나님에게 속하는 자뿐이다(18:37; 8:47). 또 그의 양떼에 속하는 자만이 믿을 수 있고(10:26) 그것은 오직 그가 자기에게 부르는 자(10:3-4), 그가 아는 자, 그리고 그를 아는 자(10:14, 27), 즉 그의 사람들이다. 즉 우주론적인 요한 이원론의 표상들은 인류가 처음부터 두 부류로 결정론적으로 나뉘어 있는 것처럼 보이게 만든다. 그러나 둘째로 그것은 이원론을 그리스도론과 연결시켜주는 기능을 한다. 요한복음서에 의하면 그리스도는 이원론적인 두 세계 사이를 왕래한다. 그는 하늘로부터, 하나님의 영역으로부터 세상으로 왔으며, 하늘로 돌아갈 것이다. 또한 특징적으로 요한복음서의 그리스도는 하나님, 즉 아버지(이원론적 양극의 긍정적인 쪽)로부터 "보냄을 받은 자"이다. 요한복음서에서 그리스도를 보냄받은 자로 그린 것은 이원론의 양극을 공간적으로, 영역을 나타내는 개념들로 표현하는 우주론적인 이원론과 관련된다. 그리스도는 이원론의 긍정적인 한 극에 속하는 인물로서 "위로부터" 아래로 왔다. 그러나 그는 다시 돌아갈 것이다.

112 R. 불트만(1968b), pp. 379-380.

물론 요한은 이층적인 우주론을 믿었을 것이다. 이런 의미에서 요한은 현대적으로 인간학적 이원론과 그것을 표현하기 위한 수단으로서 우주론적인 표상들을 구분해서 생각하지 못했을지도 모른다. 그러나 역시 요한에게 중요한 것은 그리스도의 계시를 통해 자신이 하나님의 피조물임을 받아들일 것인가, 아니면 하나님에게서 독립적으로 자신의 삶을 살아갈 수 있는 것처럼 가장할 것인가 하는 문제였다. 그러므로 두 개의 다른 세상에 대한 요한의 이원론은 인간의 구원의 필요성과 구원의 성격에 대한 요한의 이해를 나타낸다. 그에 따르면 세상의 모든 악은 잘못된 자기이해에서부터 나온다.[113] 악은 어떻게 극복되는가? 그것도 인간이 자신에 대한 잘못된 이해를 바꾸면 가능하다. 이렇게 보면 요한이 말하는 두 가지 다른 세상은 두 가지 다른 자기이해, 즉 그리스도에 대한 신앙과 불신앙이다. 이것은 두 가지 자기이해라는 점에서 인간학적 이원론이라고 할 수 있으며, 또 달리 표현하자면 교회론적 이원론이라고도 할 수 있을 것이다.

위와 같은 요한 이원론의 양극이 요한복음서의 아이러니의 두 차원과 어떻게 관련되는가? 요한 이원론의 양극이 신앙과 불신앙의 자기이해 사이의 대조를 분명히 함으로써 신앙으로 선택하도록 하는 기능을 한다면, 아이러니 역시 신앙의 이해와 불신앙의 몰이해라는 두 차원을 대조, 충돌시킴으로써 독자로 하여금 신앙의 이해 쪽으로 결단하도록 한다. 3장의 니고데모 단화에서 니고데모는 개인적으로는 호의적인 태도를 가지고 예수에게로 왔음에도 불구하고 우스꽝스럽게 그려진다. 그것은 그가 불신앙의 영역에 속해 있기 때문이다. 이 단화에서 그는 제대로 믿지 않는 사람들을 대표한다.

---

113 요한복음서의 이원론에 대한 이러한 해석은 실제로 요한복음서의 이원론을 상이한 자기이해의 대립으로 본 불트만에게서 유래한다. 쇼트로프도 기본적으로 이러한 불트만의 해석을 따른다. L. Schottroff(1970), *Der Glaubende und die feindliche Welt: Beobachtungen zum gnostischen Dualismus und seiner Bedeutung für Paulus und das Johannesevangelium* (Neukirchen-Vluyn: Neukirchener Verlag).

반면 예수의 이해차원은 신앙의 이해차원을 대표한다. 4장의 사마리아 단화에서도 여인은 예수의 말을 시종일관 물질적이고 피상적인 차원에서만 이해하는 반면 예수의 말은 영적이고 심오한 의미를 지닌다. 아이러니는 이 두 차원 사이에서 발생하고 여인의 이해가 기이할 정도로 느린 것은 독자들이 스스로 자신의 이해를 돌이켜볼 수 있는 설화적인 계기로 이용되었다. 9장과 18-19장에서는 분명하게 신앙과 불신앙의 상승, 하강 움직임이 대조되었다. 크고 작은 아이러니들은 이 두 움직임 사이의 대조와 충돌을 통해 발생한다. 또한 요한복음서의 이원론이 궁극적으로 신앙과 불신앙의 두 영역 사이의 대결이 영구적으로 지속되는 것을 고수하는 정태적이고 우주론적인 이원론이 아니라 궁극적으로 신앙의 선택을 유도하기 위한 것이라면, 아이러니는 이러한 요한 이원론의 신학적 의도를 잘 표현하는 기능을 한다. 요한은 아이러니를 통해 불신앙의 어리석음과 어두움, 비합리성을 차분하면서도 날카롭게 보여줌으로써 그의 공동체로 하여금 그 선택을 보다 쉽게 하고, 또 그 선택 안에 확고하게 머물러 있도록 했다고 할 수 있다.

앞서 지적했듯이 요한 이원론은 영역을 나타내는 존재론적 개념들로 표현됨으로써 다른 신약성서 저자들의 이원론과 비교해볼 때 결정론적이고 비관주의적인 성격이 강하다. 아이러니에서 이것은 희생자들을 극단적으로 우스꽝스럽게 묘사하는 것과 관련된다. 니고데모(3장)나 사마리아 여인, 제자들(4장)은 상식적으로 볼 때 그리 부정적으로 묘사될 이유가 없음에도 불구하고 그들의 불신앙, 또는 이해의 부족으로 인해 우스꽝스럽게 묘사되며, 9장과 18-19장에서 유대인들에 대한 묘사는 가혹하기까지 하다. 이처럼 불완전한 신앙, 불신앙에 대한 가혹한 서술은 요한 이원론의 비장함, 결정론적인 성격과 관련될 수 있다. 따라서 요한복음서의 아이러니의 이중적 차원은 요한 이원론의 양극을 전제하며, 요한의 이원론적 신학의 의도, 즉 궁극적으로는 일원론을 지향하는 요한 이원론의 의도를 문학적으로 효과적으로 표현해내는 기능을 한다.

그러면 이러한 요한 이원론의 기원은 아이러니의 기원과 어떻게 관련되는가? 이를 알기 위해서는 요한공동체의 실제 삶의 차원, 아이러니를 사용한 고대인들의 현실적인 삶의 차원에 대한 통찰과 상상이 요구된다.

2. 요한복음서의 이원론적 언어로서의 "유대인"과 아이러니의 희생자

요한복음서의 아이러니는 요한의 이원론적인 신학에 상응하며, 요한의 이원론적인 신학은 요한공동체의 구체적인 상황에 근거하고 있다. 요한공동체와 유대회당과의 갈등상황에 대한 마틴[114]의 획기적인 연구는 요한의 이원론에 대한 연구에도 새로운 빛을 던져줄 수 있다. 마틴에 의해 새롭게 부각된 것은 요한복음서의 독자로서의 요한공동체였다. 요한이 빌려온 다양한 언어들이 새로운 의미를 얻게 된 것은 요한공동체 내의 특수한 상황 속에서였다. 요한의 이원론적 언어는 세상에 대한 요한공동체의 태도를 반영한다. 요한공동체는 주변의 세계와 어떠한 관계를 맺었으며, 그러한 관계가 이원론적 언어로 어떻게 특이하게 담론화되어 나타나는가? 이러한 연

---

114 J.L. Martyn(1979), *History and Theology in the Fourth Gospel* (Nashville: Abingdon Press). 마틴은 복음서의 신학과 역사에 대한 이 책에서 요한복음서가 어느 면에서든지 저자가 살던 그리스도교 공동체의 일상적인 삶에서 일어났던 "그 시대의 사건들과 문제들에 대한 반응"이 아닌지를 물었다. 그는 요한복음서가 1세기 후반 유대 그리스도교인 공동체에서 쓰여졌는데, 당시 이들은 그 도시의 회당예배에 새로 들어온 이단에 반대하는 저주문 때문에 유대교공동체로부터 이단으로 낙인찍히고, 축출당하는 중에 있었다고 한다. 유대회당과의 관계를 그대로 고수하면서 동시에 예수가 메시아임을 믿고, 새로운 그리스도교 집단에 속했던 그리스도교인들에게 당시는 괴로운 결단의 시기였다는 것이다. 요한의 복음서는 바로 이러한 결단에 직면한 사람들을 위해서 쓰여졌으며, 예수에 관한 이야기들이 동시에 저자와 그의 교회의 경험과 확신을 반영하게 되는 "두 차원의 드라마"를 통해 그런 결단의 상호적이고 신학적인 차원을 파헤쳤다는 것이다. 마틴은 이 가설을 매우 긴밀하게 복음서 주석과 연결시킴으로써, 예수에 관한 특수하게 요한적인 전승들이 요한복음서로 그 형태를 얻게 되는 자리로서 그 상황에 주의를 집중시켰다.

구는 문학적, 사회학적 차원을 포괄한다.

요한복음서의 이원론적 언어들 중에서 그것의 사회심리학적인 측면을 가장 잘 드러내는 용어는 "유대인들"이라는 말이다. 공관복음서는 각기 5-6회 정도 유대인을 언급하는 데 반해 요한복음서는 70회 가까이 언급하며, 공관복음서에서처럼 바리새인, 서기관, 사두개파 같은 식으로 유대인을 구분하지도 않는다. 다른 어느 복음서도 요한복음서만큼 심하게 유대인들을 예수의 적으로 등장시키지는 않는다. 그래서 흔히 요한복음서는 반유대주의의 근거로 사용되기도 했다. 요한복음서에서 유대인이라는 말이 사용된 방식은 사회심리학적인 측면에서, 그리고 요한신학 전반과 관련해서 중요한 의미를 지닌다.

요한이 이 말을 사용하는 방식은 일관적이지 않다. 어떤 때 이 말은 민족적으로, 종교적으로 규정된 특정 집단을 지칭한다(11:45; 4:22). 이 구절들에서 유대인들은 예수의 등장을 예비하는 인물들로 나타나며, 초대 그리스도교와 유대교의 연속성이 시사된다. 그러나 요한은 이 말을 논쟁적으로도 사용하고 있다. 그리고 이원론과 관련해서 볼 때는 이것이 중요하다(5:16; 8:59; 8:22; 18:12; 19:12). 가장 두드러진 특징은 이들은 예수를 믿기를 거부하는 사람들로 나타난다는 점이다(10:31 이하). 브라운은 이 논쟁적인 구절들에서 이들을 단순히 일반적인 유대인으로 볼 수 없는 이유를 밝혔는데, 첫째는 이 구절들에서 "유대인이라는 말이 민족적, 종교적 의미에서 특정 민족인 유대인을 지칭하지 않는다"는 것이다. 둘째로 이 유대인이라는 표현은 대개 "그 민족의 종교적인 지도자와 동의어로 사용된다"[115]는 것이다(18:3과 18:12 비교, 18:13과 8:18 이하 비교). 브라운에 의하면 유대인은 "그리스도를 반대하는 유대교 종교당국"을 의미한다. 그러나 이 말은 단순히 유대당국뿐만이 아니라 보다 광범위한 반대자들 일반을 가리킨다. 요한복음

115 R. Brown(1966), p. LXXI.

서에서 유대인은 그리스도를 반대하는 사람들을 전형화한 개념이다. 요한은 한 민족으로서의 유대인에는 관심이 없다. 그는 단지 불신앙인의 전형적인 유형으로서 그들에게 관심을 가질 뿐이다. 이들은 하나님의 계시자 예수를 보다 분명하게 드러내기 위한 반대자일 뿐이다.[116]

그렇다면 어째서 하필 유대인들을 불신앙의 전형으로 선택하게 되었는가? 요한공동체는 유대회당과 매우 힘든 관계 속에 있었고, 유대인들로부터 공격을 받고 있는 중이었다. 여기에는 때로는 강압적인 회당축출이라는 수단이 동원되기도 했다. 이런 상황에서 요한은 유대인을 불신앙의 전형적인 예로 그리게 되었을 것이다. 구체적인 상황에 밀려 유대인을 부정적인 전형으로 선택하게 되었을 것이다. 그러므로 한 민족으로서의 유대인들에게 심판을 선언하는 것이 아니라 요한은 독자들에게 그들의 교회를 억압하는 유대인들이야말로 예수를 받아들이지 못하는 전형적인 예라고 말하고 있는 것이다. 그는 불신앙의 거부를 "유대인"이라는 상징을 통해 표현했다. 따라서 요한이 사용한 이 말은 상징적인 의미를 지니며, 보다 광범위한 요한 이원론의 일부이다. 이들은 지리적, 민족적, 종교적 의미에서 특정 집단을 의미하는 것이 아니라 예수를 거부하는 사람들의 전형이다. 복음서에서 그리스도가 보여주는 인간 정체성을 받아들이지 않는 사람들은 누구나 "유대인"이다. 이원론적인 양극단에서 이 말의 긍정적인 짝은 아마도 "이스라엘 사람들"일 것이다. 이스라엘 사람들은 계시를 받아들인다(1:31).

요한공동체와 유대교와의 갈등상황은 요한으로 하여금 이원론의 부정적인 한 극을 "유대인"이라는 말로 표현하도록 이끌었을 뿐만 아니라 이원론의 강도를 보다 높게, 말하자면 거의 결정론적으로 보이게 만들었다. 이것

116 따라서 적극적인 의미에서 반유대주의적인 의도가 요한에게 있었다고 보기는 어렵다. 그러나 역사적이고 민족적인 존재인 유대인들을 부정적인 인물로 전형화했다는 것은 역시 문제다.

은 요한 이원론에서 두 개의 상이한 세계 사이의 전환을 묘사하는 언어들에서 나타난다. 그리스도 안에 나타난 계시에 응답할 사람들은 아버지가 이미 정해놓으셨다. 이원론의 부정적인 한 극으로부터 긍정적인 극으로의 이동은 무엇보다도 하나님에 의한 것으로 보인다. 아버지가 허락하지 않으면 아무도 예수에게로 올 자가 없다고 한다(6:65). 그리스도를 믿음으로써 참된 자기정체성을 갖는 것은 개인적인 의지의 결과가 아닌 것으로 보인다. 그것은 개인의 삶 속에서 활동하는 하나님에 의해서만 가능한 것 같다. 어떤 사람들은 하나님의 자녀들이지만 어떤 사람들은 하나님의 자녀가 아니다. 하나님은 어떤 사람들은 믿지 못하게 하셨다(12:37-40). 어떤 사람들은 진리를 듣지도 못하고 거짓된 길을 가면서도 그것을 보지 못한다(8:37).[117]

요한이 복음서를 집필할 무렵에는 교회의 선교활동이 어려움에 봉착했고, 교회의 가르침을 받아들이는 사람들이 점점 더 줄어들었을 것이다. 따라서 당시에는 유대인 선교가 거의 불가능했다고 할 수 있다. 그는 이러한 자신의 경험 때문에 믿는 데에는 단순히 개인의 결단 이상의 것이 필요하다고 생각하게 되었을 것이다. 믿는 데에는 하나님의 특별한 선물, 즉 아버지가 직접 예수에게로 끌어주시는 일이 필요하다. 요한은 다른 신약성서 저자들처럼 단순히 믿도록 결단하기만 하면 된다고 할 수는 없었다. 그는 어떤 사람들은 결단코 믿지 않으리라는 느낌을 가지고 있었고, 거기에는 하나님이 어떤 방식으로든 개입했으리라는 생각을 하게 되었을 것이다. 그는 그리스도 안에 나타난 계시를 믿을 수 있는 인간의 자유에 대해서 그리 낙관적이지 못했다. 그리고 그는 이 점을 하나님이 그 사람들 가운데서 믿지 못하도록 역사하신다는 식으로밖에 설명할 수 없었다.

---

117 그러나 이런 말들과 날카로운 대조를 이루며 신앙이나 불신앙을 택할 수 있는 인간의 자유를 시사하는 말들이 나온다(3:33, 36). 인간 자유의 현실성도 복음서에서는 분명히 전제되어 있다.

요한복음서에서 이원론적인 표상으로 사용된 "유대인"은 요한의 문학적인 아이러니에서는 아이러니의 "희생자"로 서술되었다. 우주론적 언어로 표현된 강도 높은 요한의 이원론은 그 발생과 관련해서 볼 때 유대교와 심각한 갈등상황에 직면해서 더 이상 유대인 선교의 가능성이 없어졌을 때, 그리고 요한공동체가 당하는 고통, 악에 대해서 스스로 받아들일 수 있는 설명이 필요했을 때 그에 대한 한 답변으로 생겨났다고 할 수 있다. 세상은, "유대인들"은 더 이상 구원의 가능성이 없다. 하나님은 그의 아들을 세상에 보냈고, 세상은 그에게 속했지만 세상은 그를 거부했다. 요한복음서의 이 기본메시지는 사실 요한공동체 자신의 경험을 반영하고 있다. 그들이 믿는 예수를 유대당국은 인정하지 않았을 뿐만 아니라 그로 인해 그들을 유대공동체로부터 내쫓고 박해했다. 요한복음서의 우주론적이고 결정론적인 이원론의 근저에는 요한공동체의 이러한 뼈저린 경험이 깔려 있으며, 이러한 경험을 신학적으로 극복하고 자신들의 신앙을 지켜나가기 위해 이원론적인 신학이 필요했던 것이다.

요한복음서의 아이러니는 이러한 요한복음서의 이원론과 관련된다. 아이러니는 요한 이원론의 두 극단 사이를 비집고 들어가서 그 둘 사이에 일어나는 충돌, 그 둘이 만났을 때 일어나는 현상을 극적으로 묘사한다. 또한 아이러니의 희생자로 등장하는 "유대인들" 역시 이원론적 개념으로 사용된 "유대인들"이다. 9장과 18-19장의 바리새인들, 유대인들은 불신앙의 영역을 대표하는 자들로서 아이러니의 "희생자"가 되었다. 이 "유대인들"이라는 개념은 구체적인 요한공동체의 상황에 근거해 있으면서도 그 상황 자체를 벗어나서 상징적인 의미를 지닌다. 아이러니의 희생자로 설정된 다른 인물들도(예를 들어 사마리아 여인, 니고데모), 강도의 차이는 있지만, 이처럼 보편화된 상징적인 개념으로서의 "유대인들"과 동일선상에 있다. 요한복음서의 아이러니와 이원론은 사회심리학적으로는 유대교와 대결하고 있던 요한공동체의 문제상황을 해결하고 극복하려는 시도와 관련된다. 다음 항에서는

이 문제를 보다 포괄적인 아이러니와 요한의 이원론적 신학의 맥락에서 다룰 것이다.[118]

3. 아이러니와 요한복음서의 이원론적 신학

요한복음서의 문학적 도구로서 아이러니에 내재하는 요소들은 요한의 신학에서도 발견된다. 말하자면 요한복음서의 신학 자체가 아이러니한 측면을 지닌다.[119] 아이러니의 기본정의에 의하면 아이러니는 이중적인 언어나 의미구조로 표현되어 두 개의 의미층을 가지고 있어야 하며, 이 두 차원이 서로 반대되어야 하고, 등장인물의 "무지", "순진함"이라는 요소를 포함해야 한다.[120] 문학적인 결론들을 성급하게 신학적인 결론과 동일시하는 것은 자제해야겠지만, 적어도 아이러니의 이중성과 요한신학의 이중적 차원은 상응한다고 말할 수 있다.

요한의 아이러니는 단순한 문학적 도구인 것이 아니라 요한의 신학적 특성과 직결되며, 이러한 관련성 안에서 보아야 요한복음서의 이원론도 좁은 의미에서 요한이 차용한 종교적 개념의 문제로만 파악하지 않고, 요한복음서 전체의 이중적인 문학적 특성, 역동적인 신학의 특성으로 통전적으로 파악할 수 있을 것이다. 여기서는 이중적 성격을 지닌 아이러니라는 요한 언

118 이 문제를 다룰 때는 "종교적 개념화는 세계 내에서 그것에 주어진 과제에 가장 잘 상응하는 방식으로 이루어진다"는 지식사회학적 원칙에 유념해야 할 것이다. 즉 언어화된 종교적 개념 세계와 그것이 탄생한 사회와의 관련성에 대한 인식이 전제되어야 한다. P.L. Berger(1954), "The sociological Study of Sectarianism", *Social Research,* 21, pp. 467-485, 특히 479.

119 M.M. Thompson(2001), *The God of the Gospel of John* (Grand Rapids: Wm. B. Eerdmans Publishing). G.W. MacRae(1973), p. 89에서는 "요한복음서에서는 신학 자체가 아이러니"라고 말한다.

120 D.C. Muecke(1969), pp. 19-36 참조.

어의 특성이 요한의 이원론적 신학과 포괄적으로 어떻게 관련되는지 성찰해보고자 한다.

요한복음서의 이원론적 특징은 서로 반대되는 양극적인 개념들 자체를 넘어선다. 많은 학자들이 요한복음서의 이원론적 특징이 복음서 전체의 문체와 구조에 어떠한 영향을 끼쳤는지에 주목했고, 요한복음서의 문학적, 신학적 이원성은 서로 긴밀한 관련이 있음을 인식했다. 실제로 듀크와 컬페퍼는 요한복음서의 이원론과 아이러니를 서로 관련시켰다. 요한이 문학적으로 구사한 아이러니는 그의 이원론을 새롭게 조명할 수 있는 빛을 던져준다. 컬페퍼와 듀크 같은 학자들은 요한 언어의 이중적 특징, 즉 아이러니는 두 가지 서로 갈등하는 의미의 차원들이 하나의 언어로 표현될 때 생겨나는 것이라고 말했다.[121] 쉐퍼는 이 점을 다음과 같이 명쾌한 말로 표현했다. "아이러니스트는 단일한 한 가지의 절대성에 근거해서 생각하지 않으려는 경향이 있다. 모든 것을 서로 상반되는 짝을 가지고 설명하려 한다. 그에 의하면 믿음은 반대되는 것과의 갈등을 통해서만 그 현실성과 생명, 정당성을 얻게 된다. 그리고 삶에 대한 이원론적인 견해는 그 진술의 내용에 의해서만이 아니라 그 형식 자체에 의해 아주 극적으로 전달된다. 그러한 문체의 중요한 특징은 두 가지 다른 의미, 즉 문자적인 의미와 본래 의도한 의미를 동시에 제시한다는 점이다."[122] 즉 아이러니라는 언어적 특성은 하나의 절대성에 근거해서 일원론적으로 현실을 보지 않고 두 가지 상반되는 원리를 통해 현실을 보는 이원론적인 견해와 긴밀하게 관련된다는 것이다.

121 이 두 학자들은 모두 요한복음서의 이원론의 공간적인 측면에(하늘/땅, 위/아래) 초점을 맞추면서 요한 이원론과 아이러니와의 관계에 주목했다. 물론 아이러니와 이원론과의 관계를 다루는 것이 이들 논문의 주요 관심사는 아니었다. R.A. Culpepper(1983), p. 167; P. Duke(1985), pp. 146-147.

122 N. Schaeffer(1975), "Irony", *The Centennial Review*, 19, p. 182.

이원론적인 요한신학에 의하면 근본적으로 예수의 옴으로 인해 두 개의 세계가 충돌한다. 요한복음서에서는 세상으로부터 나지 않음/세상으로부터 남, 빛/어둠, 생명/죽음, 진리/거짓, 위/아래가 충돌하며, 종교적인 제도는 "영과 진리"와 충돌하고, 믿지 않는 "유대인들"은 믿는 공동체와 충돌한다. 또한 문학적으로는 겉에 나타나는 의미와 숨겨진 의미가, 겉모습과 실재가 충돌한다. 그리고 충돌의 불가피한 결과는 반대되는 것들의 충돌로서 아이러니라고 칭할 수 있다. 근본적으로는 "말씀이 육신이 되어 우리 가운데 거한다"(1:14)는 요한의 가장 기본적인 신학적 단언에 충돌과 아이러니가 존재한다. 물론 이것은 모든 그리스도교 선포의 아이러니이기도 하다. 그러나 불일치성에 대한 요한의 예민한 시각은 그것을 중심 주제로 만들었다.

본래 우주론적, 존재론적 의미를 지니는 여러 주변 종교들의 이원론적 개념들을 받아들여서 창조적으로 사용함으로써 요한복음서에서 이원론은 독특하게 구원론적, 그리스도론적인 의미를 지닌다.[123] 문학적 아이러니는

123 요한 이원론의 종교사적 배경에 대한 연구는 크게 쇼트로프와 스템버거의 연구로 대별된다. L. Schottroff(1970), *Der Glaubende und die feindliche Welt: Beobachtungen zum gnostischen Dualismus und seiner Bedeutung für Paulus und das Johannesevangelium* (Neukirchen-Vluyn: Neukirchener Verlag); G. Stemberger (1970), *La Symbolique du bien et du mal selon Saint Jean* (Paris: Editions du Seuil). 이 분야에서 두 사람이 취한 입장은 분명하게 대조된다. 쇼트로프는 불트만의 실존론적 해석을 계승하면서 영지주의적 이원론과 요한복음서의 이원론과의 관련성을 입증하려 했고, 이에 반해 스템버거는 유대교의 도덕적 이원론과의 관련성을 입증하려고 했다. 이 두 학자들은 단순히 요한복음서의 이원론의 기원을 영지주의로 보느냐, 유대교로 보느냐는 점에서 다를 뿐만 아니라, 요한 이원론의 성격을 구원론적인 것으로 보느냐, 도덕적인 것으로 보느냐는 점에서 근본적으로 다르다. 쇼트로프는 요한의 구원 개념이 도덕 개념을 넘어선다고 보지만 스템버거는 선의 세력과 악의 세력 사이의 도덕적인 구별이 요한 사상의 핵심이라고 본다. 이처럼 영지주의와 유대교, 구원과 도덕 사이를 이분법적으로 나누어 설명하는 방식은 이 분야 연구에서 두드러지게 나타나는 경향이었다. 그러나 도덕신학에는 별 관심이 없어 보이는 요한의 전체 이원론을 도덕적인 선악의 양극을 가지고 설명하려는 스템버거의 시도는 설득력이 없어 보인다. 요한의 이원론에서는 선의 세

그리스도의 계시 앞에서 구원받은 자와 구원받지 못한 자에 대한 요한적인 이원론을 표현하는 데 기여한다. 여기서는 요한이 그의 선포를 일관되게 아이러니한 구조로 만들기 위해 함께 짜넣은 중요한 불일치점들과 충돌을 언급하겠다.

요한복음서의 아이러니한 불일치 중에서 가장 눈에 띄는 것은 1:11에 요약되어 있다. "그는 자기 땅에 오셨으나 그의 백성은 그를 맞아들이지 않았다."[124] 하나님의 백성은 하나님의 말씀의 방문을 받았으나 그를 경멸했다. 이 비극적인 아이러니는 유대인들과의 논쟁을 불러일으키며, 그것은 요한복음서 전체에 걸쳐 점차로 강렬해진다. 처음에 그들은 예수에게 단순히 놀라거나 의심한다(1:19-28; 2:18-20; 3:1 이하). 그러나 5:16-18에서 그들은 예수가 안식일에 치유했다고 해서 그를 박해하며, 그가 "자신을 하나님과

력과 악의 세력 사이의 문제보다는 구원의 동기가 더 중요하게 부각되기 때문이다. 뿐만 아니라 시종일관 요한복음서 안에서 구원사 도식을 찾아내려고 하는 노력 역시 실패할 수밖에 없다. 하지만 쇼트로프 역시 요한의 이원론을 극단화하고 있다. 요한이 신화론을 사용했다는 것이 반드시 그가 역사에 관심이 없었다는 사실을 뜻하는가? 별 거리낌 없이 복음서 안에 신화와 역사가 함께 얽혀져 있는 것은 아닌가? 쇼트로프는 요한의 이원론과 그 결과들을 지나치게 극단화하고 강조한 것 같다. 그러한 해석의 위험성은 요한의 이원론을 결정론적인 형태로 극단화시켜 가현론을 믿은 이단적인 영지주의적 소종파의 사상으로 규정한 케제만에게서 드러난다. E. Käsemann(1971), *Jesu letzter Wille nach Johannes 17* (Tübingen: J.C.B. Mohr). 그러나 앞에서 기술한 요한 이원론의 특징에 충실하게, 즉 다른 신약성서 저자들과 달리 이원론을 표현하는 데 공간적인 표상들을 사용하고 이원론의 강도를 높여 서술한 특징에 충실하게 그의 이원론을 해석한 것은 역시 쇼트로프이다. 요한의 이원론을 구원론적으로 해석한 쇼트로프는 크게 올바른 방향에 있지만 그것을 탈역사적으로, 탈세상적으로 극단화시킨 데 문제가 있다. 불트만 이후 오늘날의 요한복음서에 대한 종교사적인 연구는 다양하다는 것이 그 특징이다. 이러한 다양성은 개별 동기들을 초기 유대교 영지주의에서만이 아니라 다양한 배경에서 볼 수 있게 해주는 장점을 지닌다. 요한의 상징적이고 이원론적인 동기들은 크게 보면 혼합주의적인 고대 후기의 종교와 철학에서 찾을 수 있으며, 요한에 와서는 그것의 원래 의미를 잃게 되고, 그때그때 새롭고 다양한 관련성 안에서 적용되었다.

124 "기초가 되는 복음의 아이러니는 유대인들이 자신들이 열렬히 기다리던 메시아를 거부했다는 것이다." R.A. Culpepper(1983), p. 169.

동등하게 했다" 하여 그를 죽이려고 한다. 여기서부터 그들의 적대감은 점점 더 강렬해지기 시작하며, 자신들을 파괴시키면서까지(19:15) 그를 없애려고 할 정도로 맹목적이 되어간다. 3장 니고데모 단화와 9장의 소경치유 설화, 18-19장의 빌라도 재판설화에서 니고데모와 유대인들은 아이러니의 희생자들이다. 이들은 잘못된 확신, 거짓된 자만에 차 있는 아이러니의 희생자들로서 구원받음과 구원받지 못함에 대한 요한적인 이원론을 반영한다. 따라서 아이러니의 희생자로 설정되어 있는 유대인들은 요한공동체의 박해경험과 관련되어 있으면서 동시에 이원론적인 개념으로 사용된 유대인들이다.

그러나 그 자신의 사람들로부터 예수가 거부당하는 것은 비단 유대인들에만 국한되지 않는다. 보다 광범위하게는 세상이 그를 통해 만들어졌으나 그를 알지 못한다(1:10). 예수 자신의 형제들이 그를 믿지 않으며(7:5), 그의 제자들도 도망가거나(6:66), 제자임을 부인하거나(18:17, 25, 27), 아니면 사탄으로 돌변한다(13:2). 이렇게 그의 백성들과 세상은 그를 거부하지만, 놀랍게도 외부인들이 나와서 그를 받아들인다. 자신들의 유산과 자신들이 기다리던 메시아를 경멸했던 "유대인들"은 기꺼이 예수를 받아들이는 사마리아인들, 갈릴리 사람들, 그리스인들 — 이들 중 많은 사람들은 여성들이었다 — 로 대체된다. 예수는 "그의 백성들" 중 많은 사람들을 잃는다. 그러나 아이러니하게도 그들의 거부는 다른 소외받은 집단으로 하여금 그를 좇도록 문을 활짝 연다. 유대의회는 모여서 예수에게 사형선고를 내린다(11:47-53). 그리고 십자가로 그를 올림으로써 하나님의 흩어진 백성들이 정말로 그를 받아들이도록 그들을 끌어모은다(1:12; 12:32). 4장의 사마리아 여인 이야기와 18-19장의 재판설화는 아이러니를 통해 극적으로 이 점을 보여주었다.

요한은 두 가지 아이러니한 동기를 통해 예수 자신의 사람들이 그를 받아들이지 못한 것을 표현했다. 첫째는 분명하게 예수를 증거하는 것이 그를 반대하기 위한 증거로 받아들여진다는 것이다. 구약성서가 계속 이렇게 사용된다. 모세와 예언서는 둘 다 예수를 증거한다(1:45; 2:22; 5:39, 46). 그러나 유대인들은 예수를 반대하기 위한 증거로 바로 이 성서를 이용한다(5:39-40; 7:42, 52; 9:28-29). 그들은 예수의 제자가 아니라 모세의 제자임을 주장한다(9:28). 마지막에는 예수를 죽이기 위해서 그들의 율법에 따르면 예수를 죽여야 한다고(19:7) 빌라도에게 탄원한다.

예수의 표징과 일들도 마찬가지이다. "내가 지금 하고 있는 바로 그 일들이, 아버지가 나를 보내셨다는 것을 증언하여 준다"(5:36; 10:37-38)고 예수는 말한다. 따라서 예수의 표징들은 눈에 보이는 기적 자체에만 지나치게 집착하는 부적절한 신앙(2:23-25; 3:2-3; 4:48)을 불러일으키기도 하지만, 원래대로라면 신앙 자체를 불러일으켜야 했다(2:11; 4:53; 6:69; 9:38; 11:45). 그러나 예수를 반대하는 사람들은 그에게 반대하기 위한 증거로 표징들을 사용한다. 그들이 표징을 보지 못한다는 것은 6:30에 서술되었다. 거기서는 많은 무리를 먹인 기적 뒤에 사람들이 그에게 묻는다. "우리에게 무슨 표징을 행하셔서, 우리로 하여금 보고 당신을 믿게 하시겠습니까? 당신이 하시는 일이 무엇입니까?" 그들은 표징을 왜곡해서 받아들여 그를 박해하기 위한 이유로 삼거나(5:16) 그가 하나님에게서 온 것이 아니라 죄인이라는 증거로 삼는다(9:16, 24).

나사로의 표징은 "사람들이 믿도록 하기 위해" 행해졌고, 실제로 많은 사람들에게 믿음을 불러일으켰지만, 아이러니하게도 바로 뒤에 대제사장과 바리새인들은 "이 사람이 표징을 많이 행하고 있기 때문에"(11:47) 예수를 죽이기로 음모를 꾸민다. 그들은 빌라도에게 예수를 고발하면서 이렇게까지 말한다. "이 사람이 악한 일을 하는 사람이 아니라면, 우리가 총독님께 넘기지 않았을 것입니다."(18:30) 신학적으로 표징은 불확실하며, 다드가 말했듯이 "본질적으로 기적적인 행위가 아니라, 볼 줄 아는 눈과 이해하는 마음에게 영원한 실재를 상징하기 때문에 중요한 행위"이다.[125] 그러나 요한

이 보기에는 표징들과 성서 배후에서 '실재'를 볼 줄 아는 눈을 가져야 마땅했던 사람들이 스스로 보지 않으려 했던 것이다(9:41).

유대인들의 잘못을 서술한 두 번째 방식은 보다 더 아이러니하다. 예수를 죽임으로써 그들은 그들 민족의 생명과 성전을 구원했다고 생각했다. 그러나 요한이 보기에 그들은 예수를 죽임으로써 자기 민족과 성전을 파괴했다. 자신들이 예수를 죽이고자 했지만 아이러니하게도 죽은 것은 그들 자신이었다. 이 주제는 이미 2:19-20과 11:48-50에서 제시되었고, 재판장면에서 극적으로 다루어졌다. 그들은 민족을 구하기 위해 예수를 죽이고자 했지만 결국은 민족을 파괴하는 길을 택한 것이다(19:15).

예수 자신의 운명은 요한복음서의 골격을 이루는 여러 아이러니들의 주제이다. 요한은 예수의 죽음의 이중적인 차원을 강조한다. 따라서 그의 죽음은 독특한 불일치를 드러낸다. 수난설화는 이것을 극적인 형태로 표현하고 있지만 사실 복음서의 앞부분 설화들도 이미 그 점을 암시한다. 2:1-11에서 예수는 훌륭한 포도주를 만들었고, 4:7-15에서는 사마리아 여인에게 목마르지 않는 물을 주겠다고 제안했다. 그러나 19:28에서는 십자가에서 "나는 목마르다"라고 외친다. 그리고 신 포도주를 받는다. 목마른 사람은 다 오라고 불렀던(7:37-38) 분이 그들을 위해서 목마름을 끌어안았다. 결혼잔치의 새 포도주로 자신의 일을 시작했던 분이 그 일이 "이루어질" 때에는 죽음의 신 포도주를 받아야만 했다.[126] 사실 이 불일치성은 십자가 죽음을 올리움으로 표현한 데서 가장 분명하게 드러난다(3:14; 8:28; 12:32). 이것은 예수의 운명과 관련된 지배적인 아이러니라고 할 수 있다. 다른 초기 그리

---

125 C.H. Dodd(1953), p. 90. 표징의 불확정성으로 인해 생기는 아이러니에 대해서는 맥래도 지적했다. G.W. MacRae(1973), p. 93.

126 확실히 그는 절망적으로가 아니라 "성서를 이루기 위해서" 그렇게 외쳤을 것이다(19:28). 예수는 여전히 주권적이어야 하기 때문이다. 그러나 요한은 독자들에게 그 점을 확신시킴과 동시에 예수의 죽음의 아이러니를 드러내고자 했을 것이다.

스도인들은 예수의 굴욕당함을 걸림돌로 보았지만 요한은 그러한 굴욕당함이 곧 올리움, 즉 영광받음이라고 보았다. 이것은 그가 독창적으로 ὑψόω라는 말을 사용한 데서도 알 수 있다. 수난설화 전체, 특히 그 중심이라고 할 수 있는 빌라도 재판설화는 이 아이러니를 극적으로 표현하고 있다.

그러므로 이제 요한복음서의 아이러니의 두 가지 중요한 움직임이 분명히 드러난다. 그것은 예수를 받아들이지 않는 사람들의 하강 움직임과 예수의 올리움과 그의 이름을 믿는 사람들의 승리의 상승 움직임이다. 이 둘은 모두 아이러니를 통해 묘사되었다. 달리 말하자면 요한복음서의 아이러니는 구원받은 자와 구원받지 못한 자에 대한 요한적인 이원론을 표현하는 기능을 한다.

한편 요한복음서의 이원론과 아이러니는 요한공동체의 경험이라는 공통의 구체적인 역사적 자리를 가진다. 그리고 요한공동체가 겪었던 박해의 경험은 이원론과 아이러니 일반의 기원과도 일맥상통한다. 어째서 악이 존재하는가? 인간이 세상 속에서 경험하는 고통, 불의와 악을 어떻게 설명할 것인가? 이러한 초보적인 신정론적 물음은 인간이면 누구나 가지게 되는 가장 원초적인 종교적 질문이라고 할 수 있다. 앞서 지적했듯이 이원론은 바로 이러한 근원적인 악의 문제와 연결되어 있으며, 초대 그리스도교인들 역시 이 문제에 대해 나름대로의 답을 내놓고자 했다. 이원론도 궁극적으로는 악의 문제에 대한 해답으로 나온 것으로서 신정론적인 성격을 지닌다.

현상적으로 볼 때 악의 세력이 득세하는 것 같지만 사실은 이미 하나님이 승리했다는 확신, 즉 이원론적으로 보이는 현실에 대한 관점을 잃지 않으면서 실제로는 믿는 자들이 승리했다는 궁극적으로는 일원론적인 확신을 요한 그리스도인들은 이원론적인 신학으로, 이중적인 아이러니한 언어로 표현했다. 예수의 십자가 죽음을 올리움으로, 영광받음으로 해석한 데서 이러한 아이러니는 그 절정에 달한다. 이렇게 해서 요한 그리스도인들은 1세기 말의 회당 유대인들로 인해 극심한 곤경에 처하고 아직 그 후유증에서 벗어나지 못한 참담한 상황에서 자기분열을 일으키는 광신자 집단이 되지 않으면서, 정신건강을 잃지 않으면서 믿음의 현재적인 확신 속에 살아갈 수 있었고, 그러한 극심한 고난의 상황을 뚫고 나갈 수 있었다.

마찬가지로 아이러니의 발생기원에도 고난의 경험이 있다. 특히 고대인들은 오늘날 현대인들에 비해 삶 속에서 불운과 행운의 예기치 못할 역전을 경험하는 일이 훨씬 많았을 것이다. 동양에도 인생지사 새옹지마(人生之事 塞翁之馬)라는 말이 있듯이 겉보기에는 행운의 전조라고 생각했던 일이 순식간에 불행의 씨앗이 되고, 또 때로는 불행이라고 느꼈던 것이 행복을 가져다주곤 하는 일들을 고대인들은 수없이 경험했을 것이다. 가령 소포클레스가 그려낸 오이디푸스의 생애야말로 그러한 전형적인 예이며, 그것은 운명을 바꾸려는 인간의 노력이 참으로 보잘것없다는 고대인들의 인식을 가슴 아프게 보여준다. 아리스토텔레스는 이러한 운명의 예기치 못할 역전을 가리켜 페리페테이아(περιπέτεια)라고 했다.[127] 즉 "비극과 희극의 토대를 이루는 사건들이 변덕스럽게 일어나서 그 속에서 힘있는 자들이 낮아지고 천한 자들이 높여진다"고 여겼다. 이처럼 외견상 눈에 보이는 것들이 현재와 미래의 실상과 다를 수 있다는 가능성에 고대 세계 전체가 매료되어 있었지만 한 걸음 물러나 그것을 예술로 만들고 즐긴 것은 그리스인들이었다. 그들의 문학에서는 자신의 오만으로 인해, 또는 잔인한 운명의 변덕으로 인해 파멸로 치닫는 인간들의 모습이 즐겨 그려진다. 이야기가 전개됨에 따라 운명의 희생자는 부지중에 더욱 파멸에 가까워지며, 그것도 자신의 맹목적인 확신이나 운명을 피하려는 노력으로 인해 그렇게 파멸로 가게 된다."[128] 이것을 묘사해내는 이들의 방식을 후일 "극적인 아이러니"라 부르게

127 P. Duke(1985), p.11에서 재인용.

128 P. Duke(1985), p. 11.

되었다.

크게 보면 역사의 아이러니, 운명의 아이러니는 그리스에만 있었던 것이 아니라 이스라엘에도 있었다. 아브라함의 이삭 헌제설화 같은 것은 그 대표적인 예라고 할 수 있다. 나아가서 삶에 대한 이러한 태도도 그리스인들만의 독점물은 아니었다. 하나님에 대한 이스라엘의 믿음에도, 십자가에 달린 예수에 대한 그리스도인들의 선포에도 그러한 태도는 나타난다. 이스라엘은 역사의 깊은 질곡 가운데서도 다가올 하나님의 미래의 전조를 보았고(출 15:1-18; 창 37:39-45) 그리스도인들은 예수의 고통스러운 십자가 죽음에서 부활의 미래를 볼 수 있었다. 여기에는 역시 근원적인 아이러니, 삶에 대한 아이러니한 이해가 내재하고 있다.

그러므로 아이러니와 이원론은 둘 다 고난의 경험을 바탕으로 한다. 운명의 역전과 변덕으로 인해 고난에 찬 삶을 살아가면서도 삶의 표피적인 현상 배후에 그와는 반대가 되는 삶의 진실한 의미가 있다는 믿음을 표현해내려는 노력의 일환으로 아이러니가 생겼다면, 이원론은 인간이 알 수 없는 고난과 악에 직면하여 그것을 설명하고 신을 정당화하려는 신정론적인 의미를 지닌다. 아이러니와 이원론은 둘 다 그 담론을 읽는 독자들로 하여금 자신이 처해 있는 고통에 찬 삶을 극복해나갈 수 있게 해준다. 따라서 기능적인 측면에서 요한복음서의 문학적인 아이러니가 구원받음과 구원받지 못함에 대한 요한복음서의 이원론을 극적으로 표현하는 기능을 한다면, 신학적으로는 겉보기에 패배로 보이는 십자가가 실제로는 영광받음이라는 근원적인 복음의 아이러니가 요한복음서의 바탕에 깔려 있는 기본적인 아이러니라고 할 수 있다.

이렇게 보면 요한 언어의 특성은 요한의 신학과 긴밀하게 맞물려 있다. 요한은 십자가에서 죽은 인간 예수에게서 인간 존재의 근본적인 변화를 촉구하는 하나님의 소리를 들었다. 그는 끊임없이 "육이 된 말씀"인 인간 예수에게서 하나님의 존재와 그의 일을 함께 볼 수 있어야 한다고 말한다.[129] 그래서 불트만 같은 학자는 일찍이 요한신학을 역설적인 신학이라고 했다. "……그는 순수한 인간성을 지닌 계시자이다. 확실히 그의 사람들은 그의 영광도 본다(1:14b). 만일 영광을 볼 수 없다면 사실 그의 계시를 말할 수 없을 것이다. 그러나 그것은 전 복음서를 관통하는 역설이다. 이 '영광'은 '육'과 함께, 또는 투시경으로서의 육을 통해 엿볼 수 있는 것이 아니라, 육 외에 다른 것에 있는 것이 결코 아니라는 것과, '영광'을 보려면 유혹됨이 없이 육을 직시할 수밖에 없다는 것의 역설이다. 그러므로 계시는 특수한 은폐성 중에 존재한다."[130] 이러한 계시사건에 대한 이해는 다른 신약성서 저자들에게서도 나타난다고 할 수 있지만, 요한에게서 특이한 점은 그것을 서술한 독특한 언어와 방식이다.[131] 그는 계시사건에 내포된 아이러니한 성격을 아이러니한 언어로 표현했던 것이다. 실로 요한만큼 계시사건의 아이러니한 본질에 집착하고 그것을 표현해내는 일을 자신의 문학활동의 목적으로 인식한 저자는 없었다. 그것은 그가 아이러니라는 극적인 문학기법을 사용한 데서 나타난다. 따라서 요한이 이해한 계시사건 자체가 이중적이고 아이러니했으며, 그것을 표현한 요한의 언어도 이중적이고 아이러니했다고 할 수 있다.

---

129 M.W.G. Stibbe(1993), *The Gospel of John as Literature: an Anthology of Twentieth-century Perspectives* (New York: E. J. Brill) 참조.

130 R. 불트만(1968), p. 61.

131 이러한 관점에서 요한신학을 전개한 연구로 M.J. Edwards(2004), *John* (Malden, MA: Blackwell Pub.); J. Ashton(1993), *Understanding the Fourth Gospel* (Oxford: Oxford University Press) 참조.

III. 요한공동체의 영체험과 파라클레토스

1. 문제와 과제, 그리고 방향

요한복음서는 오랜 세월 신비롭고 영적인 분위기로 독자들을 매료해왔으며, 자주 영적인 복음서라고 일컬어졌다. 요한은 신약성서의 어떤 저자보다도 예수와 그의 가르침을 내면적으로, 신학적으로 깊이 있게 해석해냈다. 요한복음서는 예수와 그의 의미에 대한 장엄한 명상이라고 해도 좋다. 요한복음서에서는 육은 아무 쓸모가 없는 반면 생명을 가져다주는 것은 영이라고 말한다. 또한 예수의 말씀들은 영이자 생명이며(요 6:63), 영이신 하나님 역시 "영과 진리로"(4:24) 드리는 예배만을 원하신다고 주장한다. 요한복음서는 그 어느 복음서보다도 영의 활동과 사물의 영적 의미에 몰두하며, 동시에 요한이 추구하는 영은 요한복음서 자체의 문서적 성격마저도 규정했다. 요한복음서 첫머리부터 등장하는 심오한 언어들은 그 의미가 잘 잡히지 않으며, 드디어 알았나 싶은 순간에는 이미 멀찌감치 날아가버리고 만다. 그래서 결국은 요한복음서 자체가 "불고 싶은 대로 불며……어디서 와서 어디로 가는지 알 수 없는"(3:8) 영처럼, 바람(πνεῦμα)처럼 모호하면서도 묵직한 신비로 독자에게 다가온다.

요한복음서의 이러한 영적 정향성은 흔히 공관복음서와 대비되었다. 공관복음서가 역사적 예수의 삶을 역사적으로 서술한 '육의' 복음서라면, 요한복음서는 말씀의 복음서, 영적이고 신학적인 복음서라는 것이다.[132] 더욱이 요한복음서의 단순하면서도 추상적인 언어들로 인해 요한복음서의 영적인 성격은 쉽게 추상성으로 이해되었다. 그리하여 요한복음서의 추상적 사유의 기원이 어디인지, 그러한 추상화의 기본 원리가 무엇인지 밝히는 것을 요한 연구의 주요 주제로 삼게 되었다. 물론 이러한 연구 경향이 요한적 사유의 한 측면을 밝혀준 것은 분명하지만, 이것은 요한복음서를 설명하는 데 중요한 다른 현실들, 즉 구체적인 사회, 역사적 측면에 대한 인식을 흐리게 하거나 더디게 하는 경향이 있었다.

그러나 오늘날 요한복음서 연구 분야에서 눈에 띄는 진전은 요한공동체에 대한 연구를 통해 이루어졌다. 요한공동체가 연루되었던 당대 유대교와의 갈등과 회당축출이라는 뼈아픈 경험이 요한복음서의 예수 이야기들에 어떻게 반영되었는지, 요한이 예수 이야기를 하면서 사실은 자기 공동체의 이야기를 풀어나간 문학적 기법들은 어떤 것이었는지가 밝혀졌다.[133] 이것은 단순히 복음서를 탄생시킨 요한공동체에 대한 역사적 정보를 확대시켰다는 데 그 의의가 있는 것이 아니다. 그보다는 요한공동체에 대한 연구 결과를 기존의 요한복음서 연구의 다양한 주제들에 적용시킴으로써, 전통적인 주제들이 보다 입체적으로, 생생하게 독자들에게 다가오게 했다는 데 그 의의가 있다. 요한복음서가 쓰인 사회적, 역사적 상황, 그리고 요한공동체가 연루되었던 갈등들을 밝힘으로써 요한 해석의 새로운 가능성이 열리게 된 것이다. 이러한 가능성은 영적인 복음서로서의 요한복음서에 대한 이해

---

132 실제로 요한복음서는 그리스도교 역사상 아주 일찍부터 "영적인 복음서"로 이해되었다. 요한복음서는 200년경 알렉산드리아의 클레멘트의 글에서 최초로 언급되었는데, 유세비우스의 클레멘트 인용에 의하면, 요한은 다른 복음서들에 이미 "물리적인" 자료들이 포함되었다는 사실을 알고 자신은 "영적인 복음서"를 썼다고 했다. Eusebius, *Historia ecclesiastica* 6. 14. 5; R.M. Bauckham(2008), *The Gospel of John and Christian Theology* (Grand Rapids: Wm. B. Eerdmans Publishing) 참조.

133 이에 대해서는 누구보다도 J.L. Martyn의 연구들을 지적해야 할 것이다: J.L. Martyn(1978), *The Gospel of John in Christian History* (New York: Paulist Press); *History and Theology in the Fourth Gospel*, Rev. ed. (Nashville: Abingdon Press, 1979).

와 상반되는 것이 아니라, 최초의 요한복음서 독자들이자 요한적 사유의 주체들이었을 요한공동체의 치열한 영적 경험과 고백의 과정을 보다 가까이 볼 수 있게 함으로써 영적인 복음서로서 요한복음서에 피가 흐르고 살이 붙게 할 것이다. 그리하여 요한복음서의 영적인 성격까지도 보다 구체적이고 몸적인 형태로 다가오게 할 것이며, 본문에 대한 통전적 이해로 인도할 것이다.

물론 요한복음서에는 "교회"(ἐκκλησία)라는 말이 나오지 않는다. 그러나 요한적인 공동체성의 흔적은 도처에서 발견된다. 요한복음서의 상호적인 상징들(예를 들어 양떼와 목자, 포도나무와 가지)과 17장의 하나됨을 위한 기도, 특히 고별담론의 어조는 예수의 죽음 이후에 제자들이 지속적인 공동체를 이루어야 했음을 보여준다. 컬페퍼는 요한복음서에서 애제자의 역할과 그와 관련된 구체적인 역사적 전승의 존재를 지적했고, 헬레니즘과 쿰란, 당시 유대교 내 다른 학파들과 특징들을 공유한 요한공동체가 1세기에 존재했다고 결론내렸다.[134]

이 글의 과제는 위의 요한공동체에 대한 연구의 기본적인 결과들을 전제한 위에서 요한공동체라는 요한적 사유 주체의 영적 경험의 내용과 특징들을 밝히는 것이다. 보다 구체적으로 말하자면, 영에 대한 요한의 비밀스럽고도 신비한 호칭인 파라클레토스(παράκλητος)의 의미, 기능과 관련하여 요한공동체의 신앙과 경험의 한 가지 특징, 즉 공동체의 그리스도 경험과 관련한 영의 역할을 밝히는 것이다. 요한복음서의 성령이해에 대한 연구는 기왕에 많이 있었다. 그것을 요한공동체의 영체험, 다시 말해 요한공동체의 영성이라는 시각에서 재조명한다는 데 이 글의 의의가 있을 것이다.

요한복음서에 대한 전통적 상징은 독수리였다. 브라운은 "요한의 독수리는 지상으로부터 높이 날아오르더라도 싸움을 위한 발톱을 드러내고 날아

134 R.A. Culpepper(1975), *The Johannine School* (Missoula: Scholars Press).

오른다"[135]고 말했다. 이 말은 요한복음서의 영적 특징의 일면을 잘 드러내준다. 요한복음서가, 그리고 요한공동체가 영적이라는 것은 무엇을 말하는가? 고요한 반성을 즐기거나 영적 열광주의의 만족상태에 있다는 것인가? 요한복음서는 흔히 사람들을 그리스도와 깊이 하나가 되는 관계로 이끌고, 그리스도의 의미에 대한 이해를 심화시킨다. 이 글에서는 우리가 이 공동체로부터 심오한 영적 통찰과 그리스도에 대한 깊은 진리를 얻을 수 있지만, 우리에게 힘을 주는 영의 역할과 그 영의 해석하고 계시하는 활동은 모두 투쟁을 통해 닦여진다는 점을 밝힐 것이다. 요한공동체의 삶은 역사와 긴밀하게 관련되었다. 공동체의 증거의 삶은 주변 세계에 능동적으로 연루되었다. 요한의 독수리는 드높고 깊은 영적 하늘을 향해 까마득히 비상하지만, 이미 지상의 싸움에서 상처받은 독수리이며, 그 독수리는 지상에 대한 지칠 줄 모르는 애정과 기대를 안고 또 한 번의 아름다운 착륙을 기대하며 하늘로 솟구친다.

2. 파라클레토스의 언어적 의미

요한복음서에서는 영에 대해 파라클레토스(παράκλητος)라는 불가사의한 칭호를 사용했다. 신약성서에서 파라클레토스는 요한 문헌들에서 독특하게 나타난다. 만일 파라클레토스 구절들이 최근의 연구들에서 주장되었듯이 요한전승에 독특한 것이라면, 이 구절들은 영에 대한 요한의 독특한 관심뿐만 아니라 그의 정신세계를 들여다 볼 수 있는 훌륭한 창문이 될 수 있을 것이다.

요한복음서에서 파라클레토스는 요한복음서에 네 번(14:16, 26; 15:26; 16:7), 요한일서에 한 번(2:1) 나온다. 그러나 요한복음서에서 파라클레토스

135 R.E. Brown(1979), p. 24.

의 용법은 일관적이지 않다. 요한복음서에서는 일반적으로 이 단어가 지니는 의미를 전제하는 듯하면서도 그와는 다른 복합적 의미를 부여하는 것으로 보이기 때문이다. 원래 파라클레토스는 "부르다"를 뜻하는 παρακαλέω라는 동사의 수동 분사형으로서 명사적으로 사용될 경우 부름 받은 사람을 지칭하는 수동적 의미를 지닌다(παρακεκλημένος). 코이네 그리스어에서 이 말이 명사로 사용될 경우 흔히 법정에 조력자로, 변호자로 부름 받은 사람을 가리킨다.[136] 요한일서 2:1에서는 이러한 의미로 예수에 대해 파라클레토스라는 말을 사용했다. 여기서는 예수가 천상의 하나님 앞에 선 믿는 자의 변호자로 나타난다(히 7:25; 9:24). 다시 말해 영이 아니라 예수가 파라클레토스로서 천상 법정에서 피고측 변호인으로 선다. 따라서 요한일서 2:1의 이 말은 예수를 지칭하는 것으로서 영/파라클레토스에 대한 이 글의 논의에서는 제외된다.

그러나 요한복음 16:7-11에서는 파라클레토스라는 동일한 단어가 변호자가 아니라 세상에 대한 고소자로 나타난다. 이 구절에서 파라클레토스에 부여된 능동적 임무는 원래 파라클레토스라는 말이 지니는 수동적 의미와 잘 맞지 않는 것으로 보인다.[137] 법정에 불려온 피고측 변호자라는 의미를 지닌 파라클레토스라는 말을 검찰측에 해당하는 고소자라는 의미로 썼다는 것은 쉽게 설명이 되지 않는다. 요한은 원래 피고측 변호인을 가리키는 말을 여기서 검찰측 고발자를 가리키는 말로 사용한 것이다. 이 점에서 요한의 파라클레토스 용법은 이 말의 일반적 용례에서 벗어난다. 더욱이 이 말이 히브리어, 또는 아람어의 어떤 단어에 상응하는지도 불분명하며, 랍비문헌들에서는 일반적으로 파라클레토스를 번역하지 않은 채 그냥 음역

136 J. Behm, *Theological Dictionary of the New Testament*(1964-76), ed. by G. Kittel and G. Friedrich, trans. and ed. by G. Bromiley (Grand Rapids: Eerdmans), vol. 5, p. 801.

137 이 문제에 대해서는 J. Behm, pp. 800-814 참조.

해서 빌려다 썼기 때문에[138] 언어학적 배경에 대한 연구도 별 도움이 되지 않는다.

브라운은 이러한 문제상황을 명쾌하게 정리해주었다. 그는 파라클레토스에 얽힌 언어학적 문제와 번역상의 문제를 해결하는 네 가지 가능성을 제시했다.[139]

첫째 파라클레토스는 단순히 παρακαλεῖν의 수동형일 수 있다. 이 경우 영은 앞서 말했듯이 "돕기 위해 부름 받은 존재", 피고측 변호인이 된다. 이것은 재판정에 선 그리스도인을 변호하는 영에 대한 신약성서의 다른 예들과 잘 맞는다(마 10:20; 행 6:10). 그러나 요한복음 15:26-27과 16:8-9에서 파라클레토스의 법정적 기능은 앞에서 지적했듯이 세상에 대한 고발자로서의 역할이며, 그의 증거는 제자들보다는 예수를 변호하는 것으로 보인다. 이러한 법정적 이해를 유지하기 위해서는 요한복음서가 파라클레토스의 의미를 변화시켰다고 말해야만 한다. 브라운은 파라클레토스를 "변호자"라고 번역했을 경우 그 말이 요한복음서에 나타나는 계시자와 교사로서 파라클레토스의 기능을 포괄적으로 담아내지 못한다는 점을 지적했다.

브라운이 말하는 두 번째 가능성은 파라클레토스를 능동적 의미로, "중재하고 간청하며 대변하는 존재"로 정의하는 것이다. 그렇다면 파라클레토스는 박해 때의 변호자라기보다는 대변자, 또는 중재자가 된다. 요한일서 2:1에 나오는 천상의 예수를 이런 방식으로 이해할 수도 있겠지만, 복음서는 파라클레토스를 지상의 제자들 안에 거하는 자로 그리고 있다. 그는 제자들을 위해서 말하는 자가 아니라 그들을 통해서 말한다(요 15:26-27). 반면 파라클레토스는 예수의 대변자의 한 유형이 될 수도 있다: "그는 자신이

---

138 그러나 일반적인 랍비적 의미는 "변호자" 또는 "옹호자"로서 하나님 앞에서의 변호자를 나타낸다. J. Behm, p. 802 참조.

139 이하의 논의는 R.E. Brown(1966-67), "The Paraclete in the Fourth Gospel", *NTS*, 13, pp. 116-119 참조.

들은 것만을 말할 것이다…….”(요 16:13-14) 브라운의 말대로 이 말에 대한 이처럼 제한된 정의는 파라클레토스의 가르치고 계시하는 역할을 담아내지 못한다.

바우어와 불트만 등은 파라클레토스에 대해 “돕는 자”라는 칭호를 제안했다.[140] 그들은 이 말이 παρακαλεῖν의 능동적 의미를 표현하면서도 그 도움의 광범위한 영역을 포괄한다고 주장했다. “중재자는 실질적으로는 돕는 자이므로 파라클레토스는 때때로 간단히 ‘돕는 자’로 번역될 수 있다. 더욱이 παρακαλεῖν이 ‘도움을 요청하다’라는 의미를 지니기 때문에 더 그렇다.”[141] 브라운이 지적하듯이 이 제안의 장점은 막연하다는 점이다. 그러나 요한복음 14-16장의 어느 것도 파라클레토스를 단순히 돕는 자라고 보게 하지 않는다. 더욱이 이러한 이해는 파라클레토스의 역할을 “세상의 죄를 정죄하는”(16:8) 증인으로 볼 경우 맞지 않는다. 나아가서 이 가설은 요한복음서의 자료로서 전만대아 자료를 전제하기 때문에 더 설득력이 없다.

셋째로 “위로자”라는 번역은 παρακαλεῖν의 능동적 의미를 나타내준다.[142] 데이비스는 칠십인역의 παρακαλεῖν 용법에서 그 근거를 찾아냈다.[143] 그러나 파라클레토스가 나오는 문맥에서 위로의 역할이 나타나기는 하지만 요한이 동사 παρακαλεῖν을 결코 사용하지 않는다는 사실은 중요하다. 요한은 파라클레토스가 제자들이 슬픔에 빠져 있을 때 그들의 요구를 충족시켜주는 것으로 그리고 있다. “나는 너희를 고아처럼 버려두지 아니하고, 너희에게 다시 오겠다.”(14:18) “내가 한 말 때문에 너희 마음에는 슬픔이 가득 찼다.”(16:6) 그러므로 “위로”는 파라클레토스의 한 측면을 잘 밝

140 W. Bauer(1933), *Das Johannesevangelium, Handbuch zum Neuen Testament*, 3rd ed. (Tübingen: Mohr-Siebeck), pp. 177-178, 182-183; R. Bultmann(1968), p. 680.

141 R. Bultmann(1968), p. 627.

142 J. Behm, p. 804 주 31.

143 J.G. Davies(1953), “The Primary Meaning of Parakletos”, *JTS*, 4, pp. 35-38.

혀주지만 포괄적인 칭호라고 하기는 어렵다.

마지막으로 여러 학자들이 초대 그리스도교의 παράκλησις 개념에 의존했다고 주장했다. 가령 바울은 데살로니카인들에게 그들을 "굳건하게 하고, (그들의) 믿음을 권면"하기 위해서 디모데를 보냈다고 말한다(살전 3:2). 사도행전 9:31은 초대 교회에 대해 "주님을 두려워하는 마음과 성령의 παράκλησις로 정진"한다고 말한다. 바레트는 요한이 성령의 인도를 받은 초기 사도적 권면의 본질을 이 칭호에 압축적으로 표현한 것이 아닌지 묻는다. 바레트에 의하면 예언적 그리스도교 설교는 "권면이었고, 따라서 παρακαλεῖν 유형의 말씀으로 적절하게 기술될 수 있다"[144]고 한다. 그는 신약성서에서 이 양식을 보여준 다음 파라클레토스의 기능이 어떤 방식으로 그리스도교 설교자들의 구체적인 임무들을 부각시키고 있는지 보여주었다. 확실히 파라클레토스는 그리스도교 선포의 언어를 통해 예수를 증거한다(15:26-27). 요한일서 4:13-14에서는 영과 관련한 이러한 상호의존성이 보다 부각된다.

요한의 이 특이한 칭호에 대한 위의 다양한 번역들은 요한복음서에서 파라클레토스에 부여된 다양한 특징들을 반영하며, 그러한 다양성으로 인해서 하나의 적절한 칭호를 붙이기가 대단히 어렵다. 변호자, 중재자, 위로자, 권면자 중 어느 말로 번역해도 파라클레토스/영의 실재를 전부 표현해내지는 못한다. 실로 바람(πνεῦμα)을 붙잡을 수 없듯이 요한복음서에서 파라클레토스라는 말의 의미도 붙잡기 어렵다. 단일한 개념을 표현해내는 번역어로는 이 말의 의미를 전달하기 어렵다. 아마도 요한공동체의 영체험의 복합성이 이 파라클레토스라는 불가사의한 말로 표현되었을 것이다. 예를 들어 빈디쉬는 파라클레토스의 역할에 세 가지 주제가 공존한다고 했다. 즉 옹호하고 심판하는 증인의 주제, 돕는 조력자의 주제, 위로자와 교

144 C.K. Barrett(1950), "The Holy Spirit in the Fourth Gospel", *JTS*, 1, pp. 1-15.

사의 주제이다.[145]

영은 홀로 세상 법정에 서서 자신의 약함을 뼈저리게 느끼는 공동체 구성원들 곁에 나란히 불려나온 그들의 변호자였다. 그런가 하면 영은 예수가 떠난 빈자리에서 예수의 말을 대신 전해주는 대변자, 중재자이기도 했다. 또한 영은 예수 없이 홀로 세상의 박해에 맞서 두려움과 슬픔 가운데 있는 공동체 구성원들을 위로해주는 분이었고, 삶의 구석구석 개입하면서 일일이 가르쳐주고 권면하는 분이기도 했다. 따라서 파라클레토스에 대한 개념적 이해는 어렵고, 그 말을 한 단어로 번역하는 것도 불가능하지만, 요한공동체의 삶과 경험의 차원으로 들어가면 그 복합적 성격을 이해할 수 있다. 파라클레토스의 역할의 이러한 복합성은 요한이 자신의 세계에서 흔히 사용되었던 언어를 공동체의 영체험의 다양한 측면들을 표현하기 위해 특수한 그리스도교적 인물(성령)에게 적용했음을 말해준다. 이 칭호의 독특성을 보존하기 위해서, 그리고 요한 성령의 다양한 기능을 놓치지 않기 위해서 여기서는 번역하지 않고 그대로 썼다.

나아가서 변호자와 고발자라는 상반된 의미가 하나의 단어로 동시에 표현된 이유는 무엇일까? 브라운도 이에 대해서 명확하게 설명하지는 못했다. 이 점은 요한복음서 전반에 걸쳐 나타나는 요한의 아이러니한 재판동기와 관련해서 설명할 수 있을 것으로 보인다. 사실 재판동기는 요한복음서 전반에 걸쳐 구조적으로 나타난다. 요한복음서에서 유대인들과 빌라도 앞에서 예수가 재판 받는 모습에는 세상 앞에서 요한공동체가 재판 받는 모습이 중첩되어 있으며, 또한 요한복음서의 빌라도 재판장면은 현상적으로는 예수가 빌라도 앞에서 재판을 받고 있지만 실제로는 빌라도로 대표되는 세상이 예수 앞에서 재판받고 있다는 것을 아이러니하게 보여주고 있

145 H. Windisch(1968), *The Spirit-Paraclete in the Fourth Gospel*, trans. by J.W. Cox (Philadelphia: Fortress), p. 18.

다. 말하자면 요한복음서 안에서 외형상 피고인 예수가 실제로는 재판장이며, 외형상 재판장이자 원고인 유대인과 빌라도가 실제로는 피고이다. 그리고 이것은 박해상황에서 세상 앞에 피고로 선 요한공동체에게도 똑같이 해당된다. 세상의 재판대에 피고로 선 요한공동체가 사실은 세상을 고발하는 역할을 한다. 그리고 이제 요한의 재판동기가 지닌 아이러니한 성격이 파라클레토스 개념에도 반영되었다고 볼 수 있다. 파라클레토스는 원래 피고측 변호인을 가리키지만 요한의 아이러니한 재판동기에 의하면 피고가 곧 재판장이자 원고가 된다. 그래서 공동체의 영인 파라클레토스는 박해상황에서 재판받는 공동체를 변호하는 영이면서 동시에 세상을 고발하며 정죄하는 영이기도 하다. 요한복음서 전체에서 재판동기가 지니고 있는 이러한 아이러니한 측면이 요한의 파라클레토스 개념에도 나타난다고 할 수 있다.

3. 요한공동체의 영체험의 맥락

파라클레토스라는 말의 언어적 의미에 대한 연구들은 이 말이 원래 법정적 언어임을 시사한다. 나아가서 이 말은 유대 종교사적 배경을 지닌 말이다.[146] 요한은 이 영역에서 나온 말을 영에 대한 자신의 독특한 언어로 사용했다. 파라클레토스의 배경에 대한 연구들은 잘 형성된 유대적 개념이 요한공동체의 대단히 풍부한 신학적 토양에 뿌리를 내렸다는 사실을 보여준다. 여기서는 그러한 종교사적 배경의 중요성을 부정하지 않으면서 초기 그리스도교의 사건들이 요한의 사상에서 일차적인 중요성을 갖는다는 점을 강조하고자 한다. 복음서저자는 전통적인 유대적 상을 그러한 사건들의

146 파라클레토스 개념의 종교사적 배경을 잘 정리해준 것으로 G.M. Burge(1987), *The Anointed Community: The Holy Spirit in the Johannine Tradition* (Grand Rapids, Michigan: Eerdmans Publishing Co.), pp. 10-31 참조.

맥락에서 재구성했다. 그리고 그 재구성은 대단히 정교해서 전통적 모델의 흔적만 남고, 전혀 새로운 창조적 인물이 탄생했다. 따라서 복음서저자가 전통적 파라클레토스 상을 재구성한 요한적인 맥락을 밝힐 필요가 있다.

이것은 요한공동체의 영체험을 반영하는 구절들로부터 유추해볼 수밖에 없고, 다음의 두 가지 초점을 중심으로 살펴보아야 한다. 첫째로 요한은 영의 계시활동에 대한 예민한 의식을 보여주며, 이것은 요한공동체가 영의 계시활동을 체험한 재판과 박해라는 실제 상황을 통해 살펴보아야 한다. 이 측면에서 요한의 재판동기는 대단히 중요하며, 이 동기가 요한에 의해 예수의 지상생애를 넘어서 교회의 상황으로까지 확대되고, 공동체 자체의 법정적 박해의 상황이 드러난다. 파라클레토스는 세상 앞에서 증거하는 법정적 영으로서 그러한 재판적 상황 안에 구체적인 삶의 자리를 가진다. 그리스도가 재판받고 아버지를 계시했듯이 제자들도(그리고 파라클레토스도) 재판받으며, 그들의 증거를 통해 그리스도를 증거하며 계시한다. 둘째로, 일반적으로 지적하듯이 그리스도론과 종말론적 초점 역시 중요하다. 그리스도와 파라클레토스 사이의 병행은 잘 알려져 있으며, 요한의 실현된 종말론 역시 동일한 맥락에 있다. 파라클레토스 안에서 그리스도가 지금 공동체 안에 현존한다는 것이다. 파라클레토스를 통해 말하는 것은 현존하는 그리스도이다. 그러므로 요한 파라클레토스의 한 가지 중요한 특징은 그리스도론적 집중이라고 할 수 있다. 그리스도는 고별담론에서 파라클레토스의 형태와 의미를 결정한 기본적인 틀이다.

가. 박해와 선교의 상황: 증거와 계시

브라운은 공관복음서의 영에 관한 예언들이 요한복음서의 파라클레토스 구절들이 나오게 된 전통적인 문맥을 이룬다고 주장했다.[147] 박해의 위협은

147 R.E. Brown(1970), pp. 696-697, 698-701, 1141-1142; C.H. Dodd(1963a), pp. 407-413.

공관복음서의 종말론적 담론들에서 중요한 역할을 한다(막 13장; 마 24-25장; 눅 21장). 마태복음 10:17-25의 종말론적 단락에서 박해의 위협은 증거와 결합되었다. 마태에 의하면 열둘의 선교는 그리스도의 이름을 전한다는 이유로(10:18) 거부당하고 박해받을 것이다(10:14 이하). 다른 종말론적 담론들은 물론이고(막 13장 등) 마태복음 10장에서도 문맥은 법정적이다. 박해는 재판을 통해 이루어질 것이고, 영은 제자들이 증거하는 것을 도울 것이다(마 10:20; 막 13:11; 눅 21:12).

브라운에 의하면 "이 전승 재료가 요한적인 사유체계에 의해 변형되기는 했지만, 요한의 다른 어떤 긴 담론도 요한복음 15:18-16:4a만큼 공관복음서의 담론과 유사하지는 않다." 예를 들어 15:18에서 예수는 세상의 증오에 대해 경고하며(마 10:22; 24:19 병행) 20절에서는 다가올 박해에 대해 말한다(마 10:23; 눅 21:12). 21절은 그 이유를 말한다. "그들은 너희가 내 이름을 믿는다고 해서 이런 모든 일을 너희에게 할 것이다."(마 10:22; 막 13:13 참조). 그러나 이 박해에도 불구하고 파라클레토스가 계실 것이다(요 15:26; 참조 마 10:20; 막 13:11). 사실 예수는 제자들의 믿음이 "흔들리지 않도록"(요 16:1; 마 24:10 병행) 하기 위해서 이 가르침을 주었다. 왜냐하면 그들은 회당에서 쫓겨나고(요 16:2; 마 10:17 병행) 죽임을 당하기까지 할 것이기 때문이다(마 24:9; 눅 21:16). 브라운에게 이 병행구들은 결정적이다. "세상의 박해 앞에서 영에 대해 언급한 것이야말로 요한의 파라클레토스 이해 발전에서 중요한 촉매 역할을 했을 것이다."[148] 브라운에 의하면 요한복음 15:18-16:4a는 파라클레토스 상이 요한복음서에서 어떻게 그렇게 중요한 역할을 하게 되었는가를 알려주는 열쇠이다.

크레머에 의하면 요한복음 15:18-16:4a와 공관복음서 전승(특히 마 10장) 사이의 수많은 병행은 복음서저자가 신뢰할 만한 역사적 전승에 접할 수

148 R.E. Brown(1970), p. 699.

있었다는 것을 시사한다.[149] 이것은 요한이 공관복음서 전승을 베꼈다는 뜻이 아니라 공통이 되는 기본적인 역사적 전승의 존재를 시사한다. 이에 따르면 예수의 선교활동에 대한 적대감이 늘 있었고, 예수는 추종자들에게 임박한 운명에 대해 말할 때 늘 그들에 대한 적대감도 예언했다. 그리고 추종자들의 증거를 담대하게 했던 것은 영이었다. 이것이 전승이 시사하는 기본적인 사정이다.

크레머의 말대로 요한은 아마도 예수로부터 유래한 전승에 근거해서 파라클레토스를 고별담론의 영에 적용하게 되었을 것이다. 영에 대한 요한의 독특한 칭호인 파라클레토스는 법정적 박해의 문맥에 잘 들어맞는다. 이것은 초대 교회가, 요한공동체가 영을 느끼고 체험하게 된 것은 극한적인 법정적 박해의 상황이었음을 시사하며, 요한의 "파라클레토스" 칭호는 이러한 상황을 반영한다. 브라운은 다음과 같이 요약한다. "15:18-16:4a에 나오는 박해에 관한 전통적인 재료가 고별담론의 문맥 안으로 들어올 때 그 재료에 나오는 영에 대한 법정적 서술이 요한적인 파라클레토스 상을 형성시키는 촉매제가 되었을 것이고, 그것은 고별담론의 다른 단락들과 소단락들에도 들어왔을 것이다."[150]

그러나 15:26-27에 의하면 파라클레토스는 단순히 박해상황을 견디게 하고 그 속에서 위로와 도움을 주는 것만이 아니라 제자들로 하여금 증거를 계속하게 하고, 선교를 지속하게 한다. 버즈는 이 점을 잘 밝혀주었다.[151] 15:26-27에 의하면 교회는 영의 도움을 받아 선교를 수행하며, 영의 능력

149 J. Kremer(1977), "Jesu Verheissung des Geistes: Zur Verankerung der Aussage von Joh 16:13 im Leben Jesu", *Die Kirche des Anfangs, Festschrift für Heinz Schürmann zum 65. Geburtstag*, Erfurter Theologischen Studien 38, ed. by R. Schnackenburg, J. Ernst, and J. Wanke (Leipzig: St. Benno-Verlag), pp. 247-276.

150 R.E. Brown(1970), p. 700.

151 G.M. Burge(1987), pp. 36-38 참조.

을 통해 세상과 마주한다. 그러므로 15:18 이하는 파라클레토스를 박해와 증거, 그리고 선교라는 실질적인 상황에 닻 내리게 하는 구절이라고 말할 수 있다. 16:8-11에서는 파라클레토스가 적대적인 세상 앞에서 공격적인 변호자의 기능을 하는 것으로 나타난다. 14:26과 16:12-15에서는 파라클레토스가 증거와 계시를 통해 교회의 재판을 유리하게 하는 것으로 나타난다. 영은 세상 앞에서 공동체가 적극적으로 증거하게 한다. 파라클레토스는 교회의 증거를 통해 예수의 말을 회상시키고, 공동체를 예전에 알지 못했던 진리로 인도하며, 세상으로 하여금 그들의 잘못을 깨닫게 하고, 그리스도의 메시지를 정당화한다. 따라서 요한공동체는 선교를 통해 영의 계시 능력을 경험하며, 그들의 선교가 세상과의 갈등으로 인도한다는 것을 분명하게 알고 있었다.

따라서 법정적 박해가 일어나는 상황은 동시에 선교행위가 이루어지는 자리로서 증거와 계시의 자리이기도 하다. 데 라 포테리에와 포르쉬도 파라클레토스가 법적인 투쟁과 계시라는 이중의 기원으로부터 나왔다고 본다. 이들에 의하면 파라클레토스와 그리스도는 먼저 "재판동기"라는 요한의 문학적 기술 안에서 이해되어야 한다. 데 라 포테리에는 다음과 같이 지적했다. "다섯 개의 파라클레토스 구절들의 삶의 자리는 예수와 세상 사이의 장엄한 신학적 재판이라는 삶의 자리이다. 파라클레토스 약속들에서 (요한은) 예수에게 적대적인 '세상'이라는 실재를 그리고 있다."[152] 포르쉬는 브라운과 마찬가지로 이 동기가 공관복음서의 갈등의 말들로부터 양식상 발전한 것이라고 본다. 유대인들로 상징된 세상과 예수와의 만남은 법적인 재판으로 서술되었다. 예수가 유대인들 앞에서 재판을 받고 있지만 아이러니하게도 그것은 세상이 하나님 앞에서 재판을 받고 있다는 증거이다. 증

152 I. de la Potterie(1977), *La Verite dans Saint Jean* (Rome: Biblical Institute Press) ch.5, "Le Paraclet, L'Esprit de la Verite", p. 468; G.M. Burge(1987), p. 37에서 재인용.

인들이 등장하고 사라지는데, 결정적인 것은 아들의 증거이고, 그의 증거는 계시이다.[153] 그는 "나는 진리를 증언하려고 세상에 왔다"(18:37)고 말한다. 따라서 본문 내적인 예수의 상황과 요한공동체의 상황이라는 두 차원에서 법정적 박해와 그 속에서 이루어지는 증거와 계시가 요한복음서에서 파라클레토스가 등장하는 맥락을 이룬다.

위와 같이 보아야 때로는 재판적이고, 때로는 케리그마적인 파라클레토스의 특징들을 통전적으로 이해할 수 있다. 요한복음서에서 재판동기는 공동체가 실제 처해 있는 법정적 박해상황이라는 사회역사적 차원을 지니며, 동시에 예수와 세상 사이의 재판이라는 신학적 차원을 지닌다. 그리고 고별담론에 나타나는 파라클레토스는 이 두 차원 안에서 동시에 움직인다. 파라클레토스는 공동체로 하여금 고난과 박해 가운데서도 절망하지 않고 계속 선교할 수 있게 하는 힘이었으며, 동시에 그리스도에 대한 증거를 제시하는 계시의 영이었다. 박해와 선교상황에서 파라클레토스의 증거는 예수 자신이 말한 진리(계시)를 상기시키기 때문에 계시가 된다(16:12-13). 따라서 파라클레토스는 "진리의 영"이라고 불린다. 다시 말해 그는 "우리를 늘 예수의 진리 가운데로 보다 깊이 인도하는 영이다." 그러므로 파라클레토스는 결코 예수의 인격과 따로 독립적으로 기능하지 않는다. 포르쉬는 다음과 같이 결론짓는다. "요한복음서의 서술 배후에는 교회의 경험이 있을 뿐이다. 영은 교회를 예수의 계시에로 인도했고, 이 영은 '예수의 영'이기도 했다(고후 3:17; 고전 12:13 참조). 그의 활동은 전적으로 예수의 인격과 활동을 지시했다. 따라서 그는 예수의 계시를 지속시키는 자로 보였다. 아니면 보다 낫게 말하자면 그는 예수의 계시를 실현하는 자였다."[154]

---

153 F. Porsch(1974), *Pneuma und Wort: Ein Exegetischer Beitrag zur Pneumatologie des Johannesevangeliums*, Frankfurter Theologische Studien 16 (Frankfurt: Knecht), pp. 225-226.

154 F. Porsch(1974), pp. 323-324; G.M. Burge(1987), p. 38에서 재인용.

나. 파라클레토스의 그리스도론적 함의: "예수 없이 예수와 함께"

요한복음서의 영/파라클레토스 상을 결정하는 중요한 맥락 중에 하나는 그리스도이다. 신약성서에서 일반적으로 영이 힘으로 이해되었다면, 요한복음서에서 영/파라클레토스는 예수와 유사한 인격적 특징을 지닌다. "다른 파라클레토스로서 파라클레토스는 사실 다른 예수이기도 하다."[155] 예수가 아버지로부터 왔다면(6:57) 파라클레토스도 그렇다(15:26). 예수가 보냄을 받았다면(3:17) 파라클레토스도 그렇다(16:7). 파라클레토스가 진리의 영이라면 예수는 진리이다(14:6). 파라클레토스가 거룩한 영, 곧 성령이라면, 예수는 하나님의 거룩한 자이다(6:69). 세상이 파라클레토스를 받아들일 수 없듯이(14:17) 악한 사람들은 예수를 받아들이지 못한다(5:43; 12:48). 따라서 어떠한 경위로 요한이 요한복음서에 나타나는 그리스도 상으로부터 파라클레토스 상을 발전시켰는지 물을 수 있다. 파라클레토스는 돌아온 예수인가?

바레트와 브라운은 요한이 파라클레토스를 예수와 긴밀하게 연결시켰다고 본다. 말하자면 파라클레토스는 "예수가 없을 때 예수의 현존"이다.[156] 바레트는 "영의 활동은 그리스도를 증거함으로써 그리스도가 이미 시작한 일을 유효하게 하는 것이다. 따라서 영은 종말론적인 연속으로서 그리스도의 선교활동을 통해 시작되고 그의 귀환을 통해 완성을 기다리는 그리스도의 일이 그를 통해 이루어진다."[157] 이렇게 영을 시대의 완성 때까지 예수를 대신하여 현존하는 중간적인 존재로 만듦으로써 요한의 미래적 종말론이 유지되었다는 것이다. 그는 예수의 다른 자아이지만 예수 자신은 아니라고 한다.

앞서 지적했듯이 브라운은 박해에 관한 예수의 말이 요한의 파라클레토

---

155 R.E. Brown(1966-67), p. 128.

156 R.E. Brown(1970), p. 1139.

157 C.K. 바레트(1978a), pp. 142-143.

스 배후에 있는 촉매제라고 보았다. 동시에 그는 예수와 파라클레토스 사이의 관계에 대한 질문이 요한공동체 안에서 중요하게 대두되었다고 보았다. 그에 따르면 요한의 삶의 자리에서 두 가지 문제가 예수와 파라클레토스를 관련시키게 했다.[158] 첫째로 애제자의 죽음으로 인해 혼란이 야기되었다. 예전에 공동체는 자신과 예수 사이에 애제자라는 눈에 보이는 연관성을 가지고 있었다. 그러나 이제 그의 죽음으로 인해 안정성이 사라졌다. 애제자(탁월한 목격자 19:35; 21:24)의 죽음은 중대한 문제였다. 이러한 상황에서 파라클레토스는 중요한 역할을 했을 것이다. 부활 이후 영의 선물을 통해서만 사도들은 그들이 본 것을 이해했고(2:22; 12:16) 이제 바로 이 영이 모든 그리스도인들과 함께 거한다(14:17). 어떤 의미에서 요한복음서 자체가 요한공동체와 역사적 예수를 눈에 보이게 관련시키는 영/파라클레토스에 의해 이루어진 작품이었다.

두 번째 문제는 재림의 지연이었다. 사람들은 동료들이 살아 있는 동안에 예수가 재림할 것을 기대했다(막 13:30; 마 10:23). 확실히 거기에는 애제자도 포함되었다(21:23). 이 목격자들의 죽음, 즉 재림의 지연과 점증하는 회의주의는(벧후 3:3-10; 유 18절 참조) 고통스러웠을 것이다. 그러나 파라클레토스는 답변을 제시했다. 요한은 재림에 대한 희망을 잃지 않으면서도 특정한 방식으로 그리스도가 이미 왔다고 주장했다는 것이다. "그리스도인은 하늘로부터 인자가 올 것을 기다리면서 자신들의 시선을 계속 하늘에 두고 살 필요가 없다; 왜냐하면 예수는 파라클레토스로서 모든 믿는 자들 안에 계시기 때문이다."[159]

브라운이 지적한 위의 두 가지 삶의 자리는 파라클레토스와 그리스도와의 유사성을 설명해준다. 즉 애제자의 죽음과 재림의 지연으로 인해 예수

158 R.E. Brown(1970), pp. 1142-1143.

159 R.E. Brown(1970), p. 1143.

와의 연결성이 사라질 위기에 처했을 때, 파라클레토스는 또 다른 예수의 역할을 했다. 따라서 그리스도 부재시 그리스도의 현존을 대신하는 존재로서 파라클레토스는 그리스도와 유사한 성격을 지녀야 했다.

그러나 바레트는 여기에 세 번째 삶의 자리를 덧붙였다. 파라클레토스는 교회 안에서 그리스도의 일을 계속하고 완성한다는 것이다. 교회도 역시 "그 안에서 하나님의 목적이 실현되는 종말론적인 연속성이라고 말할 수 있을 것"이다.[160] 바레트는 바로 이러한 이유 때문에 신약성서의 παρακαλεῖν이나 파라클레토스 용법에 비추어 파라클레토스의 의미를 이해해야 한다고 말한다. 교회의 예언자적 그리스도교 설교는 영/파라클레토스의 선교활동의 장이었다는 것이다.

존스톤과 마틴도 파라클레토스 안에 그리스도가 종말론적으로 현존한다는 사실이 교회의 선교활동을 통해 드러난다고 보았다. 존스톤은 "그리스도교 예언자들이나 회상가들, 교사들, 그리고 요한 교회의 순교자들이라고 할 수 있는 '대표자들' 안에 아주 현실적으로 눈에 보이게" 파라클레토스가 나타났다고 보았다.[161] 마틴은 파라클레토스 서술들이 그리스도와 병행할 뿐만 아니라 그리스도교 증인들과도 병행한다고 보았다.[162] 세상은 예수나 파라클레토스를 알지 못했다. 이 때문에 세상은 그리스도인도 "알지" 못할 것이다(요일 3:1). 세상은 그리스도를 미워했고, 증인도 미워할 것이다(요 15:18). 마틴은 다음과 같이 요약한다. "자신이 아버지에게로 가기 때문에 지상에서의 그의 일이 계속될 것이라는 예수의 약속이 내포하는 역설은 파라클레토스의 인격 안에 그가 돌아옴으로써 '해결되었다.' 그러므로 두 차원의 드라마를 만들어내는 것은 바로 파라클레토스이다……. 파라클레토스가 이 두 차원의 드라마를 만들어내기 위해서는 그는 예수와 유사해야

160 C.K. 바레트(1978a), p. 143.

161 G. Johnston(1968), "The Spirit Paraclete in the Gospel of John", *Perspective*, 9, p. 16.

162 J.L. Martyn(1979), pp. 143-151.

할 뿐만 아니라 그 드라마 안에서 예수의 또 다른 복사판이라고 할 수 있는 그리스도교 증인과도 유사해야 했다."[163]

이러한 존스톤과 마틴의 관찰을 받아들인다면, 파라클레토스는 예수 부재의 현실 속에서 그리스도교 증인들과 예수를 묶어주는 존재이고, 따라서 그리스도와 유사하며, 동시에 그리스도와 유사한 또 다른 존재들인 교회의 증인들과도 유사하다고 할 수 있다. 이것은 단순히 교회주의적인 관점이 아니라 교회의 현재적인 삶의 자리에서 그리스도와 그리스도인을 하나로 이어주는 하나됨의 영으로서 파라클레토스의 역할을 시사한다. 파라클레토스는 그리스도 부재 시 분열과 슬픔 속에 있는 교회공동체 안에서 분열을 하나됨으로, 슬픔을 미래에 대한 확신으로 바꾸어주는 일치의 영이었다. 이러한 일치의 경험이 파라클레토스와 예수, 교회의 유사성, 연속성에 대한 인식의 근거였을 것이다.

이처럼 예수 없는 상황에서 예수와 함께 산다는 요한공동체의 영체험의 본질적 성격은 종말론적 함의를 지닌다. 바레트는 요한의 해석에서 그리스도론의 중요성을 지적하면서 동시에 종말론의 중요성을 강조했다. 그에 따르면 요한복음서는 재림지연의 상황에서 영을 사용하여 메시아적 공동체의 새로운 위치를 설명하고자 한 집요한 시도의 결과였다."[164] 스코트는 요한이 "재림의 부적절한 양식은 버린 대신 그 진실을 파악했으며, 그리스도를 이미 오신 분으로, 그의 사람들 안에 내면적으로 현존하는 분으로 이해할 수 있었다"고 말했다.[165] 이 모든 것들은 공동체가 현재적 삶의 한가운데서 그리스도의 오심을 경험했다는 말로 풀 수 있을 것이다.

---

163 J.L. Martyn(1979), p. 148.

164 C.K. Barrett(1950), p. 1.

165 E.F. Scott(1906), *The Fourth Gospel, Its Purpose and Theology* (Edinburgh: T. & T. Clark), p. 348.

4. 요한공동체의 파라클레토스 체험: 파라클레토스의 기능

가. 선교와 일치의 영으로서의 파라클레토스(14:16–17; 15:26–27)

신약성서에 의하면 영체험은 결코 신자공동체를 자기 안에 정적으로 머무르게 하지 않는다. 그것은 그리스도교 공동체를 세상 속으로 내몬다. 따라서 신약성서에 나타나는 영체험의 중요한 결과는 선교와 증거이다. 복음서들은 한결같이 예수가 제자들에게 증거를 위임한 데 대해 기록하고 있다. 그중에서도 누가와 요한은 이 과정에서 일어난 영의 활동을 그려준다. 누가복음 24:48–49에서는 증거와 관련해서 영의 기름부음에 대해 말하며, 사도행전 2장에서는 성령의 기름부음을 통해 두려워 떨던 제자들의 선교에 힘이 불어넣어진다. "성령이 너희에게 내리시면, 너희는 능력을 받고…… 내 증인이 될 것이다."(행 1:8) 이외에 여러 구절들이 영의 증거에 대해 암시한다(행 5:32; 15:8; 20:23). 따라서 누가에서는 영의 기름부음과 교회의 선교 사이에 뗄 수 없는 관련이 있다고 볼 수 있다.

요한문서들 역시 이 점을 확인해주며, 요한공동체는 특별히 선교에 수반되는 자신들에 대한 거부와 박해를 예민하게 의식하고 있었다. 이것은 믹스가 잘 밝혀주었듯이 예수에 대한 거부와 관련해서 설명되었다.[166] "그는 세상에 계셨다.……그러나 세상은 그를 알아보지 못하였다. 그가 자기 땅에 오셨으나 그의 백성들은 그를 맞아들이지 않았다."(요 1:10–11) 만일 세상이 예수를 거부했다면, 그리고 파라클레토스는 공동체 안에서 예수의 선교와 재판을 지속시키는 영 안에서의 예수라면, 제자들도 마찬가지로 거부와 갈등을 겪게 될 것이다. "사람들이 나를 박해했으면 너희도 박해할 것이요, 또 그들이 내 말을 지켰으면, 너희의 말도 지킬 것이다."(15:20) 그러므로 요한 교회와 세상 사이에는 단절이 있었고, 그것은 예수의 인격과 현

166 W.A. Meeks(1972), pp. 44–72.

존에 초점을 두고 있었다. 그리고 15:26-27에 의하면 이러한 박해와 투쟁의 상황에서 힘을 주는 것이 파라클레토스이다. 파라클레토스는 박해 가운데서도 선교의 성공을 가져다주는 힘이다.

그리고 영/파라클레토스는 요한공동체의 선교를 예수의 선교, 하나님의 선교로 이어주는 매개체 역할을 한다. 버즈는 요한적 대리 개념에 근거한 선교의 단일성을 지적했다.[167] 요한복음서에서 예수와 제자들 사이의 관계는 예수와 아버지의 관계에 근거해서 그려졌다. 아버지가 그를 사랑하고 보냈듯이 예수도 제자들을 사랑하며 보낸다(15:9; 17:18). 이것은 요한복음서에서 예수의 파송이 교회의 파송을 위한 패러다임임을 시사한다. 20:21의 사도 위임과 교회의 선교는 이러한 틀 안에 있다. 예수는 제자들을 통한 그의 선교의 미래를 내다보면서, 자신이 위임받고 준비되었듯이 그들에게 위임하고 준비시킨다. 그들은 예수가 하나님을 섬겼듯이 그를 섬기는 대리자들이 될 것이다. 그들은 영을 받고(20:21-22) 세상으로 보냄받는다(17:18). 세상 안에서 그들은 계시자로서의 기능을 한다. 하나님의 말씀을 증거하고 파라클레토스를 통해 예수를 영광스럽게 하며, 파라클레토스 역시 똑같은 일을 할 것이다(14:26; 16:14). 그리고 그들은 세상 안에서 — 그리스도의 모델을 따라(15:18) — 박해당하고 거부당할 것이지만 파라클레토스가 그들을 도울 것이다(15:26).

예수가 떠난 이후 교회 안에서 그리스도의 현존을 유지시키는 존재로서 파라클레토스는 제자들이 계속해서 그리스도 중심적인 선교를 할 수 있게 하는 힘이다. 영/파라클레토스를 통해 제자들의 선교는 예수의 선교, 하나님의 선교로 이어진다. 그러므로 요한공동체 안에서는 하나님의 계획 안에 단일한 하나의 선교가 있으며, 그것이 예수의 선교라는 인상을 받는다. 하나님이 예수가 하는 모든 일들 가운데서 "예수 안에" 있다면(10:36-38;

---

167 G.M. Burge(1987), pp. 201-204.

14:10-11; 17:21-23) 영/파라클레토스를 통해 제자들이 하는 모든 일들 가운데 예수가 있다. 따라서 그리스도의 선교는 영의 인도를 받은 교회의 증거를 통해 그가 없음에도 불구하고 계속될 것이다. 그리고 둘 다 보냄받은 자들로서 제자들과 파라클레토스의 선교는 사실상 하나를 이룬다. 15:26-27이 지적하듯이 파라클레토스와 제자들의 증거 임무는 교회의 선교에서 한데 합쳐진다. 마찬가지로 14:17도 이러한 관계를 확인해준다. 파라클레토스는 그들 안에 거하며, 그들과 함께 있을 것이다. 교회와 영은 하나로 기능한다. 그러므로 파라클레토스와 제자들 사이에서 계시의 기능은 예수와 아버지 사이에서의 기능과 비슷하다고 말할 수 있다. 아버지는 예수를 통해 말하고, 따라서 하나의 증거만이 존재한다(12:49). 비슷한 방식으로 파라클레토스는 제자들을 통해 말하고, 따라서 증거의 단일한 목소리를 만들어낸다.

시간적으로 말하자면 파라클레토스는 공동체로 하여금 지금 여기의 삶에 집중하게 하는 영이라고 할 수 있다. 지금 현재 그들이 당하고 있는 박해와 선교의 삶 한가운데 지나온 하나님의 역사와 앞으로 펼쳐질 미래가 집약되어 있다. 과거와 미래가 지금 여기 공동체의 삶 속에 통전되어 있다. 공동체의 선교활동은 그리스도의 선교이며, 하나님의 선교이다. 그러므로 파라클레토스는 박해 가운데서 그리스도의 현존을 체험하는 공동체의 현재 시간을 하나님의 시간, 종말론적 시간으로 만드는 영이었다. 그것은 요한 공동체가 자신의 선교를 엄격하게 그리스도 중심적으로 이해했기 때문에 가능했다. 교회의 선교는 예수의 선교 형태를 따라야 했다(17:18; 20:21). 그들은 그리스도의 선교를 계속했고, 그리스도를 살았다. 그러므로 파라클레토스는 예수의 존재를 유지시키고 그리스도의 계시 활동을 효과적으로 완성할 수 있도록 교회와 함께 하는 그리스도의 대리자였다. 요한공동체는 영/파라클레토스를 통해 세상 안에서 그리스도의 존재를 지속시킨다. 즉 그리스도를 살려낸다.

나. 변호사와 검사로서의 파라클레토스(16:8-11)

앞서 지적했듯이 파라클레토스는 원래 법정적 상황에서 생겨난 말이다. 법적인 재판과 박해라는 상황은 요한이 파라클레토스를 끌어들이는 가장 강력한 촉매제였다. 사실 고별담론에서 파라클레토스의 다양한 임무를 가장 잘 설명해줄 수 있는 것은 법정 증인으로서의 영의 포괄적인 활동이다. 그리스도는 세상 앞에서 여전히 재판을 받고 있고, 요한 교회는 스스로를 대리적으로 이해하고 있다. 교회는 그리스도를 대신해서 재판받고 있다는 것이다. 따라서 변호자로서 파라클레토스는 진리에 반대하는 사람들에게 간청하고 설득한다. 그리고 증인으로서 파라클레토스는 그리스도와 그의 교회에 유리한 증거를 제시한다.

요한은 14:16, 26과 15:26에서 파라클레토스에 대해 묘사하면서 법정장면을 머릿속에 그렸을 것이다. 파라클레토스는 단순히 제자들이 증언할 내용을 알려주는 것만이 아니라 "공격"도 할 것이다.[168] 그는 검찰 측 변호사가 될 것이다. 요한공동체는 자신의 선교로 인해 받게 되는 재판에서 단순히 수동적인 역할만을 하는 것이 아니라, 예수와 마찬가지로 세상의 죄와 불신앙을 드러내게 될 것이다. 16:8-11에서는 파라클레토스의 이러한 활동에 대해 말한다. "그(파라클레토스)가 오시면 죄와 의와 심판에 대하여 세상의 잘못을 깨우치실 것이다." 여기서 말하는 영/파라클레토스의 주요 기능은 세상과 마주하는 것, 사실상 세상을 설득하는 것이다. 파라클레토스는 박해받는 공동체가 자신을 증오하는 세상에 증오를 품고 세상으로부터 물러나거나 움츠러들지 않을 수 있게 한다. 증오의 또 다른 얼굴은 두려움이다. 파라클레토스는 그 두려움에서 벗어날 수 있게 한다. 그래서 자신을 증오하는 세상을 다시 한 번 사랑할 수 있게 하며, 거부하는 세상 앞에서 다

168 A.E. Harvey(1976), *Jesus on Trial: A Study of the Fourth Gospel* (London: SPCK), p. 118.

시 한 번 증거하고 설득할 수 있게 한다. 16:8-11에 의하면 영은 공동체의 증거를 통해 일할 것이며, 세상을 정죄할 것이다. 공동체가 그리스도를 대신해서 재판받을 때 영/파라클레토스는 판을 뒤집어서 그리스도 중심적인 교회의 진실성으로 교회를 통해 세상에게 말할 것이다. 15:26-27이 말해주듯이 이러한 활동은 공동체의 증거와 설교에서 드러날 것이다.

그러므로 요한공동체는 자신들의 재판 가운데서 영이 그들의 적대자들에게 말할 때 영을 변호사로, 세상에 대한 검사로 경험했다. 그러나 트라이츠는 법정적 배경에서는 한 가지 다른 기능이 변호사, 검사의 모델과 나란히 있다고 했는데 그것은 "증인"으로서의 모델이다.[169] 여기서 초점은 적대자보다는 증거에 있다. 요한공동체에서 누가 주된 증인인가? 그리스도에 대한 공동체의 증거의 원천은 무엇이었는가?

다. 회상의 영으로서의 파라클레토스(14:25-26; 16:4)

요한공동체는 자신들이 세상을 상대로 하나님의 재판을 벌일 때 영/파라클레토스가 공동체에 유리한 증거를 해준다고 여겼다. 영/파라클레토스의 증거 기능과 관련해서 중요한 개념은 "회상"이다. 증거의 실질적 내용은 회상이다. 14:25-26은 영이 예수가 했던 모든 말을 기억나게 할 것이라고 말한다. "내가 너희에게 말한 모든 것을 생각나게 하실 것이다." "회상"을 나타내는 단어는 요한복음서에서 세 가지 동사가 나온다. μιμνῄσκομαι는 세 번(2:17, 22; 12:16), ὑπομιμνῄσκω는 한 번(14:26) 나오며, μνημονεύω는 세 번(15:20; 16:4, 21) 나온다.

제자들은 부활절 이후에야 영의 회상기능을 통해 제대로 깨닫게 된다. 이 점에서 7:39는 중요하다. "이것은 예수를 믿은 사람들이 받게 될 성령을

---

169 A.A. Trites(1977), *The New Testament Concept of Witness* (Cambridge: Cambridge University Press), pp. 22, 46.

가리켜서 하신 말씀이다. 예수께서 아직 영광을 받지 않으셨으므로, 성령이 아직 사람들에게 오시지 않았다." 이 구절은 예수가 "영광을 받은 이후에야"(7:39) 스가랴 9:9의 의미가 알려졌다고 분명하게 말한다. 여기서는 단순히 영을 통해 앞으로 생명을 받게 된다는 의미가 아니라 영을 통해 새로운 해석학적 관점이 생기리라는 점을 시사한다. 오직 영을 통해서만 바른 회상이 가능하다. 요한복음 2:22에도 비슷한 생각이 나타난다. 부활에 대한 말은 부활절 이후 상황에서 제자들의 마음이 일깨워질 때까지는 신비로 남는다. 예수의 말은 회상을 통해 "단순히 기억으로 재생될 뿐만 아니라 신앙을 위해서 열려진다."[170] 영/파라클레토스의 회상기능을 통해 예수에 대한 역사적인 말들은 교회의 살아 있는 선포 속으로 들어온다.

요한복음 16:4와 20:8은 이 관점을 잘 보여준다. 16:4에서 예수는 그의 제자들에게 다가올 고난에 대해 경고하고 미래에 이 경고를 기억함으로써 이해와 위로를 얻게 될 것이라고 말한다(14:29 참조). 미래를 내다보면서 후일에 있을 영을 통한 성찰을 예기하고 있는 것이다. 16:12에서도 이러한 관점이 나타나는데, 여기서 예수는 계시활동을 전적으로 다가올 파라클레토스의 손에 맡기고 자신은 침묵한다(16:13 이하). 20:8-9에 의하면 그 제자는 부활 이후에야 부활에 관한 성서의 말을 깨닫고(20:9), 영을 경험했다. 그는 기름부음을 받기 이전에는(20:22) 깨닫지 못했다.

이러한 영의 회상기능의 일차적인 중요성은 구체적인 역사화에 있다. 14:26에 의하면 요한공동체는 세상 앞에서 증거하면서 그리스도에 대한 역사적 증거를 제시할 수 있었다. "그러나 파라클레토스, 곧 아버지께서 내 이름으로 보내실 성령께서 너희에게 모든 것을 가르쳐주실 것이며, 또 내가 너희에게 말한 모든 것을 생각나게 하실 것이다." 아마 요한복음서 자체도

170 F. Mussner(1967), *The Historical Jesus in the Gospel of St. John*, trans. by W.J. O'Hara (London: Burns and Oates), p. 41.

역사에 내린 하나의 닻으로 기능했으며, 목격자가 아닌 사람들을 위한 회상의 도구가 되었을 것이다. 영은 적대적인 세상 앞에서 증거하는 공동체에게 유사한 경험을 했던 예수의 역사를 일깨워준다. 물론 현대적 의미에서 역사적 예수의 생애가 아니라 역사의 의미에 대한 회상이라고 할 수 있을 것이다. 요한은 역사에 대한 분명한 감각을 가지고 있었고, 현재적 삶의 지평에 초점을 둔다고 해서 먼 과거의 일을 사라지게 하지 않았다. 현재의 계시와 선포는 과거에 닻을 내리고 있다. 영은 전승에 드러난 사실들과 그리스도의 말씀들을 제시하며, 교회의 삶의 맥락에서 그것들을 해석한다. 따라서 요한에서 μιμνῄσκομαι는 전승과 예수에 대한 기억을 가리킨다.

요한복음서에서 영의 회상기능은 이러한 역사적 관점을 가지고 있었을 뿐만 아니라 해석적인 기능까지도 포함했다. 14:26은 파라클레토스의 계시활동이 단순히 기계적인 것이 아님을 정확하게 보고 있다. 파라클레토스는 "가르침"을 통해 역사적인 자료들에 대한 신자들의 지식을 진전시키며, 그것을 교회의 현재적인 상황에 적용시킨다. 이것은 무스너가 말하듯이 "요한이 보는 방식"이며, 역사 속에 감추어진 의미를 발견하는 해석이기도 하다.[171] 즉 독특하게 요한적인 "보는 방식", 독특한 요한적인 해석학적 틀로서 소위 "성령론적 해석의 틀"이라고 말할 수 있을 것이다.

16:12-15 역시 기억과 해석의 역동적인 관계 안에서 이해해야 한다. 이 구절들은 교회의 선교에서 파라클레토스가 보충적인 계시를 할 것임을 암시한다. 이것은 기억을 강조한 14:26과 구별된다. 예수는 아직 할 말이 많지만 제자들이 그것을 감당할 수 없으므로 나중에 파라클레토스가 이 일들을 계시할 것이라고 말한다. 예수는 단순한 반복이 아니라 제자들을 새로운 계시경험으로 인도하기 위해 파라클레토스에 의존할 것이다. 이것이 16:13a의 의미이다. 그러나 곧이어 영은 그가 말하는 모든 것에 대해 엄격

---

171 F. Mussner(1967), p. 44.

히 예수에게 의존한다는 언급이 나오면서 새로운 계시활동은 제한이 된다. 영은 앞으로 그가 "들을"(ἀκούσει) 것만을 말할 것이다. 이 동사의 미래시제에 주목할 필요가 있다. 요한은 영이 단순히 예수가 말한 것을 다시 말할 것이라고(회상) 하지 않는다. 미래가 있을 것이고, 계시의 진전이 있을 것이다. 예수의 계시는 공동체 안에서 계속될 것이다. 그리고 영/파라클레토스는 그의 권위 있는 통로가 될 것이다. 그러나 이 계시는 그리스도의 역사적 계시를 벗어나서는 안 된다. 영은 이 점을 회상시킬 것이고, 공동체의 삶 가운데서 예수의 계시활동을 지속시킬 것이다. 따라서 파라클레토스는 부활절 이후 고난과 박해상황에 있는 공동체의 삶을 부활절 이전 역사적 예수의 삶과 연결시키는 해석학적 기능을 한다. 그리고 이 모든 해석학적 과정은 공동체의 '지금, 여기' 현재적 삶 속에서 일어난다.

그러므로 요한복음 14장과 16장에 나타나는 파라클레토스의 계시활동은 전통과 해석, 기억과 영감 사이의 변증법적 관계를 드러낸다고 할 수 있다. 파라클레토스는 교회의 기억 속에 그리스도의 말씀을 보전한다. 나아가서 파라클레토스는 복음서저자와 그의 공동체를 "모든 진리"로 인도한다. 이것이 진리의 영이다. 그리스도의 역사적 말씀들과 사건들은 올바른 의미를 부여받게 되고, 교회의 선포에서 의미 있게 해석된다. 그러나 여기에 덧붙여서 파라클레토스는 새로운 상황에서 예언자적으로 교회를 도울 준비가 되어 있다. 이것은 역사적인 토대를 벗어나지 않으면서 예수의 말씀을 새롭게 선언하는 것을 의미한다. 무스너가 말했듯이 복음서저자가 전통을 되돌아보면서(회상) 그리스도의 현재적 계시를 경험할 때 "시간의 지평이 수렴되지만, 이 수렴을 통해 과거가 무효화되는 것이 아니라 현재를 위해 현실화되며, 현재 속에서 전적으로 그 중요성을 보존하고 재료를 제공함으로써 이를 통해 비전 행위가 영속적으로 새롭게 될 수 있다."[172]

---

172 F. Mussner(1967), p. 46.

그러므로 요한의 해석학에서는 자유와 절제가 공존한다. 어쩌면 기억과 해석이라는 영/파라클레토스의 회상기능의 객관적인 결과물이 요한복음서라고 말할 수 있을 것이다. 영은 일차적으로 예수의 말씀들을 회상시킬 것이며, 따라서 세상 앞에서 그의 재판을 계속할 것이다. 그러나 더 나아가서 영은 공동체를 깊은 진리에로 인도할 것이며, 성찰과 발전을 위한 영감을 줄 것이다. 이것이 공동체의 삶에서 전통과 해석, 자유와 절제의 변증법을 만들어내었고, 나중에는 서신에 나타나는 것과 같은 분열로 이끌었다. 전통과 해석 사이의 긴장은 복음서 이후 이어진 요한공동체의 삶에서 유지되기가 어려웠고, 요한일서 저자는 이러한 긴장이 사라진 상황에서, 예수의 역사로 돌아갈 것을 다시 강조하고 있다. 잃어버린 역사에 대한 감각을 회복할 것을 호소하고 있다.[173]

5. 맺는 말

파라클레토스라는 요한공동체의 독특한 영체험의 표현은 공동체의 그리스도 중심적 삶의 결과라고 말할 수 있다. 중심은 그리스도이다. 뮬러가 고별담론의 장르를 밝히고, 수많은 관련 모델들을 제시함으로써 밝혀주었듯이 파라클레토스와 관련해서는 예수와 그의 떠남이 결정적이다.[174] 예수는 자신이 없는 동안 제자들을 위해 파라클레토스를 준비했다. 그리고 파라클레토스의 일은 그의 존재를 지속시키는 것일 뿐만 아니라 그의 일을 진전시키는 것이다. 요한공동체는 공동체의 선교활동 안에서 작용하는 파라클레토스의 활동을 통해 그리스도의 현존을 경험했으며, 파라클레토스는 박

173 U.C. Von Wahlde(2010), *The Gospel and Letters of John* (Grand Rapids, Mich.: William B. Eerdmans Pub.) 참조.

174 U.B. Müller(1974), "Die Parakletenvorstellung im Johannesevangelium", *ZTK*, 61, pp. 31-78.

해상황 속에서도 계속해서 선교하고 증거하는 공동체 구성원들의 삶을 동일한 삶의 행로를 지났던 그리스도에 이어주었다. 파라클레토스는 영 안에서의 그리스도의 현존이며, 영 그리스도인 파라클레토스를 공동체는 뼈아픈 고난과 박해 가운데서, 적대자들을 향한 불굴의 선교와 증거의 삶 한가운데서 만난다. 이러한 의미에서 각 구성원들의 영적 체험이 요한공동체의 삶의 특징을 이루었고, 따라서 요한공동체는 카리스마적, 영적 공동체였다고 할 수 있다. 이것은 그리스도의 경험이 모범적이었음을 뜻한다. 그리스도가 기름부음을 받았듯이, 교회도 기름부음을 받아야 했다. 영으로 가득찬 그리스도는 교회를 위한 영의 원천이었다. 그의 영은 공동체를 지탱시킨 힘이었다. 이러한 점에서 요한 성령론의 가장 중요한 특징은 그리스도 중심성이다.

요한공동체의 그리스도 중심적 삶의 실제 내용은 무엇인가? 앞에서는 요한공동체의 그리스도 중심적 삶에 대한 증거들이 공동체의 선교와 계시 경험 안에 나타난다고 언급했다. 또한 고별담론에서 영에 대한 요한의 관심은 전통적인 공관복음서의 박해와 영적 도움이라는 배경에서 나왔다는 점도 밝혔다. 요한복음서 저자와 그의 공동체는 유대인들, 세상과 심각한 갈등을 경험했고, 이 갈등은 그들로 하여금 전승의 "박해" 문맥을 문학적인 재판동기의 수준으로까지 끌어올리게 했다. 예수는 마치 재판을 받고 있는 것처럼 그려졌고, 교회는 그의 대리인으로서 그의 소송을 맡아서 하도록 위임받았다. 지금 실제로 재판을 받고 있는 것은 요한복음서의 저자이며 독자인 요한공동체이다. 요한공동체는 예수의 재판의 연장선상에 있다. 요한공동체의 재판상황은 예수의 재판상황과 동일시된다. 아니 요한공동체의 재판상황 안으로 예수가 들어온다. 예수가 재판받는 공동체를 위해 공동체의 자리에 서 있다. 따라서 파라클레토스의 법정적 박해 문맥에서 보면 그리스도 중심성이란 영/파라클레토스가 공동체의 재판상황에서 그리스도에게 유리한, 따라서 교회에 유리한 법적 증거를 제공함으로써 그리스도의 재판을 지속시키는 것이면서 동시에 그리스도가 영/파라클레토스 안에서 공동체의 박해와 재판상황으로 오셔서 공동체의 재판을 자신의 재판으로 삼는 것이다. 즉 파라클레토스를 통해 공동체는 자신의 재판을 그리스도의 재판으로 여기고, 그리스도 역시 파라클레토스를 통해 공동체의 재판과 박해를 자신의 재판과 박해로 만든다. 파라클레토스를 통한 공동체와 그리스도의 일치의 자리는 공동체의 재판과 박해상황이다. 고난의 상황에서 파라클레토스를 통해 공동체와 그리스도는 서로 통하며, 하나가 된다.

요한공동체의 영적 열정은 어떤 빛깔을 띠었을까? 그들의 영성은 어떠한 성향을 지녔을까? 신약성서에는 영을 나타내는 다양한 상징들이 있지만 그 중 가장 두드러지는 것은 불과 물이라는 상반되는 상징이다. 즉 불로서의 영성과 물로서의 영성이다. 불로서의 영은 방언, 격렬한 신비체험으로 나타나고, 물로서의 영은 조용하게 스며드는 영, 깨달음의 영으로 나타난다. 조용한 영은 비둘기로 표현되기도 한다. 비둘기로서의 영은 평화의 영, 위로부터 열리는 영이다. 아무래도 요한공동체의 영성은 후자, 즉 물로서의 영성인 것 같다. 회당축출이라는 생존권박탈의 위기상황에서 요한공동체는 인간의 의식을 초월하는 뜨겁고 황홀한 집단적 체험에 몰두하기보다는 공동체 삶의 한가운데서, 세상 한가운데서 그리스도와 하나되고, 그리스도를 살고자 했다. 그들이 체험한 영/파라클레토스는 그리스도와 하나되고, 그리스도를 살게 하는 일치의 영, 하나됨의 영이었다.

영이란 무엇인가? 한마디로 영은 통하는 것이다. 하나님과 통하고 나 자신과 통하고 이웃과 통하고 자연과 통하는 것이다. 영성은 신적 초월에 대해 열린 자세와 품성, 초월을 경험하고 이해하고 실천하는 자세와 마음가짐이다. 영은 문자적으로는 바람과 숨(히브리어 רואח, 희랍어 πνεῦμα, 라틴어 spiritus)이다. 바람은 보이지 않고 예측할 수 없고 통제할 수 없는 힘이다. 숨은 약한 바람, 생명 안에 있는 바람으로서 생명의 본질이다. 아트만, 프쉬케도 숨을 뜻한다. 숨을 영이라 함은 몸과 영의 통전, 나와 나 아닌 것의 통전을 말한다. 영은 하나님과 이웃과 자연과 자기 자신과 통하는 것이다. 숨을 고르게 편안히 깊게 잘 쉬면, 마음도 건강하고 편안해지며 영혼도 힘을 얻는다. 동양적인 선도에 따르면 정(精 신체) — 기(氣 몸의 기운) — 신(神 정신과 혼)이 하나로 통할 때 도(道)가 통한다. 영혼, 신령은 인간의 원동력으로 초월적, 신적 생명, 지극한 생명 기운과 통하는 것이다. 그래서 안으로는 신령함이 있고(內有神靈), 밖으로는 기의 조화가 있다(外有氣化).

파라클레토스는 요한공동체의 숨이자 생명 에너지였을 것이다. 그것은 요한공동체의 내유신령(內有神靈), 외유기화(外有氣化)의 영이었을 것이다. 즉 내적으로는 파라클레토스 안에서 그리스도와, 하나님과 통하고, 그럼으로써 안으로 신령함을 보존하고, 외적으로는 "아무 까닭 없이" 자신들을 증오하는 세상 앞에서 절망과 증오의 나락에 빠지지 않고 그들과 공존공생하며 사랑할 수 있게 하는 영이었을 것이다. 그리하여 그들을 근원적 삶에로 해방시키는 자유와 일치의 영이었을 것이다.

IV. 요한복음서의 종말기대와 영

1. 들어가는 말: 끄트머리, 새로운 시작

인간은 끝을 의식할 줄 아는 존재다. 자신이 살고 있는 외적 상황의 끝이건, 아니면 자기 존재의 끝이건 간에 분명하게 끝을 의식한다. 그리고 끝에 대한 생각은 늘 새로운 시작에 대한 생각으로 이어진다. 끝은 늘 그냥 끝이 아니라 끄트머리이다. 끝이면서 머리이고 시작이다. 죽음에 대한 생각은 죽음 이후의 새로운 삶에 대한 생각으로 이어지고, 악과 고통으로 가득 찬 이 세상의 종말에 대한 갈망은 새 하늘과 새 땅에 대한 희망으로 이어진다. 역사의 좌절과 고통이 끝나고 새 시대가 도래하기를 열망하는 인류의 염원이 지속되어온 한, 인류가 경험한 시간은 언제나 끝이면서 동시에 시작이었다. 역사의 어느 토막을 잘라내건 늘 끄트머리다.

종교 역시 이 끄트머리에 대한 의식에서 비롯된다. 네 발로 걷다가 맨 처음 연약한 두 발로 선 인간을 경탄하게 하고 가슴 설레게 한 것은 무엇이었을까? 확 트인 대지는 예전보다 더 나지막해 보이고, 거기서 부는 바람과 흐르는 시냇물, 꽃과 나무들 역시 예전 그대로임을 그는 금세 알아보았을 것이다. 무엇이 새로웠을까? 고개를 들어 위를 올려다보았을 때 까마득하게 끝없이 펼쳐진 하늘이야말로 전혀 새로운 그 무엇이었을 것이다. 그 하늘은 네 발로 땅바닥에 납작 엎드려서 본 조각하늘과 질적으로 달랐을 것이고, 무언가 전혀 새로운 것과의 만남에 대한 기대감과 두려움을 느끼게 만들었을 것이다. 끝없는 하늘을 바라보며 그는 자기 존재의 끝을 생각하게 되었을 것이다. 끝없는 하늘을 보다 지상을 보니 만물에 끝이 있음이 비로소 눈에 들어왔을 것이다. 모든 생명 가진 존재가 끝이 있음을, 생명의 덧없음과 허망함을 어슴푸레하게 짐작했을 것이다.

고고학자들이 원시사회에서 종교의 존재를 확인하게 되는 객관적 증거는 무덤이다. 지구상에 생명이 존재하면서부터 죽음이 있었을 테지만 무덤은 인간이 죽음을 의식하면서부터, 자기 존재의 끝을 의식하면서부터 생겨났다. 인류가 최초로 종교를 가졌다는 증거는 지금으로부터 약 10만 년-2만 5천 년 전 고생 인류인 네안데르탈인들에게서 나타난다. 이들은 죽은 사람을 웅크린 자세로 매장했고, 구석기 시대의 손도끼, 송곳, 부싯돌 같은 연장들을 죽은 사람과 함께 묻었다. 죽음이 끝이 아니라 죽음 뒤에도 삶이 이어진다는 생각, '끄트머리'에 대한 의식이 그런 살림붙이들을 함께 묻게 만들었을 것이다. 이 생각은 지칠 줄 모르고 이어져서 이집트의 파라오들은 왕으로 등극하자마자 자신의 무덤 만드는 일을 시작했고, 문명의 발달과 함께 무덤의 부장품 목록 역시 거창해져서 원시의 소박한 연장들이 아니라 사치스런 장신구들이나 가구들, 심지어 살아 있는 아내나 시종들까지 죽음의 자리에 함께 끌고 갔다. 불로초와 불사약을 찾아 온 세상을 뒤지게 한 왕이나 황제들의 집요한 열망 역시 존재의 끝을 새로운 시작으로 삼고자 한 열망에 다름 아니었다. 불사약을 얻고자 온갖 금속을 불로 단련하는 과정(연금술)에서 부산물로 금을 얻었는가 하면, 그 결과물을 마신 왕과 황제들이 중금속에 오염되어 일찍 죽었다고 하니 죽어도 살겠다는 권력의 욕망 역시 덧없기 그지없다.

권력가들의 자기 무덤 만들기야말로 살아생전의 탐욕과 집착을 죽고 난 다음에도 끌어안고 가겠다는 것이었다. 그것은 죽어도 살겠다는 욕망, 죽고 난 후에도 살아 있을 때의 권력과 부와 명예를 누리겠다는 끈덕진 욕망의 표현이었다. 이 경우 당연히 죽음 이후의 삶은 질적으로 새로운 시작이 아니라, 과거의 삶의 연장으로 이해되었고, 따라서 죽음 이후의 삶마저도 과거의 그 뼈아픈 차별과 끈질긴 탐욕이 지배했다. 그렇기 때문에 우리는 '무덤의 사회학'을 말할 수 있다. 누구나 맞는 죽음이라는 보편적, 자연적 사건이 자신의 계급적 위치를 확인하는 계기가 되며, 이 과정에 사후세계에 관한 종교적 관념이 개입된다. 이 경우 죽음은 나의 현재 시간 안에서 질적으로 새롭게 삶을 다시 시작하게 하는 적극적인 계기로 받아들여지지 않았다. 따라서 죽음 자체가 진지하게 성찰되지 못했고, 단지 한없는 미래로 미루어졌을 뿐이다. 죽음은 현재의 나를 끝없이 연장시킴으로써 영원히 먼 미래로 미루어놓아야 할 어떤 것, 피해야만 할 어떤 것으로 받아들여졌다. 따라서 죽음을 삶의 한가운데서 현재화함으로써 존재의 끝을 삶의 한가운데서 체험하고, 새로운 삶의 시작을 이루는 일은 일어나지 않았다. '끝'의 문제는 해결되지 못했다.

초대 기독교 역시 이 '끄트머리'에 대한 의식으로 충만해 있었다. 그들은 한 시대의 끝을 살고 있다고 생각했다. 고통과 좌절로 점철된 현 시간이 끝나고 하나님이 질적으로 새로운 시간을 도래시킬 것이라고 믿었다. 구체적으로 초대 교회의 '끄트머리'에 대한 의식은 세계 종말에 대한 환상과 그리스도의 재림에 대한 기대로 나타났다. 그러나 기다리던 그리스도의 재림은 아직도 이루어지지 않았다. 예수를 직접 보고 따라다녔던 신앙의 첫 세대가 대부분 죽을 때까지도 재림이 이루어지지 않자 사람들은 흔들렸고 해이해졌다. 이와 함께 믿음도 흔들렸다. 주지하듯이 초대 교회 최초의 신학적 위기는 재림지연으로 인한 위기였다. 이 위기에 대한 의식이 신약성서의 여러 문헌들에 전제되어 있고, 신약성서는 이에 대한 여러 가지 답변도 제시한다. 요한의 종말의식 저변에 깔려 있는 것도 이러한 문제의식이라고 할 수 있다. 요한은 하늘을 바라보며 그리스도의 재림을 기다리지 말고 종말이, 그리스도가 파라클레토스/영으로 오늘 우리의 삶 가운데 현존하심을 깨달으라고 했다. 나와 무관하게 내 밖에서 일어나는 어떤 객관적인 현상으로 끝이나 종말을 기대하지 말고, 존재의 끝을 나의 일상적인 삶 한가운데서 현재화하라는 것이다. 이것은 나의 현재 시간 안에서 질적으로 새롭게 삶을 시작하게 하는 적극적인 계기로 종말을 받아들일 것을 요구한다. 죽음이나 종말을 두려워하지 말고 삶의 한가운데서 현재화함으로써 존재의 끝을 삶의 한가운데서 체험하고, 늘 새롭게 삶의 시작을 이루라는 것이다.

2. 문제: 종말의 현재와 미래

학자들은 위와 같은 요한의 종말론적 제안을 현재적 종말론에 관한 논의로 전개시켰다.[175] 다시 말해 종말기대 실현의 시점이 미래에서 현재로 바뀌었다는 방식으로 서술했다. 다음과 같은 슈낙켄버그의 말은 요한복음서의 종말론에 대한 학자들의 이해의 한 전형을 보여준다. "'요한복음서의 종말론'이라는 말 자체가 문제를 오도할 수 있다. 왜냐하면 이 말은 요한복음서에 미래에 대한 기대가 언급되어 있기나 한 것처럼 받아들여질 수 있기 때문이다……. 요한은 미래로부터 현재로 초점을 옮겨놓았으며, 요한의 예수가 미래에 대해 말하는 것처럼 보일 경우에도(고별담론) 실제로는 현재 공동체의 삶에 대해서, 파라클레토스의 현존에 대해서 말하고 있다."[176]

사실 공관복음서에서 미래인 것이 요한복음서에서는 현재인 경우가 많다. 심판(마 25:31 이하; 요 3:18-19)이나 영원한 생명(막 10:30; 요 5:24)도 현재 선포되는 구원의 말씀에 대한 반응 여하에 따라 결정되며, 믿는 자들은

175 가장 대표적으로 요한의 종말론을 현재적 종말론으로 해석하는 학자들로는 불트만과 다드를 들 수 있다. R. 불트만(1968), 『요한복음서연구 상하』, 허혁(역) (서울: 성광문화사, 1976); C.H. Dodd(1953), *The Interpretation of the Fourth Gospel* (Cambridge: Cambridge University Press). 이에 대해서는 R. Kysar(2006), *Voyages with John: Charting the Fourth Gospel* (Waco, Tex.: Baylor University Press) 참조.

176 R. Schnackenburg(1980), *The Gospel According to St. John*, 2, trans. by K. Smith et al. (New York: Seabury), p. 426.

아들이 되리라는 약속(눅 6:35; 요 1:12) 역시 '지금' 판가름난다. 말 그대로 요한복음서에서 미래는 현재에로 흡수된 것처럼 보인다.[177] "그때가 오는데 지금이 바로 그때이다"(4:23; 5:25; 16:32 참조). 이 점에서 앞의 슈낙켄버그의 지적은 옳다.

그러나 이러한 견해는 요한복음서에 나오는 미래적 종말기대에 대한 언급들(특히 5:28-29; 6:39-40, 44; 12:48)을[178] 제거할 때에만 성립될 수 있다. 그 구절들을 이차적인 것으로 삭제하지 않는 한 요한이 종말론적 미래의 완성을 기대했다는 사실을 부정할 수 없다. 미래적 종말론을 나타내는 본문들을 이차적인 것으로 삭제해버리면 요한 종말론의 문제를 아예 없애버리는 것이 되겠지만, 이러한 방식의 문제해결은 명백한 증거가 있지 않은 한 되도록 피해야 하며, 실제로 위의 구절들의 경우 삭제할 만한 설득력 있는 증거를 발견할 수 없다. 이처럼 요한 본문 안에 현재적 종말론과 미래적 종말론을 함축하는 구절들이 모두 나타난다는 사실은 요한 종말론을 연구하는 학자들에게 문제가 되었다.

카이저는 요한복음서에 나타나는 미래적 종말론과 현재적 종말론 사이의 긴장을 해결하는 방식들을 세 가지로 구분해서 제시했다. 첫 번째는 양

177 이러한 입장을 가진 가장 대표적인 학자는 역시 불트만이며 그는 특히 "Die Eschatologie des Johannesevangeliums", *Glauben und Verstehen, Gesammelte Aufsätze*, 1 (Tübingen: Mohr, 1952), pp. 134-152에서 요한 종말론에 대한 자신의 입장을 명료하게 밝혀놓았다.

178 5:28-29: "이 말에 놀라지 말아라. 무덤 속에 있는 사람들이 다 그의 음성을 들을 때가 온다. 선한 일을 한 사람은 부활하여 생명을 얻고, 악한 일을 한 사람은 부활하여 심판을 받는다"; 6:39-40, 44: "나를 보내신 분의 뜻은 내게 주신 사람을 내가 한 사람도 잃어버리지 않고, 마지막 날에 모두 살리는 일이다. 또한 아들을 보고 그를 믿는 사람은 누구든지 영생을 얻게 하시는 것이 내 아버지의 뜻이다. 나는 마지막 날에 그들을 살릴 것이다." "나를 보내신 아버지께서 이끌어주지 아니하시면, 아무도 내게 올 수 없다. 나도 그 사람들을 마지막 날에 살릴 것이다"; 12:48: "나를 배척하고 내 말을 받아들이지 않는 사람을 심판하시는 분이 따로 계시다. 내가 말한 바로 이 말이 마지막 날에 그를 심판할 것이다."

시론적인(both and) 해결책으로서 요한은 현재적 종말론과 미래적 종말론을 똑같이 중요하게 생각했으며, 미래의 종말론적 완성을 현재에 맛본다는 초대 기독교의 전통적인 종말론을 공유했다고 보는 것이다. 두 번째는 "개악자"(spoiler) 가설로서 원래 요한은 현재적 종말론을 견지하는 입장이었는데, 이를 제대로 이해하지 못한 교회주의적이고 정통주의적인 편집자가 등장해서 미래적 종말론을 나타내는 구절들을 첨가했다는 입장이다. 마지막으로 세 번째는 "보존자"(preserver) 가설인데, 이에 따르면 요한은 전통적인 옛 미래적 종말론을 받아들여서 그 시대의 그리스도인들에게 그 의미를 해석해주고 있다는 것이다. 그는 물려받은 미래적 종말론을 현재적 의미로 해석하면서도 그 자신 충실한 전통의 보존자였기 때문에 미래적 종말론을 자신의 현재적 해석과 함께 나란히 놓을 수 있었다는 것이다. 카이저 자신은 이 마지막 보존자 가설을 지지한다.[179] 카이저가 제시한 이러한 해결방안들은 요한복음서 안에 종말실현에 대한 현재적 언급과 미래적 언급이 동시에 나타난다는 사실에 근거하여 어떻게든 이 문제를 해결해보려는 데 초점이 있을 뿐 요한신학의 전체 틀 안에서 요한 종말론의 특징을 설명하지는 못한 것으로 보인다.

아마도 그리스도 안에서 이루어진 하나님의 구원행위는 초대 그리스도인들에게 과거와 현재와 미래를 모두 포괄하는 전체 시간적 틀 안에서 경험되었을 것이다. 따라서 과거와 현재, 미래를 아우르는 포괄적인 시간적 차원에서 이루어지는 하나님의 구원행위를 표현하는 것이 모든 초대 기독교 종말론의 본질적 성격이었을 것이다. 이렇게 본다면 요한의 경우도 마지막 장면을 그리는 종말론은 대단히 중요한 기능을 했을 것이다. 그는 거창한 묵시문학적 환상을 우리에게 보여주지는 않지만[180] 그리스도의 활동

179 R. Kysar(1976), pp. 86-93 참조.

180 가령 요한복음서에는 마가복음 13장에 해당하는 종말론적 장이 없다.

이 완성되고 현재의 세상이 끝나는 시대를 내다보고 지시한다. 따라서 요한 종말론 문제는 본문에 나타나는 종말에 대한 현재적, 미래적 언급들을 둘 다 아우를 수 있는 방식으로 설명되어야 할 것이다.

다른 한편으로 종말기대의 실현 시점이 현재냐, 미래냐 하는 문제를 중심으로 전개된 요한 종말론에 대한 전체 논의의 방향 자체가 요한의 시간이해와 관련해서 볼 때 타당한지 물을 수 있다. 과거에서 현재, 미래로 이어지는 직선적이고 밋밋한 시간이해와 달리 요한의 경우 현재를 새롭게 이해함으로써 과거와 미래에 대한 이해 자체가 전적으로 달라지지 않았는가? 현재의 중요성이 첨예하게 인식됨으로써 과거와 미래가 모두 현재를 중심으로, 현재를 향해 수렴하고 있는 것이 아닌가? 시간에 대한 직선적 이해가 포기되고 현재를 중심으로 한 구심적 이해가 나타나고 있는 것 아닌가? 다시 말해 현재가 시간의 중심으로 이해되면서 과거의 역사적 예수와 미래의 재림 예수가 모두 현재 교회가 경험하는 영/그리스도, 즉 파라클레토스 안에 현존하는 것으로, 수렴하는 것으로 이해되는 것이 아닌가? 이것은 미래적 종말기대를 포기했다는 말과는 다르다. 따라서 미래적 종말기대와 현재적 종말기대 사이의 양자택일이라는 기존의 논의방식과는 다른 형태의 설명이 필요하다.

종말론적 시대에 대한 요한의 묘사에는 확실히 탄력성이 있다. 요한은 교회의 시대를 본질적으로 종말론적인 시대로 해석하고 있다. 말하자면 지금, 여기 영이 현존함으로 인해 마지막 날의 효력이 오늘 우리와 함께 한다는 것이다. 그러나 이것은 요한이 자신의 신학을 발전시키기 위해 신약성서 다른 저자들의 역사적인 연대기를 무시했다는 말은 아니다. 요한이 실현된 종말론을 제시한다는 것은 사실이지만, 그것은 "그때가 온다"는 미래적 기대와 공존할 수 있는 것이었다. 요한의 주요 관심이 과거나 미래가 아니라 현재에 있었다고 말하는 것이 보다 정확할 것이다. 그의 종말론은 믿는 자의 현재 삶에 현존하는 그리스도에 의해 규정된 종말론이었다. 영은 이 그리스도의 현존이 실현되는 수단이었다. 그러므로 요한 종말론의 특징을 살피기 위해서는 요한의 시간이해의 변화, 그리고 요한복음서에서 종말론과 영과의 관련성을 검토할 필요가 있다.

이 글에서는 요한복음서의 종말론에 대한 기존의 논의의 초점, 다시 말해 현재적 종말론과 미래적 종말론 사이의 양자택일 형태로 제시되어온 기존의 요한 종말론에 대한 연구에서 벗어나 요한적 시간이해의 전체 틀과 관련해서, 그리고 요한적 영이해의 틀과 관련해서 요한 종말론의 특징을 조명해보고자 한다.

3. 요한적 시간이해의 변화: "그때"의 하나됨

가. 요한적 종말기대의 내용

요한적 시간이해의 변화는 어떠한 방식으로 이루어졌는가? 그리고 변화된 시간이해 위에서 요한은 어떻게 종말기대를 표현했는가? 요한의 기대는 무엇이었는가?

요한복음서의 종말론적 기대에 대한 표현들은 공관복음서의 경우와 다르다. 공관복음서에서는 하나님 나라의 도래에 대한 전통적 표상을 사용해서 종말기대가 표현된 반면, 요한복음서에서는 하나님 나라라는 말이 자주 사용되지도 않았고, 그보다는 영과 생명의 수여에 대한 표상으로 대체되었다. 공관복음서에서 예수의 선포를 규정했던 "하나님 나라" 개념은 요한복음서에서는 '(영원한) 생명' 개념 때문에 훨씬 후퇴된다. '생명'은 요한신학에서 종말론적 구원과 관련된 가장 중요한 개념이라고 할 수 있다. 요한복음서 안에서 이 말은 종말론적 구원과 관련된 다른 모든 개념들을 자체 안에 포괄할 수 있다. '하나님 나라'는 요한복음서에서 3:3, 5에만 나온다. '하나님 나라'와 '(영원한) 생명'이라는 두 개념은 구원의 다양한 측면들을 표현한다. 예수가 '하나님 나라'를 자신의 선포의 중심 개념으로 선택했을 때에는 아마도 린드블롬의 말대로 "이 개념의 종교적인 구조, 신적인 주체에 대한 강조와 이 말로부터 나올 수밖에 없는 활동성, 이 모든 것들이 집단적인 목적과 개인적인 목적, 차안적인 이상과 피안적인 이상을 표현하는 데 기여함이 틀림없기 때문"이었을 것이다.[181] 즉 신론적인 측면과 사회적인 관계성을 표현할 수 있다는 이점 때문에 '하나님 나라' 개념을 사용했을 것이다. 이에 반해 요한이 구원을 나타내기 위해 '영원한 생명', 또는 종말론적 '영의 기름부음'과 관련된 표상을 사용했다면, 그것은 하나님은 인간에게서 그의 참된 자아를 문제삼는다는 사실을 이 표상을 통해 분명하게 할 수 있기 때문이었을 것이다. "하나님 나라" 개념에 비해 구원의 사회학적 측면은 상실되는 측면이 있지만, 대신 생명이나 영이라는 말은 인격적인 사로잡힘을 잘 표현해낸다.

개인적인 것을 지향하는 요한신학의 맥락에서 종말론적 구원을 묘사하는 데 '하나님 나라' 개념보다 '영', 또는 '생명' 개념을 선호하는 것은 많은 이점을 지닌다. 그리고 이 생명과 영의 수여는 그리스도의 "영광받음"(δοξασθεῖν)과 관련되었다. 다시 말해 종말론적인 영의 수여는 예수의 "영광받음"이 이루어져야 가능하다. 이 점이 7:38-39에서 가장 분명하게 표현되었다. "'나를 믿는 사람은, 성경이 말한 바와 같이, 그의 배에서 생수가 강물처럼 흘러나올 것이다.' 이것은 예수를 믿은 사람들이 받게 될 성령을 가리켜서 하신 말씀이다. 예수께서 아직 영광을 받지 않으셨으므로, 성령이 아직 사람들에게 오시지 않았다." 따라서 요한복음서에서 종말론적 기대 실현의 내용이 "하나님 나라"보다는 생명과 영의 수여에 대한 표상으로 표현되었다면, 그 실현 시점에 대한 언급은 "영광받음"의 때에 대한 서술들과 결부되었다고 할 수 있다. 주지하듯이 요한복음서에서 그리스도의 "영광받음"은 그가 십자가에 올려지는 사건과 관련된다. 그러므로 먼저 요한복음

---

181 J. Lindblom(1914), p. 161. 이외에 F.V. Filson(1962), p. 115 참조.

서에서 독특하게 사용되는 "영광받음"이 무엇을 가리키는지, 이 용어를 통해 종말론적 "때"에 대한 전통적인 여러 표현들(십자가, 죽음, 부활, 승천, 영의 수여)이 어떻게 변화되었는지 알아야 요한적 시간이해의 변화가 밝혀질 수 있을 것이다.

요한은 예수의 선교활동 중에 이미 종말론적 기대가 실현되었다고 생각한 나머지 그의 선교활동의 현재 속에 종말론적인 주제들을(심판, 영원한 생명 등) 모두 쓸어담아버리지는 않았다. 요한복음서에서도 그리스도의 활동은 죽음과 부활, 올리움의 다양한 단계들을 거치며, 종말론적 기대의 실현은 그러한 단계들의 점진적인 전개와 관련된다. 여기서는 다음과 같은 질문들에 답해나갈 것이다. 첫째로 요한은 "영광받음"의 과정 안에 있는 사건들을 어떻게 보았는가? 둘째로 영은 이러한 사건들과 어떻게 관련되는가? 다시 말해 요한의 종말론적 기대 및 그 실현과 관련해서 영은 어떠한 기능을 하는가?

나. 종말론적 때를 나타내는 사건들의 단일화: "영광받음"과 "올리움"

앞서 말했듯이 요한에 의하면 종말론적인 영과 생명을 선사받기 위해서는 예수의 "영광받음", 다시 말해 십자가의 사건들이 먼저 일어나야 한다(7:38-39). 여기서는 요한이 "영광받음"과 관련된 일련의 사건들(십자가, 부활, 승천, 영의 기름부음)을 생명을 주는 예수의 활동이라는 단일한 움직임으로 만들었을 가능성을 확인해보고자 한다. 생명과 영의 수여를 위해 예수의 "영광받음"이 중요하다는 사실은 7:39에서 강조되었다. 예수가 영광받아야 한다는 것은 무엇을 의미하는가?

요한복음서에서 "영광받음"이라는 말은 복합적 의미를 지닌다. 요한은 예수의 죽음과 부활, 승천, 영의 기름부음 등 복합적인 사건들을 지칭할 때 "영광스럽게 하다"(δοξάζειν)이라는 단어를 썼다.[182] 이 말은 결정적인 하나님의 구원행위를 가리키며(2:4; 7:30; 8:20; 12:23, 27; 13:1; 17:1), 그리스도의 죽음만이 아니라 그의 부활과 승천까지도 포함한다. 12:23; 13:31에서 이 말은 일차적으로 예수의 죽음을 가리키지만, 7:39와 12:16에서는 영의 수여와 관련되며, 17:5에서는 승천을 가리킨다. 엄격히 말해 예수의 죽음과 부활, 승천 등은 시차를 가지고 진행되는 각각의 사건들이다. 그러나 요한은 자신의 복음서 틀 안에서 설화의 단계적 전개를 통해 그러한 시차를 인정하고 드러내면서도 그 자신만의 독특한 언어("영광받음")를 사용함으로써 부활, 승천뿐만 아니라 수난(십자가와 죽음)까지도 "영광받음"이라는 단일한 종말론적 과정 안에서 일어나는 현상으로 서술하고 있다.

요한이 사용하는 "고양시키다", 또는 "올리다"(ὑψόω)라는 말도 비슷하게 복합적 의미를 지닌다. 요한복음서에서 이 동사는 "의도적으로 이중의미를 지닌 말로 사용되었으며(3:14; 8:28; 12:32, 34), 십자가로 올려지는 것과 하늘로 올려지는 것 둘 다를 의미한다."[183] 따라서 "올리움"은 구원사건의 양면성과 포괄성을 나타내는 말이다. 누가가 사도행전 2:33과 5:31에서 ὑψόω를 승천과 관련해서만 사용하고 있는 데 반해 요한은 이 말의 이중의미가 지니는 아이러니를 즐기고 있다(십자가에 올리움과 동시에 하늘로 올리움, 즉 승천). 십자가 위로 올려지는 것은 예수가 이전에 하나님과 함께 누렸던 영광에로 되돌아가는 것이며, 따라서 하늘을 향한 움직임, 즉 승천이다. 그러나 요한복음 8:28과 12:32-33에서[184] 드러나듯이 최종적인 확증은 십자가

---

182 G.M. Burge(1987), pp. 80-81에서는 이 말이 예수의 표징을 해석하는 용어라고 지적했다. 즉 예수는 표징을 통해 자신의 영광을 드러냈다는 것이다(요 2:11). 그렇다면 여기서는 요한복음서에서 궁극적인 표징인 십자가를 해석하는 말로 δοξάζειν이 사용되었다고 할 수 있다.

183 *Theological Dictionary of the New Testament*(1964-76) ed. by G. Kittel and G. Friedrich, trans. and ed. by G. Bromiley (Grand Rapids: Eerdmans), 8:610. "십자가로의 예수의 올리움은 동시에 천상으로의 올리움을 뜻하기도 한다는 이중적 의미와 신학적 의미를 지닌다." G. Lüdemann(1983), *Exegetische Wörterbuch zum Neuen Testament* III. s.v. ὑψόω, p. 982.

184 8:28: 예수께서 그들에게 말씀하셨다. "너희는 인자가 높이 들려 올려질 때에야, 내가 곧

위가 아니라, 십자가 이후의 부활과 승천에서 이루어질 것이다. 말하자면 요한은 십자가로 올려지는 것과 하늘로 올려지는 것의 시간적인 선후관계를 구별할 수는 있었지만, 신학적으로 이 둘이 뗄 수 없는 하나임을 알고 있었고, 이러한 인식을 ὑψόω라는 독특한 이중의미를 지닌 말로 표현했던 것이다. 그래서 요한의 예수는 자신의 부활을 예언하지 않고 "올리움"에 대해 예언한다.[185] 이중의미를 지닌 한 단어(ὑψόω)로 두 사건이 묘사됨으로써 시간적인 선후관계는 뒤로 밀려나는 대신 요한적인 신학적 인식이 전면에 부각된다. 다시 말해 참혹한 십자가가 곧 영광에로 올려지는 길이라는 그의 신학적 인식이 분명하게 표현되었다. 이 점에서 요한의 신학적 천재성뿐만 아니라 문학적 재능까지도 감지할 수 있다.

또한 올리움은 종말론적 영의 수여와 관련되었다. 예수와 니고데모와의 대화에 의하면 인자의 올리움을 믿는 자는 영원한 생명을 얻을 수 있다(3:14). 인자만이 하늘로 올라가며, 그는 모세가 광야에서 뱀을 든 것과 같이 들려야 하는데, 이것은 그를 믿는 자마다 영원한 생명을 얻게 하기 위한 것이다(3:13-14). 이것은 "영으로 난다는 것이(3:5) 인자의 올리움과 올리운 그에 대한 믿음의 결과임"을 의미한다.[186] 올리움과 영은 6:62-63에서도 결합되었다. 이 구절들에서는 예수가 아버지에게로 올라가는 것과 영에 의해 수여되는 종말론적 생명에 대한 비전이 결부되었다. 예수가 아버지에게로 올라가야 영을 통한 종말론적 생명의 수여가 가능하다. 따라서 십자가에

나라는 것과, 또 내가 아무것도 내 마음대로 하지 아니하고 아버지께서 나에게 가르쳐주신 대로 말한다는 것을 알게 될 것이다"; 12:32-33: "내가 땅에서 들려서 올라갈 때에, 나는 모든 사람을 내게로 이끌어 올 것이다." 이것은 예수께서 자기가 당하실 죽음이 어떠한 것인지를 암시하려고 하신 말씀이다.

185 브라운은 공관복음서의 세 번에 걸친 수난/부활 예언(막 8:31; 9:31; 10:33-34)을 요한복음서에서 ὑψουν을 사용한 세 차례의 언급과 비교하고 확고한 상응성이 있다고 결론 내렸다. R.E. Brown(1966), p. 146.

186 J.D.G. Dunn(1970), *Baptism in the Holy Spirit* (London: SCM Press), p. 175.

올리움, 하늘로 올라가는 승천, 영과 영원한 생명을 부여받음, 이 모든 것이 구별되기는 하지만 상호 유기적인 전체로서 인식되고 있다. 그리고 본질적으로 이러한 유기적이고 통일적인 인식이 가능한 것은 요한복음서에서는 공관복음서에서와는 달리 지상의 예수가 이미 부활절 이후의 영광 안에 있는 것으로 묘사되고 있기 때문이다. 이 때문에 시간적 선후관계보다는 신학적 통일성에 대한 인식, 전체로서의 유기적인 관련성이 우선시된다.

이처럼 요한은 "영광받음", "올리움"이라는 말을 통해 종말론적인 "그때"의 여러 사건들을 하나로 합쳤다. 따라서 승천 역시 십자가와 연결되었다. 누가에 의하면 승천은 영의 수여가 있기 전 마지막 시점에 이루어진다. 사도행전 1장에서 누가는 승천을 예수가 지상에서 사라지는 공중 승천으로 묘사하고 있다. 그래서 우리 뇌리 속에 승천은 부활한 예수가 지상으로부터 하늘로 올라가는 일종의 장소 이동으로 각인되어 있다.

그러나 요한적인 관점에서 보면 "승천"은 "올리움과 영광받음을 묘사하기 위해 공간적인 언어를 사용한 것일 뿐이다."[187] 물론 요한은 승천을 "영광받음"의 한 형태로 이해했다. 그러나 그것은 누가의 경우처럼 예수의 지상현현의 끝이라기보다 아버지에게로의 "올리움"이다. 요한에 의하면 십자가에서 시작된 전체 상승 움직임이 "올리움"이며, 승천은 예수가 "올리움"과 "영광받음"의 여러 단계들을 완성하는 '그때'의 종착점이다. 요한은 예수의 지상현현의 마지막 순간을 달리 극적인 장면으로 기술하고 있지 않다. 그는 자신의 이야기에서 이 장을 그냥 열린 채로 남겨두었다. 어쩌면 이것은 예수가 지상에 있는 신자들의 공동체와 가까이 있다는 데 대한 암시일 수 있다.

---

187 A.M. Ramsay(1965), "What Was the Ascension?", *Historicity and Chronology in the New Testament*, ed. by D.E. Nineham (London: SPCK), p. 141. "예수는 자신의 여행(요 14-16장에 나타나는 '가다')의 목적지로 아버지를 언급함으로써 죽음과 부활, 승천을 모두 한데 합쳐서 단일한 행위로 예견하고 있다."

그런데 20:17-18에서는 예수가 승천을 분명하게 독립적인 사건으로 언급한다. 예수께서 마리아에게 말씀하셨다. "내게 손을 대지 말아라. 내가 아직 아버지께로 올라가지 않았다. 이제 내 형제들에게로 가서 이르기를, 내가 나의 아버지 곧 너희의 아버지, 나의 하나님 곧 너희의 하나님께로 올라간다고 말하여라." 예수가 아직 올라가지(ἀναβέβηκα, 17절) 않은 것은 사실이다. 이것은 아직 전체 과정이 끝나지 않았음을 시사한다. 예수는 승천, 즉 "올리움"의 과정 중에 있다. 따라서 영의 선물도 아직 완전히 주어지지 않았다. 성령을 선사받는 이 과정의 마지막 단계는 이 단락 바로 다음에 이어진다(19-23절: "그들에게 숨을 불어넣으시고 말씀하셨다. '성령을 받아라'"). 그러나 십자가와 부활, 승천은 "올리움"과 "영광받음"이라는 뗄 수 없이 연결되어 있는 전체 과정의 일부분이다. 그래서 20:17-18에서 예수가 아직 올라가지 않았으니 승천이 아직 이루어지지 않은 것은 사실이지만, 일련의 흐름의 맨 앞자락인 십자가를 지나왔다는 점에서 이미 예수는 갔다. 부활과 "영광받음"에 승천이 뗄 수 없이 관련되어 있다는 점에서는 그가 이미 아버지에게로 갔다고 할 수 있는 것이다(14:28). 그러므로 "너희는 내가 간다고 한 말을 들었다"라는 14:28a의 말씀은 이미 이루어졌다. "내가 너희에게로 올 것이다"라고 한 14:28b의 말씀은 다가올 성령에 대한 기대를 나타낸다.

고별담론에서는 파라클레토스의[188] 도래와 관련하여 위의 14:28b에서 언급한 성령의 도래가 분명하게 표현되었다. 고별담론에서 떠나는 예수는 제자들에게 자신이 떠난 후에 파라클레토스를 보내줄 것임을 약속한다. 따

188 파라클레토스(παράκλητος)는 본래 코이네 그리스어에서 피고측 변호인을 나타내는 말로 일반적으로 사용되었다. 그러나 요한은 영을 가리키는 말로 이 말을 사용함으로써 영을 인격적 존재로 묘사했을 뿐 아니라, 믿지 않는 세상을 고발하는 검사의 역할, 박해와 고통 속에 있는 공동체를 위로하고 권면하는 존재로 묘사함으로써 본래 이 말이 지닌 외연을 훨씬 확대했다. 여기서도 역시 자유자재로 언어를 사용하는 요한의 창조성을 확인할 수 있다.

라서 표면적으로 보면 파라클레토스는 승천 이후의 인물이다. 그러나 보다 정확하게 말하자면 파라클레토스는 단순히 "승천 이후"에 등장하는 존재가 아니라 승천 자체의 역동성과 결부된 존재이다. 고별담론에서 πορεύομαι("가다")와 ὑπάγω("가다")라는 말은 결코 십자가의 "영광받음"과 분리된 것으로 승천을 언급하지 않는다.[189] 예수는 파라클레토스가 올 수 있도록(16:7 등) 먼저 떠나야 하지만(아버지에게로 가다; 영광을 받다; 승천하다), 그렇다고 해서 파라클레토스가 등장할 때 그가 반드시 없어야 하는 것은 아니다. 그것은 단지 영의 도래를 위해서는 예수의 죽음과 "영광받음"을 기다려야 한다는 것을(7:39) 의미할 뿐이다.

고별담론에서는 파라클레토스의 도래에 대한 약속과 예수 자신의 도래(재림)에 대한 약속이 명확한 구분 없이 혼재해서 나타난다(14:18, 28; 16:16, 22). 파라클레토스는 또 다른 예수이며, 예수는 또 다른 파라클레토스이다. 이를 통해 요한은 파라클레토스와 그리스도와의 연속성을 강조한다. 제자들은 곧바로 예수가 파라클레토스로 바뀌기 때문에 고아처럼 버려지지 않는다(14:15-24; 16:7). 말하자면 영/파라클레토스를 그리스도로 체험하는 요한공동체의 삶의 현재에 초점이 놓이다 보니 — 시간적 선후관계라든가 그리스도와 파라클레토스의 구분이 엄연히 존재함에도 불구하고 — 그러한 현재적 경험의 지평에서 상호 구분과 시간적 선후관계의 경계가 융합되어 서로 넘나들게 된다. 따라서 승천 이후에야 비로소 영이 수여되는 것으로 묘사함으로써 영과 승천을 분리시키는 누가와 달리 요한은 예수가 떠나는

189 요한복음서에서 "아버지에게로 감"은 예수의 죽음을 기술하는 언어이다. πορεύομαι: 14: 2, 3, 12, 28; 16: 7, 28 참조. ὑπάγω: 13:3, 33, 36; 14:4, 5, 28; (15:6); 16:5, 10, 17 참조. 고별담론에서는 요한 그리스도론의 수직적 구조 안에서 사용되는 독특한 언어인 옴(하강)/감(승천)이라는 말이 빈번하게 사용되었다. 그러나 여기서 예수의 "감"은 대부분 승천을 언급하지 않으며, 그의 "옴"은 재림을 의미하지 않는다. 마찬가지로 14-16장에서 자주 나오는 ἔρχομαι("오다") 동사는 재림이 아니라 주로 부활한 예수를(14:18, 23, 28) 가리키거나 아니면 오는 성령(15:26; 16:8, 13)을 가리킨다.

상황에서 자신의 추종자들을 위해 영을 예비하고 도래할 영/파라클레토스가 바로 예수 자신인 것으로 묘사함으로써 그리스도/영의 상호의존성과 연속성을 보존한다.[190]

결국 요한은 종말론적인 "그때"의 분리된 역사적 사건들을 알고는 있지만, "영광받음"이라든가 "올리움"이라는 말을 통해 그것들을 신학적으로 통전된 하나로 그리고 있다고 말할 수 있다. 특별히 이 과정을 통해 승천과 영의 수여라는 빛나고 영광스러운 사건들이 고통스러운 십자가와 연결되었다. 그것들은 더 이상 십자가, 죽음, 부활이 있고 난 다음 이어지는 각각의 분리된 사건들이 아니다. 아니 각기 구분은 되지만 전체가 통합된 하나로서 기능한다. 십자가 없이 승천과 영의 수여는 없다. 이 점에서 십자가는 이미 그 안에 승천과 영의 수여라는 종말론적 기대의 실현을 내포하고 있다. "올리움"은 천상으로의 예수의 귀환 과정을 묘사하는 포괄적인 언어이다. 예수가 죽음에 가까이 감에 따라(13:1) 그의 귀환이 시작되며, 따라서 고별담론에서 그는 자신의 귀환이 이미 진행중인 것처럼 말할 수 있었다(14:4, 28; 16:28). 최초의 확고한 발걸음이 이미 그에게 부활 생명의 확신을 가져다준다. 마지막 발걸음은 그가 하늘로 올려질 때 이루어진다. 이 과정 속에서 그리스도가 돌아올 때 영이 나타난다(3:13 이하; 6:62-63).[191]

---

190 에베소서 4:8에서도 전승 재료를 인용해서 승천과 영을 결합시키고 있다: "그분은 높은 곳으로 올라가셔서, 포로를 사로잡으시고, 사람들에게 선물을 나누어 주셨다." "동부 시리아와 팔레스타인 교회들에서는 4세기까지 부활절 후 50일째 되는 날을 승천일로 기념했다." 즉 오순절 성령강림일과 승천일을 동일시했다. G. Kretschmar(1954-55), "Himmelfahrt und Pfingsten", *Zeitschrift für Kirchengeschichte* 66, pp. 209-253; I.H. Marshall(1977), "The Significance of Pentecost", *Scottish Journal of Theology* 30, p. 363에서 재인용.

191 이렇게 이해하는 것만이 12:32의 "내가 땅에서 들려서 올라갈 때에, 나는 모든 사람을 내게로 이끌어 올 것이다"라는 말을 설명할 수 있다. "이끌어온다"는 것은 영 파라클레토스에 의해 이루어지는 선교를 뜻할 것이다.

다. 영의 수여와 십자가(19:30, 34)

요한은 예수의 승천을 전체 십자가의 사건들과 관련시켰듯이 영도 예수의 죽음과 관련시켰다. 영이 수여되는 것은 예수의 죽음의 결과이다. 그리고 고별담론에 의하면 영은 예수가 떠나는 동안 나타난다. 19:30에서는 예수의 죽음을 묘사하고 있다. "예수께서 신 포도주를 받으시고서 '다 이루었다'하고 말씀하신 뒤에, 머리를 떨어뜨리시고 숨을 거두셨다." 여기서 "숨을 거두었다"는 표현은 그리스어로 παρέδωκεν τὸ πνεῦμα, 직역하면 "영, 또는 숨을 주었다"이다. 그런데 예수의 죽음을 묘사하기 위해 여기서 사용된 동사 παρέδωκεν("주었다")은 매우 어색하다. 이 경우 요한의 παρέδωκεν τὸ πνεῦμα는 마태의 ἀφῆκεν τὸ πνεῦμα(27:50)와 특히 누가의 παρατίθεμαι τὸ πνεῦμά μου(23:46)에 해당하는 표현일 것이다. 그러나 παραδίδωμι는 이처럼 내어놓는 것을 표현하기에는 부적절한 단어이다. 그리스 문헌 어디에서도 παραδίδωμι τὸ πνεῦμα를 죽음을 묘사하는 데 사용하지는 않았다.[192] παραδίδωμι는 흔히 상속자에게 무언가를 넘겨주는 것을 가리킨다.[193]

19:28-30에서 요한의 표현은 특징적으로 요한적인 이중의미를 드러낸다. 이 구절들 전체에서 중요한 것은 τετέλεσται("다 이루었다")이다. 이 외침은 임박한 죽음의 절규가 아니라 승리의 선언이다(4:34; 17:4 참조). 르와지는 "요한의 그리스도의 죽음은 (공관복음서에서처럼) 수난과 수치, 버림받는 장면이 아니라 위대한 승리의 시작이다"라고 말했다.[194] 결코 패배는 없다. 예

---

192 I. 데 라 포테리에(1983), pp. 190-193. 그밖에 F. Porsch(1974), p. 328 참조. 포르쉬는 확실히 마태가 ἀφίημι를 사용한 것이 더 자연스럽다고 한다. 만일 요한이 선물(영)이 (누가의 경우처럼) 아버지에게로 다시 돌려졌음을 말하고자 했다면, ἀποδίδωμι가 가장 적절한 단어였을 것이다.

193 Büschel(1964-76), *Theological Dictionary of the New Testament* 2 (Grand Rapids: Eerdmans), pp. 169-172 참조; C.H. Dodd(1953), p. 428 주 3.

194 A. Loisy(1903), *Le Quatrieme Evangile* (Paris: A. Picard & Fils), loc.cit.; R.E.

수가 시작했던 활동은 이제 완성되었다. 죽음조차도 그를 무너뜨리지 못한다. 예수는 자신의 죽음에서도 스스로 주인이었다. 예수는 계속 능동 동사의 주어이다(κλίνας "떨어뜨렸다", παρέδωκεν "주었다"). "아무도 내게서 (내 목숨을) 빼앗아가지 못한다. 나는 스스로 원해서 내 목숨을 버린다"(10:18).

이렇게 보면 παρέδωκεν τὸ πνεῦμα("영을 내어주었다", "숨을 거두었다")는 한편으로 예수의 죽음의 자발성을 나타내지만, 다른 한편으로는 영의 수여를 암시한다. 이것은 성령이 십자가의 시간에 이미 살아 활동했다는 인상을 불러일으킨다. 사실 영의 선물은 십자가의 결실이다. 물론 이 십자가 죽음의 장면에서 영의 수여가 분명하고도 완전한 형태로 묘사되지는 않았다. 실제로 영은 나중에 가서야 확실하게 선사된다(20:22). 그러나 여기서 영은 상징적이고 예기적인 형태로 주어졌다. 십자가의 희생이 이루어지는 순간에, 결정적인 변화의 시간에 인간을 향한 하나님의 행동은 영이며, 사랑이다. 참혹한 십자가를 하나님의 사랑의 행위로 해석했던 요한의 신학적 해석학의 틀 안에서 보면, 영은 십자가 위에서 이미 활동하고 있다. 따라서 분명하고 확고한 형태는 아니지만 십자가에서 영은 이미 활동하고 있고, 이것은 요한이 영과 그 "때"를 한데 합쳤다는 증거로 볼 수 있다.

19:34에 예수의 옆구리에서 물과 피가 흘러나왔다는 서술도 영의 수여와 십자가와의 관련성을 보여준다. 예수의 옆구리에서 나온 물은 믿는 자의 배에서 흘러나오리라고 했던 생수(7:39)를 암시한다. 이것은 영에 대한 상징적인 표현이다(4:7-15; 7:37-39). 뿐만 아니라 요한의 생수 전승의 배경은 종말론적이다. 므리바 바위와 초막절 때 예루살렘 낙원에서 흐르는 시냇물이 요한의 상징 배후에 있었을 것이다. 나아가서 그는 이 흐르는 물을 영으로 해석한 랍비전승도 알고 있었을 것이다.[195] 그러므로 예수의 옆구리

Brown(1970), p. 930에서 재인용.

195 R.E. Brown(1970), p. 949.

에서 나온 피가 죽음과 희생제의적인 성격을 지시하는 반면[196] 물은 영적인 상징들을 불러일으킨다. 영은 예수의 죽음을 통해 주어진다. 이 죽음은 영광으로의 예수의 귀환의 길을 열며, 사실상 영의 탄생을 가능하게 한다. 그래서 브라운은 이렇게 말한다. "여기서 상징은 예기적이다. 오직 부활한 예수만이 영을 주지만 수난과 죽음, 부활, 그리고 승천의 때라는 영광받음의 전 과정을 통하여 그 (영의) 선물이 흘러나온다는 사실을 분명히 보여준다."[197]

4. 영과 그리스도의 하나됨

요한복음서 안에서 일어나고 있는 이 변화, 딱딱하고 고정적인 연대기적, 정태적 구분들을 넘나들고 무효화시키는 이 변화를 해석학적 지평융합이라는 말로 표현할 수 있을까? 이 변화, 해석학적 지평융합을 가능하게 한 것은 무엇일까?

이러한 지평융합은 동학의 2대 교주 최해월이 말한 향아설위(向我設位)와도 비슷한 것이 아닐까? 최해월은 최제우의 시천주(侍天主) 사상을 발전시켜 향아설위에 대해 말했다. 과거의 죽은 혼령들에게 밥그릇을 바치는 기존의 제사가 향벽설위(向壁設位)였다면, 지금 살아 있는 '나'를 향해 밥그릇을 옮겨놓은 것이 향아설위이다. 제사와 공경, 예배의 중심은 오늘 살아 있는 나라는 것이다. 죽은 귀신이 밥을 먹는 것이 아니라 오늘 살아서 밥을 먹는 내가 중요하다. 지금 살아서 밥을 먹는 나를 통해 죽은 귀신도 내 몸 안에서 살아 있는 생명으로 다시 태어난다. 나아가서 밥과 인간과 한울이

196 가령 예수의 죽음과 유월절 어린양과의 관련성을 지적할 수 있다. J.M. Ford(1968-69), "'Mingled Blood' from the Side of Christ(John 19:34)", *New Testament Studies* 15, pp. 337-338.

197 R.E. Brown(1970), p. 951.

내 안에서 하나로 통한다.[198] 중요한 것은 현재이다. 말하자면 오늘 살아 있는 나를 새롭게 이해함으로써 과거와 미래가 새롭게 정의된다. 과거의 조상도, 미래의 나의 삶도 한울님으로서 현재의 나의 존귀함을 깨달을 때 새롭게 이해된다. 그때는 제사상의 밥그릇을 벽이 아니라 나를 향해 놓을 수 있고, 그럼으로써 벽 속에 갇혀 있던 과거의 조상도 살아서 피가 흐르는 따뜻한 생명으로 다가온다.

요한의 경우도 이와 비슷한 경험을 한 것이 아닐까? 우리의 주제와 관련시켜 말하자면 요한은 교회의 현재 시간 안에서 긴밀하게 살아 활동하는 분으로 영과 그리스도를 경험했다고 할 수 있다. 역사적 예수도 더 이상 십자가에서 죽은 과거의 인물이 아니며, 미래에 재림할 예수도 시간의 고정된 어느 끝에선가 만나게 될 먼 미래의 인물이 아니다. 현재 살아 활동하는 영이 그리스도의 재림을 성취한다고 볼 수 있을 것이다.[199] 이것은 크게 두 가지 점에서 확인된다. 하나는 다른 복음서들에서와는 달리 요한복음서에서는 떠나는 예수가 제자들에게 영/파라클레토스를 약속한다는 점이고, 또 하나는 바로 그 영/파라클레토스가 부활절 이후 교회의 삶 속에서 그리스도가 했던 역할을 그대로 계속하며, 인격화된 영의 형태로 나타난다는 것이다. 그래서 성령인 파라클레토스가 예수 자신인 것처럼 나타난다는 점이다. 이것들은 모두 고난과 박해 가운데 살아가고 있는 교회의 현재의 삶 속에서 자신들을 돕고 변호하고 위로하는 영/파라클레토스 안에서 그리스도를 발견하는 교회의 생생한 경험을 말해준다. 이 체험이 앞서 말한 해석학적 지평융합을 가능하게 했을 것이다. 여기서는 이 두 가지 점을 좀 더 자세히 살펴보겠다.

고별담론에서 예수는 자신이 떠나는 데 대한 제자들의 두려움을 달래기

---

198 김기선(편)(1991), 「동경대전」, 동학연구원.

199 E.F. Scott(1906), *The Fourth Gospel, Its Purpose and Theology* (Edinburgh: T.& T. Clark), p. 348; G.M. Burge(1987), p. 137에서 재인용.

위해 부활, 또는 영광받은 주로의 귀환, 영의 도래에 대해 언급한다. "나는 너희를 고아처럼 버려 두지 아니하고, 너희에게 다시 오겠다."(14:18) "너희는 내가 갔다가 너희에게로 다시 온다고 한 내 말을 들었다."(14:28) "조금 있으면 너희는 나를 보지 못할 것이다. 그러나 또 조금 있으면 나를 볼 것이다."(16:16) 앞서 말했듯이 요한은 명확한 구분 없이 영의 도래와 그리스도의 도래에 대해 말한다. 어떤 학자들은 이 귀환이 부활을 가리키는지 (Lindars, Hoskyns, Barrett) 아니면 영을 가리키는지(Holwerda, Bauer, Brown) 논쟁을 벌였다. 그러나 사실은 이 두 개념이 하나로 합쳐졌다.[200]

어떤 의미에서 요한은 부활절 기대를 새롭게 재구성했다고 말할 수 있다. 이것은 14:15-24에서 가장 분명하게 나타난다. 이 단락에 의하면 그리스도가 제자들에게로 다시 오는 것은 다음의 네 가지를 의미한다. 파라클레토스가 그들 가운데 거할 것이다(15-17절); 그들은 살아 계신 그리스도의 도움으로 살 것이다(19절); 그들은 그리스도와의 지속적인 사랑의 교류 속에서 살아갈 것이다(21절); 그리고 그리스도는 그들에게 자신을 드러낼 것이다(ἐμφανίζω; 출 33:13 칠십인역 참조). 말하자면 그리스도의 도래와 부활은 그리스도가 영/파라클레토스로 신자들 안에 들어오고 이들이 완벽한 상호소통을 하는 것을 의미한다. 이 점이 14:20에서 그리스도와 신자 사이의 상호거주로 명확하게 표현되었다. "그 날에 너희는, 내가 내 아버지 안에 있고, 너희가 내 안에 있으며, 또 내가 너희 안에 있음을 알게 될 것이다." 결정적으로 예수와 아버지가 신자들에게로 와서(14:18 ἔρχομαι) 그들과 함께 살 것이다. 따라서 예수의 옴이 눈에 보이는 부활현현으로 묘사되기는 했지만, 동시에 이것은 영 안에서 그리스도가 신자들에게 인격적으로 현현하는 것을 포함한다. 그리스도가 "너희 안에" 있듯이(14:20) 파라클레토스도

200 C.H. Dodd(1953), p. 395에서는 다음과 같이 말한다. "사실 그리스도의 죽음과 부활에 대한 예언과 재림에 대한 예언 사이의 구분은 — 이 구분이 공관복음서 안에서는 아주 분명하지만 — 요한에서는 사라져가고 있는 것으로 보인다."

너희와 함께 하고 "너희 안에"(14:17) 있을 것이다. 따라서 고별담론 안에서 "온다"(ἔρχομαι)는 말은 하나님이 그리스도 안에서 일으키는 "옴"의 사건(부활), 그리고 그리스도가 신자 안으로 들어오는(內住) 움직임을 모두 포괄한다.[201]

요한은 이처럼 부활절 기대를 변화시킴으로써 고별담론에서 그리스도의 "옴"의 사건이 부활뿐 아니라 그리스도가 영으로 제자들 안에 거하는 신비적인 경험까지도 포괄할 수 있게 했다. 그리고 이것은 요한복음 20장의 보도와 일치한다. 제자들이 부활한 예수를 만났을 때(20:19 이하) 그들은 영을 만난다. 그러므로 영은 부활하고 영광받은 그리스도의 한 차원이다. 영은 이러한 상호내주의 동력이기 때문에 그리스도와 영과의 동일시가 드러내놓고 이루어진다. 신자들 안에 내주하는 파라클레토스는 곧 내주하는 예수이다. 고별담론에 의하면 제자들을 떠난 후 제자들과 함께 하는 그리스도의 인격적인 현존의 형태가 육체적인 것에서 파라클레토스의 형태로 바뀌게 된다. 그렇다면 파라클레토스는 공동체가 예수 없이 예수와 함께 살 수 있게 하는 영이며, 바로 예수 자신에 다름 아니다. 파라클레토스 안에서 공동체는 역사적 예수를 과거의 죽은 예수가 아니라 살아 숨쉬는 예수로 경험한다. 고별담론에서 예수는 영이 다른 어떤 존재가 아니라 바로 자기 자신임을 보여줌으로써 자신이 다시 온다고 약속한다. 그리고 이러한 표현은 요한공동체가 그들의 현재 삶 속에서 자신들 안에 거하시는 영의 현존을 그리스도의 현존으로 느낄 수 있었기 때문에 가능했을 것이다.

더 나아가서 요한은 구체적으로 파라클레토스와 예수의 기능적인 연속성을 말함으로써 그러한 경험을 표현했다. 파라클레토스는 예수가 시작했던 활동을 계속한다. 그러므로 그는 예수에게 종속된다. 예수가 아버지를

---

201 A. Nossol, "der Geist als Gegenwart Jesu Christi", *Gegenwart des Geistes*, ed. by W. Kasper (Freiburg: Herder, 1979), pp. 140-143; E.K. Lee(1950), *The Religious Thought of John* (London: SPCK), pp. 204-206.

증거하고 영광스럽게 했듯이(17:18; 13:31) 파라클레토스는 세례자에 의해 시작되었던(1:7-8) 예수에 대한 증거를 계속한다(15:26). 파라클레토스를 통해서 예수의 말은 계속해서 들려질 것이다(16:13). 영과 파라클레토스는 둘 다 예수가 말한 것(14:26)을 회상시키고, 여전히 현존하는 권위 있는 그리스도에게서 새로운 말을 받아서 전할 것이다(16:13). 파라클레토스와 그리스도 사이의 이러한 상응성은 대단히 강력해서 "예수의 일이 아버지의 일이듯이(5:17) 파라클레토스의 일은 예수의 일"(16:14-15)이라고까지 말한다.

아버지에 대한 그리스도의 관계와 그리스도에 대한 파라클레토스의 관계는 동일하다. 이러한 관계는 두 인물이 분리되고 구분되기는 하지만 긴밀하게 관련된 하나임을 의미한다(10:30 참조). 예수 안에서 아버지를 보듯이(14:9) 파라클레토스 안에서 예수를 경험한다(14:15 이하). 예수는 아버지가 하시는 것을 보고 들은 것만을 말하고 행한다(8:28; 5:19-20). 마찬가지로 파라클레토스는 예수에게서 들은 것만을 말한다(16:13). 예수의 주요 목표는 아버지를 영광스럽게 하는 것이고(17:4) 파라클레토스는 예수를 영광스럽게 한다(16:14).

예수와 영/파라클레토스의 기능적인 동속성은 영/파라클레토스가 인격적 특징들을 지닌다는 데서도 확인할 수 있다. 이것은 요한의 성령론에서 가장 두드러진 특징들 중 하나이다. 일반적으로 영, 프뉴마(πνεῦμα)는 중성명사로서 영을 세력, 힘으로 표현한다. 그러나 요한복음서에서만 특징적으로 나타나는 파라클레토스(παράκλητος)는 인격적 특징을 지니는 남성명사이다. "영"(τὸ πνεῦμα)과 "파라클레토스"(ὁ παράκλητος)를 동일시하는 것은 요한적인 영의 인격적 특성을 강조한다.[202] 그리고 이처럼 고별담론에 나타

---

202 이 주장은 성령을 파라클레토스(남성명사)와 동일시하는 것을 전제한다. 많은 학자들이 이 주장에 동의하지 않겠지만(불트만, 베츠, 빈디쉬 등), 14:26에 명시된 동속성은 논란의 여지가 없다. C.K. 바레트(1978a), p. 143. "파라클레토스라는 명사는(중성인 "영"과는 달리) 남성명사이다. 따라서 이것은 그 문법적인 형식에 의해 성령을 추상적이고 비인격적

나는 인격적인 영, 파라클레토스의 이미지는 중간 시기의 천사 유형, 가령 미카엘 같은 존재에게서 기원한 것이 아니다. 요한의 인격화된 파라클레토스의 이미지는 예수의 인격에서 유래한 것이다.[203]

이것이 두드러지게 나타나는 것은 중성명사인 πνεῦμα를 수식하는 데 남성 인칭대명사를 사용했다는 점이다. 14:26; 15:26; 16:8, 14에서 ἐκεῖνος, 그리고 16:7에서 αὐτός를 사용한 것을 지적할 수 있다.[204] 아마도 이것은 영, πνεῦμα를 언급하면서 예수를 염두에 두었기 때문이었을 것이다. 이것은 요한에게 "진리의 영"(τὸ πνεῦμα τῆς ἀληθείας)이 단순한 힘이나 영향력 이상을 의미했음을 말해준다."[205] 14:26에서 형용사 ἄλλος("다른" 남성 단수형)를 사용한 것 역시 요한에게 예수는 다른 파라클레토스였음을 시사한다(요일 2:1에서 이 점이 분명하게 나타난다). 파라클레토스가 다른 예수이듯이 예수는 다른 파라클레토스이다. 이들의 역할을 동일시한 것은 이들의 인격적 기능의 동일성을 시사한다.

5. 맺는 말

이제 앞서 2장의 문제제기로 돌아가 보자. 그것은 종말기대의 실현이 현재냐, 미래냐 하는 종래의 도식으로는 요한의 종말론을 이해하기 어렵다는 것이고, 요한의 신학적 발견에 의해 달라진 시간이해의 틀에 입각해서 그의

인 힘의 영역으로부터 인격적인 영역으로 옮겨놓는 경향이 있다." 브라운에 의하면 요한은 14:26에서만 유일하게 드러내놓고 파라클레토스와 영을 동일시하고 있다. R.E. Brown(1970), p. 639.

203 R.E. Brown(1966-67), pp. 124, 126-127.

204 이 남성 인칭대명사들이 나온 것은 앞에 나오는 남성 선행사(ὁ παράκλητος) 때문이라고 볼 수도 있지만 16:13에서 ἐκεῖνος를 사용한 것은 거기서 ὁ παράκλητος가 빠지고 중성 τὸ πνεῦμα τῆς ἀληθείας("진리의 영")만 사용되었다는 점에서 매우 두드러진다.

205 J.H. Bernard(1928), *The Gospel of John* 2 (Edinburgh: T. & T. Clark), p. 500.

종말론도 이해해야 한다는 것이었다. 앞의 3장에서는 요한이 십자가와 부활, 승천, 영의 도래라는 마지막 때의 사건들을 신학적으로 하나로 이해함으로써 각각의 사건들이 구분은 되지만 시간적 선후관계라든가 정태적 구분이 그 효력을 잃게 되었다고 말했다. 그리고 이러한 달라진 시간이해, 시간의 융합, 해석학적 지평융합이 이루어질 수 있었던 것은 요한공동체의 현재적 경험 속에서 영/파라클레토스와 그리스도는 서로 다른 존재가 아니라 하나였기 때문에 가능했다고 말했다. 현재 요한공동체와 함께 하는 영/파라클레토스 안에서 부활한 예수가 이미 자신들과 함께 계심을 경험했기 때문에 요한공동체의 입장에서는 미래적 종말론에서 말하는 재림 예수가 자신들의 삶 속에 이미 와 계시는 것으로서 경험될 수 있었다는 것이다. 이렇게 보면 요한적 시간이해, 종말이해의 근저에는 요한공동체의 독특한 영체험이 깔려 있다고 할 수 있다. 달리 말하자면 요한은 자신의 독특한 종말론을 통해 그리스도와 영을 하나로 표현할 수 있었다고 할 수 있을 것이다. 동시에 이것은 영/파라클레토스 안에서 지금 공동체 안에 현존하는 그리스도를 체험함으로써 과거, 현재, 미래로 이어지는 정태적 시간의 포로됨으로부터 벗어나 존재의 비상(飛上)이 가능했음을 의미한다. 그리고 이것은 미래적 종말론이냐, 현재적 종말론이냐라는 틀이 요한에게 부적절하며, 그보다는 신비주의적 동일성의 경험을 초점에 놓고 보는 것이 요한에게 적절한 범주임을 말해준다.

다드는 요한이 그리스도 신비주의에 입각해서 일관되게 묵시문학적 기대를 변형시켰다고 주장했다.[206] 일반적으로 다드의 "실현된 종말론"은 학자들의 동의를 얻지 못했지만, 그가 요한에게서 이러한 변화를 발견한 것은 옳다고 생각된다. 물론 묵시문학적 신화의 시대를 살았던 요한이 전통적인

206 C.H. Dodd(1963b), *The Apostolic Preaching and Its Development* (London: Hodder and Stoughton), pp. 65, 148.

미래적 희망을 전부 포기할 수는 없었을 것이다. 그러나 그가 그러한 기대의 강조점을 옮겨놓은 것은 사실이다. 집요하게 현재가 고려되었다. 요한은 묵시문학적 재림기대를 굳이 제거한 것이 아니라 영의 현재적 경험을 강조함으로써 재림지연의 문제를 해결했다고 말할 수 있다.[207]

요한의 예수는 자신이 제자들을 떠난 뒤 "잠시 후에"(μικρὸν) 그들이 다시 그를 보게 될 것이라고 말한다. 그러나 이 "잠시 후에"가 길어졌을 때 사람들은 실망했다(16:17-24). 요한복음서에서 이 문제의 해결은 그리스도에 대한 내면적 이해와 관련해서, 앞서 지적했듯이 영체험과 관련해서 신비주의적으로 이루어졌다. 이것이 요한복음서의 미래기대를 부정하는 것은 아니지만 굳이 종말의 현재냐, 미래냐라는 낡은 도식에 비추어 답하라고 한다면 요한에게서 예수의 미래적 역할이 심하게 축소되었다는 것을 인정할 수밖에 없을 것이다.[208]

그러나 영/예수의 옴은 공동체와 공동체에 속한 개인들의 삶 한가운데 '끄트머리'를 가져오고, 그 '끄트머리'는 낡은 '나'와 낡은 세계를 끝내면서 동시에 새로운 '나'와 새로운 세계의 시작을 이룬다. 영/예수는 그 자신이 '끄트머리'가 됨으로써, 즉 옛 '나'와 옛 세계의 끝이면서 동시에 새로운 '나'와 새로운 세계의 시작이 됨으로써 우리에게 지금 현재의 삶 한가운데서 새로운 미래를 열어주는 것이다.

---

207 R. Kysar(1976), p. 96. 재림지연의 문제는 고별담론과 21장에서도 나타난다. 14:19-20에서 예수는 자신의 떠남과 영적인 귀환에 대해 암시한다. 이것은 다음과 같은 유다의 반응을 불러일으킨다. "주님, 주님께서 우리에게는 자기를 드러내시고 세상에는 드러내려고 하지 않으시는 것은 무슨 까닭입니까?"(22절) 여기서는 눈에 보이게 공개적으로 예수가 재림할 것에 대한 기대를 전제하고 있다. R. Kysar(2006), *Voyages with John: Charting the Fourth Gospel* (Waco, Tex.: Baylor University Press)도 참조.

208 요한복음 14:1-3이 재림기대를 반영하기는 하지만 요한에는 마가복음 13:26에 해당하는 본문이 없다.

| 참고 문헌 |

Abrams, M.H.(1971). *A Glossary of Literary Terms.* 3rd ed. New York: Holt, Reinhart and Winston.

Alter, R.(1981). *The Art of Biblical Narrative.* New York: Basic Books.

Amante, D.J.(1975). *The Ironic Speech Acts: A Stylistic Analysis of a Rhetorical Ploy.* Ph.D. Dissertation, Univ. of Michigan.

Anderson, P.N., F. Just and T. Thatcher ed.(2007). *John, Jesus, and History. Vol. 1. Critical appraisals of critical views.* Atlanta, GA : Society of Biblical Literature

Aristotle. *The Nicomachean Ethics.* Trans. by H. Rackham. The Loeb Classical Library. Cambridge, Mass.: Harvard University Press, 1926.

Ashton, J.(1993). *Understanding the Fourth Gospel.* Oxford: Oxford University Press.

Baldermann, I.(1980). *Die Bibel-Buch des Lernens: Grundzüge biblischer Didaktik.* Göttingen: Vandenhoeck und Ruprecht.

Barrett, C.K.(1975). *The Gospel of John and Judaism.* Trans. by D.M. Smith. London: SPCK.

______(1978). *The Gospel According to St. John.* 2nd ed. Philadelphia: The Westminster Press.

Bastian, H.-D.(1970). *Theologie der Frage: Ideen zur Grundlegung einer theologischen Didaktik und zur Kommunikation der Kirche in der Gegenwart.* München: Kaiser Verlag.

Bauckham, R. and C. Mosser(2008). *The Gospel of John and Christian Theology.*

Grand Rapids: Wm. B. Eerdmans Publishing.

Beardslee, W.A.(1970). *Litarary Criticism of the New Testament.* Philadelphia: Fortress Press.

Becker, J.(1985[2]). *Das Evangelium nach Johannes I.* Gütersloh-Würzburg: Gerd Mohn.

______(1984). *Das Evangelium nach Johannes II.* Gütersloh-Würzburg: Gerd Mohn.

Bernard, J.H.(1929). *A Critical and Exegetical Commentary on the Gospel According to St. John.* ed. by A.H. McNeile. The Internatinal Critical Commentary. Vol. 29. pt. I-II. New York: Charles Scribner & Sons.

Betz, O.(1963). *Der Paraklet: Fürsprecher im häretischen Spätjudentum, im Johannesevangelium und in neu gefundenen gnostischen Schriften.* Leiden: E.J. Brill.

Black, M.(1982). *Die Muttersprache Jesu: Das Aramäische der Evangelien und der Apostelgeschichte.* Stuttgart: Calwer Verlag.

Blank, J.(1959). Die Verhandlung vor Pilatus Jo 18, 28-19, 16 im Lichte johanneischer Theologie. *Biblischer Zeitschrift, 3,* 60-81.

______(1964). *Krisis: Untersuchungen zur johanneischen Christologie und Eschatologie.* Freiburg: Lambertus-Verlag.

______(1981). *Das Evangelium nach Johannes I.* Düsseldorf: Patmos Verlag.

Böcher, O.(1965). *Der johanneische Dualismus im Zusammenhang des nachbiblischen Judentums.* Gütersloh: Gerd Mohn.

Bonneau, N.R.(1973). "The Woman at the Well: John 4 and Genesis 24." *The Bible Today, 67,* 1252-1259.

Booth, W.C.(1961). *The Rhetoric of Fiction.* Chicago: University of Chicago Press.

______(1974). *A Rhetoric of Irony.* Chicago: University of Chicago Press.

Borgen, P.(1965). *Bread from Heaven. An Exegetical Study of the Concept of Manna in the Gospel of John and the Writings of Philo.* Leiden: E.J. Brill.

Borig, R.(1967). *Der wahre Weinstock.* München: Kösel Verlag.

Bornkamm, G.(1968). "Der Paraklet im Johannesevangelium." *Geschichte und Glaube, I.* München: Kaiser Verlag.

Bowen, C.R.(1930). "The Fourth Gospel as Dramatic Material." *JBL, 49,* 292-305.

Bowman, J.(1958). "The Fourth Gospel and the Samaritans." *Bulletin of the John Rylands Library*, 40, 298-315.

Brown, R.E.(1966/1970). *The Gospel According to John.* Anchor Bible Series 29, 29A. 2 vols. Garden City, N.Y.: Doubleday.

______(1975). "The Passion According to John: Chapters 18 and 19." *Worship*, 49, 126-134.

______(1979). *The Community of the Beloved Disciple.* New York: Paulist Press.

Bühner, J.A.(1977). *Der Gesandte und sein Weg im 4. Evangelium.* Tübingen: J.C.B. Mohr.

Bultmann, R.(1925). "Die Bedeutung der neuerschlossenen mandäischen Quelles für das Verständnis des Johannesevangeliums." *ZNW*, 24, 100-146.

______(1952). λνωσκω, γνωσις. *Theologishe Wörterbuch zum Neuen Testament* I, 688-715.

______(1959). πιστευω. *Theologishe Wörterbuch zum Neuen Testament* VI, 197-230.

______(1963). *The History of the Synoptic Tradition.* Trans. by J. Marsh. Rev. ed. New York: Harper & Row.

Caird, G.B.(1980). *The Language and Imagery of the Bible.* Philadelphia: The Westminster Press.

Carson, D.A.(1982). "Understanding Misunderstanding in the Fourth Gospel." *Tyndale Bulletin*, 33, 59-91.

Chang, P.S.-C.(1975). *Repetitions and Variations in the Gospel of John.* Dissertation, Straaβburg.

Charlesworth, J.H.(1991). "A Critical Comparison of the Dualism in 1QS 3:13-4:26 and the 'Dualism' Contained in the Gospel of John." *John and the Dead Sea Scrolls*, ed. by J.H. Charlesworth. New York: Crossroads Publishing Company.

Chatman, S.(1978). *Story and Discourse: Narrative Structure in Fiction and Film.* Ithaca: Cornell University Press.

Chevalier, H.(1932). *The Ironic Temper: Anatole France and His Time.* New York: Oxford University Press.

Cohen, T.(1978). "Metaphor and Cultivation of Intimacy." *Critical Inquiry*, 5, 3-12.

Collins, A.Y.(1979). "Crisis and Community in John's Gospel." *ThD*, 27, 313-321.

Colpe, C.(1961). *Die religionsgeschichtliche Schule: Darstellung und Kritik ihres Bildes vom gnostischen Erlösermythus.* Göttingen: Vandenhoeck & Ruprecht.

Crossan, J.D.(1980). "A Structuralist Analysis of John 6." *Orientation by Disorientation: Studies in Literary Criticism*, ed. by R.A. Spencer. Pittsburgh: Pickwick Press.

Cullmann, O.(1948). "Der johanneische Gebrauch doppeldeutiger Ausdrücke als Schlüssel zum Verständnis des vierten Evangeliums." *Theologische Zeitschrift*, 4, 360-372.

______(1953). *Peter: Disciple, Apostel, Martyr.* Trans. by F.V. Filson. London: SCM Press.

______(1975). *The Johannine Circle: Its Place in Judaism, Among the Earley Disciples and in Early Christianity.* Trans. by J. Bowden. London: SCM Press.

Culpepper, R.A.(1975). *The Johannine School: An Evaluation of the Johannine School Hypothesis Based on an Investigation of the Nature of Ancient Schools.* Society of Biblical Literature Dissertation Series, 26. Missoula: Scholars Press.

______(1980). "The Pivot of John's Prologue." *New Testament Studies*, 27, 1-31.

______(1983). *Anatomy of the Fourth Gospel: A Study in Literary Design.* Philadelphia: Fortress Press.

Diaz, J.R.(1963). "Palestinian Targum and New Testament." *NovT*, 6, 76-77.

Dodd, C.H.(1953). *The Interpretation of the Fourth Gospel.* Cambridge: Cambridge University Press.

______(1962). "The Prophecy of Caiaphas, John 11, 47-53." *Neotestamentica et Patristica: Eine Freundesgabe Herrn Professor Dr. Oscar Cullmann zu seinem 60. Geburtstag Überricht.* ed. by W.C. van Unnik and Bo Reicke. Supplements to Novum Testamentum 6. Leiden: E.J. Brill.

______(1963). *Historical Tradition in the Fourth Gospel.* Cambridge: Cambridge University Press.

Duke, P.(1985). *Irony in the Fourth Gospel.* Atlanta: John Knox Press.

Dunn, J.D.G.(1970). "The Washing of the Disciples' Feet in John 13, 1-20." *ZNWK*, 61, 246-252.

Edwards, M.J.(2004). *John.* Malden. MA: Blackwell Pub.

Evans, C.F.(1977). "The Passion of John." *Explorations in Theology*, 2, 50-66.

Filson, F.V.(1962). *The Gospel of Life: A Study of the Gospel of John*. New York/ Evanston/London: Harper & Row.

Fiorenza, E.S.(1984). "Toward a Critical-Theological Self-Understanding of Biblical Scholarship." *Bread not Stone: The Challenge of Feminist Biblical Interpretation*. Boston: Beacon Press.

Foester, W.(1965). s.v. Κυριος. *Theological Dictionary of the New Testament*. III ed. by G. Kittel. Trans. by G.W. Bromiley. Grand Rapids: William B. Eerdmans, 1039-1098.

Fortna, R.T.(1970). *The Gospel of Signs: A Reconstruction of the Narrative Source Underlying the Fourth Gospel*. Society for New Testament Studies Monograph Series, 11. Cambridge: Cambridge University Press.

______(2004). *The Fourth Gospel and its predecessor: from narrative source to present Gospel*. London, New York : T & T Clark International.

Fowler, R.M.(1989). "Postmodern Biblical Criticism." *Forum*, 5, 3-30.

Freed, E.D.(1968). "Samaritan Influence in the Gospel of John." *Catholic Biblical Quarterly*, 30, 580-587.

Friedman, N.(1975). *Form and Meaning in Fiction*. Athens, Ga.: The University of Georgia Press.

Friedrich, G.(1967). *Wer ist Jesus? Die Verkündigung des vierten Evangelisten, dargestellt an Johannes* 4, 4-42. Stuttgart: Calver Verlag.

Frye, N.(1957). *Anatomy of Criticism*. Princeton: Princeton University Press.

Gardner-Smith(1938). *Saint John and the Synoptic Gospels*. Cambridge: Cambridge University Press.

Genette, G.(1980). *Narrative Discourse: An Essay in Method*. Ithaca, N.Y.: Cornell University Press.

Gill, J.(2003). *An exposition of the Gospel according to John*. Springfield, Mo.: Particular Baptist Press.

Gnilka, J.(1983). *Johannesevangelium*. Würzburg: Echter Verlag.

Gourbillon, J.G.(1942). "la vie d'en Haut(Jn 3,1-15)." *RSPT*, 40, 213-226.

Graf, J.(1951). "Jesus und die Samariterin." *Bibel und Kirche*, 6, 100-111.

Gregory, H.M.(1954). *A Study of the Literary Structure of the Fourth Gospel in*

Relation to its Message, Dissertation, Southern Baptist Theological Seminary.

Haenchen, E.(1970). "History and Interpretation in the Johannine Passion Narrative." *Int*, 24, 198–219.

______(1980). *John I*, Trans. by R.W. Funk. Philadelphia: Fortress Press, 1984.

Harner, P.B.(1970). *The "I am" of the Fourth Gospel: A Study in Johannine Usage and Thought*. Philadelphia: Fortress Press.

Heitmüller, W.(1918). *Das Evangelium des Johannes*. Göttingen: Vandenhoeck und Ruprecht.

Hitchcock, F.R.M.(1907). "The Dramatic Development of the Fourth Gospel." *The Expositer*, Ser. 4, vol.4, 266–279.

______(1923). "Is the Fourth Gospel a Drama?" *Theology*, 7, 307–317.

Hoffmann, G.(1933). *Das Johannesevangelium als Alterswerk: Eine psychologische Untersuchung*. Gütersloh: Gerd Mohn.

Homer. *The Odyssey*. Trans. by A.T. Murray. The Loeb Classical Library. 2 vols. Cambridge, Mass.: Harvard University Press, 1942.

Hoskyns, E.C.(1947). *The Fourth Gospel*. ed. by F.N. Davey. 2d. ed. London: Faber & Faber.

Hunter, A.M.(1965). *The Gospel According to John*. Cambridge: Cambridge University Press.

Hylen, S.(2009). *Imperfect Believers: Ambiguous Characters in the Gospel of John*. Louisville, Ky.: Westminster John Knox Press.

Jeremias, J.(1966). "A Comparison of the Marcan Passion Narrative with the Johannine." *The Eucharistic Words of Jesus*. New York: Scribner.

Jonas, H.(1964). *Gnosis und spätantiker Geist I*. Göttingen: Vandenhoeck & Ruprecht.

Jonge, M. de(1971). "Nicodemus and Jesus: Some Observations on Misunderstanding and Understanding in the Fourth Gospel." *Bulletin of the John Rylands Library*, 53, 337–359.

______(1973). "Jesus as Prophet and King in the Fourth Gospel." *Ephemerides Theologicae Lovaniensis*, 49, 160–177.

______(1977). *Jesus: Stranger from Heaven and Son of Man-Jesus Christ and the Christians in Johannine Perspective*. ed. and Trans. by J.E. Steely. Society of

Biblical Literature Sources for Biblical Study, 11. Missoula: Scholars Press.

______(1979). "The Beloved Disciple and the Date of the Gospel of John." *Text and Interpretation: Studies in the New Testament Presented to Matthew Black*. ed. by E. Best and R. McL. Wilson. Cambridge: Cambridge University Press.

Juel, D.(1977). *Messiah and Temple: The Trial of Jesus in the Gospel of Mark*. Society of Biblical Literature Dissertation Series, 31. Missoula: Scholars Press.

Kaiser, W.C., Jr.(1981). *Toward an Exegetical Theology*. Grand Rapids: Baker Book House.

Käsemann, E.(1968). *The Testament of Jesus: A Study of the Fourth Gospel in Light of Chapter 17*. Trans. by G. Krodel. Philadelphia: Fortress Press.

______(1971). *Jesu letzter Wille nach Johannes 17*. Tübingen: J.C.B. Mohr.

Kelber, W.H.(1979). *Mark's Story of Jesus*. Philadelphia: Fortress Press.

______(1983). *The Oral and Written Gospel*. Philadelphia: Fortress Press.

______(1987). "Narrative as Interpretation and Interpretation of Narrative: Hermeneutical Reflection on the Gospels." *Semeia*, 39, 107-133.

Kellum, L.S.(2004). *The Unity Of The Farewell Discourse: The Literary Integrity Of John 13:31-16:33*. Edinburgh: T&T Clark.

Kennedy, G.A.(1980). *A Classical Rhetoric and Its Christian and Secular Tradition from Ancient to Modern Times*. Chapel Hill: University of North Carolina Press.

Kierkegaard, S.(1966). *The Concept of Irony, with Constant Reference to Socrates*. Trans. by L.M. Capel. London: Collins.

Kimelman, R.(1981). "Birkat Ha-minim and the Lack of Evidence for an Anti-Christian Jewish Prayer in Late Antiquity." *Jewish and Christian Self-Definition: Aspect of Judaism in the Greco-Roman Period*, Vol. 2, ed. by E.P. Sanders with A.I. Baumgartem and A. Mendelson, Philadelphia: Fortress Press.

Koenig, J.(1979). *Jews and Christians in Dialogue: New Testament Foundations*. Philadelphia: Fortress Press.

Koester, C.R.(2008). *The Word of Life: a Theology of John's Gospel*. Grand Rapids, Mich.: W.B. Eerdmans Pub.

Kuhn, K.G.(1950). "Die in Palästina gefundene hebräischen Texte und das neue Testament." *ZthK*, 47, 197-210.

Kümmel, W.G.(1973). *Einleitung in das Neue Testament*. Heidelberg: Quelle &

Meyer.

Kundsin, K.(1939). "Charakter und Ursprung der johanneischen Reden." *Acta Universitatis Latviensis* I, 4, 185-293.

Kurz, W.S.(1990). *Farewell Addresses in the New Testament*. Collegeville: Liturgical Press.

Kysar, R.(1975). *The Fourth Evangelist and His Gospel: An Examination of Contemporary Scholarship*. Minneapolis: Augsburg Publishing House.

______(1976). *John, the Maverick gospel*. Atlanta: John Knox Press.

______(1977). "Community and Gospel: Vectors in the Fourth Gospel Criticism." *Int*, 31, 355-366.

______(2006). *Voyages with John: Charting the Fourth Gospel*. Waco, Tex.: Baylor University Press.

Lagrange, M.J.(1948). *Evangile selon Saint Jean*. Paris: A. Fayard.

Léon-Dufour, X.(1981). "For a Symbolic Reading of the Fourth Gospel." *New Testament Studies*, 27, 439-456.

Leroy, H.(1968). *Rätsel und Missverständnis: Ein Beitrag zur Formgeschichte des Johannesevangelium*. Bonn: Peter Hanstein Verlag.

Liddell, H.G. and R. Scott(1940). *A Greek-English Lexicon*. Rev. ed. Oxford: The Clarendon Press.

______(1979). *A Lexicon Abridged from Liddell and Scott's Greek-English Lexicon*. Oxford: University Press.

Lieu, J.M.(2001). "Anti-Judaism in the Fourth Gospel." *Anti-Judaism and the Fourth Gospel*. ed. by R. Bieringer, D. Pollefeyt and F. Vandecasteele-Vanneuville. Louisville: Westminster/John Knox Press.

Lightfoot, R.H.(1956). *St. John's Gospel*. ed. by C.F. Evans. Oxford: Oxford University Press.

Lindars, B.(1971). *Behind the Fourth Gospel*. Studies in Creative Criticism, 3. London: SPCK.

______(1981). *The Gospel of John*. New Century Bible. Grand Rapids: William B. Eerdmans.

Lindblom, J.(1914). *Das ewige Leben: Eine Studien über die Entstehung der religiösen Lebensidee im Neuen Testament*. Uppsala/Leipzig: Almqvist &

Wiksell.

Lohse, E.(1973). "Wort und Sakrament im Johannesevangelium." *Die Einheit des Neuen Testament: Exegetische Studien zur Theologie des Neuen Testament.* Göttingen: Vandenhoeck & Ruprecht.

Loisy, A.(1903). *Le quatrieme evangile.* Paris: A. Picard & Fils.

Lüdemann, G.(1983). *Exegetisches Wörterbuch zum Neuen Testament III*, s.v. υψοω.

Luz, U. Exegetisches Wörterbuch zum Neuen Testament, s.v. βασιλεια.

MacRae, G.W.(1970). "The Fourth Gospel and Religionsgeschichte." *CBQ*, 32, 13-24.

______(1973). "Theology and Irony in the Fourth Gospel." *The Word and the World: Essays in Honor of Frederick L. Moriarty.* ed. by R.J. Clifford and G.W. MacRae. Cambridge, Mass.: Weston College Press.

______(1978). *Invitation to John: A Commentary on the Gospel of John with Compelete Text from the Jerusalem Bible.* Garden City, N.Y.: Image Books.

Malina, B.J.(2000). *The New Jerusalem in the Revelation of John: The City as Symbol of Life with God.* Collegeville: MichaelGlazierBooks.

Marsh, J.(1968). *The Gospel of John.* The Pelican Gospel Commentaries. Baltimore: Penguin Books.

Martyn, J.L.(1970). "Source Criticism and Religionsgeschichte in the Fourth Gospel." *Jesus and Man's Hope.* ed. by D.G. Buttrick. A Perspective Book, I, Pittsburgh: Pittsburgh Theological Seminary.

______(1978). *The Gospel of John in Christian History.* New York: Paulist Press.

______(1979). *History and Theology in the Fourth Gospel.* Rev. ed. Nashville: Abingdon.

McKnight, E.V.(1985). *The Bible and the Reader: An Introduction to Literary Criticism.* Philadelphia: Fortress Press

______(1988). *Post-Modern Use of the Bible: The Emergence of Reader-Oriented Criticism.* Nashville: Abingdon Press.

Meeks, W.A.(1966). "Galilee and Judea in the Fourth Gospel." *JBL*, 85, 159-169.

______(1967). *The Prophet-King: Moses Traditions and the Johannine Christology.* Supplements to *NovT* 14, Leiden: E.J. Brill.

______(1972). "The Man from Heaven in Johannine Sectarianism." *JBL*, 91, 44-72.

______(1975). "Am I a Jew?-Johannine Christianity and Judaism." *Christianity, Judaism and Other Greco-Roman Cults*, I. ed. by J. Neusner. Leiden: E.J. Brill.

______(1976). "The Divine Agent and His Counterfeit in Philo and the Fourth Gospel." *Aspects of Religeous Propaganda in Judaism and Early Christianity*, ed. by E.S. Fiorenza. Notre Dame, IN.: University of Notre Dame Press.

Mendner, S.(1958). "Nikodemus." *JBL*, 77, 293-323.

Merklein, H.(1983). *Jesu Botschaft von der Gottesherrschaft, Eine Skizzze.* Stuttgart: Calwer Verlag.

Metzer, B.M.(1968). *The Text of the New Testament: Its Transmission, Corruption, and Restoration.* 2nd. ed. New York: Oxford University Press.

______(1971). *A Textual Commentary on the Greek New Testament.* United Bible Societies.

Minear, P.S.(1976). "We don't know Where……' John 20, 2." *Int*, 30, 130-138.

Miranda, J.P.J.(1978). "From Cana to Cana(Jn. 2, 1-4, 54) and the Fourth Evangelist's Concept of Correct (and Incorrect) Faith." *Salesianum*, 40, 817-843.

Molony, F.J.(1978). *The Johannine Son of Man*, Biblioteca di Scienze Religiose 14. Rome: Libreria Ateneo Salesiano.

______(1994). *Belief in the Word, Reading John 1-4.* Minneapolis: Fortress Press.

Molony, F.J. and A.J. Kelly(2003). *Experiencing God in the Gospel of John.* New York: Paulist Press.

Moore, S.D.(1989). *Literary Ciriticism and the Gospels: The Theoretical Challenge.* New Haven: Yale University Press.

Morgan, R. and J. Barton(1988). *Biblical Interpretation.* The Oxford Bible Series. Oxford: Oxford University Press.

Morris, L.(1971). *The Gospel According to John.* New International Commentary on the New Testament. Grand Rapids: William B. Eerdmans.

Moule, C.F.D.(1959). *An Idiom Book of New Testament Greek.* 2nd. ed. Cambridge: Cambridge University Press.

Muecke, D.C.(1969). *The Compass of Irony.* London: Methuen.

______(1970). *Irony.* The Critical Idiom, 13. ed. by J.D. Jump. London: Methuen.

Müller, U.B.(1974). "Die Parakletenvorstellung im Johannesevangelium." *ZthK*, 71, 31-77.

Mussner, F.(1952). ΖΩΗ. *Die Anschaung vom "Leben" im vierten Evangelium unter Berücksichtigung der Johannesbriefe*. München: Kösel Verlag.

Neyrey, J.H.(1979). "Jacob Traditions and the Interpretation of John 4, 10-26." *CBQ*, 41, 419-437.

______(1981). "John III-A Debate over Johannine Epistemology and Christology." *NTS*, 23, 115-127.

______(1988). *An Ideology of Revolt: John's Christology in social-science perspective*. Eugene, Oregon : Wipf & Stock Publishers.

______(2007). *The Gospel of John*. Cambridge: Cambridge University Press.

______(2009). *The Gospel of John in Cultural and Rhetorical Perspective*. Grand Rapids: Wm. B. Eerdmans Publishing.

Nicholson, G.C.(1983). *Death as Departure: The Johannine Descent-Ascent Schema*. Chico: Scholars Press.

O'Day, G.R.(1986). *Revelation in the Fourth Gospel*. Philadelphia: Fortress Press.

______(2009). "I have overcome the world(John 16:33): Narrative Time in John 13-17." *Semeia*, 53.

Olsson, B.(1974). *Structure and Meaning in the Fourth Gospel: A Text-Linguistic Analysis of John 2, 1-11 and 4, 1-42*. Trans. by J. Gray. Lund, Sweden: CWK Gleerup.

Ong, W.J.(1967). *The Presence of the Word: Some Prolegomena for Cultural and Religious History*. Minneapolis: University of Minnesota Press.

______(1977). *Interfaces of the Word*. Ithaca: Cornell University Press.

Onuki, T.(1984). *Gemeinde und Welt im Johannesevangelium*. Neukirchen-Vluyn: Neukirchener Verlag.

Painter, J.(1980). *Reading John's Gospel Today*. Atlanta: John Knox Press.

______(1981). "The Farewell Discourse and the history of the Johannine Christianity." *NTS*, 27, 525-543.

______(1991). *The Quest for the Messiah*. Edinburgh: T&T Clark.

Pancaro, S.(1969). "'People of God' in St. John's Gospel." *NTS*, 16, 114-129.

______(1975). *The Law in the Fourth Gospel: The Torah and the Gospel, Moses and Jesus, Judaism and Christianity According to John*. Supplements to *Novum Testamentum* 42. Leiden: E.J. Brill.

Perkins, P.(1978). *The Gospel According to St. John*. Chicago: University of Chicago Press.

Pierce, E.L.(1960). "The Fourth Gospel as Drama." *Religion in Life*, 29, 453-455.

Plato. *The Dialogues of Plato*. Trans by B. Jowett. 4 vols. Oxford: The Clarendon Press, 1953.

Plummer, A.(1928). *A Critical and Exegetical Commentary on the Gospel According to St. Luke*. The International Critical Commentary. Edinburgh: T & T Clark.

Potterie, I. de la(1961). "Jesus King and Judge According to John 19:13." *Scripture*, 13, 97-111.

______(1969). "Jesus et Nicodemus: de necessitate generationis ex Spiritu (Jo 3, 1-10)." *Verbum Domini*, 47, 193-214.

Price, J.L.(1991). "Light from Qumran upon some Aspects of Johannine Theology." *John and the Dead Sea Scrolls*, ed. by J.H. Charlesworth. New York: Crossroads Publishing Company.

Prince, G.(1982). *Narratology: The Form and Functioning of Narrative*, Janua Linguarum Series Maior 108. Berlin/New York/Amsterdam: Mouton.

Quintilian. *The Institutio Oratio of Quintilian*. Trans. by H.E. Butler. The Loeb Classical Library. 4 vols. Cambridge, Mass.: Harvard University Press, 1953.

Raney, W.H.(1933). *The Relation of the Fourth Gospel to the Christian Cultus*, Giessen.

Rebell, W.(1987). *Gemeinde als Gegenwelt: Zur soziologishcen und didaktischen Funktion des Johannesevangeliums*. Frankfurt am Main: Peter Lang Verlag.

Rensberger, D.(1988). *Johannine faith and liberating community*. Philadelphia: Westminster Press.

Resseguie, J.L.(2009). *The Revelation of John: A Narrative Commentary*. Grand Rapids: Baker Academic.

Ricoeur, P.(1981). "The Hermeneutical Function of Distanciation." *Paul Ricoeur: Hermeneutics and the Human Sciences: Essays on Language, action and interpretation*, ed. by J.B. Thompson. Cambridge: Cambridge University Press,

131-144.

Robinson, J.A.T.(1960). "The Destination and Purpose of St. John's Gospel." *NTS*, 6, 117-131.

______(1976). *Redating the New Testament*. Philadelphia: The Westminster Press.

Roustang, R.(1956). "L'entretien avec Nicodeme." *NRT*, 78, 321-341.

Rückstuhl, E.(1951). *Die literarische Einheit des Johannesevangeliums; der gegenwärtige Stande der einschlägigen Forschungen*. Freiburg: Paulusverlag.

Rudolph, K.(1960). *Die Mandäer I*. Prolegomena: Das Mandäerproblem. Göttingen: Vandenhoeck & Ruprecht.

Sanders, J.N. and B.A. Mastin(1968). *A Commentary on the Gospel According to St. John*. Harper's New Testament Commentaries. New York: Harper & Row.

Schenke, H.-M.(1962). *Der Gott 'Mensch' in der Gnosis*. Göttingen: Vandenhoeck & Ruprecht.

______(1968). "Jakobsbrunnen-Josephsgrab-Sychar." *ZDPV*, 84, 166.

Schlatter, A.(1948). *Der Evangelist Johannes*. Stuttgart: Calwer Verlag.

______(1973). "Die Sprache und Heimat des vierten Evangelisten." *Johannes und sein Evangelium*, ed. by K.H. Rengstorf. Darmstadt: Wissenschaftliche Buchgesellschaft, 28-201.

Schlier, H.(1958). "Jesus und Pilatus-Nach dem Johannesevangelium." *Die Zeit der Kirche: Exegetische Aufsätze und Vortrage*. Freiburg: Verlag Herder.

Schlink, E.(1936). *Der Mensch in der Verkündigung der Kirche. Eine dogmatische Untersuchung*. München: Kaiser Verlag.

Schnackenburg, R.(1980[3]). *Das Johannesevangelium II*. Freiburg: Verlag Herder.

______(1981[5]). *Das Johannesevangelium I*. Freiburg: Verlag Herder.

______(1982[4]). *Das Johannesevangelium III*. Teil Ergänzende Auslegungen und Exkurse. Freiburg: Verlag Herder.

Schneiders, S.M.(1977). "History and Symbolism in the Fourth Gospel." *L'evangile de Jean: Sources, Rédaction, Théologie*. Bibliotheca ephemeridum theologicarum lovaniensum, 44. Louvain: Louvain University.

Scholes, R. and R. Kellogg(1966). *The Nature of Narrative*. New York/London: Oxford University Press.

Schottroff, L.(1969). "Johannes 4, 5-15 und die Konsequenzen des johanneischen

Dualismus." *ZNW & KAK*, 60, 199-214.

Schulz, S.(1960). "Die Bedeutung neuer Gnosisfunde für die neutestamentliche Wissenschaft." *ThR*, 26, 209-266, 301-354.

______(1975). *Das Evangelium nach Johannes*. Göttingen: Vandenhoeck & Ruprecht.

Schweizer, E.(1965). *Ego Eimi. Die religionsgeschichtliche Herkunft und theologische Bedeutung der johanneischen Bildreden, zugleich ein Beitrag zur Quellenfrage des vierten Evangeliums*. Göttingen: Vandenhoeck & Ruprecht.

______(1975). *The Good News According to Matthew*. Trans. by D.E. Green. Atlanta: John Knox Press.

Sedgewick, G.G.(1935). *Irony, Especially in the Drama*. Toronto: University of Toronto Press.

Segelberg, E.(1958). *Masbuta, Studies in the Ritual of Mandaean Baptism*. Upssala: Almgvist & Wiksell.

Segovia, F.F.(1982). *Love relationships in the Johannine tradition: agape/agapan in I John and the fourth Gospel*. Chico: Scholars Press.

______(1991). *The farewell of the word: The Johannine call to abide*. Minneapolis: Fortress Press.

______ ed.(1996). *What is John?* Atlanta: Scholars Press.

Sharpe, R.B.(1959). *Irony in the Drama: An Essay on Impersonation, Shock, and Catharsis*. Chapel Hill: The University of North Carolina Press.

Silberman, L.H.(1987). "Orality, Aurality and Biblical Narrative." *Semeia*, 39 Decatur, Ga.: Scholars Press.

Smalley, S.S.(1978). *John: Evangelist and Interpreter*. Greenwood, S.C.: Attic Press.

Smith, D.M.(1964-5). "The Sources of the Gospel of John: an asessment of the present state of the problem." *NTS*, 10, 336-351.

______(1965). *The Composition and Order of the Fourth Gospel: Bultmann's literary theory*. New Haven/London: Yale University Press.

______(1974). "Johannine Christianity: Some Reflections on Its Characters and Delineations." *NTS*, 21, 224-244.

______(1976a). *John*. Proclamation Commentaries. ed. by G. Krodel. Philadelphia:

Fortress Press.
______(1976b). "The Milieu of the Johannine Miracle Sources: A Proposal." *Jews, Greeks and Christians: Religious Cultures in Antiquity-Studies in Honor of William David Davies*. ed. by R. Hammerton-Kelly and R. Scroggs. Leiden: E.J. Brill.
______(1976c). "The Setting and Shape of a Johannine Narrative Source." *JBL*, 95, 231-241.
______(1990). "Judaism and the Gospel of John." *Jew and Christian: Exploring the Past, Present, and Future*. ed. by J.H. Charlesworth. New York: Crossroad.
______(2008). *The Fourth Gospel in Four Dimensions: Judaism and Jesus, the Gospels and Scripture*. Columbia: Univ. of South Carolina Press.
Sophocles. *Sophocles*, Trans. by F. Storr. The Loeb Classical Library. 2 vols. Cambridge, Mass.: Harvard University Press, 1951.
Spiegel, Y.(1978). "Gedenktag der Entschlafenen: Joh 5, 24-29." *Assoziationen. Gedanken zu biblischen Texten I*, ed. by W. Jens. Stuttgart: Calwer Verlag.
Stählin, G.(1967). νυν(αρτι). *Theological Dictionary of the New Testament*, ed. by G. Kittel. Trans. and ed. by G.W. Bromiley. Grand Rapids: William B. Eerdmans, IV, 1106-1123.
Stange, E.(1915). *Die Eigenart der johanneischen Produktion: Ein Beitrag zur Kritik der neueren Quellenscheidungshypothesen und zur Charakteristik der johanneischen Psyche*. Dresden: C. L. Ungelenk.
Stein, R.H.(1978). *The Method and Message of Jesus' Teachings*. Philadelphia: The Westminster Press.
Stemberger, G.(1967). *Untersuchungen zur johanneischen Symbolik von Gut und Böse*. Diss. University of Innsbruck.
______(1970). *La symbolique du bien et du mal selon saint Jean*. Paris: Editions du Seuil.
______(1977). "Die sogenannte "Synode von Jabne" und das frühe Christentum." *Kairos*, 19, 14-21.
Steven, T.K. "Issues in the Separation of Judaism And Christianity after 70 C. E.: A Reconsideration." *JBL*, 103, 43-76.
Stibbe, M.W.G.(1993). *The Gospel of John as Literature: an Anthology of*

Twentieth-century Perspectives. New York: E. J. Brill.

Stinespring, W.F.(1962). "Irony and Satire." *Interpreter's Dictionary of the Bible*. ed. by G.A. Buttrick. 3 vols. Nashville: Abingdon Press, II, 726-728.

Strachen, R.H.(1941). *The Fourth Gospel: Its Significance and Environment*. 3rd ed. London: Student Christian Movement Press.

Strathmann, H.(1968). *Das Evangelium nach Johannes*. Göttingen: Vandenhoeck und Ruprecht.

Talbert, C.H.(2005). *Reading John: a Literary and Theological Commentary on the Fourth Gospel and the Johannine Epistles*. Macon, Ga.: Smyth & Helwys Pub.

Temple, W.(1940). *Readings in St. John's Gospel*. 2 vols. London: Macmillan.

Thatcher, T.(2007). *What we have heard from the beginning: the past, present, and future of Johannine studies*. Waco, Tex.: Baylor University Press.

Thompson, A.R.(1948). *The Dry Mock*. Berkeley: Univ. of California Press.

Thompson, M.M.(2001). *The God of the Gospel of John*. Grand Rapids: Wm. B. Eerdmans Publishing.

Thüsing, W.(1979). *Die Erhöhung und Verherrlichung Jesu im Johannes-evangelium*. Münster Westfallen: Aschendorf.

Torrey, C.C.(1923). "The Aramaic Origin of the Gospel of John." *HTR*, 16, 305-344.

Trueblood, E.(1964). *The Humor of Christ*. New York: Harper and Row.

Unnick, W.C. van(1959). "The Purpose of St. John's Gospel." *Studia Evangelica I*. ed. by K. Aland, et al. *Texte und Untersuchungen*, 73. Berlin: Akademie Verlag, 382-411.

Vawter, B.(1968). "The Gospel According to John." *Jerome Biblical Commentary*. 2 vols. ed. by R.E. Brown, et al. Englewood Cliffs, N.J.: Prentice Hall.

Vellacott, P.(1975). *Ironic Drama*. Cambridge: Cambridge University Press.

Via, D.O.(1975). *Kerygma and Comedy in the New Testament: A Structuralist Approach to Hermeneutic*. Philadelphia: Fortress Press.

Vielhauer, P.(1974). *Geschichte der urchristlichen Literatur: Einleitung in das Neue Testment, die Apokryphen und die Apostolischen Väter*. Berlin: de Gruyter.

Von Wahlde, U.C.(2010). *The Gospel and Letters of John*. Grand Rapids, Mich.: William B. Eerdmans Pub.

Wead, D.W.(1970). *The Literary Devices in John's Gospel.* Theologischen Dissertationen, IV. ed. by Bo Reicke. Basel: Friedrich Reinhart Kommissionsverlag.

______(1974). "Johannine Irony as a Key to the Author-Audience Relationship in John's Gospel." *American Academy of Religion Biblical Literature: 1974.* Missoula: Scholars Press.

Weiss, B.(1902). *Das Johannes-Evangelium.* Göttingen: Vandenhoeck & Ruprecht.

Wellhausen, J.(1908). *Das Evangelium Johannis.* Berlin: G. Reimer.

Wengst, K.(1983). *Bedrängte Gemeinde und verherrlichter Christus: Der historische Ort des Johannesevangeliums als Schlüssel zu seiner Interpretation* Neukirchen-Vluyn: Neukirchner Verlag.

Westcott, B.F.(1978). *The Gospel According to St. John.* Grand Rapids: William B. Eerdmans.

Wheelwright, P.(1962). *Metaphor and Reality.* Bloomington: Indiana University Press.

Whitacre, R.A.(1982). *Johannine Polemic: The Role of Tradition and Theology.* Chico: Scholars Press.

White, R.J.(1982). *The Kingdom of God in the Fourth Gospel*, Diss. Louisville: Southern Baptist Theological Seminary.

Wilder, A.N.(1964). *The Language of the Gospel.* New York: Harper and Row.

Williams, J.G.(1977). "Irony and Lament: Clues to Prophetic Consciousness." *Semeia*, 8, 51-71.

Windisch, H.(1923). Der johanneische Erzählungsstil. ΕΥΧΑΡΙΣΤΗΡΙΟΝ: *Studien zur Religion und Literatur des Alten und Neuen Testaments-Hermann Gunkel zum 60. Geburtstage,* III. Göttingen: Vandenhoeck und Ruprecht.

______(1926). *Johannes und die Synoptiker.* Leipzig: J.C. Hinrichs.

Woll, D.B.(1981). *Johannine Christianity in Conflict: Authority, Rank, and Succession in the First Farewell Discourse.* Chico, CA: Scholars Press.

김동수(2005). 『요한복음의 교회론』. 서울 : 대한기독교서회.

______(2006). 『요한복음』. 서울: 솔로몬.

______(2009). 『요한신학 렌즈로 본 요한서신』. 서울: 한국성서학연구소.

김득중(1985). 『복음서 신학』. 서울: 컨콜디아사.

______(1994). 『요한의 신학』. 서울: 컨콜디아사.

김선정(2003). 『요한복음서와 로마황제숭배』. 서울: 한들.

김진호(2009). 『급진적 자유주의자들』. 서울: 동연.

데 라 포테리에, I.(1983). 『요한복음에 의한 예수 수난』, 김수복(역). 서울: 성바오로, 1992.

린다스, B.(1982). 『요한복음』, 김동수(역). 서울: 이레서원, 2002.

바레트, C.K.(1978a). 『요한복음(I)』, 박재순, 김필진(공역). 서울: 한국신학연구소, 1984.

______(1978b). 『요한복음(II)』, 박재순, 박경미(공역). 서울: 한국신학연구소, 1985.

불트만, R.(1968). 『요한복음서 연구 상 하』, 허혁(역). 서울: 성광문화사, 1976.

______(1968b). 『신약성서신학』, 허혁(역). 서울: 성광문화사, 1976.

브라운, R.E.(1979). 『요한교회의 신앙과 역사』, 최흥진(역). 서울: 한국장로교출판사, 2010.

______(2003). 『요한복음 개론: 요한복음에 관한 유익하고 유용한 최근의 관점』, 프란시스 J. 몰로니 편집, 최흥진(역). 서울: 기독교문서선교회, 2010.

비슬리-머리(1999). 『요한복음』, 이덕신(역). 서울: 솔로몬, 2001.

서중석(2007). 『복음서의 예수와 공동체의 형태』. 서울: 이레서원.

스미스, D.M.(1995). 『요한복음의 신학』, 최흥진(역). 서울: 한들, 1999.

슬로얀, G.S.(1991). 『요한복음 신학』, 서성훈(역). 서울: 기독교문서선교회, 2000.

최흥진(2006). 『요한복음』. 서울: 한국장로교출판사.

카이저, R.(1993). 『요한복음서 연구: 그 독자성을 중심으로』, 나채운(역). 서울: 성지출판사, 1996.

______(2002). 『요한복음 해석』, 최흥진(역). 서울: 한국장로교출판사, 2006.

컬페퍼, A.(1983). 『요한복음 해부』, 권종선(역). 서울: 요단, 2000.

판 더 바트, J.G.(2008). 『요한 문헌 개론: 요한복음 · 요한서신』, 황원하(역). 서울: 기독교문서선교회, 2011.

| 찾아보기 |

• 인명 찾아보기

• 주제 및 용어 찾아보기

예수 없이 예수와 함께

요한공동체의 문학과 신학

펴낸날 초판 1쇄 2013년 2월 27일
지은이 박경미
펴낸이 김훈순
펴낸곳 이화여자대학교출판부
주소 서울특별시 서대문구 이화여대길 52(우120-750)
등록 1954년 7월 6일 제9-61호
전화 02) 3277-2965(편집), 02) 362-6076(마케팅)
팩스 02) 312-4312
전자우편 press@ewha.ac.kr
홈페이지 www.ewhapress.com
책임편집 민지영
디자인 신성기획
찍은곳 네오프린텍

ISBN 978-89-7300-970-1 93230
값 27,000원

* 잘못된 책은 바꾸어 드립니다.